JN246450

失踪の社会学

親密性と責任をめぐる試論

中森弘樹
Nakamori Hiroki

慶應義塾大学出版会

はじめに

私たちの社会は、本当に自由になった――現代の日本社会に対するこのような説明は、とりあえず間違ってはいないだろう。たしかに私たちは、江戸時代のように士農工商の身分制に縛られているわけではないし、移動手段の不足から特定の場所に留まり続けなければならないわけでもない。戦前のように兵役によって身体的な拘束を受ける必要もないし、家のなかで産まれた順番や性別によって人生が規定される割合もかなり少なくなっている。現代の日本社会を生きる私たちは、その気になればネットワークを介して自由に情報を収集し、好きな場所に移動し――ときには国境さえも越えて！――自身のライフコースをみずからの手で決定することができる。すなわち、私たちは人生を自由に謳歌できるようになったのだ。少なくとも、過去の時代と比べると、そういうことになっている。

しかし、現代社会に対するそのような説明に対して、心から同意する者は、果たしてどれほどいるだろうか。あるいは「私はいま、本当に自由だ」という実感をもって生きている者が、どれほどいるのだろうか。おそらく、そう多くはないだろう。多くの者たちが、上述のように可能性として多様な選択肢に開かれているということと、実際にそのような選択肢をとることができるかは別の問題であると考えているはずである。本の内容を先取りして言い換えれば、私たちは多様な選択肢を有してはいるが、そのなかの多くの選択肢は、選び取ることを許されてはいないかのように見えるのだ。このように制限された自由を、私たちはいかにして捉えるべきなのだろうか。

ところで、私たちにとって、客観的に見れば自由になったはずなのに、実感としては自由を感じることができないものの最たる例として挙げることができるのが、人間関係ではないだろうか。詳細については本論に譲るが、たとえば社会学者のＡ・ギデンズは、社会が近代化するにしたがって、人間関係が伝統的な拘束から解放され、各人が自由に取り結べるものへと変化してきたことを明らかにしてきた。しかし、同時に社会学者によって観察されてきたのは、人間関係が自由になればなるほど、むしろ人間関係が当事者にとって重たい何かになってしまうという一見するとパラドキシカルな現象であった。この点については、親密な関係にある他者の顔色を伺いながら生きなければならない、現代を生きる多くの者も同意するところであろう。このように、人間関係には、前述した自由の現代的な傾向が明瞭に反映されている。それればかりか、むしろ逆に人間関係こそが、私たちが自由に選択肢を選び取ることを許さない何かである――すなわち、私たちの「不自由」の主要因である――という可能性すらありそうである。

では、私たちはこんなにもグローバルな時代を生きながら、なぜ家族や他の親密な関係といったローカルな人間関係に固着してしまうのだろうか。このマクロとミクロの現象的なズレ、あるいは自由の「意図せざる結果」に対しては、社会学による直接的あるいは間接的な研究の蓄積がすでに多く存在している。しかしながら、それらによる従来の説明あるいは回答のみでは、筆者は十分に満足することはできない。そこで、本書ではこれまでになかった方法で、とまで言って良いのかは定かではないが、少なくともこれまでには注目されなかった研究対象を用いて、この問いについて取り組んでみたいと思う。その対象とは、本書のタイトルにも含まれている、失踪である。

＊

というわけで、本書では失踪についてあれこれと思考を巡らしてゆくことになる。では、失踪について、何を、どのように考えるべきなのだろうか。本書では『失踪の社会学』というタイトルを標榜している以上、失踪に対して社会学的な研究を行うということになる。この「失踪に対して社会学的な研究を行う」という文言から真っ先に想起されるのは、失踪、すなわち人が消えてしまう現象が、時代や文化によってどのように異なるのかを比較したり、あるいは失踪が生じるプロセスや失踪のバリエーションの比率を調べたりすることで、失踪の発生が社会によっていかに規定されているのかを明らかにする、といったプロジェクトであろう。しかし、「人が消えてしまう」という限りなく実態に接近しがたい現象に対して、本当に実証的な研究を行うことは可能なのだろうか。このような懸念はもっともであろう。しかし、幸いなことに、本書はそのような心配には当たらない。なぜなら、本書ではそのような意味での実証的な研究を直接的に行うわけではないからだ。よって、タイトルからそのような内容を期待した読者には、以下に記す内容――本書が何について研究を行うのか――を読んでいただいたうえで、本書が読むに値するかどうかをあらかじめ判断してもらう必要があるだろう。

一般的に、失踪が惹起するのはどのような問いだろうか。一つは、失踪というミステリアスな事態がなぜ生じたのか、その実態を明らかにしてみたいというものだろう。失踪は、その学術的な研究の少なさとは対照的に、つねに文学や映画、ドラマなどの創作の対象となってきた。ある失踪事件がなぜ起こったのかが謎解きの題材となっているミステリー作品を、多くの者が一度は鑑賞したことがあるのではなかろうか。ただし、前述したように、本書ではそのような失踪の実態については、まったく触れないというわけではないにせよ、メインテーマとして取り扱うことはしない。しかし、失踪を描こうとするフィクション作品は、何も失踪の実態に対する謎解きばかりを描いてきたわけではないし、そのような題材が主題となっているものばかりではない。

たとえば、失踪を題材とした小説の書き手としてもっとも重要な作家の一人であろう安部公房は、失踪者本人を主人公とした『砂の女』と、それとは逆に失踪者の行方を追う者を主人公とした『燃えつきた地図』という作品を残している。このような説明だけを見ると、両方の作品とも失踪という実態の謎について迫った作品のように思われるかもしれない。しかし、後者の『燃えつきた地図』の方は、探偵である主人公が失踪の謎に迫ろうとするのであるが、失踪者を追っていた主人公自身が次々と不可解な事態に巻き込まれてしまう。そして結果的に、主人公は失踪の真相に近づくことができないばかりが、最後は失踪者を追っていたはずのみずからが失踪者となってしまうのである。この安部の『燃えつきた地図』で主題となっているのは、失踪の実態に対する謎解きというよりも、失踪に接した者が直面する不条理さであると言えるだろう。このことから、失踪が惹起するもう一つの問いの対象とは、失踪という事態の不可解さそのものであると言えるのではないか。そこには、残された者が抱える言いようのない「もやもや」、「やりきれなさ」を、失踪を経験していない者たちが理解可能なように言語化し、私たちの日常的な人生や社会への示唆を引き出そうという動機が存在しているのである。

では、失踪がもたらす不条理さ、不可解さ、やりきれなさは、一体何に由来するのだろうか。ここで示唆的であるのは、湯本香樹実を原作とし、黒沢清が監督を務めた『岸辺の旅』という映画である。カンヌ映画祭の「ある視点」部門にも出品されたこの映画の物語は、主人公である女の前に、三年前に失踪したもう一人の主人公である夫が突然帰ってくる場面からスタートする。帰ってきた夫いわく、自身は三年前に自殺してすでに死んでいる身なのだが、そのあと三年間にわたり各地を遍歴してきた――この映画の世界では、死者は事情によっては生の世界に留まることができるらしい――のだという。そして、二人は夫が三年のあいだに過ごした場所を再訪する旅に出て、互いの関係を見つめ直しながら、迫りくる本当の別れに備える。以上が、映画の大まかなストーリーである。

この映画の特徴の一つは、生／死と在／不在の関係が、錯綜的に描かれているという点にある。まず特異的であるのは、普通に会話もでき、死んでいること以外は生きている状態と何ら変わらない死者と旅をするという点であろう。この「死者」である夫に対して、主人公である女は夫が失踪中の不満を訴えたり、失踪中に生じた夫への疑問を投げかけたりと、コミュニケーションを取ってゆくことになる。この時点で、事態は非現実的で錯綜的なのだが、しかし死者と生きている者のようにコミュニケーションが取れるという錯綜は、この映画では二人の関係をポジティブな方向へと導いてゆく。最終的に、妻に「伝えたかったこと」を伝えることができた夫はふたたび消えてしまうのであるが、それは「死んでいるのにそこにいる」という錯綜の解消であり、双方にとって納得のゆく結末であったと言えるだろう。

このように、映画の大部分は、夫が死んでいるにもかかわらずそこに存在していて、コミュニケーションも取れるという状態で展開されるのであるが、ここで注目すべきは、映画のスタート時点ではそれとは逆に、女にとって夫は死んでいないにもかかわらず、行方もわからず連絡も取れない——すなわち、「死んでいないのにそこにいない」——状態であったという点である。このスタート時の状態については、映画ではほとんど描かれていない。しかし、死んでいる夫が妻の元に戻ってきたことで、事態が進展していったことを踏まえると、この映画では、夫が死んでいないにもかかわらず、夫が何も言ってこないということの困難が暗示されてもいるのではないだろうか。さもなければ、夫が失踪から三年後にわざわざ帰ってきた——すでに死んでいるにもかかわらず！——意義を、妻の視点からは説明できないからである。

しかし、親密な他者が、生きているのか死んでいるのかよくわからないにもかかわらず、行方のわからない状態に陥ることは、なぜ「私」にとって不条理な事態となるのだろうか。そして、死ぬことと消えることはどのような意味で異なるのか。おそらく、他者が消えてしまうという事態は、逆説的にも、他者——あるいは逆に「私」が——「そこにいる」という当たり前であるはずの事態がどのような意味を持っているのかという点について、私たちにあらためて問うことを要請するのである。そして、このような失踪が惹起する実存的な問いに対しては、失踪が私たちにとって「何」であるかをより詳細に分析することによってこそ、回答することが可能なのではないだろうか。

以上のような理由から、本書では、失踪がどのような意味を持っているのかを研究の対象とすることにしたい（私たちは失踪をどのように捉えるのか、失踪という出来事の周囲で何が起こるのか、失踪が社会にとってどのような点で問題であるのか、そして行為としての失踪がどのような意味を持ちうるのか……）。そして、それが失踪者との関係性というミクロな変数や、時代の変化というマクロな変数によってどのように変化するのかを分析してみたいと思う。その意味で、本書は『失踪の社会学』なのである。

*

しかし、最初に冒頭で述べた人間関係の自由に対する問いと、いましがた述べた失踪の意味に対する問いは、果たして繋がりうるのだろうか。言い換えれば、後者の問いについて考察することが、本当に前者の問いに回答することになるのだろうか。この前者の自由に対する問いと、後者の失踪の意味に対する問いの関係性を説明することができたならば、本書の目的はほとんど達成されたも同然であると言えるだろう。それを成し遂げるために、本書では以下のような四部構成で考察を進めてゆくことにしたい。

まず、第Ⅰ部（第1章・第2章）では、本書全体の問いを導出することに充てられる。社会学においては、家出や蒸発といった概念を主題とした研究は久しく行われていない。そのような現状で、「なぜ」「いま」失踪なのか。この点に関して説明するために、冒頭で述べた人間関係（の自由）に対する問いから失踪研究に至るまでの流れを、もう少し学問的な言葉に置き換えて語ることで、本書の問い――私たちを「親密な関係」へと繋ぎ止めるものは何なのか――をより明確に提示したい。また、第2章では、本書が失踪と呼ぶ事態に関する基本的な知識も確認しておくことになるだろう。

次に、第Ⅱ部（第3章）では、戦後から現在にいたるまでの失踪言説の変遷を追うことで、現代社会において失踪がどのような意味で問題となってきたのかを明らかにしてみたい。この作業によって、マスメディアにおける失踪の表象が、時代的な背景に応じて変化してきたことが明らかになるだろう。さらに、そこで私たちは、失踪が問題として批判される際の根拠の一つとしての、責任という概念と出会うことになる。この責任に対する視点は、第Ⅲ部における失踪に対するフィールドワークにも受け継がれることになる。その意味で、第Ⅱ部は第Ⅲ部の研究を導く、予備的な考察であるとも言えるだろう。

第Ⅱ部における言説の分析は、いわば失踪を経験していない者たちによって「構築」された、失踪の有する一般的な意味を明らかにすることを目的としていた。それに対して、第Ⅲ部（第4章・第5章・第6章）では、実際に失踪現象に関わる当事者たちを分析の対象とすることになる。具体的には、第4章では残された失踪者の家族たちが、第5章では失踪者の家族を支援するＮＰＯ法人である日本行方不明者捜索・地域安全支援協会のスタッフたちが、そして第6章では実際に失踪経験を有する失踪者本人たちの語りが分析される。このように、失踪という現象により近い地点にいる当事者たちの語りを分析することで、本書は失踪という現象の核心に近づくことになる。そして、「彼／彼女たちにとって失踪がどのような意味を持つのか」という問いに対する答えは、「私たちを『親密な関係』に繋ぎ止めるものは何なのか」という問いに対する答えを、逆照射的に示すことになるだろう。

第Ⅳ部（第7章・第8章・終章）では、第Ⅱ部および第Ⅲ部の調査研究の成果を踏まえ、本書の問い（私たちを「親密な関係」へと繋ぎ止めるものは何なのか）に対する回答を提示することになるだろう。結論を先取りしておくと、それは「親密な関係」において作用する、本書が「親密なる者への責任」と呼ぶ倫理なのであるが、第7章では、その責任の倫理に対する理論的な検討を行う。そして、第8章では、「親密なる者への責任」という観点から、現代社会の諸相が分析されることになる。ここでようやく、冒頭で述べた私たちの「不自由さ」の正体が、素描されることになる。その問題性は、かつての「神隠し」の機制に対する検討と、現在の自己責任論の分析を通じて、いっそう際立つことになるだろう。最後に、終章では、そのような私たちの抱える困難に対する処方箋として、行為としての〈失踪〉にふたたび光を当てる。最終的には、行為としての〈失踪〉が自殺を代替することがありうるのかを考察することで、本書の結びに代えることにしたい。

以上のように、本書の議論はやや入り組んだ道筋を辿ることになる。とりわけ、親密性をめぐる問いをつねに意識しつつ議論を進めることは、失踪研究にとっては回り道であるように思われるかもしれない。しかし、このように迂回路を経ることによってはじめて、失踪という現象に対するより深い見識を得ることが可能となる。この点についても、本書で「実証」されると信じつつ、本論に入ってゆくことにしよう。

失踪の社会学　目次

I　いま、失踪を問う意味

「家出」や「蒸発」といった概念を主題とした研究が、日本の社会学で見られなくなってから長い年月が経とうとしている。かつての社会学、とりわけ一九六〇年代から一九七〇年代にかけての社会病理学では、星野周弘や米川茂信らによって「家出」や「蒸発」の研究が行われていた。たとえば「家出」は「家族成員が自己の所属する家族の日常生活から一時的にあるいは永続的に離脱する行為」（米川 1978: 99）として定義され、その原因や動機、社会的背景等の分析が行われている。また、「家出」よりもより不可解な人間の消失現象を指す概念である「蒸発」も、一九七〇年代における「蒸発」言説の流行と軌を一にするかのように社会病理学の研究対象となり、人間の消失現象について考察する星野周弘（1973）や井上忠司（1978）の研究が生まれた。[*1] しかし、そのような研究は一九八〇年代以降減少し、山手茂・細井洋子（1993）を最後に、日本国内では管見のかぎり「家出」や「蒸発」を主題とした社会学の研究は新たに発表されていないのが現状である。

では、社会学において、「家出」や「蒸発」を主題とした研究はもはや行われる必要がないのだろうか。この点について、まずは、現代においても「家出」や「蒸発」と呼びうる事態が生じ続けているという事実を指摘しておくことは重要であろう。警察に届け出られた行方不明者届出書の件数を集計した、警察庁生活安全局生活安全企画課（2016）による「行方不明者の状況」資料によれば、届出の件数は二〇〇二年を境として減少傾向にあるが、それでも毎年八万件以上の行方不明者届出書が警察に計上されていることになる。[*2] また、同資料には年間の行方不明者の「所在確認数」も記録されているが、毎年その件数は届出の受理件数に数千件程度およんでいない。このことは、短期的には解決されない行方不明の事態が、現在でも日本国内で年間に数千件規模のペースで生じていることを意味している。眞鍋貞樹（2008）は、このように行方不明が生じているにもかかわらず有効な対策が講じられていない現状を、「隠れた社会問題」であると指摘している。

なるほどたしかに、このような「隠れた社会問題」に対して焦点を当てることは、少なくとも一定の社会的な意義が存在すると言えそうである。ただし、実はこのような現状に焦点を当てるためだけなら、わざわざ「家出」や「蒸発」といったカテゴリーを研究の主題として持ち出す必要はない。より正確に言えば、このような現状に焦点を当てる社会学的な研究は、現在でも数多く存在しているのである。たとえば、渡辺芳（2010）や丸山里美（2013）のホームレス研究や、大倉祐二（2008）のネットカフェ生活者に対する研究では、家族から離脱した者たちの生活様態が研究の対象となっている。これらの研究は、明示的に「家出」や「蒸発」といったカテゴリーを研究の主題として用いていないだけであって、内容としては、かつて「家出」や「蒸発」として研究されていた事態に焦点を当てたものであるとも言えるだろう。そして、たんに実態を分析するだけなら、「家出」や「蒸発」といった「広い」カテゴリー――これらのカテゴリーは、定義上、人が家族や集団から離脱する多くの現象を含んでいる――を用いるよりも、「ネットカフェ難民」や「ホームレス」といったより実態に即した「狭い」概念を用いた方が、個別の現象の原因や背景をより詳細に分析することが可能なのである。本書では、社会学および社会病理学における研究カテゴリーの変遷史について詳細に立ち入ることはしないが、かつての「家出」や「蒸発」の研究内容は、多少の視点とラベルの変更を伴いつつも、上述のような現代的な研究へと受け継がれているとみなしても不自然ではないだろう。

以上のように、かつて「家出」や「蒸発」のカテゴリーが指し示していた事態は、現在の研究でも考察の対象となっており、場合によっては、「家出」や「蒸発」のカテゴリーを使用しない方が、より実りのある精緻な調査研究が可能であるケースさえも想定される。このような状況において、なおも「家出」や「蒸発」といったカテゴリーを研究の主題として標榜する決定的な意味を見出しうるとしたら、それは次のような場合でしかありえないだろう。すなわち、「家出」や「蒸発」といったカテゴリーを主題とした研究を行うことがきわめて有効な処方箋の一つとなるような、何らかの学術的かつ普遍的な問いが設定されたときにはじめて、本書でこれから展開される議論が有意味なものとなるのである。

しかし、そのような問いとはいったい何なのだろうか。本章では、過去のものとなってしまった研究主題をふたたび現代に呼び戻すために、まずは問いを導くための問いに取り組まなければならないようである。さっそく失踪の話題から離れることになってしまうが、本書全体のコンセプトを明確にするために、しばらくのあいだ、お付き合いを願いたい。

1　自殺について

本章の議論の端緒を開くために、まずは自殺という現象について、若干の考察を行っておこう。

言うまでもなく、自殺は現代日本社会において対処されるべき喫緊の課題の一つである。「自殺者三万人時代」という標語を参照するまでもなく、自殺が一般的に引き起こす遺族感情の問題や経済的損失を考慮すると、自殺予防のための何らかの対策がなされる必要があるだろう。そのためには、まずは自殺者がなぜ自殺に至ったのかを把握することが必要不可欠である。[*3]

一括りに自殺と言っても、その内実や経緯等はケースによって千差万別であり、それらのケースに共通する普遍的な自殺の動機を導き出すことは困難なように見える。しかし、自殺予防学の権威であるE・シュナイドマン（Sheneidman 1993=2005）は、「自殺は精神痛から引き起こされる」（Sheneidman 1993=2005: 49）と端的に述べている。シュナイドマンによれば、自殺は精神痛に耐えられなくなった際に、それを停止することを目的とした行為である。よって、すべての自殺は――合理的であるとは言えないが――合目的的な行為であるということになる。

このシュナイドマンの見解に従うのであれば、自殺とは当人にとっては精神痛を停止するためのやむをえない選択であるということになるだろう。このような自殺の捉え方は、近年盛んである自殺予防論の考え方にも継承されている。たとえば斉藤貴男（2009）やＮＰＯ法人ライフリンクの自殺実態解析プロジェクトチーム（2008）では、個人が置かれている経済状況や労働環境、人間関係などによって人は自殺に追い込まれるという社会構造的な問題が、自殺の原因として強調されている。これらの議論に共通しているのは、自殺を「強制された死」（高橋祥友 2006: 7）として捉える点である。よって、自殺予防論では、自殺の原因をたんに個人の選択や精神疾患に止まらない社会的なものとして捉え、原因となっている社会構造そのものを変える必要性を訴えることになる。

その一方で、自殺が精神痛を停止するためのやむをえない選択であると捉えると、自殺予防のための別の方向性も見出される。Ｓ・シアー（Shea 2002=2012: 59-60）によれば、自殺がやむをえない選択であるということは、私たちに希望を与えてくれるという。というのも、もし自殺志願者が自殺以外の代案を解決策として見出したなら、そちらの方を選択することができるからである。シアーの見解に従えば、当人にとって自殺の代案となりうる解決策を何らかのかたちで提示することもまた、自殺予防のための方向性の一つであると言えるだろう。

しかし、ここで一つの疑問が生じることになる。自殺が精神痛を停止するための行為であり、しかもその精神痛が社会関係を原因として生じているのだとしたら、なぜ自殺既遂者たちは自殺する前に、原因となっている社会関係から離脱するという選択をしなかったのだろうか。なぜ彼／彼女らは、社会関係から離脱するという選択を――たとえば失踪のような選択を！――しなかったのだろうか。[*4]

このような疑問は素朴すぎるがゆえに、ただちに以下のような反論が想定される。彼／彼女らは、他の選択肢の存在が浮かばないほど精神状態が追い込まれていたのだ、と。あるいは、精神疾患による精神痛は、社会関係を断ち切ったところでけっして解消しないのではないか、と。たしかに、当事者が実際に自覚している行為の選択肢と、観察者が当事者に想定する行為の選択肢が異なるのは当然であり、よって、これらの反論はもっともであると言えるだろう。しかしそれでも、当事者たちにとって社会関係を断ち切るという選択肢が浮かばない、もしくは現実的な選択として意味を持たないのはなぜかということについて、私たちはなおも問わなければならないだろう。加えて、一般的に言って、自殺者の観察者たる私たちにとっても、社会関係から離脱することは自殺に代わる選択肢の候補には見え難い——自殺予防論では一般的に、社会関係からの離脱は自殺の原因や前兆の一つとしてしかみなされない——のはなぜなのだろうか。[*5]

本書では、これらの問いを直接考察するのではなく、議論の導きの糸としてみたい。すなわち、自殺者の心理や行為に直接アプローチするのではなく、このような思考の背景に存在する、私たちの人間関係に対する捉え方を考察するのである。私たちのごく自然な発想において、みずから消えることがみずから死を選ぶことの代わりにならないのだとしたら、それは私たちにとって消えることと死ぬことが何らかの点で決定的に異なるということを示唆するだろう。では、死ぬことと消えることはいかなる点で異なるのだろうか。この問いに関しては、自殺の問題と合わせて、本書のすべての考察が終わった後に、最後にもう一度立ち返ることになるだろう。

2 「無縁」のイメージの変容

前節で問うことになった自殺者の選択や、自殺についての私たちの考え方から差しあたり想定されるのは、私たちが社会関係から離脱することに強い抵抗感を有しているということであろう。[*6]このような感覚は、「生の世界からの離脱か、それとも社会からの離脱か」という極端な選択においてのみ見出されるわけではない。現代の日本社会において、何らかの社会関係から離脱することは、「卒業」などの新しいライフステージや社会関係への契機となる離脱や、明確な危害からの逃避とみなされる離脱の場合を除いて、基本的には望ましくない出来事として捉えられることになる。

このような感覚を象徴する言説の一つとして挙げることができるのが、二〇一〇年にマスメディア上で流行した「無縁社会」の言説である。ＮＨＫのドキュメンタリー番組の特集によって話題となったこれらの言説の主張内容は、ＮＨＫ「無縁社会プロジェクト」取材班（2010）や橘木俊詔（2011）といった書籍にもまとめられている。これらの書籍によれば、「無縁社会」論の要諦は、現代社会において「地縁」「血縁」「社縁」といったかつて存在していた人間関係が衰退しているという点にある。それによって、人間関係から――多くの場合、本人が望まない事由によって――切り離された者たちが「無縁死」するケースが、すなわち死の際に誰にも看取られず、さらに遺体の引き取り手が存在しない状態になるケースが増加しているという。以上のような「無縁社会」の言説が、無縁、すなわち人間関係から切り離されている状態を望ましくないものとして捉え、私たちがそのような境遇に陥ることを不安視するものであることは明らかであろう。

ただし、この「無縁」という概念に着目すると、人間関係から切り離されていることが望ましくないという感覚が、日本人にとっては必ずしも歴史的に不変であったわけではないということがわかる。「無縁」の概念の意味の歴史について検討した網野善彦（2001）によれば、中世の日本社会において、「無縁」という言葉は現代における「自由」の意味を含意していた。実際に、中世の日本には「無縁所」と呼ばれる寺院が全国各地に存在し、この寺院に入ると世俗との縁＝関係性が切れ、婚姻関係や賃借関係が断ち切られたのだという。また、網野（1996）によれば、中世の自治都市、一揆、惣、市場なども当時の人びとにとっては自覚された「無縁」の場なのであり、そこでは「世俗」との関係が切れていることよる自由と平等、平和が保証されていた。しかし、網野（1996）によれば、自由を含意する「無縁」の用法は江戸時代以降には衰退し、「無縁」の概念も徐々に否定的な側面ばかりが強調されるようになっていったという。非人や遊女などの「無縁」の人びとは蔑視されるようになり、「無縁」も「無縁仏」のように暗い世界にふさわしい言葉となってきた。

このように、「無縁」は人びとにとって肯定的な意味を潜在させながらも、現代に近づくにつれてその否定的な側面を増幅させ、「無縁」は「有縁」――人間関係が繋がっていること――に対して劣位な位置に置かれることになる。中森弘樹（2012a）が述べるように、現代における「無縁社会」の言説に見られるような「無縁」が望ましくないという捉え方も、この網野の図式の延長戦上に位置づけることができるだろう。

網野の無縁論は、「無縁」すなわち人間関係から切り離されていることに対する私たちの捉え方が、歴史的に見れば一元的なものではなかったことを示唆するものであると言えよう。しかし、この網野の記述した「無縁」の歴史には、批判も多く寄せられている。たとえば植田信廣（1983）は、否定的な文脈で用いられる「無縁」の用例が、中世前期では圧倒的に多かったことを詳述する。中世や近世において用いられた「無縁」の語に、どれほど肯定的な意味が含まれていたのかを判断することは、本書にとっては手に余る作業であろう。

ただし、より短期的な視野で現代史を眺めるのであれば、少なくとも以下の点は指摘することができる。一九七〇年代においては、「無縁」という概念に自由を見出そうとする網野の捉え方が広く受入れられたのに対して、二〇一〇年代においては、「無縁」となることの不安を強調する「無縁社会」の言説が流行した。[*7] この事実からは、一九七〇年代と二〇一〇年代とでは、同じ「無縁」という言葉から一般的に想起されるイメージが、かなり異なるものであることが示唆されよう。以上の「無縁」のイメージの変容からは、近年の私たちの人間関係に対する捉え方の変化、すなわち人間関係から能動的に離脱したいという志向の消失傾向を見て取ることができるのではないか。そして、それはひいては、私たちの人間関係からの離脱に対する抵抗感の高まりを示唆しているのではないだろうか。[*8]

3 「純粋な関係」の出現と、親密性の変容

前節で見た「無縁」の概念の変容から、人間関係や社会関係から離脱することに対する私たちの捉え方が、時代によって変わってきたことが示唆された。これはすなわち、人間関係や社会関係から離脱することに対する捉え方が、社会によって異なる可能性があると、言い換えてもよいだろう。よって、これらの現象は、社会学的に説明されるべき、社会学の問いの対象であるということになる。つまり、私たちの人間関係や社会関係から離脱することへの抵抗感は何によって生じていて、それらはどのように／どの程度社会に規定されているのかという問いが生じることになるのだ。

本章では、社会学における親密性に関する議論を参照することで、これらの問いを考察してみることにしたい。従

来の社会学の議論は、私たちの人間関係や社会関係から離脱することへの抵抗感をどこまで説明しきることができるのだろうか。

親密性の定義

これまで、本書では離脱する対象を人間関係や社会関係といった言葉で言い表してきた。しかし、あらゆる人間関係や社会関係からの離脱を考察の対象とすることは、本書のみでは手に余る作業であろうし、議論の厳密性を欠くことになるだろう。ところで、これから本章で参照する議論で用いられている「親密性」という言葉は、人間関係や社会関係一般よりも狭い意味の関係性を指す概念である。では、親密性を有する関係、すなわち「親密な関係」に焦点を絞ることで、私たちの議論はどのように具体化され、またどのように限定されることになるのだろうか。本項では、まずは親密性の定義を行うことで、これらの点を明確にしておきたい。

そもそも一言で人間関係や社会関係といっても、そのなかには実にさまざまな種類の関係が含まれている。たとえば現代の日本社会においては、家族、親戚関係、仕事場の同僚、学校の同級生、友人関係、恋人関係、あるいはどれにも該当しない「知り合い」などを、主な例として挙げることができるだろう。これらのさまざまな関係を指す概念たちは、二つの種類に分類することが可能である。まず、家族、親戚関係、仕事場の同僚、学校の同級生などは、当人同士の血縁関係や所属などといった一般的に共有されている外的な条件によって、私たちにとっては「客観的に」定義されるものである。それに対して、友人関係や恋人関係については、どのような関係であれば友人か、恋人かという外的な条件が一般的に共有されているわけではなく、当人たちの主観的な判断なくして、外部の観察者が「彼／彼女たちは友人か」「彼／彼女たちは恋人か」を判断することはできない。たとえば、同じ学校のクラスに所属しているからといって、彼／彼女らが友人であるとはかぎらないのである。

さて、私たちが、本書の研究対象となる人間関係か、研究対象とならない人間関係かを区別するにあたっては、上記の後者の概念のように、当事者による主観的な判断に依拠することにしたい。というのも、私たちはこれから「人間関係から離脱すること」に関して考察を進めてゆくわけであるが、その際に血縁関係や所属などの外的な条件によって研究対象となる人間関係を限定すると、本書の研究対象となるべき人間関係の一部を含み損ねてしまう恐れがあるからだ。[*9] となると、個人がどのように認知している人間関係が、本書の研究対象となるのかということが問題となるだろう。差しあたり、私たちの関心は、たんなる「知り合い」あるいは「顔見知り」といった間柄以上の人間関係にあるということができる。というのも、人が人間関係から離脱することを考えるにあたっては、その関係性が深ければ深いほど、その離脱が持つ意味も重大なものとなることが想定されるからである。よって、本書において研究対象となる人間関係は、当人にとってたんなる「知り合い」よりも深い関係であると主観的に判断されるような関係であるということになる。

このような人間関係を学術的により厳密に定義しようとしているのが、社会学における親密性をめぐる議論である。これらの議論における、「親密性」の定義は論者によって異なっている。そのなかでもとりわけ簡潔であるのは、筒井淳也（2008）による「親密性」の「複数の人間が互いの情報を共有しあっており、かつ一定の相互行為の蓄積がある状態」（筒井 2008: 11）という定義であろう。この定義に従えば、「親密な関係」にはほぼすべての家族関係と、多くの友人関係や同僚・同級生の関係等が含まれることになるだろう。

その一方で、齋藤純一はもう一歩踏み込んだ定義を行っている。齋藤によれば、「親密圏」——齋藤（2008）はJ・ハーバーマスの用法を受け継ぐかたちで「親密圏」の語を用いている——の概念は、「具体的な他者の生への配慮／関心を媒体とするある程度持続的な関係性」（齋藤 2008: 196）として定義されるという。桶川泰（2011）が指摘するように、この定義は多くの研究者に引用され、受け入れられている定義になっている。ただし、本書において齋藤の定義が重要となるのは、そのような社会学界における一般性・普及性が理由なのではなく、人間関係における「具体的な他者の生への配慮／関心」の存在が、その関係から成員が離脱することが大きな意味を持つ条件であることが想定されるからである。よって、本書の研究対象を限定するとしたら、齋藤の「親密圏」の定義に該当する人間関係に焦点を絞ることが望ましいということになるだろう。[*10]

ギデンズの親密性論

さて、以上のように「親密な関係」を定義し、本書の研究対象となる人間関係を「具体的な他者の生への配慮／関心を媒体とするある程度持続的な関係性」に限定するのであれば、前述の問いは次のように書き換えられることになるだろう。すなわち、そのような「親密な関係」から離脱することへの抵抗感は何によって生じていて、それらはどのように／どの程度社会に規定されているのだろうか、と。この問いを考察するための一つの方策は、「親密な関係」のあり方が社会の変化に応じてどのように変わってきたのかを比較社会学的に分析することであろう。この課題は、近年の社会学における重要な主題の一つであり、すでに膨大な研究の蓄積が存在している。ここでは、そのような研究の蓄積のなかでも特に重要であり、かつそれらの研究を方向づけてきたギデンズの親密性に関する議論を、少し丁寧に見ておこう。[*11]

まず、ギデンズ（Giddens 1991=2005）はモダニティすなわち近代の特徴として、グローバル化とローカルな現象の相互作用の強まりを挙げる。グローバル化は、モダニティの制度的再帰性が、時間と空間の再組織化と、それに伴う脱埋め込み化メカニズム――「社会関係を特殊な位置づけの呪縛から解放し、広範な時間‐空間のなかに再統合するメカニズム」（Giddens 1991=2005: 2）――によって徹底されたことによる帰結であるという。[*12] このようなグローバルな現象の一方で、それとの相互作用によって生じているローカルな現象の一つが、ギデンズの言うところの「親密な関係の変容」である。そして、そのような親密な関係の変容において重要であるのが、「純粋な関係」が出現することであるという。

ギデンズ（Giddens 1991=2005）によれば、「純粋な関係」とは、「外的な基準がそこでは解消してしまうような関係」（Giddens 1991=2005: 7）であり、「伝統的文脈での緊密な個人的つながりと比べて、純粋な関係性は社会的・経済的生活といった外的条件にはつなぎ止められていない――それはいわば自由に浮遊している」（Giddens 1991=2005: 99）という。では、「純粋な関係」は何によって成立することになるのか。ギデンズによれば、「純粋な関係」において外的条件の代わりに中心的な働きをするのは「コミットメント（commitment）」である。「コミットメント」は、「自己投入」や「自発的な関わり合い」の意味で用いられる概念であり、「ロマンティック・ラブ」や、友人関係は「コミットメント」のあり方の一つであるという。[*13]「コミットメント」に基づく関係は、パートナーに与えるもののためだけに求められ、その唯一の見返りは関係性自体に内在するものとなる。すなわち、「純粋な関係」においてはその関係自体が目的なのであり、それゆえにパートナー間で何か問題が起これば、関係の存続が脅かされることになってしまうのだ。

では、現代における「純粋な関係」には具体的にどのようなものが該当するのだろうか。まず、ギデンズが分析している事例として、恋愛と婚姻における男女の関係を挙げることができる。ギデンズ（Giddens 1991=2005: 99-100）によれば、前近代の結婚は一つの契約であり、当事者自身ではなくしばしば親や親類によって発起され、また経済的要因に強く影響を受けるものであった。近代に入っても、婚姻関係は、稼ぎ手としての夫と子育てと家庭に専念する妻という、内的分業によってつなぎ止められていた。しかし、それらの婚姻を規定する外的な条件は消滅しつつあり、この傾向は「ロマンティック・ラブ」が結婚の基本的な動機として登場するのと同時に生じてきたのだという。ギデンズによれば、現代における結婚は、「それが他者との緊密な接触から得られる情緒的満足のゆえに始められ、そうであるかぎりで存続するような関係」（Giddens 1991=2005: 100）になりつつある。

「ロマンティック・ラブ」については、ここではパートナーおよびパートナーとの関係を「永遠」で「唯一無二」なものとみなし、「自己投影的同一化」を図る愛のあり方であると捉えておくことにしよう。ギデンズ（Giddens 1992=1995）によれば、「ロマンティック・ラブ」は「関係性が外部社会の基準よりも二人の感情的没頭に由来するという考え方に固有な、平等主義的傾向」（Giddens 1992=1995: 95）を有することで、夫婦関係から外的な条件を切り離し、「純粋な関係」を構築する先駆けとなってきた。その一方で、「ロマンティック・ラブ」に対する抑圧的なこだわりは、逆説的にも女性を家庭のなかに押し込める機能も果たしてきたという。それに対して、後期近代以降に広まりつつあるのが、ギデンズ（Giddens 1992=1995: 95-6）が「コンフルエント・ラブ（confluent love）」と呼ぶ、能動的かつ偶発的な愛のあり方である。日本語で「一つに融け合う愛情」とも訳されるこの愛の形式においては、「特別な人」よりも、「特別な関係性」が重要になるという。複数のパートナーと出会いと別れを繰り返すことで志向される「特別な関係性」は、「純粋な関係」の形式により近づいてゆく。ギデンズによれば、今日のような「別居や離婚が頻繁な社会」も、「コンフルエント・ラブ」の出現による一つの帰結なのである。

また、友人関係は「純粋な関係」の特徴――「それが他者との緊密な接触から得られる情緒的満足のゆえに始められ、そうであるかぎりで存続する」(Giddens 1991=2005: 100)――をよりはっきりとさせるものであるという。ギデンズの議論では、友人は「ある人が関係それ自体による見返り以外によっては促されないような関係を持っている誰か」(Giddens 1991=2005: 100)として定義されるからである。しかし、友人関係は近代より前から存在していたのではないか。この点に関しては、ギデンズ(Giddens 1990=1993: 147-8)によれば、前近代の友人関係の多くは制度化されており、血盟の兄弟や戦友といった同志愛的な形態を基本的にとっていた。また、制度化の有無にかかわらず、友人関係は誠実さや名誉といった価値に基づくものであった。それに対して、近代の進展にともなって、友人は「つねに真実を語るものではなく、その人の情緒的安寧を護ってくれるもの」(Giddens 1990=1993: 148)となってきたという。そのような目的に基づいて構築され、維持されるのが、ギデンズのいうところの現代の友人関係なのである。

その一方で、ギデンズがそれらとはやや異なるものとして捉えているのが、親子関係や血縁関係である。ギデンズ(1992=2005)によれば、「親子関係およびそれより広い血縁関係は、純粋な関係性の射程からは部分的に離れたところに留まりつづける」(Giddens 1992=2005: 109)という。親子関係や血縁関係は、生物学的なつながりという外的な基準に拘束され続けるからである。しかしそれらも、脱埋め込み化メカニズムの影響を受けることで、「純粋な関係」の性質を帯びつつあるという。

たとえば、血縁関係は伝統的義務や拘束が剥ぎ取られることで、形骸化することがある。また、親子関係は、双方の権力が根本的に不均衡なものである――育てる親と育てられる子の立場はけっして平等ではありえない――という点で特殊例であるが、それでもモダニティにおいては、子どもが大人になって自律するにつれて、より多くの「純粋な関係」の要素が働くようになるという。進学や就職等で親元を離れて暮らすようになった子どもと、親との関係がふたたび深められるためには、その関係がお互いの「コミットメント」を伴って再帰的に構成されなければならないからである。さらに、ギデンズ（Giddens 1992=1995: 148-9）は、子ども時代の親子関係においても、親の権威的態度にとって代わるものとして、関係性の質それ自体の重要性が高まりつつあることを指摘している。

以上のように、ギデンズは「純粋な関係」の概念を用いることで、モダニティにおける親密な関係の変化を描出している。これらの変化において見出される共通の傾向を端的に述べると、今日の「親密な関係」は、当人の意思によって繋がれたり切られたりする、選択的な関係になりつつあるということになるだろう。これらの傾向は、ギデンズの理論に基づけば、後期近代社会において再帰性が徹底され、それがローカルな人間関係にまで浸透した帰結なのである。

4 「親密な関係」からの離脱に対する抵抗感の根拠（リスク・愛・外的基準）

ギデンズの指摘する「親密な関係の変容」の傾向は、現代の日本社会においてもおおむね妥当すると言えるだろう。たとえば山田昌弘（2005）や桶川（2010）は、日本でも一九七〇年代あるいは一九八〇年代ごろから、夫婦関係において、ジェンダー的な役割の遂行に加えて夫婦間のコミュニケーションが重要視されるようになったことを指摘する。このような夫婦関係に対する要求の高まりは、夫婦関係と愛情の分離という傾向を生み出してきた。また、現代の日本の友人関係についても、後に紹介する土井隆義（2004, 2014）によって、人間関係の自由化にともなう変化が指摘されてきた。

しかし、これらの傾向が事実であるならば、それは「無縁」の意味の変容より示唆された、「親密な関係」から離脱することへの抵抗感の高まりと矛盾するのではないか。すなわち、社会的・経済的生活といった外的条件によらない「純粋な関係」が拡大し、「親密な関係」が選択的なものとなっているにもかかわらず、「親密な関係」からの離脱に対する抵抗感はむしろ広がっているようにも見えるのは、なぜなのだろうか。

この問いについて考察する前に、そのような傾向が本当に現代の日本社会で生じているのかを、既存のデータより確認しておこう。石田光規（2011）も指摘しているように、「親密な関係」の自由度の高まりと、「親密な関係」に対する意識の保守化が両立する現代の傾向は、実際に日本人の意識に関する各種の統計調査からも読み取ることができる。

たとえば、NHK放送文化研究所（2015）によれば、「日本人の意識」調査では、生涯未婚率が高まるにしたがって、結婚について「人は結婚するのが当たり前だ」という選択肢を選ぶ人の割合は減少し、「必ずしも結婚する必要はない」の選択肢を選ぶ人の割合は増加しているという結果になっている。[*14] その一方で、内閣府男女共同参画局（2009）の「男女共同参画社会に関する世論調査」の結果によれば、「結婚しても相手に満足できないときは離婚すればよい」という意見に対して「賛成」と回答する者の割合は、二〇〇二年をピークにおおむね横ばいに推移し、伸び悩んでいる。[*15] この二つのデータは、結婚するか／しないかを選択的な営為として捉える傾向が高まっている一方で、離婚という夫婦関係からの離脱行為に対しては、根強い抵抗感が存在していることを示していると言えよう。そして、そのような離婚に対する賛意の伸び悩みに呼応するように、実態としての離婚件数にも変化が生じている。厚生労働省（2015）の「人口動態統計の年間推計」資料によれば、これまでほぼ増加の一途にあった離婚件数が、二〇〇二年をピークに減少傾向に転じているのである。

また、統計数理研究所（2016）の「日本人の国民性調査」によれば、「あなたにとって一番大切と思うものはなんですか。一つだけあげてください」という質問に対して、「家族」を挙げる者の割合は、一九五八年から現代に至るまで増加傾向にあるという。さらに、ISSPの統計データを元に、各国の近代化と友人関係の変化の関係性を分析した柴田悠（2010）によれば、近代化が一定の段階に到達すると、職場や地域などの特定の空間に規定さ<ruby>れ<rt>、</rt></ruby><ruby>な<rt>、</rt></ruby><ruby>い<rt>、</rt></ruby>選択的な友人関係の重要度の、相対的な優位性はむしろ低下する傾向があるという。これらの分析結果は、現代において、いつ解消されるかわからない選択的な関係よりも、すでに成立している既存の関係が重要視されるようになっている傾向を示すものだと言えよう。これらもまた、人間関係に対する考え方の保守化、あるいは「親密な関係」からの離脱に対する抵抗感の高まりを間接的に示すものではないだろうか。

加えて、補助線として、次のような映画の存在も指摘しておきたい。それは、二〇一三年度のカンヌ映画祭で審査員賞を受賞し、日本国内でも大ヒットをした、是枝裕和監督の『そして父になる』という映画である。この映画の設定は、次のようなものである。主人公は、妻と息子の三人で不自由のない家庭を築いていたが、息子が六歳になってから、出産時の病院での取り違えが発覚してしまう。つまり、主人公の息子は、本当は血が繋がっていない、別の両親の息子だったのだ。そこで、主人公夫婦と、取り違えに遭ったもう一方の夫婦は、将来を考えてお互いの息子を交換することを決める。つまり、本来の血縁関係にそって子どもを育てようとするわけであるが、その交換の試みはなかなか上手くいかない。しかし、そのように葛藤する過程で、主人公は自分が育ててきた息子との関係の重要性や、父親として本当に大切なものに気づいてゆく。結局、主人公はこれまで育ててきた息子をもう片方の夫婦の家に迎えに行き、双方の息子たちが元の育った家族に戻ることが暗示されたところで、映画は終わる。

この『そして父になる』は、親子関係という最も選択が困難な関係性でさえも選択の対象となりうるという可能性と、その一方で、一度築かれた親子関係を再‐選択することの困難性の両方を暗示していると言えるだろう。となると、この映画が大きな反響を呼んだのも――その脚本や配役の妙は当然のこととして――、「親密な関係」が選択的なものとなる一方で、所与の「親密な関係」の重要性が高まっているという現代社会の抱える両義性と、映画の内容が共鳴した結果であると捉えることもできるのではないか。

さて、話を戻そう。私たちは、現代社会において、「親密な関係」が互いの意思によって結ばれるものとなっているにもかかわらず、それを切ることに抵抗感が生じているように見える現象が生じているということを確認してきたのであった。これは、一体どういうことなのだろうか。この理由に対するもっとも単純な説明は、現在は「純粋な関係」へのいわば移行期であり、かつての「親密な関係」から離脱することへの抵抗感が根強く残存しているからだ、というものであろう。ただし、これでは、一九七〇年代以前と二〇一〇年代の「無縁」に対する捉え方の変化から観察されるように、近年になるにつれて、「親密な関係」から離脱することへの抵抗感がむしろ高まっているようにも見えるという点を、説明することはできない。それでは、この一見矛盾した現象を、私たちはいかに説明すべきなのだろうか。

「親密な関係」から排除されるリスク

上記の現象に対して、社会学はもっぱらリスク論の観点から説明を加えてきた。たとえば石田（2011）は、「無縁社会」の言説の流行の背景には、親密圏の変容にともなう人びとの人間関係に対する不安が存在すると指摘する。前節で見てきたように、「純粋な関係」が出現・拡大する後期近代社会においては、「親密な関係」は選択的な性質を強めてゆくことになる。石田によれば、このような変化が生じ始めた一九八〇年代頃までの日本社会では、人間関係が既存の社会的規範や環境条件から自由になることで、人びとが伝統的な紐帯から解放されることを歓迎する傾向があった。しかし、自由を獲得した関係は、自由になったがゆえのリスクを内包し、それが人びとの不安を喚起することになるという。「純粋な関係」は、お互いの「コミットメント」によって成り立つものであるゆえに、お互いの選択次第では成立しなくなるというリスクをつねに孕んでいるからである。そのため、当初は歓迎された親密圏の変容は、次第に「関係を解消されるかもしれない、もしくは、関係を構築できないかもしれない不安」（石田 2011: 19）の対象へと転化してきた。「無縁社会」の言説が人口に膾炙したのも、現代社会においてかつてないほど高まっている人間関係に対する不安に、社会的排除の議論――具体的には「ホームレス化」や「独居」や「孤独死」などの問題に関する議論――が接続された結果であるというのが、石田の見解となっている。

このようなリスク意識の高まりは、マクロレベルの言説上の変化のみならず、ミクロな「親密な関係」の変容からも読み取ることができる。ここでは、土井の議論を参照しておこう。土井（2014）もまた、制度的な枠組みが人間関係をかつてのように拘束しなくなったことで、人間関係を保証する基盤が無くなり、関係が不安定になっていることを指摘する。制度や組織に縛られることなく付き合う相手を勝手に選べる自由は相手も有しており、それゆえ人間関係の自由度の高まりは、自分が相手から選んでもらえないリスクを内包することになるという。土井によれば、このような社会では若者たちは「親密な関係」を維持することに強迫的に囚われるようになり、そして「親密な関係」への不安はネット依存やいじめの原因となっている。土井（2004）が現代における子どもの人間関係の特徴として挙げる「優しい関係」の蔓延も、このような傾向の帰結の一つと言えるだろう。「優しい関係」とは、相手を傷つけないように高度に配慮しあう人間関係のことであり、子どもたちは友人との「優しい関係」を維持するために疲弊してしまっているという。

石田と土井が強調する「親密な関係」から排除されるリスクへの不安は、私たちの「親密な関係」から離脱することへの抵抗感の説明として、一定の説得力を有するものであると言えよう。[*16] では、私たちの「親密な関係」から離脱することへの抵抗感は、このような種類のリスク意識だけで説明しきることができるのであろうか。

この点に関して示唆的であるのは、「社会的排除」の議論において指摘される、個人による主体的あるいは能動的な排除の現象である。岩田正美（2008: 130-2）は、社会関係資本や経済的資本に乏しい人びとがみずから排除の主体となって、みずからを排除に追い込むケースが少なくないことを指摘する。たとえば、多重債務やDV問題を抱えた人びとが、債権者やDV加害者からの圧力から逃れるために、社会関係をみずから絶つケースがあるという。このような「みずからを排除に追い込むケース」で着目すべきは、「親密な関係」を失ったら生きてゆくことが困難であるような人びとが、すなわち「親密な関係」から離脱する経済的および社会的なリスクがもっとも高いように見える人びとが、「親密な関係」から離脱することを能動的に――ケースによってはやむをえない動機が存在するとはいえ――選択しているという点であろう。以上の事実は、私たちの「親密な関係」から離脱することへの抵抗感は、リスクの大小のみでは説明しきれないということを示しているのではないか。

あるいは、次のような点を指摘することもできるだろう。「親密な関係」から離脱するリスクを指摘する議論では、「親密な関係」から排除される際の「私にとっての」不利益を説明することに注力してきた。それゆえ、たとえば私たちが「親密な関係」からみずから離脱した際に、「親密な関係」にあった他者たちにどのような不利益を与えるのか、そしてそのような他者の不利益を想定することが、「親密な関係」からの離脱することの持つ意味にどのような影響を与えているのか、といった点は前景化してこなかったのである。私たちは、何らかのリスクを考慮する際に、多くの場合、それが他者に与える影響までも考慮に入れる。同様に、「親密な関係」からの離脱のリスクを考慮する際にも――それが受動的な排除であっても、能動的な離脱であっても――、私たちはみずからが被るリスクのみならず、それが他者に与える影響をも考慮しているとみなすのが自然ではないだろうか。私たちは、「親密な関係」からの離脱が自己に及ぼすリスクが低いからといって、その集団から積極的に離脱するようになるとは限らないではないか。

愛の限界

前項の考察より、私たちの「親密な関係」から離脱する抵抗感の高まりを説明するにあたっては、従来のリスク論の観点のみでは本書にとっては不十分であることが明らかになってきた。そこで、以下では、私たちの「親密な関係」から離脱することへの抵抗感を説明しうる他の根拠について、理論的に検討を加えてゆくことにしよう。なお、この課題は、以下の問いへと言い換えても良いだろう。現代を生きる私たちは、なぜ「親密な関係」から離脱することを拒むのだろうか。私たちを「親密な関係」へと繋ぎ止めているものは一体何なのだろうか。

この問いに対して、前項ではリスク論の観点、すなわち「私たちが親密な関係から離脱しない理由は、それをすることで私に何らかの不利益が生じることが想定されるからである」という立場を検討してきた。この観点は、人びとが人間関係をある意味で功利主義的に選択しているという前提に基づくと言えるだろう。それに対して、本項では、逆に「私たちが親密な関係から離脱しないのは、当該関係を結んでいる他者が否応なく私を惹きつけるからである」という立場を検討してみたい。本書では、そのように「他者が否応なく私を惹きつける」際に、他にその根拠が見出せない場合、それを私たちの日常的なコミュニケーションにおける用法にならって愛と呼ぶことにしよう。[*17] また、以下では愛、すなわち「他者が否応なく私を惹きつけること」から生じるとみなされる感情を愛情であると定義する。では、私たちが他者に対して愛情を持つこと、すなわち「愛すること」は、「親密な関係」が維持されることの要件なのだろうか。

この点に関して、ギデンズ（Giddens 1991=2005: 104）は、「純粋な関係」において中心的な働きをする「コミットメント」は、ある程度は愛の力によって調整されるが、恋愛感情自体は「コミットメント」を生むことはないし、「コミットメント」を保証するようなものではないと指摘する。しかし、「親密な関係」の主要な契機の一つであるとみなしても差し支えないであろう恋愛感情が、関係への「コミットメント」へと繋がらないというのは、一体どういうことなのだろうか。

ここで、議論の補助線として、大澤真幸の恋愛についての議論を参照しておこう。大澤（2005: 41）によれば、愛――とりわけ愛の唯一性を志向する恋愛――にとって、「この愛は本当ではないかもしれないという不安」は、本質的な構成要素であり、不可避なものである。ある特定の人物を愛している積極的な理由は、その愛が唯一的なものである以上は、けっして挙げ尽くすことができない。仮にその人物の持つ何らかの美点を愛する理由として挙げたとしても、その点で彼／彼女を上回る別の人物が想定されてしまうので、逆に彼／彼女の代替不可能性が失われてしまうからである。よって、「なぜ愛されているのか（なぜ愛しているのか）」という問いは、理由づけの終わりのない反復を強いられることになる。さらに、説明不可能であるにもかかわらず理由を積み重ねていった場合には、その積み重ねがますます不安を助長することになるという。先に述べた事情によって、愛への積極的な理由づけは、かえってその愛を相対的なもの――非唯一的なもの――として示したことになってしまうからである。

このような解消不可能な愛への不安は、とりわけ後期近代において前景化してくることが想定される。というのも、人間関係における「純粋な関係」の拡大と、「コンフルエント・ラブ」という恋愛の形式の出現によって、後期近代における恋愛の対象はより選択的――すなわち代替可能――なものとなるからである。実際に、ギデンズ（Giddens 1991=2005: 97-105）は、S・ハイト（Hite 1987）の研究から、パートナーから「私」への愛情の有無について悩んだり、「本当の愛」を希求したりするアメリカ人女性の語りを引用している。ギデンズによれば、このような愛あるいは愛情に関する苦悩は、「純粋な関係」に内在する困難――バランスと互酬性を備えた、双方が満足できるような関係を作り出し、維持することの困難——と深く関係したものであるという。

以上のような愛の不安定さを踏まえると、ギデンズが愛と「コミットメント」の両概念をはっきりと区別していることも理解可能なものとなる。「純粋な関係」は、愛によってではなく、「コミットメント」によって維持される。ギデンズによれば、この「コミットメント」は、つねに「努力協定」でなければならないという。すなわち、「純粋な関係」は、あくまでもその関係を存続させたいという当人の意思なくしては存続しえないのである。それに対して、愛情はその性質がゆえに、必ずしも関係を存続させたいという意思、すなわち「努力協定」としての「コミットメント」の維持には帰結しないし、そのため「純粋な関係」が維持される要件とはなりえない。この点で、愛と「コミットメント」は区別されて扱われるべきなのである。[*18]

愛と「コミットメント」が区別される以上、愛は「親密な関係」が維持されるための必要条件とはなりえても、十分条件とはなりえないことになるだろう。すなわち、相手への愛情は「親密な関係」の契機となりうることはあっても、必ずしも相手との親密な関係の維持に寄与するわけではないのである。

「親密な関係」を繋ぎ止める倫理

私たちは、ギデンズの理論から、後期近代における「親密な関係」が、社会的・経済的条件などの外的な基準に規定されないものとなりつつあるという傾向を見出した。だが、それにもかかわらず、近年の日本においては「親密な関係」から離脱することに対する抵抗感が強まっているように見える現象が生じていた。この矛盾を説明するためには、まず、私たちを「親密な関係」に繋ぎとめているものは何なのかを原理的に把握しておく必要がある。しかし、前項までの議論から、リスクと愛のいずれも、私たちの親密な関係から離脱することに対する抵抗感を完全に説明しきるにはいたらないということがわかってきた。では、それらが説明しきれなかった部分を補填しうる別の原理は存在するのだろうか。

ここで、これまでやや曖昧に扱ってきた、「社会的・経済的条件などの外的な基準」について、あらためて検討しておくべきだろう。[*19] 特に検討しておきたいのは、後期近代以降の社会において「純粋な関係」が拡大しつつあるとして、それは「親密な関係」に対して社会的・経済的条件の影響が消失することを意味するのか、という点である。

筒井（2008: 102-3）によれば、「伝統的文脈での緊密な個人的つながりと比べて、純粋な関係性は社会的・経済的生活といった外的条件にはつなぎ止められていない——いわば自由に浮遊している」（Giddens 1991=2005: 99）というギデンズの説明は、ミスリーディングなものであるという。というのも、関係が情緒的満足を重視したものであることは、原理的には階層・身分から自由な親密性を保証するが、実際には階層や相性の面での相手との近似性が関係の情緒的満足を高めるということが大いにありうるからである。そして、それは継続的な「コミットメント」の形成においてはなおさらであるという。また、筒井（2008：99）によれば、ギデンズ（Giddens 1991=2005）が指摘している「純粋な関係」の「コミットメント」継続という課題も、現実にはそれほど大きな問題とはなっていないという。というのも、現実的には私たちは学校や職場などの制度的環境から継続的な人間関係を入手することが可能なのであり、それによって「コミットメント」形成の問題は自然に解決されているからである。筒井が指摘するように、後期近代においても「親密な関係」が完全に自発的に作られるわけではないことは明らかであろう。

筒井の議論から、後期近代以降の社会における「純粋な関係」に対しても、社会的・経済的生活といった外的条件は依然として大きな影響を有しているということがわかる。たしかにそれらは、個人が「純粋な関係」を取り結び、場合によっては「コミットメント」を継続させる可能性を担保する条件として機能していると言えるだろう。

ただし、本書がそもそも出発点としていたのは、ある人間関係が耐えがたい苦痛を伴う状況であり、それでも当該関係のなかに留まることを自明であると捉えてしまうような、人間関係からの離脱に対する抵抗感の存在であった。上記の可能性を担保する外的条件によって、それらの抵抗感を説明しきることは果たして可能なのだろうか。少なくとも後期近代以降の社会では、社会的・経済的生活などの外的条件が「純粋な関係性」の成立および継続の可能性を担保することはあっても、そのことと、外的条件が「親密な関係」を繋ぎ止めるような機能を有しているかどうかはまた別の問題であるように見える。たとえば筒井（2008: 109）によれば、最終的に特定の人との長期的関係を望む場合、問題となるのは「ベター・マッチング」であるという。しかし、お互いに好相性であることは「親密な関係」を成立させたり継続させたりすることを可能にする条件ではあっても、当人たちが関係から離脱することを望む際にそれを止まらせる十分な根拠とはならないのではないか。

おそらく、「親密な関係」が選択的なものとなりつつある現代においては、関係の「成立」や「継続」と、その「維持」の問題は区別されるべきなのだ。よって、筒井が述べるように「親密な関係」の維持が現実にはそれほど大きな問題となっていないのも、必ずしも外的条件に補助された「ベター・マッチング」――それは関係の成立や継続の可能性を担保するものではある――が合理的になされている結果であるとは言いきれない。ある「親密な関係」が成立するのは互いの好相性によるものであったとしても、すでに成立した関係が維持されるのは別の根拠――たとえばそれは相手云々ではなく関係それ自体が有する何かであるかもしれない――による可能性がある。そして、本書が対象とするのも、「親密な関係」の「成立」や「継続」の問題ではなく、あくまでも「維持」の問題なのである。私たちは、すでに成立している関係から離脱することへの抵抗感の根拠となるものを、「絆」や「つながり」や「紐帯」やあるいは「しがらみ」といった抽象的な概念に頼らず、その正体がわかるかたちで記述しなければならない。

以上を踏まえると、やはり少なくとも現時点では、社会的・経済的生活といった外的条件もまた、私たちの親密な関係から離脱することに対する抵抗感を説明しきるにはいたらないことがわかるだろう。では、「親密な関係」を維持する根拠となるもので、かつ社会的・経済的条件でも、リスクでも、愛でもないような他の原理は存在するのだろうか。ここで、本章の最初の前提に戻ると、私たちには、何らかの社会関係から離脱することを基本的には望ましくないと捉える傾向があった。だとすると、「親密な関係」から離脱することに対する抵抗感は、ある種の倫理観に基づいているとも言えないだろうか。ただし、このような抵抗感は、先述したように時代や社会によって異なってきたのであった。よって、「私たちが『親密な関係』から離脱しないのは、普遍的な倫理に従っているからである」という説明は少なくとも意味をなさないであろう。そもそも、多くの論者によって、現代的な意味での「親密圏」の成立自体が、近代以降の現象であることが明らかにされてきたのである。[*20]

以上を踏まえると、何らかの倫理の存在によって、私たちの「親密な関係」からの離脱に対する抵抗感を説明するとしたら、それは具体的にどのような倫理なのかまで明らかにする必要があるだろう。ただし、そのような倫理が存在するのかどうかさえ、現段階では不明瞭である。よって、問いは次のような形式をとるべきであろう。人間関係を成立させる外的な基準が失効しつつある後期近代において、なおも「親密な関係」の維持に影響を与え続けるような倫理は存在するのか。そして、そのような倫理が存在するとしたら、私たちはいかなる倫理によって、「親密な関係」から離脱することを望ましくないものとして捉えているのだろうか。

5　失踪の社会学へ

上記の問いを実証的に考察するとしたら、どのような方法があるだろうか。もっとも単純かつ直接的な方法は、可能なかぎり多くの者を対象に、「親密な関係」から離脱しようと思わない理由を尋ねる質問紙調査を行うことであろう。ただし、おそらく後期近代を生きる多くの者にとって、家族や友人関係など何らかの「親密な関係」のなかで生きることは当然の営為である。A・シュッツ（Schutz 1973=1985: 37）によれば、日常生活世界を自明視する人びとの自然的態度は、ある種の判断停止によって構成されているという。よって、親密な関係から離脱しない理由に関しても、それが多くの者にとって自明である以上、日常的に意識されることは少ないのではないか。そうであるならば、人びとに親密な関係から離脱しない理由をあらためて問うことで、どれほど有意味な回答が得られるのかは疑わしいと言えるだろう。

では、より確実に本書の問いに答えるためには、どのような研究方法が考えられるだろうか。直接的に親密な関係から離脱しない理由を尋ねても成果が期待できないのであれば、何か別の手段でそれらを観察することできる研究を行うべきである。たとえば先に紹介した土井（2004, 2014）の研究では、子どもたちが学校で行う人間関係への細やかな配慮を観察することで、彼／彼女らが「親密な関係」から排除されるリスクにきわめて敏感になっているという点が明らかにされている。彼／彼女らは不安定ながらも友人関係のなかで生き残りを図っている者たちであり、それゆえ「親密な関係」から離脱しない理由として見出されるのは主にリスク意識であるということになるのだろう。ただし、目下の課題は、私たちを「親密な関係」の圏域へと繋ぎ止めているもので、かつリスク論では回収しきれないような原理を見出すことであった。よって、本書では土井が注目した日常的な主体とは別の対象を研究する必要があるだろう。

ところで、しばしば一般的に言われるのは、何かが「私」にとって重要なものである理由は、それを失って初めて理解されるということである。たとえば、親と死別した後に、はじめて「私」にとっての親の重要性に気づいて後悔するという場面は、日常においてもフィクションにおいても枚挙にいとまがない。もちろん、学術的な立場から言えば、親が存命時に重要であった理由と、親の喪失後に見出された理由のどちらが「本当の」理由であるのかを判断することなどできないのであるが、それでも後者の状況で、被喪失者が喪失前とは何かしら異なる意味を見出していることは確かであろう。それと同様に、「親密な関係」に関しても、当該関係を失うことで初めて見出される意味が存在する可能性があるのではないか。

このような想定の仕方は、多分に直観を含んではいるが、しかし、けっして無根拠な発想であるというわけではない。というのも、自明であるがゆえにかえってわかりづらい社会の在り方を照らし出すために、あえて例外的あるいは病理的な状況に焦点を当てるという方法自体は、社会（科）学ではしばしば用いられてきたからである。[*21] よって、本書でも一つの試みとして、そのような可能性に賭けてみることにしたい。すなわち、「親密な関係」が失われる、病理的あるいは極限の状態を考察の対象とすることで、社会的・経済的条件やリスク意識や愛に還元されないような、私たちの「親密な関係」から離脱する抵抗感の根拠となる要素を導き出すことを目指すのである。

では、上述の課題に取り組むにあたっては、どのような「親密な関係」の喪失現象が研究対象としてふさわしいのだろうか。いったい、どのような病理現象あるいは極限状態が、本書にとってもっとも示唆に富むのだろうか。結論から先に述べると、本書では失踪、すなわち「人が家族や集団から消え去り、長期的に連絡が取れずに所在も不明な状態が継続する現象」を研究の対象とする。他者の失踪によって親密な関係を失った者たち、失踪を第三者的な立場から観察する社会、そして失踪者本人たちが、それぞれ失踪に対してどのような意味を付与してきたのかを観察することによって、「親密な関係」を維持する倫理を逆照射することを目指すのである。要するに、失踪という現象（の意味）を分析することで、逆に「なぜ私たちは失踪しないのか」を問うのだ。以下では、なぜ失踪という現象がそのような分析の対象として適しているのか、その理由について説明しておこう。

第一に、一言で「親密な関係の喪失」といっても、それには多種多様な現象が含まれることになる。当該関係がどのような種類のものであるのかはもちろんのこと、それがどのような経緯で失われたのかによっても、その喪失の意味はまったく異なることになるだろう。配偶者との死別と配偶者との離婚を、同一の意味を持った喪失であるとみなす者は少ないはずである。一方で、本書が研究の主題とする失踪では、その出来事の性質上、しばしば経緯による関係の喪失の意味づけは困難なものとなることが想定される。というのも、失踪という現象は、特に残された者たちにとっては唐突に、原因もよくわからないまま生じることがあるからである。仮に、経緯が明確な「親密な関係」の喪失を経験した場合であれば、一般的に用いられている解釈図式に経緯を当てはめることで、その出来事を意味づけることも可能であろう。しかし、昨日までは共に生活していた者が突如として姿を消してしまった場合、その喪失に対して、一般的な図式を少なくともそのまま適用することは不可能である。よって、彼／彼女らは「親密な関係」の喪失の各々の方法で向き合うことに――あるいは向き合うことを拒むことに――なるのではないか。その過程で、他の「親密な関係」の喪失現象からは見出されることはなかった「親密な関係」の持つ意味が、あるいは「親密な関係」を維持する倫理的な根拠が、露になる可能性がある。

第二に、失踪という概念が指し示す現象の普遍性を挙げることができる。ある人間関係や集団から人間が消え去ってしまうという事態は、人間関係や集団が存在する社会であれば必ず起こりうるものである。実際に、柳田国男（1976）に代表される日本の民俗学研究では、日本の近世以前の共同体で「人が消える」という事態が「神隠し」と呼ばれ、それに関する伝承が近代まで語り継がれていることが明らかにされている。本書が「失踪」と呼ぶ事態が、近世以前の社会で「神隠し」として観察されていたことを踏まえると、そのような出来事自体は近代家族や「親密な関係」の成立よりもずっと以前から存在していたとみなすことが妥当であろう。このように、人間関係や集団があるところには失踪もまた存在するのであれば、失踪を比較社会学的に分析することで、人びとにとっての人間関係の意味を、通時的あるいは共時的に分析することができるのではないか。本書では古今東西の失踪の比較分析を行うには至っていない――過去から現在までに存在しているさまざまな社会における失踪を分析するためには、膨大な時間と人材が必要になるだろう――のだが、そのような分析の端緒にはつくことができたと考えている。

第三に、「人が消える」ということの意味に対する分析は、前述したような成果が見込まれるにもかかわらず、これまで日本の社会学においては研究の主題となってこなかった。「はじめに」で挙げたホームレス研究や寄せ場研究、ネットカフェ難民研究など個別のフィールドを主題とした研究では、一部の例外を除いて、もっぱら当事者たちの生活世界や排除の様相に焦点が当てられている。それに対して、失踪というカテゴリーを用いることで、「親密な関係」からの離脱という出来事に特化した研究を行う本書では、既存の研究では得られなかった独自の知見を得ることが可能だろう。特に、本書の第4章で調査を行った失踪者の家族たちは、失踪を失踪者の行為や状況によって定義するのではなく、「人が消える」現象として定義したことによって初めて、共通性を持った一つのグループとして捉えることが可能になる。次節でも述べるが、当人が家族から離脱後にホームレスになっていようが、日雇い労働者になっていようが、あるいは自殺していようが、彼/彼女と再会あるいは連絡ができないかぎり、家族たちは「失踪者の家族」なのである。そして、そのような失踪の経験が当人や家族たちによってどのように語られるのかは、本書にとっては格好の研究材料となるだろう。これまで述べてきた問題設定を踏まえると、本書の主要な目的は失踪の実態を直接観察することではなく、人びとが失踪をどのように捉えるのかを観察すること、いわば「失踪の観察に対する観察」を行うことだからである。

以上のような理由に基づき、本書では失踪に関する質的手法を中心とした調査研究を行う。まず、第II部（第3章）では、失踪とは直接には無関係な視点から、失踪という現象がいかにして語られてきたのかを調査する。具体的には、戦後から現在に至るまでの雑誌記事における失踪言説の経年変化を見てゆく。この作業によって、失踪が一般的にどのような問題として語られてきたのか、また、失踪のようなかたちで「親密な関係」を断ち切ることが何に対する侵犯としてみなされてきたのかが明らかになるだろう。次に、第Ⅲ部（第4章〜第6章）では、失踪により近い立場にある当事者たちを研究の対象とする。具体的には、第4章では残された失踪者の家族たちが、第5章では失踪者の家族を支援するNPO法人である日本行方不明者捜索・地域安全支援協会のスタッフたちが、そして第6章では実際に失踪経験を有する失踪者本人たちの語りが分析される。実際に失踪が生じることで何が起きるのか／失われるのか、そしてそのような経験が当事者たちにとってどのような意味を持つのかを分析することで、逆に、「親密な関係」を繋ぎ止めていた倫理的な何かが浮上することになるだろう。

さて、これらの調査研究に取り組む私たちにとって、失踪というあまり知られていない現象について可能なかぎり詳細に記述することも重要ではあるが、あくまでも最終的な目的は、「人が消える」という現象の研究を通して、逆に「私たちはなぜ『親密な関係』から離脱しないのか」を問うことである。しかし、失踪という現代社会においては一般的ではない特殊な現象から、「親密な関係」に関する普遍的な結論を導き出すことは果たして可能なのだろうか。このような懸念に対してしばしば参照されてきたのは、見田宗介の質的データに関する見解である。たとえば新聞の身上相談から人びとの「不幸の類型」を抽出した見田（2012）は、身上相談の言説という質的データの意義について、以下のように述べている。

> 活火山はけっして地表の「平均的」なサンプルではない。しかし活火山から噴き出した溶岩を分析することをつうじて、地殻の内部的な構造を理解するための有力な手掛りが得られるのである。極端な、あるいはむしろ例外的な事例が、他の多くの平常的な事例を理解するための、いっそう有効な戦略データとなることは、自然科学においてさえ多くみられる。ここでは現代日本社会における「不幸の諸類型」のこのような戦略データとして、マスコミの身上相談にあらわれる事例をえらんだ。（見田 2012: 3）

上の引用にあるように、見田は極端あるいは例外的な事例を、他の一般的な事例を理解するために戦略的に利用することが有効であると捉えている。そして、身上相談には、日常生活に潜在している不幸のさまざまな要因が、「活火山から噴き出した溶岩」（見田 2012: 4）のように露出しているというのである。

見田の見解に沿うのであれば、本書が研究の対象とする失踪という極端で例外的な事例も、「親密な関係」一般を理解するために利用可能であるということになるだろう。ただし、当然のことながら、それはすべての例外的な事例のなかに一般的な事例に通ずる普遍的なデータが含まれていることを意味するわけではないし、見田の見解をただ印籠のように掲げて満足するわけにはいかない。よって、「失踪の社会学」によって得られた知見が、身上相談のように「活火山から噴き出した溶岩」たるかどうかは、本書の成果によって示されなければならないだろう。本書では、第7章および第8章がそのような役割を担うことになる。

第2章　失踪の実態はどこまで把握可能か

かくして、私たちは無事に失踪に関する議論へと帰ってくることができた。すなわち、本書では、失踪に関する質的研究を行うことで、社会的・経済的条件やリスク意識や愛に還元されないような、私たちの「親密な関係」からの離脱に対する抵抗感の根拠となる要素を導き出すことを目指すのである。しかし、いざ失踪に関する研究を行うといっても、読者のほとんどが、失踪については何の知識も持ち合わせていないというのが実情であると思われる。そこで、本書の内容へと本格的に入る前に、失踪に関してあらかじめ把握できる予備的な知識および前提を確認しておくことが肝要であろう。本章は、そのような本書の準備作業に充てられることになる。なお、そのような情報のインストールが必要ないという読者は、本章の内容は読み飛ばしてもらってもかまわない。

1　諸概念の整理（失踪・家出・蒸発・行方不明）

さて、まず本節では、本書において失踪と他の類似した概念をどのように区別して用いるのかを説明しておこう。前章の冒頭で述べたように、本書で用いる失踪の概念は、社会病理学における「家出」および「蒸発」の概念を引き継ぐものである。では、なぜ既存の「家出」および「蒸発」の概念をそのまま使用しないのか。再度確認しておくが、本書では失踪を、「人が家族や集団から消え去り、長期的に連絡が取れずに所在も不明な状態が継続する現象」として定義している。この定義が「家出」や「蒸発」の定義といかに区別されるのかを、以下では見ておこう。

先に見たように、「家出」の定義は、「家族成員が自己の所属する家族の日常生活から一時的にあるいは永続的に離脱する行為」(米川 1978: 99)であった。この定義では、「家出」は行為の一種としてみなされている。行為として定義されている以上、それは行為者によって実行される何事かを指しているとみなしても良いだろう。たとえば、少年が親との不仲を苦にして、家族に行き先を告げずにみずから家を出てゆくなどの行為は、典型的な「家出」の事例であると言える。逆に言えば、誰かが誘拐で連れ去られるような事例は、それがみずからの意思ではなく他者によって引き起こされているという点で、行為である「家出」には該当しないということになるだろう。

それに対して本書における失踪は、あくまでも人が家族や集団から消え去る現象を指していた。よって、失踪には当人による行為のみならず、当人の意思によらない誘拐や拉致などの現象も含まれることになる。ただし、当事者たちが当人の離脱を認知せずに自然に関係が切れてしまう場合——たとえば第1章第2節で挙げた「無縁死」の事例はしばしばこれに該当するだろう——は、本書における失踪には含まれない。また、卒業や就職、退職、結婚、離婚など個人のライフイベントによる「別離」も、失踪と呼ぶべきではないだろう。このように、本書においては、ある現象が失踪であるとみなされるためには、残された者たちの消失に関する認知——「人が消え去った」あるいは「突然いなくなってしまった」、「突然連絡がつかなくなった」などの出来事に対する認知——が伴っていなければならないということにする。このように、本書において失踪が行為ではなく当事者たちの認知に基づいて定義されるのは、前節で述べたように、本書が失踪の持つ意味に着目した分析を行うからである。極論すれば、いかなる「親密な関係」も持たない孤独な者が、誰にも気づかれずに一人でどこかに移動しても、それは失踪としての意味を持つことはないだろう。

なお、ある現象が失踪であるか否かの判断に、残された者の消失の認知を利用するということは、ある者にとっては失踪でも、別の者にとっては失踪ではないという状況が多発することになるだろう。よって、このような定義の仕方は明確であるとは言えないが、しかし、私たちが失踪と呼んでいる現象のなかには、そのような方法でしか指し示することができない事例が存在する。たとえば、ある者が家族からは失踪中の身でも、友人の一人とは繋がりを保持しているような場合、それは友人にとっては失踪ではないが、家族にとっては失踪であるということになるだろう。この場合、彼／彼女が誰か一人と繋がっているから失踪ではないと考えるよりも、家族にとってはたしかに失踪という現象が生じていると捉える方が、自然ではないだろうか。

次に、「蒸発」の概念との区別についてであるが、結論から言うと、本書における失踪とかつての社会病理学における「蒸発」の概念は、ほとんど同じ現象を指している。つまり、失踪と「蒸発」はほとんど同義の概念である。それにもかかわらず、本書で「蒸発」ではなく失踪の用語を使用するのは、「蒸発」という言葉が、かつて一時的に用いられていた比喩表現に過ぎないからである。詳細については第3章で述べるが、そもそも「蒸発」は、マスメディアにおいて生まれた、失踪や行方不明を意味する比喩表現である。「蒸発」の言説は一九六〇年代から七〇年代にかけて日本国内のマスメディアで流行し、その際に、日本の社会病理学においても「蒸発」を主題とした星野（1973）や井上（1978）などの研究が行われた。しかし、「蒸発」の用語は社会学において定着したとは言い難く、「蒸発」という言葉が一般的に用いられなくなった一九九〇年代以降になると、学界内でも使用されることはなくなった。以上の経緯を踏まえると、本書ではもはや死語となった「蒸発」よりも、より意味が明確な失踪を用語として用いるのが妥当であろう。

最後に、行方不明と失踪の概念の区別についてだが、本書では行方不明の方が失踪よりも広い意味を持つものとする。一般的に、行方不明という言葉は、人の所在や生死が不明な状態となる、ありとあらゆる事態を指すものである。よって、たんに「家出」や事件によって人の所在が不明になる場合だけではなく、自然災害や海難事故、戦争等に巻き込まれて生死不明となった場合も、行方不明の概念が指し示す事態のなかに含まれることになる。

それに対して、本書における失踪は、人が自然災害や海難事故および戦争に巻き込まれたことで生死が不明となっていることが明らかである事態は含まないということにしたい。[*1] というのも、それらの事例では、生死が不明ながらも第三者の視点から見れば死の可能性が非常に高く、法的な扱いも他の行方不明とは異なるからである。[*2] よって、それらの事例は、本書が研究の対象とする、経緯が不明であることによって関係の喪失の意味づけが困難であるような事例（失踪）とは、当事者たちにとっても大きく意味が異なってくる可能性がある。本書における失踪の事例と、自然災害や海難事故および戦争による行方不明の事例を比較することは有意義であろうが、それは本書にとっては手に余る作業となるだろう。それゆえ、本書では失踪以外の行方不明の事例に関しては、研究の対象とすることはしない。

以上のように、本書における失踪の定義はやや煩雑なものとなっている。しかし、このように定義することでしか、本書の研究対象を過不足なく同定することはできないし、それは一般的な失踪という言葉の用法からもそう隔たってはいないはずである。

2　失踪の件数と内訳

次に、本書が研究対象とする日本国内の失踪に関して、大まかな実態を確認しておこう。前節で確認した意味での「失踪」は、年間に何件ぐらい生じているのだろうか。この問いに対して明確な回答を与えるのは、非常に困難であると言わざるをえない。では、なぜそのように回答になってしまうのか。それについては、以下の事情から理解してもらえると思う。

まず、失踪には具体的にどのような種類のものが存在するのだろうか。失踪について政治的・法律的な提言を行っている眞鍋（2008）によれば、警察は失踪を「自己の意思の有無」によって分類するという。「自己の意思による失踪」とは、事実とは無関係に、警察当局が失踪には犯罪性が無いと推定した場合のことであり、「家出」あるいは自殺などの原因が推定される。一方、「自己の意思によらない失踪」とは、警察当局が、失踪に犯罪性が有ると推定した場合のことであり、犯罪事件の被害者として想定されるものである。具体的には、殺人、略取・誘拐、監禁、人身売買、国外移送目的略取などの場合がありうる。さらに、「個人の意思とは無関係な偶発的な失踪」として、海難事故、山岳遭難や、地震、津波などの自然災害があるという。ただし、人が自然災害や海難事故および戦争に巻き込まれたことで生死が不明となっていることが明らかである事態については、本書では失踪の概念に含まないということは前節で述べたとおりである。

では、上記の諸原因はどのように分布しており、またそれぞれが失踪の件数全体に対してどの程度の割合を占めているのであろうか。この点について正確に把握することは至難の業であり、また現実的であるとも言えない。というのも、失踪という事態の性質上、その失踪がどのような種類のもので、またどのような原因によって生じていたのかは、失踪者が発見されるまではわからない場合が多いからである。それゆえ失踪は、それが失踪であるかぎりにおいて、統計的な分析を拒むことになるのだ。とはいえ、ここでは参考までに、警察庁生活安全局生活安全企画課（2016）による「行方不明者の状況」のデータを紹介しておこう。

本章の冒頭で述べたように、警察に届け出られた行方不明者届出書の件数は二〇〇二年を境として減少傾向にあるが、現在でも毎年八万件以上の行方不明者届出書が警察に計上されている。同件数が集計されているのは一九五六年からであり、件数が一〇万件を超えていたのは一九七〇年、一九七八年から一九八四年、二〇〇一年から二〇〇三年の三つの期間においてであった。また、同資料には原因・動機の大まかな分布も掲載されている。それによると、二〇一五年次の行方不明の内訳は、「疾病関係」が一万八三九五人（二二・四パーセント）であり、次いで「家庭関係」が一万六一一五人（一九・六パーセント）、「事業・職業関係」が九三八二人（一一・四パーセント）、「学業関係」が二〇九九人（二・六パーセント）、「異性関係」が一六六九人（二・〇パーセント）、「犯罪関係」が五三三人（〇・六パーセント）、「その他」が二万一九一人（二四・六パーセント）、「不詳」が一万三六五一人（一六・六パーセント）であったという。

ただし、上記の原因・動機の集計にはごく一時的な行方不明も多く含まれており、本書が研究対象とする失踪――長期的に連絡が取れずに所在も不明な状態が継続する現象――の原因の分布にそのまま対応しているとみなすことはできない。そればかりか、同じ理由で、行方不明者届出書の受理件数と失踪の件数とを同一視することもできないのである。この点は、よく誤解されがちであるので、注意しておきたい。たとえば、マスメディアの報道でしばしば用いられる、「年間八万人の行方不明者が生じている」といったフレーズは、表現上は間違っているわけではないのだ

図1　行方不明者届出書受理件数と所在確認件数の年次推移
（「平成27年中における行方不明者の状況」資料の集計表より作成）

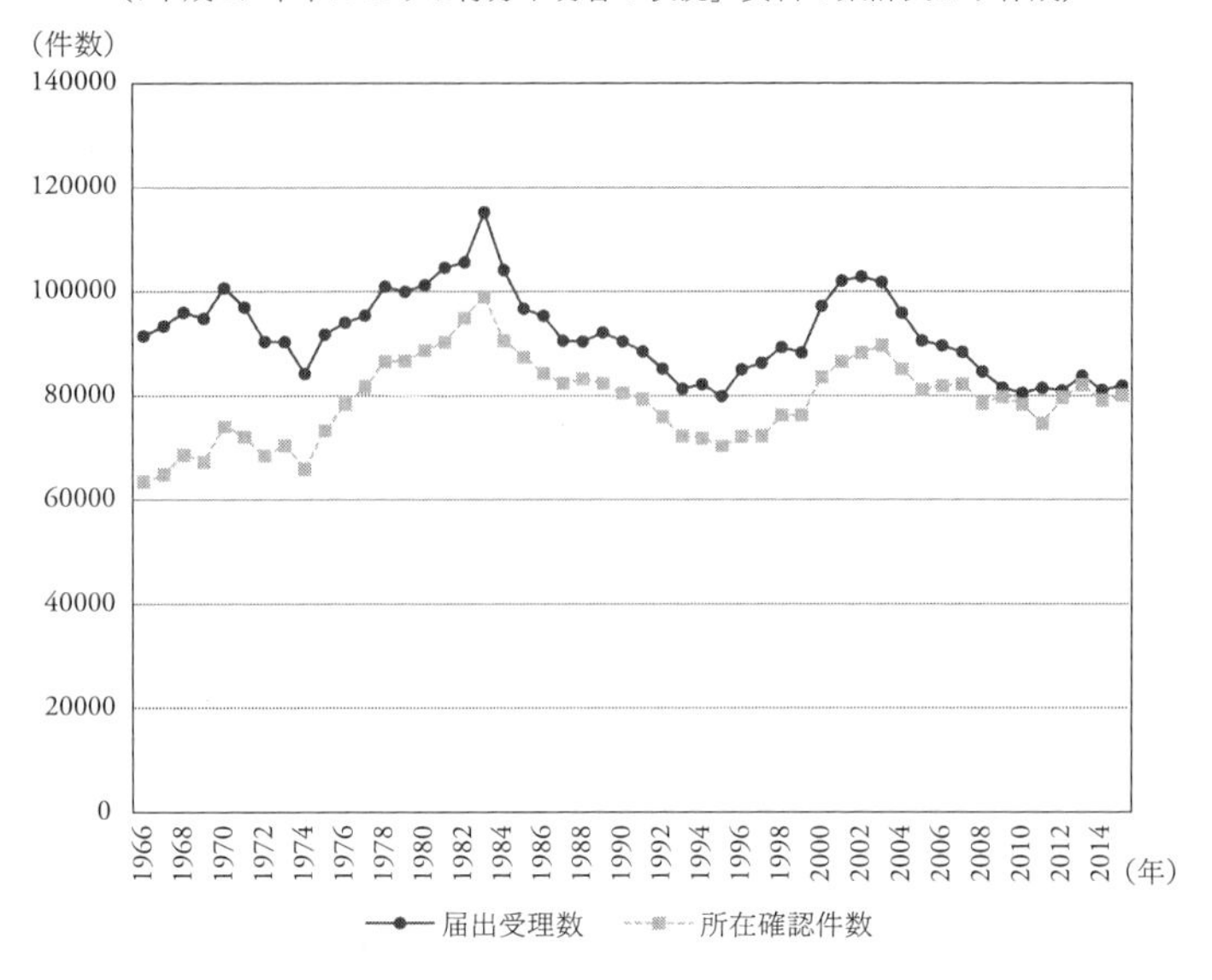

が、しかしそこから、「年間に八万人の人間が姿を消している」という論調や、「年間に八万人の人間が見つからないままでいる」という論調に至るのは、事態を誇張した大袈裟な報道であると言わざるをえない。むしろ、すぐ後に述べるように、そのうちのほとんどのケースは、短期間のうちに何らかのかたちで解決しているはずである。

　では、「行方不明者の状況」データから、長期的な行方不明の件数を読み取ることはできないのだろうか。この点に関して、「行方不明者の概要」のデータには、年度毎に出された行方不明者届出書の件数のみならず、発見された行方不明の件数も集計されている。ある年次中に受理された行方不明者届出書の件数から、同年次中に発見された行方不明者の件数を除けば、ある年次中に届出が受理された行方不明のうち、当該年次中には発見されなかったケースの件数の近似値を算出することは可能であろう。[*3] この件数は、警察が把握している、長期にわたる行方不明すなわち失踪の件数（の近似値）であるとみなすことができる。そこで、行方不明者届出書の受理件数と所在確認件数の両方の年次推移を把握できるようにしたのが、図1である。

図1より、毎年多くの行方不明者が発見されているものの、その件数は当該年次の行方不明者届出書の受理件数に及んでいないことがわかる。ここから、失踪が年間に少なくとも数千から（年によっては）数万件の頻度で生じてきたことが確認できる。ただし、図1からは、二本の折れ線が増減を繰り返しつつも、現代に近づくにつれて接近しつつあることを見て取ることもできる。これは、「ある年次中に受理された行方不明者届出書の件数」－「同年次中に所在が確認された行方不明の件数」の値、すなわち警察が把握している失踪の件数が、特に二〇〇〇年代以降は減少傾向にあるという事実を示すデータであると言えよう。[*4]

もっとも、「行方不明者の状況」データにおける行方不明者届出書件数と所在確認件数の差から、失踪の実態のすべてを把握することは不可能である。というのも、人が失踪した場合に、残された家族や縁者は必ずしも行方不明者届出書を警察に出すわけではないからである。特に、友人関係や趣味のグループ、職場関係などの、選択的な関係からの失踪では、届けが出される方がむしろ珍しいだろう。このように、どの人間および集団からの視点を採用するかによって、事態が失踪として計上されるかも変わってくるし、選択的な関係からの消失をすべて失踪とみなすのであれば、逆に失踪はいたるところで無数に生じていると言うこともできるだろう。

よって、これらのデータはやはり参考程度にしかならないのであるが、そもそも本書の研究目的からして、失踪件数の統計的な分布はさほど重要な情報ではないとも言える。ところで、「疾病関係」については、二〇一二年より、そのなかで「認知症」による件数が占める割合についても集計されており、二〇一五年度におけるその件数は一万二二〇八人と全体の一四・九パーセントにも及んでいた。このような集計がなされるようになった背景には、近年のマスメディアにおいて、認知症の高齢者の失踪が社会問題化しているという原因があると推測される。本書では、実際の失踪の種類別の件数や割合よりも、このような失踪に対する社会の視線の方にこそ着目すべきなのである。

3　失踪発生後の一般的な流れ

次に、失踪が起こった場合に残された者が行う一般的な手続きについて述べておきたい。ある者が失踪した後に、残された家族や縁者が失踪者の捜索を希望する場合、警察に行方不明者届出書を出して捜索を依頼することになる。しかし、警察はすべての失踪者の捜索を行うわけではない。眞鍋（2008: 181）によれば、警察は失踪を「自己の意思の有無」によって分類するが、それは捜査に全面的に取り組むか否かの線引きとするためであるという。そして、「自己の意思による失踪」と警察が推定した場合、つまり「事件性が無い」と推定された場合、失踪者が未成年である場合と一部の例外を除いて警察の捜査対象となることはないのである。[*5] その場合、失踪者の捜索は、家族が独力で行うか、もしくはＮＰＯや民間の調査会社と協力して行われることになる。しかし、このような捜査には当然限界があり、すべての失踪者が発見されるわけではない。その結果、多くの失踪が解決されないまま「迷宮入り」する状態となっている。

また、失踪者たちが失踪後にどのような状況になっているかについて、少しだけ言及しておこう。当然のことながら、「家出」や自殺などの「自己の意思による失踪」と、何らかの事件に巻き込まれる「自己の意思によらない失踪」では、失踪者の失踪後の状況は大きく異なることになる。後者に関しては、巻き込まれた事件によって失踪者の安否も左右されることが想定されるため、それに関して何かしらの一般的な傾向を述べることは困難であろう。では、前者の場合はどうだろうか。「自己の意思による失踪」の目的が自殺だった場合、多くの場合は失踪の早い段階でみずから命を絶つことになるだろう。その際に、遺体が発見されづらい死に方をしてしまった場合、あるいは遺体の身元が特定されづらい死に方をしてしまった場合、その遺体が発見され身元が特定されるまでは、残された者にとっては彼／彼女は長期にわたって失踪者であり続けることになる。ただし、もちろんすべての失踪者たちが自殺を目的として失踪するわけではない。その場合、失踪者たちは失踪後も生き続け、どこかで生活を送っているかもしれない。

そのような失踪者たちの失踪後の生活に焦点を当てる作業は、第6章に譲るとしよう。ここで差しあたり把握しておきたいのは、「自己の意思による失踪」のなかで、自殺を目的とした失踪の件数はどの程度の割合を占めており、また、どの程度の割合の失踪者が失踪後も生き続けているのか、という点である。これらの点に関して、「行方不明者の状況」資料では「所在が確認された行方不明者の状況」についても集計が行われており、それによると二〇一五年中に発見あるいは帰宅が確認された失踪者八万二三二人のうち、四〇九二人は死亡した状態で発見されているという。このデータのみでは、所在が確認されていない失踪者の安否の割合については知る由もないのであるが、しかし少なくとも失踪者たちが現在も生きているという保証はないということは明らかであろう。あまり考えたくはないことではあるが、相当数の失踪者たちが自殺あるいはそれ以外の原因によって死亡していると推測することも可能である。

4 「現代的な問題」としての失踪?

最後に、想定される誤解について言及しておきたい。それは、失踪が現代的な問題であり、そうであるがゆえに本書では失踪を取り上げている、という誤解である。

一般的に、社会学において研究対象が「現代的な問題」であるというとき、それは、その対象が「現在において新たに(あるいは頻繁に)生じている現代社会に特有の現象」であることを意味していると捉えても差し支えはないだろう。そのような研究対象は、過去にはなかった現代特有の現象であるがゆえに、現代社会の特性を理解する際に有益な情報源となる。それゆえ、社会学では、研究対象が「現代的な問題」であるという事実が、しばしばその研究の意義——すなわち、なぜその研究をするのか。その研究にどんな価値があるのか——を説明するためのもっとも有力な論拠として用いられるのだ。

しかし、そのような意味で失踪が「現代的な問題」であるから、本書では失踪を取り上げているのかというと、そうではない。これまで論じてきたように、本書で失踪を研究対象とする理由は、むしろそれが現代社会において例外的であるという点にこそ求められる。では、なぜ単純に、失踪が「現代的な問題」だから失踪を取り上げる、という説明をしてはいけないのか。それは、身も蓋もない話であるが、失踪はそのような意味での「現代的な問題」であるとは言えないからである。本章で確認したように、「行方不明者の状況」のデータ上は、警察の行方不明者届出書の受理件数も、短期的には発見されない行方不明の件数も、近年は減少傾向にある。もちろん、前述したように、このデータは完全に失踪の件数を表しているわけではないのだが、それでも、現代において失踪が増加しているという傾向がデータから読み取れないことは確かである。また、詳細については次章で分析するが、マスメディアの言説上でも、近年において失踪が特別に話題になったような痕跡は見られない。むしろ、マスメディアで失踪に関する言説がもっとも流行したのは一九六〇年代から一九七〇年代にかけてであり、現代では一九七〇年代当時のようなかたちで失踪が社会問題として取り上げられることは稀なのである。

以上より、失踪は現代において特に頻発しているわけでもないし、現代においてことさら社会的な注目を集めているわけでもないことがわかるだろう。失踪が「現代的な問題」であるという想定で本書を手に取った読者は、肩透かしを食った気分になってしまうかもしれない。しかし、心配には及ばない。というのも、それは失踪が、現代社会なるものと何の関係もない、ということを意味するわけではないからである。本書の今後の内容を若干先取りすることになるが、失踪がかつてよりも注目を集めなくなっているということは、それ自体が、逆に現代社会の特徴であるとも言える。そして、ふつうであればみずからの意志で失踪するという発想には及ばないであろう現代において、あえて失踪の有する意味について研究することこそが、重要なのである。なぜ、私たちは「親密な関係」から離脱しないのかを考えるにあたっては。

よって、失踪は、「現代的な問題」であると言うことはできないが、しかし「現代において考える価値のある問題」であると言うことはできるだろう。このように小括を行ったところで、いよいよ次章からは失踪に対する本格的な考察を行ってゆくことにしたい。

II　失踪の言説史

第3章　失踪言説の歴史社会学——戦後から現在までの雑誌記事分析

アダムとイブの昔から、禁断の木の実をむさぼるのは、まず女ときまったもの。しかも昨今、性の快楽を味わうことにはますます激しく貪欲になってきた。いまや、妻から離婚を申し立てるなんてもう古い。めんどうくさい離婚手続きなんてマッピラと、夫も家庭も捨て、即充実したセックスライフを求めての蒸発がふえているのだ。

（『週刊現代』1974.10.17）

前章の最後に、私たちが生きている現代社会は、基本的に失踪という現象に対してあまり注目しないい傾向があるということを予告しておいた。それに対して、冒頭で引用した言説は、一九七〇年代前半——それは、ちょうど失踪に対して積極的に語ることがもっとも流行していた時期にあたるのだが——の、とある週刊誌の特集記事の文章である。週刊誌の内容やその語り口が、今も昔もたぶんに大袈裟で煽情的で女性蔑視的になる傾向があることを差し引いたとしても、その言説は、現代を生きる私たちにとってはかなり違和感を覚える内容なのではないだろうか。もちろん、いわゆる「価値観」は人それぞれであるし、また当時を生きていた経験があるかどうかでも捉え方は大きく異なることが想定されるので、現時点ではあまり迂闊なことは言えないのだが、それでも、「蒸発」すなわち失踪よりも離婚を「めんどうくさい」と語ってしまう感覚は、筆者にはなかなか理解し難いものがある。しかも、記事によれば「妻たち」は、失踪で何もかも失った状態で、異性と「充実したセックスライフ」を送ることができるのだという。そこには、いわゆる「駆け落ち」から一般的に想像されるような、最後の手段としての悲壮感を感じることはできない。

ここで重要なのは、上の記事が、一九七〇年代の雑誌記事としてはけっして偏ったものではないという点である。むしろそれは、当時の週刊誌における、ある種の典型的な失踪語りであるとみなすこともできるのだ。そして、そのようなかつての失踪についての語りが、現代においては一般的ではないとしたら、それは当時と現在とで、失踪に関わる何かが変わったと見るべきではないだろうか。

1　失踪言説の分析は何を語るのか

本書の第II部にあたる本章では、戦後から現在に至るまでの失踪言説の変化を追うことで、冒頭の引用が提起する謎を解き明かしてみたい。すなわち、過去と現在で本当に失踪についての語り方は変わったのか、変わった点があるとしたらそれは何なのか、そしてその変化の背景に何があるのかを分析するのである。これらの課題に取り組むことは、本書全体の取り組み――失踪という現象が持つ意味を考察することで、「親密な関係」から離脱することに対する抵抗感の根拠となる原理を明らかにすること――に対して、次のような重要な貢献を果たすことになるだろう。

まず、失踪がどのような点で「問題」とされてきたのかを明らかにすること。マスメディアにおける失踪言説は、そのほとんどが失踪の当事者――ここでいうところの当事者とは、失踪者本人か、あるいは失踪されて残された者のいずれかを指している――とは異なる者たちによって紡がれたものであることが想定される。このように第三者的な立場から語られた言説を分析することで、一般的に失踪がどのような点で「問題」とされてきたのか、そして、失踪のようなかたちで「親密な関係」を断ち切ることが何に対する侵犯としてみなされてきたのかを明らかにすることができるのだ。

次に、「親密な関係」に対する私たちの捉え方について、ある種の通時的な比較分析を行うこと。第1章第3節で述べたように、「親密な関係」からの離脱に対する捉え方は、社会によって異なるのであった。よって、ある時期の社会における失踪言説と、別の時期の社会における失踪言説を通時的に比較することで、「親密な関係」から離脱することに対する捉え方がどのように変化してきたのか、また、それが各時期の社会的な背景とどのように関わっていたのかも見えてくるのではないか。

本章の目的は以上のとおりであるが、まず、本節ではそれらを達成するための方法論をより精緻に詰めておきたい。「何時の」「何の」言説を、「どのように」収集し、「どのような観点から」分析するのが、私たちの目的にもっとも叶うことになるのだろうか。

言説分析という方法について

そもそも、マスメディアにおける言説の分析によって、本当に本章の目的は達成されるのだろうか。その有効性と限界とを前もって把握しておくために、本章で取り扱うマスメディアの言説がどのようなデータなのかについて、いくつかの留意点を述べておこう。なお、細かい社会学の方法論の話になってしまうので、そのような内容に興味のない者、あるいは早く失踪の話に移りたい者は、読み飛ばしてもらってもかまわない。

まず、当然のことながら、失踪に関する言説は必ずしも失踪の実態を反映しているわけではない。それゆえ、データとしての失踪の言説が示しうるのは、あくまでも失踪に対する捉え方の変容であって、失踪の実態の変容ではないということを留意しておく必要があるだろう。

次に、こちらの方がより重要なのだが、マスメディアにおける失踪の言説が「誰」によって語られたものであるのかという問題がある。差しあたり、マスメディアにおける失踪言説の主な担い手は、失踪を身近に経験したことがない者たちであるということはできるだろう。ただし、失踪の言説から、その担い手たちにとって失踪現象がどのような意味を持ってきたのかを明らかにするためには、上の説明だけではいささか不十分かもしれない。たとえば、当該言説の主な語り手の社会的ポジションはどのようなもので、またどのような利害関心を有する主体であるのか、などの情報が分析にあたっては必要になるのではないか。しかし、結論から述べると、本章が行う分析にあっては、それらの点はさほど重要な問題とはならない。この理由について説明するために、以下ではM・フーコーの言説分析の方法論を参照していこう。

フーコー（Foucault 1969=2012）は、ある言説を一つの「言表的出来事」であり「具体的事件」として捉え、それについて分析する目的を以下のように述べている。

> 言表的出来事という具体的事件を言語体系や思考から切り離して考察するのは、無数の事実を塵のようにまき散らすためではない。そうではなくて、それは、その事件を、たんなる心理学的な総合（作者の意図、作者の精神形態、作者の思考の厳密さ、作者につきまとうテーマの数々、作者の実存を貫きそれに意味を与える投企などによる総合）にはけっして関係づけないようにするためであり、そしてそれによって、他の形態の規則性、他のタイプの諸関係を把握することができるようにするためである。（Foucault 1969=2012: 58-9）

上の記述から、フーコーが言説それ自体を分析の対象とするのは、言説を作者すなわち語り手の心理から説明するためではなく、むしろそれらの要素から独立した規則性を見出すためであると言えるだろう。では、言説の分析が明らかにすべき、言説の個々の担い手の心理には還元されないような規則性とは何なのだろうか。フーコーによれば、言説の出来事の記述が提起するのは、「他のいかなる言表でもなくこれこれの言表がそれ自身の場所に現れたということ、これはいったいどういうことなのか」（Foucault 1969=2012: 56）という問いであるという。よって、明らかにされるべきは、分析の対象となっている言説の出現／排除の規則性ということになるだろう。

このフーコーの問題意識に対応させるかたちで、赤川学（2001: 78）は社会問題の言説を分析する構築主義アプローチの問いを、以下の三点にまとめている。まず、ある社会問題について語る言説のレトリックとその配置を問うこと。次に、その言説が、別の社会問題の言説、あるいはそれ以外の言説との間で有している相関関係を問うこと。そして、その言説を産出している社会的・歴史的・時空的コンテクストを明らかにしつつ、とある時空間においてある言説が語られ、別の言説が語られないのはなぜなのかを問うこと。これらの問いは、本節の冒頭で挙げた、本章の言説分析の目的ともおおむね重なることになるだろう。

以上のフーコーと赤川の問題意識と方法論を踏まえると、失踪の言説の担い手が「誰」であるのかという問題がそこまで重要ではないことは、もはや明らかであろう。むしろ赤川が述べるように、より重要であるのは、「誰がどのような立場から語っても、似たような語りを構成してしまうという、言説が生産される『場』のありよう」(赤川 2001: 77) なのである。[*1]

関連する研究の検討

では、先に述べた本章の目的を達成するために、具体的にどのようなマスメディアの言説を対象とすべきなのだろうか。ここではまず、本章での研究対象を定めるために、関連する研究との区別をごく簡潔に行っておきたい。

失踪に関する言説の変遷に焦点を当てた研究は管見のかぎり見当たらないが、「親密な関係」からの離脱に関する言説の変遷に言及した研究は存在している。第1章第4節で見たように石田 (2011) は、「純粋な関係」の出現・拡大にともなう「親密な関係」の変容が、かつての日本では既存な紐帯からの解放として歓迎される傾向があったものの、それは次第に関係から排除されるリスクを伴った不安の対象へと転化してきたことを示していた。この「親密な関係」に対する二つの捉え方は、人間関係に関する言説にも見出すことができるという。石田によれば、「純粋な関係」の出現・拡大にともなう「親密な関係」の変容は、人間関係についての二つの言説を生み出した。それはすなわち、「純粋な関係を個々人の自己実現や個性の発揮と結びつける『解放』の言説と、純粋な関係を人間関係の希薄化と結びつける『剥奪』の言説」石田 (2011: 34) であるという。そして石田は、現代の日本社会の人間関係においては、「解放」よりも「剥奪」の捉え方に該当する側面が色濃く現れていると分析している。この石田の分析は、島田裕巳 (2011) が行っている、日本の高度経済成長期において、旧時代的な有縁社会からの脱出が志向され、「有縁」よりも「無縁」が求められる傾向があったという主張ともおおむね一致するものであると言えよう。

ただし、石田の研究では何らかの特定の現象や社会問題に関する言説の変遷に焦点が当てられているわけではなく、挙げられている言説はあくまでも恣意的な例示にとどまっている。また、島田の研究においても、何らかの言説や社会意識の変容などの具体的な根拠に基づいた実証的な考察が行われているわけではない。それに対して、本章の分析では社会問題としての失踪に絞った言説の分析を行うことで、石田の分析している「親密な関係」の変容が、実際に言説にどのように表れてきたのかを詳細に見てゆく。この作業によって、第1章より本書が想定してきた前提、すなわち無縁への志向から有縁への志向への現代的な変化というテーゼの妥当性を、あらためて検証することが可能になるだろう。なお、以上の目的に基づいて石田の分析を引き継ぐ以上、本章において分析の対象となる言説の年代は、石田が言及している戦後から二〇一〇年代の範囲を含む必要があるだろう。

分析の対象

以上を踏まえて、本書では一九五〇年代から二〇一五年までの失踪に関する雑誌記事の分析を行う。なお、数あるマスメディアのなかでも雑誌を分析の対象とするのは、メディアとしての雑誌は、近代以降の日本社会において長期的に継続している文字媒体であるため、通時的な言説の分析の対象にしやすいからである。テレビや書籍といった他のマスメディアでも失踪の内容が扱われることはあるが、そのような番組や書籍の種類は限られており、しかも何らかの条件で分析対象の範囲を設定することも難しいため、今回の分析に必要十分な量の言説を集めるにあたっては不向きであるように思われる。

では、新聞ではどうか。たしかに新聞も、近代以降の日本社会で長期にわたり継続している文字媒体であり、雑誌と同様に言説の分析に適した素材であると言えるだろう。ただし、こと失踪に関しては、新聞紙上での扱いは事件報道に偏る傾向があるため、そこから失踪についての多様な語りを見出すことは困難である。それに対して雑誌記事では、雑誌の種類によって失踪についての語り口は大きく異なるものであるため、雑誌横断的に記事を収集することで、失踪に関する多様な言説を収集することが可能なのだ。先に示唆したように、本章の言説分析では、「誰がどのような立場から語っても、似たような語りを構成してしまう」という、言説を産出する場――すなわち時代や社会状況――の機制に着目するのであった。それゆえ、収集される記事の内容や語り口はできるだけ多様であることが望ましいし、本書ではあえて多くの種類の雑誌から横断的に記事を収集している。

次に、雑誌記事の収集方法について述べておく。収集する記事は、記事の入手可能性の観点から、一般商業誌の図書館である大宅壮一文庫に所蔵されている雑誌記事とした。具体的な手順としては、大宅壮一文庫に所蔵されている雑誌記事の索引である『大宅壮一文庫雑誌記事索引総目録〈1888-1985〉』、『大宅壮一文庫雑誌記事索引総目録〈1985-1987〉』、『大宅壮一文庫雑誌記事索引総目録〈1888-1987〉追補』、『大宅壮一文庫雑誌記事索引総目録〈1988-1995〉件名編』、『大宅壮一文庫雑誌記事索引総目録〈1988-1995〉件名編』を用いて検索を行う。なお、一九九五年以降の記事に関しては、大宅壮一文庫の雑誌記事索引検索データベースである「Web OYA-bunko」を用いる。なお、記事の検索の際に用いる媒体を、紙の目録とデータベースのどちらかに統一しなかったのは、記事の年代によって、どちらの媒体によって探索可能かが異なるからである。

各目録およびデータベースには、雑誌記事の見出しが項目別に掲載されている。項目は大項目、中項目、小項目の順番に階層化されているが、大項目「世相」・中項目「世相風俗いろいろ」の中に小項目「謎の行方不明、失踪」と「家出」が存在する。失踪に関する雑誌記事も、多くは「謎の行方不明、失踪」もしくは「家出」のいずれかの項目に分類されていることが想定される。上記の二つの小項目に分類された記事から、以下の条件で記事を収集した。①個人が家族や集団から長期間離脱する事態について扱った記事を収集した。失踪に関する記事に限定するために、数日で家族や集団の元に帰還する短期的な「家出」のみを扱った記事は収集の対象から除外した。②収集するのは一九五〇年から二〇一五年までの六五年間の記事とした。[*2] ③複数の失踪の事例を取り上げ、取り上げた事例を社会的な問題として論評する記事のみを収集した。ある単独の失踪の事例のみを扱っている事件報道の記事は収集の対象から除外した。以上の条件の下で雑誌記事を収集した結果、六三種類の雑誌から、二七四件の記事が収集された。[*3]

分析の観点

雑誌記事の形式についても確認しておこう。失踪の記事の長さは一〇行程度のものから一〇頁にわたる特集まで多岐に渡っている。[*4] 事例の記述は、関係者への取材を元にしたとされる内容が中心であった。また、失踪を記述する際の視点としては、「失踪する者」に焦点を当てるもの、「失踪される者」に焦点を当てるもの、あるいはその両方を主題とするものの三パターンが存在した。以下では、そのように失踪を取り上げる雑誌記事の変遷について、「どのような失踪を取り上げているのか」「取り上げた失踪が、どのように論評されていたのか」を中心に見ていくことにしたい。こうすることで、私たちは、ある期間における特有の失踪言説や支配的な失踪言説を見つけることが可能になるだろう。

ところで、「どのような失踪を取り上げているのか」という点が、なぜ失踪の言説の変遷を見る際の分析の対象となるのか。これまで繰り返し述べてきたように、失踪という現象は、人が消えてしまうという性質上、その実態の全体を把握することは——失踪者全員の身体にGPS追跡装置でも埋め込んでいないかぎり——誰にもできない。よって、「どのような失踪を取り上げているのか」を見ることは、失踪が語られる際に「どのような実態や原因が選択されたのか」を分析することと同義なのである。よって、この選択が時代によって変化しているとしたら、そこにはたんに失踪の実態の変化では説明しきれないような、失踪を捉える枠組みの変化があったとみなすべきであろう。

2　失踪言説の戦後史——「家出娘」と「蒸発妻」

さて、前置きはここまでにして、さっそく戦後の失踪に関する雑誌記事の変遷を見てゆくことにしよう。本節では、その前半部にあたる、一九五〇年代から一九八〇年代までの記事の動向をまとめておきたい。

一九五〇年代の「家出」言説

太平洋戦争が終結した後、一九五〇年代になると「家出」について取り上げる雑誌記事が急増することになる。[*5] まず、以下では一九五〇年代の「家出」言説について見ておこう。

収集された記事の中で、一九五〇年代に発行された記事の多くは、一〇代の少年少女たちの農村から東京への「家出」を主題としたものであった。なかでも典型的に見られたのは、「家出娘はどこへ行く都会に巣食う狼の群、上野地下道へ一直線」（『週刊朝日』1950.3.5）や「上野・ねらわれる東北の風来娘」（『週刊読売』1953.11.29）などの見出しの記事のように、東京の上野駅における「家出娘」について扱った記事である。これらの記事では、東北の実家から家出した一〇代半ばの少女が、東京の上野駅で「狼」によって誑かされ、最終的に性労働者になるという共通の筋道の語りが展開される。上記の記事における「狼」とは、少女たちを性産業に誘い込む男性を指している。また、記事の舞台が上野駅となっているのは、少女たちが東北地方から上京する際の列車の終着駅が、上野駅であったからである。

記事では、このような「家出娘」たちの「転落」が、問題として扱われていた。

では、少女たちの「家出」は、記事中ではどのように論評されていたのだろうか。上野駅の「家出娘」について扱った雑誌記事では、「家出」の目的として東京での就業が、さらにその背景として若者の都会への憧れが共通して挙げられていた。この若者の都会への憧れは、別の記事では「マス・コミが生んだ〝東京病〟」（『週刊大衆』1958.7.21）であると指摘され、その原因とされているマスメディアが批判の対象となっている。実際に、「家出娘はなぜふえる？流行歌にも登場」（『週刊読売』1956.11.4）という見出しの記事では、「東京へ行こうよ」というレコードが農村の少女の東京への「家出」を助長するとして、大きな批判を集めたことが記されている。

このように、「家出娘」たちの「家出」は軽率でありつつも当時の風潮にそったものとして理解される傾向があり、記事では「家出娘」たちの「家出」を非難するよりも、「家出」による危険や悲惨な結末を指摘することに主眼が置かれていた。また、農村にある実家の貧困や、家族関係の不和も、多くの記事で「家出」の原因として挙げられていた。

図2 「家出娘はなぜふえる？　流行歌にも登場」（『週刊読売』1956.11.4）

家出娘はなぜふえる？
流行歌にも登場

早く帰ってコ…

“被保護人名簿”をのぞけば

一九六〇年代における「蒸発」言説の出現

前項で見たように、一九五〇年代の失踪に関する記事は、少年少女たちの地方から東京への「家出」に関する記事が大半であった。しかし、上記の「家出」に関する記事は一九六〇年代半ば以降になると減少する。[*6] それに代わるようにして一九六〇年代後半に登場するのが、「蒸発」の言説である。「蒸発」の概念は、第1章第6節でも述べたように、人が原因不明のまま突然姿を消すという事態を指している点で、従来の「家出」とは異なるものである。以下では、この時期に「蒸発」が雑誌記事でどのように語られ始めたのかを見ていくことにしよう。

一九五〇年代始めより、しばしば原因不明の失踪を取り上げる記事が見られるようになるが、一九六〇年代半ばから原因不明の失踪を「蒸発」と呼ぶ記事が出現する。「蒸発」を見出しとする記事が多く掲載されるのは一九六七年からである。この一九六七年は『人間蒸発』という映画が公開された年であり、一九六七年の「蒸発」の記事の多くは『人間蒸発』を特集したものであった。『人間蒸発』とは、失踪した婚約者の足取りを追う実在の女性を撮影したとされる映画である。上記の記事では、映画のなかで描かれた「蒸発」の事例が詳細に取り上げられている。また、映画を主題としていない他の記事でも、記事の冒頭で『人間蒸発』に

図 3 「とつぜん消える　恐怖の〝蒸発人間〟」（『平凡パンチ』1967.3.6）

とつぜん消える

今村昌平監督が映画「蒸発人間」を撮るために、警視庁で一万件の〝蒸発〟のケースを調べた。そのなかから、ひとつのケースをえらび、いま、それにもとづいて撮影ちゅうである。理由のない失踪をする人間は、全国で推定二十万にもなるという。

親子がべつべつに消える

恐怖の〝蒸発人間〟

映画とテレビで追跡ちゅうの目撃者なき20万人

ミステリアスな蒸発事件

対する言及が行われるか、もしくは「人間蒸発」や「蒸発人間」といった言葉が頻繁に用いられている。以上より、当時「蒸発」が注目された契機の一つは、この映画であったことがわかる。

では、一九六七年時点で「蒸発」はどのように扱われていたのだろうか。一九六七年時点での記事では、「〝蒸発人間〟という言葉が、最近の話題になっている」（『週刊文春』1967.8.28）や「現代病ともなりつつある〝人間蒸発〟」（『新評』1967.3）といった記述が見られ、「蒸発」が注目され始めてからまだ間もないことが見て取れる。そして、新しい「蒸発」という問題を紹介するために、「九万六千人（年間）」や「推定二十万」といった「蒸発」の件数データや、「蒸発」と原因が明瞭な「家出」を比較する記述などが多く見られる。そのような「蒸発」を紹介する記事で強調されているのは、「蒸発」の原因や実態がわからないという点である。たとえば「蒸発」の全体像を把握しようとする記事には、「原因のトップ〝動機不明〟」（『週刊読売』1967.4.28）や「ミステリアスな蒸発事件」（『平凡パンチ』1967.3.6）などの小見出しが付けられており、原因や実態がわからないこと自体が「蒸発」を説明する際の主題となっているのである。これらの記述から、一九六七年の「蒸発」の言説には、新たに注目され始めた「蒸発」に対する驚きや不可解さが表れていると言えるだろう。また、「蒸発」の記事では主に成人の失踪が扱われており、この点も従来の少年少女の「家出」の言説とは異なる点であった。

一九七〇年代の「家出」と「蒸発」の論点

では、主に一九五〇年代に問題となっていた少年少女の「家出」と、一九六〇年代に新たに見出された「蒸発」は、一九七〇年代にはどのように語られていたのだろうか。

まず、一九七〇年代の「蒸発」の言説について見てゆこう。一九七〇年の雑誌記事に、「『蒸発』という言葉が、初めてマスコミに登場してからすでに久しい。最近では、ああまたかぐらいにしか感じられなくなって来ている」(『現代』1970.8)という記述がある。これより、一九六〇年代後半にマスメディア上に登場した「蒸発」は、わずか数年の間に一般的に認知される事態となったことが見て取れる。実際に、一九六七年に見られたような「蒸発」の言説は新鮮味が無くなってしまったのか、一九六八年以降は「蒸発」に関する記事は減少傾向にある。しかし、一九七〇年以降になると、「蒸発」を扱う記事はふたたび増加し始める。この点に関して、着目すべきは「主婦の蒸発」をめぐる論点である。先に引用した記事に、以下の記述がある。

その中でも、特に最近、主婦の蒸発が加速度的にふえ始めている。その原因も、昔と違って、亭主が酒乱だとか、グウタラだとかいうのではなく、そんなことならひょっとするとウチの女房だってと心配になるほど、単純で、ありふれた動機なのである。(『現代』1970.8)

上記の「主婦の蒸発」をめぐる論点は、「蒸発」の言説の変遷を見るうえでは重要な意味を持っている。というのも、一九七一年以降の記事では夫婦のどちらかの「蒸発」を主題とした記事が頻出するようになるからである。特に、妻の「蒸発」を主題とした記事は多く、一九七一年以降の雑誌記事の見出しには「蒸発妻」という言葉が頻出するようになる。実際に一九七三年の時点ですでに、「人妻の蒸発などさして珍しくないご時世」(『週刊新潮』1973.9.20)という記述があり、上記の論点が急速に一般化していったことがわかる。このように、夫婦関係における「蒸発」という新しい論点を中心として、「蒸発」を見出しとする記事はふたたび増加してゆくことになる。

また、上の記事では、「蒸発」の原因が「単純で、ありふれた動機」であると語られている。この点も、「蒸発」の原因や実態の不可解さを強調していた一九六七年の記事とは大きく異なっており、一九七〇年代の記事では「蒸発」がわかりやすい文脈に乗せて語られることが多くなる。特に収集された記事の中では、夫婦関係の他に、仕事上の問題が「蒸発」の一般的な原因として語られていた。そのような記事の例としては、「蒸発サラリーマン１０００人の人には言えない動機　現状に負け組織脱出を願望する哀れな都会マン」（『アサヒ芸能』1972.3.30）や、「中堅社員を蒸発に追いこむ夜と昼の条件 いまやエリート、切れ者、人気者こそ現代病の予備軍だ！」（『アサヒ芸能』1972.9.7）といった見出しの記事を挙げることができる。見出しからもわかるように、これらの記事では、原因が明らかであるか、もしくは推測可能な「蒸発」が取り上げられ、究明された「真相」がスキャンダラスに語られているのだ。

このように、一九七〇年代における「蒸発」は、まるでその言葉の意味に反するように、具体的な文脈で語られるようになったと言えるだろう。一九七〇年代には、本書では収集の対象とはしなかったが、特定の「蒸発」事件を報道する雑誌記事も非常に多く書かれている。これらの「蒸発」事件報道の流行も、上記の形式で夫婦関係を中心とした具体的な文脈で「蒸発」が語られた結果とみることができるだろう。

また、「家出」の言説についても見ておこう。少年少女の「家出」の言説は一九六〇年代にはあまり語られることはなかったが、一九七〇年代になると「家出」を見出しとした記事がふたたび増加する。この時期には、少年少女の「家出」の記事の他に、成人の失踪や原因不明の失踪など、従来は「蒸発」と称されていた事態も「家出」として語られることがあった。このように、一九七〇年代になると、「家出」と「蒸発」の概念は、両者の区別が曖昧な状態で用いられるようになっている。

この時期の少年少女の「家出」の言説では、「家出」は家庭環境や教育の荒廃による「非行」として扱われている。記事では、目的がはっきりしない「家出」や異性交遊目的の「家出」の増加が指摘されることが多い。前者の例としては「〝天気がよい〟から家出する映像世代の理由なき反抗」(『アサヒ芸能』1978.9.28)、後者の例としては「同棲志願のこの危険な家出人たち」(『週刊朝日』1973.10.12)や「セックスに魅かれて、女子高生の家出が急増!」(『女性自身』1976.12.2)といった見出しの記事を挙げることができる。また、「家出を遊戯と思ういまの子ども」(『週刊朝日』1973.10.12)や「ここ数年、少年少女の家出の様相がガラッと変わってきている。いわく家出年令の低下、いわく家出される側の親のクールな反応、いわく遠距離家出型から近距離家出型への移行……」(『週刊プレイボーイ』1977.4.26)など、一九五〇年代の「家出」との違いを強調する記述も頻繁に見られる。この時点で、「家出」が少年少女たちの都市への憧れの結果として語られることはなくなったと見るべきであろう。このような当時の新しい「家出」に対して、記事では親の視点から何とか理解を試みようとして、原因の分析が行われていた。

「蒸発」の原因はどのように語られたか

前項の分析で、当初は原因や実態がわからないものとして語られていた「蒸発」が、一九七〇年以降はむしろ原因や実態が推測可能なものとして積極的に語られるようになったことが明らかになった。雑誌上で継続的に流行したのが後者の言説であったことを踏まえると、かつての「蒸発」の言説を詳細に理解するためには、そのようにして語られた原因や実態が何であったのかを見ていく必要があるだろう。そこで本項では、蒸発の原因がどのように語られていたのかを分析する。

まず、「蒸発」の原因や実態について語る記事は、「蒸発」を当人の意思によって起こったものとして扱う記事と、事件に巻き込まれるなど当人の意思によらずに起こったものとして扱う記事の二種類に分類することができる。本書が収集した、「蒸発」を社会問題として捉える記事では、前者の記事の方が後者の記事よりも圧倒的に多かった。つまり、ほとんどの記事が「蒸発」を当人がみずから選択したものとして描いていたのである。

では、「蒸発」の動機や背景は、どのように語られていたのだろうか。ここでは特に、収集された記事の多数を占めていた夫婦関係を文脈とした「蒸発」を中心に見ていくことにしよう。先に述べたように、夫婦関係の文脈で特に多く語られていたのは、妻の「蒸発」である。この「蒸発妻」の「蒸発」の動機として、すべての記事で挙げられていたのは、夫婦生活への不満である。たとえば、「妻の蒸発――逃亡にこめられた『男社会』への怨念」という見出しの記事には、以下の記述がある。

かくて、主婦の蒸発は今や〝流行〟のきざしさえみえるのである。警視庁の調べでは、その動機は「家庭不和」が圧倒的に多く、夫の頼りなさ、ギャンブル癖、女性関係、経済力のなさなどが原因となっている。次いで「異性関係」が多く、妻の蒸発の動機は、この二つでほぼ大半を占める。(『週刊サンケイ』1973.3.9)

上の記事で挙げられている妻の不満は、他の「蒸発妻」を取り上げる記事でも共通して挙げられていた。さらに、多くの記事では妻の「蒸発」の背後に「異性関係」が見出されていた。蒸発妻の「異性関係」が語られる記事には、妻が夫との「性の不一致」を受けて、代わりに別の親密な男性と性的関係を取り結ぶという事例が頻出する。「性の不一致で蒸発する妻が増えている」と題された記事に、以下の記述がある。

いまや、妻から離婚を申し立てるなんてもう古い。めんどうくさい離婚手続きなんてマッピラと、夫も家庭も捨て、即充実したセックスライフを求めての蒸発がふえているのだ。(『週刊現代』1974.10.17)

上の記事のように、週刊誌では現状に不満を持った妻の奔放な「蒸発」が非常に詳細に記述されていた。そのような「蒸発妻」たちの奔放な振る舞いは、基本的には「あまりにも現代的な社会問題」(『週刊平凡』1976.6.24)や「子捨て・子殺し〝犯人〟になる可能性が大だから始末に悪い(『アサヒ芸能』1974.10.17)」などとして否定的に評されているが、記事によっては「蒸発妻は男性支配への反乱者」(『週刊朝日』1974.10.25)や「忍従と耐乏が美徳としてあがめられた過去を清算して、今、女はあてどない旅に出る。〔……〕それは閉鎖された空間のなかで見つけた唯一の救いなのか

図 4 「性の不一致で蒸発する妻が増えている」（『週刊現代』1974.10.17）

性の不一致で蒸発する妻が増えている

女はそれがないのをガマンできない。蒸発預金する女房や年下の大工と逃げた名家の主婦や

アダムとイブの昔から、禁断の木の実をむさぼるのは、まず女ときまったもの。しかも昨今、性の快楽を味わうことにはますます激しく貪欲になってきた。いまや、家から離縁を申し立てるなんてもう古い。めんどうくさい離婚手続きなんてマッピラと、夫も家庭も捨て、即充実したセックスライフを求めての蒸発がふえているのだ。

ある日突然、女房が消える

五百万円もの「蒸発預金」を

図 5 「生態学 ’73 講座　妻の蒸発」（『週刊サンケイ』1973.3.9）

週刊サンケイ

生態学’73講座

妻の蒸発

"逃亡"にこめられた「男社会」への怨念——

妻の蒸発——それは女の反乱でもある。忍従と耐乏が美徳としてあがめられた過去を清算して、今、女はあてどない旅に出る。行きつく先にあるものが、たとえ"虚構"であっても。"逃亡"には選択の余地がない。それは閉鎖された空間のなかで見つけた唯一の抜け道なのかもしれない。そのとき、男は、そしてこどもはいかに生きるべきか。女の"業"が突きつける壮絶にして激しい"告発"とは何か。

「背水の陣」の逃亡の結末は？

もしれない。」(『週刊サンケイ』1973.3.9) などと評され、一定の理解も示されていた。妻たちが「蒸発」することで得る自由は、当時の「蒸発」の言説では両義的なものとして捉えられていたと言えるだろう。

次に、「蒸発」される側の夫の表象についても確認しておこう。一九七〇年代以降に夫婦関係における「蒸発」が扱われるようになると、「蒸発されやすい夫」の性格上の特徴を語る言説が出現する。「団地妻の蒸発続出! 安定した家庭は妻の墓場か」と題された記事に、以下の記述がある。

> 妻に去られる夫には典型的なタイプがあるという。マジメ、無趣味、おとなしく内向的で仕事一途。家庭では、よきマイホームパパ。考えてみれば、サラリーマンにはもっともありふれたタイプではないか。(『週刊朝日』1974.10.25)

上の記述では、「マジメ、無趣味、おとなしく内向的で仕事一途」が、蒸発される夫の「典型的なタイプ」であるとされている。また、他の記事では「最近は、意外とマジメな夫に多い! 夜も決まった時間にきちんと帰ってくるような。マジメな亭主はつまらない、ということか、ゼイタクな!」(『週刊朝日』1976.6.24) や「時計の振り子のように家と会社を往復。真面目人間だった夫なのに」(『週刊女性』1975.3.11) といった記述も見られる。これらの記述に共通しているのは、特に仕事に対して「マジメ」であるという点であろう。これらの言説では、妻の「蒸発」が、特に落ち度のない一般的な夫にも起こりうるということに対する不安が語られている。

以上の点を踏まえると、「蒸発妻」の視点から語られていた夫に対する不満と、夫の視点から危惧されていた「蒸発」の原因は、重なる部分があることがわかるだろう。すなわち、「蒸発妻」の記事で主に問題視されていたのは、妻と夫との関係性であり、しかもその多くは、夫婦関係の安定性だったのだ。先に見た「蒸発妻」の奔放な振る舞いの記述は、夫婦関係の安定性を体現する「つまらない」夫の表象とは対照をなすものであったと言えるだろう。

また、仕事に対して「マジメ」な夫への不満が語られる記事の場合、その家庭は「中流」以上のものとして、つまりある程度の収入があるものとして語られている。先に挙げた記事では、夫の経済力のなさが「蒸発」の原因の一つとして語られていたが、実際に多くの記事で語られていたのは、夫が収入の安定した職業に就いている、むしろ経済的に余裕のある妻たちの「蒸発」であった。興味深いことに、そのような「蒸発妻」たちの失踪先となる別の異性には、夫よりも収入は低いものの年齢が若い男性や、「大工」など「ブルーカラー」と呼ばれるような職業の男性が割り当てられる傾向が見られた。この「蒸発妻」の相手役として語られた男性たちは、いわゆる「ホワイトカラー」として語られた「蒸発妻」の元の夫たちとは対を為す存在であったと言えよう。

雑誌の記事の中の話とはいえ、妻たちが安定した夫との安定した生活よりも、より異性として魅力のある男性との刺激的な恋愛を選択してしまう――このような願望を女性が抱いていることが、さも当然のように語られる当時の文脈が、ことさらに安定性が重視される現代社会とは何かが異なっているのは明らかであるように思われる。

なお、夫婦関係を問題とした「蒸発」が語られていたのは、妻だけはない。「蒸発妻」の記事に比べると件数は少ないが、夫の「蒸発」を主題とした記事も存在している。「男が蒸発したくなる時」と題された記事には、以下の記述がある。

> 会社では仕事にゆきづまりを感じ、家に帰れば口うるさい女房に悩まされたり、妻と姑の板ばさみになったり――そんなとき、ふと〝蒸発〟ということばが頭をよぎる。たいがいの男はこんな経験があるようです。(『週刊女性』1978.6.6)

夫の「蒸発」の動機についての記述が、「蒸発妻」の場合と異なるのは、上の記事のように夫婦関係の不満とともに仕事上の問題が語られているという点にある。では、仕事上の問題による「蒸発」は、どのように語られていたのだろうか。一九七二年の以下の記事では、誰もが「蒸発願望」を持ちうるとされ、その一般性が強調されている。

現代サラリーマンは残酷物語の主人公として登場する。働けど働けど……というヤツで、定年をむかえても〝恍惚の人〟になるのがオチのご時勢である。だれしも、蒸発願望にふと、つき動かされることがあるだろう。
（『アサヒ芸能』1972.9.7）

上の記事のように、仕事の問題による「蒸発」は、夫婦関係による「蒸発」の場合よりも、「蒸発する者」に対して同情的な視点で語られていた。「蒸発」の原因となっている「残酷物語」には、若い社員の場合は出世競争による敗北が、中間管理職の場合は「上と下との板バサミ」が挙げられている。この定年まで継続する人間関係のストレスからの逃避として、「蒸発」は語られていた。また別の記事では、「蒸発」にいたる「サラリーマン」が、「現状に負け組織脱出を願望する哀れな都会マン」（『アサヒ芸能』1972.3.30）と評されている。このように当時の一般的な窮状からの逃避として捉えられた「サラリーマン」の「蒸発」は、奔放な行動が主題となっていた「蒸発妻」とはかなり異なる語られ方をしていたと言えよう。

本項では、一九七〇年代に盛んに語られた「蒸発」の原因や実態についての言説を見てきた。ところで、「蒸発する者」たちの「蒸発後」はどのように語られていたのだろうか。最後にこの点について確認しておきたい。「蒸発した者」が帰ってこない場合、「その後」は記事の執筆者によって推測されるしかなく、「蒸発」の原因や実態と関連させるかたちでその顚末が語られている。「蒸発妻」の場合は、当初は夫以外の新しい男性と恋愛関係になるものの、その後は新しい男性との関係が悪化したり、生活のために「水商売」に行きついたりするなどの展開が多く語られており、「蒸発」の結末は悲観視されることが多かった。また、サラリーマンの「蒸発」も、「一種のサラリーマン的自殺行為」（『アサヒ芸能』1972.9.7）と形容され、その後の社会復帰の困難さが語られていた。ただし、「蒸発した者」は必ずしも永遠に帰ってこないものと捉えられていたわけではなく、数日間の短期間の「蒸発」を事例とする記事や、「蒸発」した者が帰還する場面を記述した記事も多くあった。

一九八〇年代の「家出」と「蒸発」の言説

では、これまで見てきた少年少女の「家出」と成人の「蒸発」の言説は、一九八〇年代に入るとどうなったのだろうか。

まず、少年少女の「家出」を社会問題として扱う雑誌記事は、一九八〇年代にはほとんど見られなくなる。「おじさん新聞　僕らの〝トム・ソーヤー〟体験　家出の思い出」(『週刊宝石』1989.9.28)と題された記事は、三〇代半ばから五〇代の男女が、自らの「家出」の体験を回顧するという構成になっている。以上の「家出」に対する雑誌での扱いから、一九八〇年代には少年少女が失踪する事態には注目が集まらなかったことがわかる。

次に、「蒸発」の雑誌記事については、一九八〇年代前半まで夫婦関係による「蒸発」を問題として取り上げる記事が見られる。この時期になると、「私はモーニングショーの蒸発番組で五〇〇組ほどの、夫婦のいさかい、別離、憎しみ合いを骨の髄まで見てきた」(『婦人公論』1983.10)という執筆者が書いた記事が出現するなど、以前の「蒸発」の問題を回顧する視点が見られる。そして一九八〇年代半ばになると、夫婦関係による「蒸発」を扱った記事は見られなくなり、また「蒸発」という言葉が原因不明の失踪や「行方不明」に対して用いられる頻度も減少する。以上より、一九七〇年代に雑誌を賑わした「蒸発」の言説は、一九八〇年代後半には収束に向かっていたと見ることができるだろう。

3　失踪言説の背後にあるもの①――家族の戦後体制

言説のコンテクストを問う

前節では、戦後から一九八〇年代までの失踪の言説の変遷を見てきた。その過程で、一九五〇年代の地方出身の「家出娘」と、一九七〇年代の「蒸発妻」という、ある時期に特有の失踪の言説を見出すことができた。これはすなわち、各時期において、「誰の」「どのような種類の」失踪が強調され、他の「何の」言説と結びつけられていたのかという、言説の出現／排除の規則性の存在を明らかにする作業であったと言えるだろう。よって、次に取り組むべきは、ある特有の言説が特定の時期において「なぜ」頻繁に語られ、また別の時期には「なぜ」語られなかったのかという、言説の出現／排除の背後にあるものを問う作業であるということになる。本章では、最終的に現代（二〇一〇年代）までの失踪言説の変遷を辿ることになるのだが、ここでいったんその記述を中断して、これまでの言説史に対して、上述した言説のコンテクストを問う作業を、一度挟んでおきたい。六〇年以上の失踪言説をただ羅列するよりも、途中で一度、分析の観点を共有しておいた方が良いはずだからである。

さて、失踪にまつわる言説の出現／排除に影響を与えるコンテクストの候補として真っ先に想起されるのは、失踪の「実態」であろう。すなわち、ある時期に特定の種類の失踪が頻繁に語られたのは、実際にその種類の失踪が頻繁に生じていたからなのではないだろうか。この点については、統計データを用いて検証することが望ましいのだが、しかし本書で繰り返し述べてきたように、失踪という現象はその性質上、統計的な把握を行うのは困難である。それは雑誌の記事においても同様であり、記事内で言及されるデータも、警察庁生活安全局生活安全企画課（2015）に記録されている届出の総数か、あるいは専門家による典拠のない経験則でしかない。もちろん、雑誌の記事の大部分がフィクションではなく何らかの取材や情報によるものである以上、その内容に失踪の「実態」が何らかのかたちで影響を与えているのは間違いないはずだが、それがどのような影響で、どの程度のものであるのかをここで判断するのは不可能である。[*7]

そこで、本書では失踪の「実態」が失踪の言説に与える影響については判断を保留したうえで、その他のコンテクストから、失踪の言説の変遷をどれだけ説得的に説明できるかを検証してみることにしたい。

失踪言説と家族の変容

収集された雑誌記事で語られていたのは、ほとんどが家族からの失踪であった。よって、戦後の失踪言説の変遷には、その間に日本の家族が被った変化が影響していると予測するのはごく自然なことであろう。そこで、まず本項ではは、一九五〇年代の「家出娘」の言説および一九七〇年代の「蒸発妻」の言説と、家族というコンテクストの関係を検討しておきたい。

ひとえに失踪に関する記事といっても、一九五〇年代の少年少女の農村から東京への「家出」を扱った記事と、一九七〇年代の成人の「蒸発」を扱った記事では、その離脱の意味はまったく異なるものとして語られていた。前者の言説における失踪が農村の閉塞的で貧しい生活からの自由を得ることを意味していたのに対して、後者の失踪では主に不満のある夫婦関係からの自由の獲得を意味していた。特に「蒸発妻」の場合には、仮に経済的に裕福であっても、夫との安定した関係から抜け出すことが「蒸発」の意図として語られることがあった。「蒸発妻」の言説において失踪される夫の大部分が会社員であったことも踏まえると、むしろ一九五〇年代の「家出」の言説の中で志向されていた生活が、一九七〇年代の「蒸発」の言説では不満の対象とされているとも言えるだろう。では、以上の変化は、当時の家族が置かれていた状況からどのように説明されるのだろうか。

この点について説明するために、落合恵美子（2004）が「家族の戦後体制」と呼ぶ戦後の標準的な家族モデルの成立と、その揺らぎの過程を参照することにしたい。落合によれば、「家族の戦後体制」における標準的な家族は、「女性の主婦化」と「再生産平等主義」――「みんなが適齢期に結婚し、子どもが二、三人いる家族を作る」（落合 2004: 101）――、そして「人口学的移行期世代が担い手」という三点を特徴としている。人口学的移行期世代とは、多産少死のために人口増加が起こった一九二五年から一九五〇年にかけて生まれた世代である。落合によれば、この人口学的移行期世代は、地方の家から都市に出て核家族を作ることで、「家族の戦後体制」の担い手となるとともに、核家族世帯の増加の要因となったという。

さて、この人口学的移行期世代が戦後に地方から都市に移動した時期と、農村から東京への「家出」の記事が頻出した時期が重なっている点は、注目に値するだろう。実際に、取り上げた一九五〇年代の記事には、当時の世間やマスメディアに農村から都市への移動を理想化する風潮があったことが記されていた。少年少女の都会への憧れと、その悲惨な結末を語る「家出」の記事は、そのような当時の家族の動向を反映すると同時に、そのネガティブな側面を表象したものであったと捉えることができる。

では、「蒸発」の言説が流行した一九七〇年代に関してはどうだろうか。落合によれば、それまで安定してきた「家族の戦後体制」は、一九七〇年代になると揺らぎ始めるという。同様の指摘は山田昌弘（2005）によってもなされており、家族に関するいくつかの統計的な指標が転換点を迎える――専業主婦数の減少が始まり、平均初婚年齢や離婚率が上昇を始める――一九七五年頃を境に、「戦後家族モデル」が修正を迫られるようになったことが述べられている。落合は、この一九七〇年代以降の家族の変化が先駆的に現れた社会運動として、「ウーマンリブ」を挙げている。ウーマンリブは「女に忠実になる」という理念の下に、既存の体制を支える家族制度の否定へと向かい、その結果として一九七〇年代には多くの「家族解体」や「家族実験」の言説が生まれたという。妻が「蒸発」するまでの奔放な振る舞いを描き、ときにはそれを「男性支配への反乱」と形容した「蒸発妻」の言説が、同時代の「家族解体」の言説の影響を受けていたことは明らかだろう。また、「蒸発妻」たちの「蒸発」の原因の記述では、姑との不仲よりも夫への不満が圧倒的に多く語られていた。よって、「蒸発妻」の言説では、嫁姑の不仲など従来の拡大家族に関する論点はあまり問題にはなっていなかったということがわかる。

これらの点から、一九七〇年代の「蒸発」の言説は、家制度や村落といった戦前から存在した紐帯からの自由ではなく、戦後に成立した新しい家族体制からの自由を先駆的に志向する側面があったと言えるだろう。同様に、一九七〇年代のサラリーマンの「蒸発」言説も、戦後に成立した新しい家族体制を支えてきた男性の、サラリーマンとしての生活からの離脱を志向する側面があったと解釈することができる。

4　失踪言説の現代史

これまで、私たちは一九八〇年代までの失踪にまつわる雑誌記事の変遷を分析し、その変化のコンテクストとして戦後の家族の変化を見出したのであった。一九五〇年代の「家出娘」の言説と一九七〇年代の「蒸発」言説は、たんにそれらの事態を問題視していただけではなく、当時の家族からの自由を志向する言説と結びついていたと解釈することが可能である。では、このような家族というコンテクストによって、一九九〇年代以降の失踪言説の展開も説明することが可能なのだろうか。以下では、このような問いも念頭に置きつつ、残り半分の一九九〇年代以降の失踪言説の変遷を追ってみることにしよう。

一九九〇年代から二〇〇〇年代の失踪言説

本章第2節で確認したように、一九七〇年代から一九八〇年代にかけて雑誌上を賑わせていた「蒸発」の言説は、一九八〇年代後半になると下火になっていったのであった。では、その後、「蒸発」の言説はどうなったのだろうか。結論から述べると、一九九〇年代以降、「蒸発」の言説は、雑誌記事上ではほとんど見かけることができなくなる。[*8] この点に関しては、第一に、「蒸発」という言葉自体が使用されなくなったという事実を挙げることができる。まさに私たちは、人間の「蒸発」という言葉の誕生から流行の終焉にいたるまでの歴史を見てきたのだ。しかし、それが意味するところは、字面上の言葉の選択の変化だけに留まらない。というのも、一九九〇年代になると、「蒸発」という言葉のみならず、これまで見てきた「蒸発」言説における失踪の形式——主に「蒸発妻」が異性関係を理由に失踪する——までもが、ほとんど語られなくなるからである。その意味で、「蒸発」の言説の流行はまさに終焉を迎えたのであった。

このように姿を消した「蒸発」の言説に代わるように、一九九〇年前後に新たに雑誌記事で語られるようになったのが、「夜逃げ」の言説である。「夜逃げ」は、「蒸発」と同様に成人による失踪現象を指す概念であるが、その内容は「蒸発」の言説で主に語られていた内容とは以下の点で異なっている。

第一に、「夜逃げ」の記事では、失踪する者が何らかのやむをえない事情によって、失踪することを余儀なくされているケースが多く取り上げられている。[*9] 特に主な動機として語られていたのは経済的事情であり、借金から逃れるという明確な目的を持った逃走劇というパターンが典型的である。また、男女関係のトラブルからやむをえず逃走す

図6　「『夜逃げ屋』にまで頼って…『失踪者』50万人のツラーイこれから」
（『週刊読売』1992.7.5）

独走キャンペーン
カード地獄
10年経っても諦めぬ取立屋
「夜逃げ屋」にまで頼って…
「失踪者」50万人のツラーイこれから
自己破産より「夜逃げ」選ぶ日本人

るというケースが取り上げられている記事もある。たとえば「ザッツ夜逃げドキュメント'05」（『女性セブン』2005.4.21）では、バブル崩壊後のリストラや倒産による多重債務者の増加とともに、DVやストーカー、浮気など、「男女間のもつれ」も「夜逃げ」の原因として語られていた。「男女間のもつれ」の場合の「夜逃げ」では、「夜逃げ人」にとって加害者となっている異性の前から失踪するというかたちをとっている。

第二に、場合によっては個人のみならず一家全員で元の家から「夜逃げ」するエピソードが語られていた。その中では、「夜逃げ屋」という逃走を手助けする立場の者が活躍することがあり、実際に「夜逃げ」の内実は「夜逃げ屋」の経験談という形式で語られる内容が多かった。なお、「夜逃げ」の言説は、一九九〇年代のみならず二〇〇〇年代の記事でも継続して語られており、夜逃げの記事がもっとも多く見られたのは一九九〇年代後半から二〇〇〇年代前半にかけてであった。

次に、「家出」の言説であるが、一九九〇年代以降は女子高生や女子中学生の「家出」の特集を主な内容として、「家出」の記事はまたもや増加することになる。ただし、その内容は、一九五〇年代の「家出娘」の言説とはもはや大きく異なっている。「渋谷、新宿、原宿……東京の街に、家出ギャルが、溢れている」と題された記事では、「家出娘」である女子高生たちと、普通の女子高生が外見上は見分けが付かないという点が強調されている。

では、いったい家出娘たちはどこが違うのか。はっきり言って寝るところが決まっていないということ以外は、なんら普通の高校生と変わらないのだ。家出をしている悲壮感や罪悪感はみじんも感じられない。(『Bart』1996.10.28)

このような「家出」に関する語りは、一九七〇年代の目的がはっきりしない「家出」や異性交遊目的の「家出」の増加を指摘する「家出」の言説の延長にあると位置づけることができるだろう。ただし、一九九〇年代の「家出」言説からは、「家出」が非行少年少女たちによって行われるという位置づけはもはや消失しており、当時マスメディアにおいて話題になっていた「コギャル」や「援助交際」といった特徴を備える少女たちの行為の延長線上に、「家出」も位置づけられている。それゆえ、一九九〇年代以降の「家出」記事の多くは、若年層の女性の「家出」を主題とした記事が占めている。この点については、若年層の女性たちの「家出」は性的な話題と結びつけやすく、それゆえ一九七〇年代の「蒸発妻」の話題と同様に、週刊誌の主題になりやすいという原因も考慮すべきだろう。ともあれ、一九九〇年代の時点で、主に少女たちが行為主体として語られる「家出」の概念は、主に成人や子供の原因不明の消失現象を指す失踪および「蒸発」の概念から、ふたたびはっきりと分離したと見ることができる。

一九九〇年代の、「家出」を若年層女性の「生態」の一つとして捉える言説の傾向は、二〇〇〇年代以降も継続する。特に二〇〇〇年代以降にはインターネットを介したコミュニケーションが一般的に普及したことで、「家出」と「出会い系サイト」の関連を語る論点が出現し、それについての記事が多く書かれることになる。*10 たとえば「少女たちが次々と被害に……家出お助けサイトの危険なブーム!」と題された記事には、「少女たちが開放的になる夏、青少年に対する条例が厳しくなっている半面、サイトを使った家出が新たな犯罪の温床になっているという」(『女性自身』2004.9.7)という記述があり、「家出」の際に、インターネットを介して知り合った相手を頼ることで犯罪や売春に巻き込まれる事態が危険視されていることがわかる。また、同記事では「なんとなく家出」や「プチ家出」といった概念が用いられ、短期間の些細な「家出」が、後に本格的な「家出」へと到るパターンが多いことに警鐘が鳴らされていた。このように、「プチ家出」という短期的かつ気軽な「家出」を取り上げるのも二〇〇〇年代半ばの「家出」言説の特徴である。[*11]

最後に、一九九〇年代から二〇〇〇年代のあいだに掲載されたもので、かつ「夜逃げ」にも若年女性の「家出」にも該当しない内容の記事を見ておこう。そのような記事の数は多くないものの、例としては「『現実逃避型』から『自己発見型』へと動機が変容しはじめた！　年間の行方不明者8万人時代に考える『失踪』という選択」（『SPA』1995.4.5）や、「不思議事件簿◎神隠し　ある日、突然、人が消えるナゾ」（『中州通信』2001.9）、「あなたは消えてしまいたくなったことありませんか？」（『女性セブン』2002.9.19）、「『行方不明者』たちの消える理由」（『女性セブン』2008.9.11）、「自分だけの秘密の時間を持つ！　日常生活からの失踪」（『ダ・カーポ』2006.10.4）などを挙げることができる。これらの言説では、警察に届けられた「家出人捜索願」（現在でいうところの行方不明者届出書）の年間件数が言及されたうえで、原因不明の失踪がなぜ起こるのかという疑問に何とか答えようとしている点が共通している。また、「不思議事件簿◎神隠し　ある日、突然、人が消えるナゾ」（『中州通信』2001.9）では、失踪が「神隠し」という言葉で形容されており、日常生活のなかで突然人が姿を消してしまうという事態がしばしば起こることについての不可解さが語られている。[*12]これらの記事における失踪の語られ方は、先に見た一九六〇年代の「蒸発」の扱いに類似していると言えるだろう。すなわち、一九九〇年代以降の失踪の記事では、まるで一九八〇年代以前の「蒸発」言説の流行を忘却してしまったかのように、ふたたび失踪を聞き慣れないミステリアスな現象として語るようになったのである。

ところで、このような傾向は、若年層女性の「家出」の言説の傾向とは矛盾するものではないか。すなわち、失踪がふたたびミステリアスな現象として扱われるようになった一方で、若年女性の「家出」言説では、「プチ家出」という言葉が生まれたように、「家出」を気軽に行える日常的な現象として扱おうとする傾向が同時に生じていたのである。では、比較的敷居の低い失踪である若年女性の「家出」が日常的なものとして扱われる一方で、成人による長期的な失踪が特異なものとして語られ、さらにそもそも語りの対象にすらなりづらくなったのは一体なぜなのだろうか。この点については、後ほど考察することにしたい。

二〇一〇年代の失踪言説

二〇一〇年代は現在も進行中だが、二〇一五年時点で収集された失踪に関する記事には、すでにこれまでにはなかった論点が現れている。最後に本項では、このような新しい失踪の言説について確認しておこう。

二〇一〇年は、第1章第2節で述べたように「無縁社会」の言説が流行したが、同年に社会問題として話題になったのはそれだけではなかった。[*13]「無縁社会」の言説が流行したのは二〇一〇年の前半だったが、二〇一〇年の後半に話題になったのは、いわゆる「高齢者所在不明問題」である。「高齢者所在不明問題」とは、高齢者――それも多くは一〇〇歳以上のすでに死んでいてもおかしくはない超高齢者――が戸籍上は生存している扱いになっているにもかかわらず、実際にはその生死や所在が確認できない状態になっていたことが発覚した社会問題である。この問題は、当時テレビなどのマスメディアでも連日のように報道され、親族が高齢者の死を意図的に隠蔽し年金を不正に受給している事例などが糾弾された。

この問題は、本書が分析の対象としている雑誌メディアでも盛んに報道された。雑誌記事索引検索データベースの「Web OYA-bunko」の記事分類小項目「謎の行方不明、失踪」には、二〇一〇年に掲載された「高齢者所在不明問題」の記事が四〇件以上も掲載されている。とはいえ、上記の内容の「高齢者所在不明問題」を扱っているというだけでは、本項の分析の対象とはならない。本調査の分析対象として収集されるのは、「個人が家族や集団から長期間離脱する事態について扱った記事」であるという条件を満たす記事のみだからである。たんに戸籍登録上の不備あるいは詐称のみでは、個人が家族や共同体から長期間離脱する事態を扱っているとみなすことはできないだろう。しかし、「高齢者所在不明問題」の記事の内容を精査してみると、その中の多くの記事で、実際に高齢者が家族から離脱して行方不明になっているという事態に対して――すなわち本書が失踪と呼ぶ事態に対して――言及が行われ、それと関

図7　「行方不明の老親　探さぬ言い分」（『女性セブン』2010.9.9）

連づけた論評が行われていた。そこで本項では、「高齢者所在不明問題」を主題としており、かつ本調査の分析対象となる条件を満たす記事において、失踪がいかに語られていたのかを見ておこう。

まず、「行方不明の老親　探さぬ言い分　『消えた高齢者問題』の背後にある、親の所在を気にしない子供たちの不気味」（『女性セブン』2010.9.9）と題された記事では、「消えた高齢者」の問題は、「残された家族が年金欲しさに親の死を隠し、年金を不正受給していたケース」「死亡届は出されていたものの、行政の不備で住民票が残っていたケース」「家族の絆が希薄になり、長年連絡をとっていないままのケース」の三つのパターンがあるという。そして、収集された記事の多くは、主に三番目のパターンに焦点を当てていた。この記述だけを見ると、高齢者と家族の関係が自然に切れてしまうようなケースが想起されるが、しかし実際には同記事では、母親や父親が家族の元から自ら出て行って以来、長年連絡を取っていないという事例も紹介されている。そして、長年行方不明である親の安否を確認しない家族に対して、「自分に負担がかかるなら、親の安否に目をつむるということか」（『女性セブン』2010.9.9）と疑問が投げかけられている。

他の記事でも、家から出て行って行方不明となった高齢の親を探さない家族たちが取り上げられ、議論の対象となっている。そのような記事では、「そもそも百歳以上の不明老人のうち、約四分の三が男性なのだという。八十歳以上の老人は圧倒的に女性が多いのに、行方不明者老人に限って男性が多いのは何故か。要は男性のほうが放浪癖などにより、勝手に家を出て行くのが多いからだという。」(『新潮45』2010.10)や、「8月19日の時点で、すでに全国で280名を超える不明者が確認されている。一方で、その予備軍ともいうべき60歳以上の高齢者の失踪も相次いでいることはあまり語られていない」(『週刊ポスト』2010.9.3)、「『自ら進んで〝消えていく〟老人も多い』と指摘するのは、ホームレスの自立支援を行うNPO法人の幹部だ」(『FRIDAY』2010.9.3)などの語り口で、本書が失踪と呼ぶ現象への注目を促している。

その際に語られている別離の原因は、放浪癖や家庭内不和、金銭問題、酒癖など、出て行った側に問題があるとみなすこともできる場合も多いが、失踪者である彼/彼女らは、かつての「蒸発」の言説のように責められることはなかった。むしろ目立っていたのは、「長生きが幸せだった時代は、とうに過ぎたのか」(『FRIDAY』2010.9.3)や、「激動の日本を支えた老人たちが次々と行き場を失う、日本社会や家族のあり方こそ、問われるべきではないか」(『週刊文集』2010.8.26)、「親を大事にしないということではないが、子どもがお金や時間を使って親の面倒を見るという意識が染みついておらず、親も自分の財産と才覚で死ぬまで暮らしていくものだ——そう考える世代が、ちょうど今、100歳以上世代を『消している』世代にあたるというのである」(『Asahi Shimbun Weekly AERA』2010.8.16)などの語りに見られるように、行方不明となったまま死んだ者を哀れんだり、そのような状況を招いた家族や社会を責めたりする論調だったのである。また、「『消えた高齢者』無縁社会の泥沼『100歳以上』は氷山の一角。予備軍は無数にいる」(『文藝春秋』2010.10)と題された記事のように、「無縁社会」における家族の崩壊という論点と「高齢者所在不明問題」を結びつけて論評する言説も見られた。

これらの記事の内容を踏まえると、「高齢者所在不明問題」において語られた失踪者たちは、総じて家族や社会から排除された者として捉えられていたと言えるだろう。そこでは失踪者たちは、「消えた高齢者」であったと同時に、家族や社会から「消された高齢者」でもあったのである。

なお、「高齢者所在不明問題」に関する記事は二〇一一年には見られなくなり、その後は二〇〇〇年代と同様に若年層女性の「家出」の記事は一定の頻度で見られるものの、成人の失踪や行方不明に関する記事は数件に止まっている。ただし、「つながりを求めて彷徨う〝ホームレス女子〟」(『婦人公論』2014.6.7) と題された記事では、若年女性が家を出てホームレス化する背景には「関係性の貧困」があると語られており、失踪と社会からの排除を結びつけて語る言説の傾向は今後も継続してゆく可能性があるだろう。[*14]

5　失踪言説の背後にあるもの②——個人化

前節では、一九九〇年代以降の失踪言説の変遷を見てきた。そこでは、「蒸発」の言説の流行の終焉や、一九九〇年代から二〇〇〇年代にかけての「夜逃げ」、二〇一〇年の「高齢者所在不明問題」における失踪者語りなど、一九八〇年代以前の失踪言説には見られなかった新たな変化を見出したのであった。

ところで、先に筆者は、一九八〇年代以前の失踪言説を説明するコンテクストとして、戦後の家族の変化を挙げておいた。では、一九九〇年代以降の言説も、同様のコンテクストによって説明することが可能だろうか。結論から述べると、それは困難であると言わざるをえない。というのも、家族というコンテクストのみでは、「蒸発妻」の言説が一九九〇年代以降には下火になったのはなぜかという理由を説明することは困難であるし、二〇〇〇年代以降の失踪言説の展開——失踪がふたたびミステリアスな現象として扱われるようになった一方で、若年女性の「家出」言説では、「プチ家出」という言葉が生まれたように「家出」を気軽に行える日常的な現象として扱おうとする傾向が同時に生じていた——を説明することもできないからである。また、二〇一〇年代の「高齢者所在不明問題」の言説において、失踪者が家族や社会から「消された」者として扱われ、失踪者本人ではなく家族が責められていた——それは「家出娘」や「蒸発」の言説では見られない傾向であった——のはなぜだろうか。

ここで、石田の『解放』の言説」から『剥奪』の言説」へという議論をふたたび想起したい。石田によれば、

「純粋な関係」の出現・拡大にともなう「親密な関係」の変容が、かつての日本では既存な紐帯からの解放として歓迎される傾向があったものの、それは次第に関係から排除されるリスクを伴った不安の対象へと転化してきたのであった。この議論を踏まえると、当時の家族からの自由への志向を含意していた「家出娘」や「蒸発妻」の言説は「解放の言説」に該当し、家族からの排除を問題視する二〇一〇年代の失踪言説は「剥奪の言説」に該当すると仮定することが可能だろう。

ただし、前節で確認したように、一九五〇年代の「家出娘」と一九七〇年代の「蒸発妻」の言説は、いずれも当時の家族からの自由を含意する言説ではあったものの、その内実はかなり異なるものであった。それゆえ、「解放の言説」と「剥奪の言説」の二分法のみで、失踪の言説の変遷を捉えきるのは無理がありそうである。そこで、以下ではU・ベックの「個人化」の議論を導入することで、「家出娘」から「高齢者所在不明問題」にいたるまでの失踪言説の変容をより明瞭に説明することを試みる。

「第一の個人化」と「第二の個人化」

ベック（Beck 1986=1998, 2011）によれば、近代社会、特に後期近代以降の社会では、個人は伝統的な共同体や紐帯から解き放たれ、より多くの自己選択の機会を得る。その一方で、自己選択の帰結としての多大なリスクにさらされることになるという。この「個人化」の傾向は、個人と個人が取り結ぶ人間関係にも見出すことができよう。つまり、既存の親族関係や、職場や学校などのコミュニティの拘束が弱まり、個人と個人が自らの選択に基づいて関係を取り結ぶようになる一方で、そのようにして選択された人間関係は互いの意思次第でつねに解消されるリスクも孕むことになるのだ。ベックの「個人化」の議論は、第二次大戦後の西ドイツを中心としたヨーロッパの資本主義社会を対象になされたものであり、そのまま日本社会の近代化の過程に当てはめることはできないだろう。とはいえ、本書にとって示唆的であるのは、ベックが既存の紐帯からの解放がなされる「第一の近代」と、「第一の近代」からの解放の後に形成された家族や中間集団にまで「個人化」の波が及ぶ「第二の近代」を区別し、現代を「第二の近代」として位置づけているという点である。この「第一の近代」と「第二の近代」の区別を踏まえると、家制度や村落といった戦前の紐帯から離脱しようとする少年少女を主題としていた「家出娘」の言説は、「第一の近代」における「個人化」の段階に対応していると言えるのではないか。そして、それに対して、戦後に成立した新しい家族体制からの自由を志向する一九七〇年代の「蒸発」の言説は、「第二の近代」の段階における「個人化」を部分的に肯定する側面があったと言えるのではないだろうか。なお、以下では便宜的に、「第一の近代」に対応する「個人化」を「第一の個人化」、「第二の近代」に対応する「個人化」を「第二の個人化」と呼ぶことにする。

ここで、「蒸発」の言説が新しい家族からの自由と結婚外の恋愛を合わせて扱うことが多かったという点に、ふたたび着目しておきたい。というのも、「蒸発妻」が家族から離脱した後に結婚外の恋愛を行うという言説上の展開は、戦後に成立した新しい家族体制からの逃避先として、血縁関係や婚姻関係に基づく家族とは異なる選択的な関係が語られていたということを示すものだからである。本章第2節で見たように、「蒸発妻」たちの恋愛の相手は、みな「蒸発妻」たちの夫に対する不満——関係の安定性や、性的な相性の不一致など——を一時的には埋めることができる存在として語られていた。また、上の条件を満たす「蒸発妻」の恋愛の相手としては、大幅に年下の男性や、同性のレズビアン女性など一般的には夫婦となるのが難しい相手が挙げられることも多かった。以上のように語られた「蒸発妻」の恋愛関係は、夫婦関係よりも互いの「コミットメント」による関係が優先されているという点で、そこにはギデンズ（Giddens 1992=1995）が「純粋な関係」における愛のあり方として指摘した「コンフルエント・ラブ」の兆候を見出すことができる。[*15]「蒸発妻」の言説からは、そのような選択的な人間関係への移行と、それにともなう非家族的な親密圏の拡大の兆候を見出すことができるのだ。

その一方で、「蒸発」の言説からは、「個人化」がその時点では徹底されてはいなかったことも読み取れる。「蒸発妻」の言説が流行したのは主に一九七〇年代であったが、落合（2004）や山田（2005）が指摘するように、一九八〇年代には日常の生活内で生じる結婚外の恋愛について語る「不倫」の言説が流行することになる。ドラマ『金曜日の妻たちへ』で典型的に見られるような一九八〇年代の不倫の言説は、経済的に豊かな妻が、夫の立場からは理解が困難な理由で不倫に至るなど、「蒸発妻」の不倫の言説と一致するところも多い。ただし、二つの言説が大きく異なるのは、不倫の言説では婚姻関係を維持したまま結婚外の恋愛を行われるのに対して、「蒸発妻」の言説では不倫に際して妻が家族の元から消え去ってしまうという点である。二つの言説における結婚外の恋愛の位置づけを比較すると、結婚外の恋愛に失踪がともなっている「蒸発」の言説の時点の方が、結婚外の恋愛の敷居は高く扱われていたとみなすべきであろう。

また、安定した家族関係から消え去ってしまう「蒸発」は、結婚外の恋愛を行う方法としては、必ずしも安全なものであるとは言えない。実際に、「蒸発」の言説でも「蒸発」のその後が悲観的に語られる傾向があったことは本章第2節でも述べたとおりである。この点に関して、「蒸発妻」の言説ではしばしば「蒸発」と離婚は比較して語られている。そのような記事では、「離婚よりもてっとり早いの」(『週刊現代』1974.10.17)や「一見マジメな夫は、離婚になど絶対に応じてくれない」(『週刊平凡』1976.6.24)、「離婚はおろか蒸発する勇気もないわたし」(『婦人公論』1980.1)といったように、離婚を「蒸発」よりもむしろ困難なものとして扱う記述があった。[*16] これらの記述から、一度結婚した夫との婚姻関係を解消することが——場合によってはリスクの大きな「蒸発」と比較されるほど——この時点では困難な位置づけであったことがわかるだろう。

以上のような「蒸発」の言説における結婚外の恋愛や離婚に対する位置づけから、戦後に成立した新しい家族体制とそれを支える夫婦関係が、「蒸発」の言説の時点では依然として安定したものとしても捉えられていたことがわかる。よって、「蒸発」は、「親密な関係」に対して、より徹底した「第二の個人化」の兆候が現れはじめた段階で流行した、過渡的な時代の言説だったのではないか。そして、「蒸発」の言説が「第二の個人化」が波及する過渡期の言説だったとすると、それが一九九〇年代以降に語られなくなったのは、「第二の個人化」が人間関係一般に浸透したからであるということになるだろう。[*17] たとえば夫婦関係の場合、離婚という選択が容易になれば、もはや配偶者との関係を切るための「蒸発」は有意味な選択とはならないはずである。よって、「蒸発」について積極的に語る必要性も、「蒸発」を危惧して社会問題として扱う必要性も消失してしまったのではないか。

「個人化」の浸透の帰結

この「個人化」の浸透と、それにともなう人間関係からの自由を志向する失踪言説の消失という傾向は、一九九〇年代以降の失踪言説においても見出すことができる。一九九〇年代以降に散発的に語られた「夜逃げ」は、金銭トラブルに代表されるような事情から、やむをえず失踪するという内容が主であった。「夜逃げ」の言説からは、何らかの人間関係から離脱することに対する積極的な志向を見出すことが難しくなっている。この人間関係からの離脱に対する積極的な志向の消失という傾向は、一九九〇年代以降の若年層女性の「家出」言説にも見出すことができる特徴である。

また、二〇〇〇年代の「プチ家出」や「なんとなく家出」の言説では、より短期的で「気軽」な「家出」の流行が語られていた。これは、「個人化」が浸透し人間関係が選択的なものとなったことで、人間関係からの出入りがより容易なものとなったことの証左ではないだろうか。そのような状況では、先述したように、家族との関係を長期的に断ち切ってしまうような不可逆な失踪はその必要性を失うことになる。実際に、一九九〇年代以降の成人による長期的な失踪は、まるで以前の「蒸発」言説の流行を忘れてしまったかのように、ふたたびミステリアスな現象として語られていた。これは、成人による長期的な失踪に対して何らかの合理的な意味を見出すことが困難になっていたからだと言えるだろう。

以上の「個人化」の進展の帰結が、いっそう明確に表れているのが、二〇一〇年代の失踪の言説である。「高齢者所在不明問題」において失踪者は、たとえ彼／彼女がみずからの都合で出て行った場合でも、「社会から消された」存在として扱われていた。「蒸発」の言説の衰退以降、はっきりとした説明の図式が適用されてこなかった成人の長期的な失踪に対して、ここでふたたび明確な意味が与えられたのである。先に見たように、それらの言説では、「親の所在を気にしない子供たちの不気味」（『女性セブン』2010.9.9）や、「親を大事にしないということではないが、子どもがお金や時間を使って親の面倒を見るという意識が染みついておらず、親も自分の財産と才覚で死ぬまで暮らしていくものだ――そう考える世代が、ちょうど今、１００歳以上世代を『消している』世代にあたるというのである」（『Asahi Shimbun Weekly AERA』2010.8.16）といった語り口で、もはや子供が親との関係を保ち続けることがかつてのように自明ではないということが主張されていた。これは本章の用語で言い換えれば、家族関係に「第二の個人化」が波及し、人びとが家族の紐帯から解放されたことで、家族と関わるかどうかの選択が家族ではなく個人に帰せられるようになったという現状に、言及した語りであると言えるだろう。ただし、そこで語られていたのは「個人化」によって達成された自由ではなく、むしろ排除への非難であった。ここにおいて、人間関係の自由の高まりが、排除のリスクへと転化したことがはっきりと見てとれるのである。

本項では、人間関係の「個人化」の進展というコンテクストから、失踪言説の変遷を説明することを試みてきた。その成果は、次のようにまとめられるだろう。すなわち、「家出娘」や「蒸発妻」の言説は、「第一の個人化」および「第二の個人化」がそれぞれ波及する過渡期において、「親密な関係」が自由になりつつある社会状況を反映していたのに対して、二〇一〇年代の「失踪言説」は、「個人化」が浸透し、「親密な関係」がすでに自由になってしまった社会状況を反映していたのである。[*18]

6　雑誌記事における失踪批判の論点

本章では、家族と「個人化」という二つのコンテクストから、失踪の言説の歴史的な変遷の過程を読み解いてきた。[*19]ただし、これまでの分析の成果については、次のような指摘を受けるかもしれない。それはただ、石田の枠組みを失踪の言説を用いて検証・精緻化したに過ぎないなのではないか、と。しかし、失踪の言説について、問うべき点はまだ残っている。前節で分析したとおり、かつての「家出娘」や「蒸発」の言説が人間関係からの『解放』の言説に該当するとしたら、なぜそれらの行為はもっぱら否定的な評価を与えられたのだろうか。失踪が、紐帯からの解放を歓迎する当時の機運に合致していたとしたら、もっと手放しに人びとの賛同を得てもおかしくないはずである。それにもかかわらず、「家出娘」や「蒸発」が憂慮すべき問題として扱われた点について、前節の考察では説明しきれていない。加えて、二〇一〇年代の失踪言説において、失踪者が社会的排除の対象として語られるようになった背景については明らかにすることができたが、その際に失踪者の家族が新たな批判の対象となっていたのはなぜかという重要な疑問も、依然として未解決なままである。

さて、最後に残ったこれらの点こそが、本書にとってのもっとも重要な問題であると言えるだろう。というのも、本書の最終的な目的は、私たちの「親密な関係」からの離脱に対する抵抗感の根拠となる原理を明らかにすることであり、その際には「なぜ失踪してはいけなかったのか」という、失踪を否定する規範こそが分析されるべき対象となるからだ。そこで、本節では、これまで分析してきた言説のなかで、失踪がどのような価値判断によって望ましくない現象として語られてきたのかについて、整理しておきたい。

失踪のリスクに対する危惧

まず、一九五〇年代の「家出娘」から二〇一〇年代の「高齢者所在不明問題」の言説にいたるまで、失踪を問題視する論拠として一貫して用いられていたのは、失踪者本人が失踪によって被るリスクの観点である。

本章第2節で見たように、一九五〇年代の「家出娘」の言説では、彼女たちが地方から東京に家出してきた後に、「狼」によって誑かされ、最終的に性産業に「転落」してしまうという悲惨な末路が語られていた。また、同様に「蒸発妻」の失踪後も、悲観的に語られる傾向があった。「蒸発」の言説では、上記のように「蒸発」の結果として選択された新たな関係が、生の基盤としては脆弱なものであるということがすでに語られていたのである。これは、「個人化」の浸透によって生じる、選択的な人間関係の孕むリスクに対する不安の構図を先取りした語りであったと言えるだろう。さらに、「高齢者所在不明問題」において語られた失踪者は、誰にも看取られないまま死を迎えるという悲惨な末路が危惧されていた。

これらの語りでは、失踪者が失踪することで後に本人にとって望ましくない帰結を迎えるということが、失踪を問題視する論拠となっている。失踪は、少なくとも本書が記事を収集した期間においては、つねにある程度以上のリスクを孕むものと語られていたのである。しかし、この事実は、前節における結論――二〇一〇年代において失踪者が「社会から消された」存在として扱われたのは、「個人化」による人間関係の自由の高まりがリスクに転化してからであるという結論――と食い違うのではないか。

この点については、各時期において、どのような種類のリスクが想定されていたのかを見ておくべきだろう。一九五〇年代の「家出娘」の言説では、田舎から失踪し、都会に一人で出ることで、社会的なスティグマを抱える集団に巻き込まれるというリスクが主に危惧されていた。これは、後述する失踪を逸脱行為の温床として批判する観点とも通じるリスクの語りであると言えるだろう。それに対して、二〇一〇年代の「高齢者所在不明問題」における失踪言説では、失踪した者が元の家族や縁者から見放されるというリスクが危惧されていた。すなわち、二〇一〇年代の失踪言説において強調されていたのは、あくまでも「親密な関係」からの排除のリスクなのであり、それは「第一の個人化」の段階における失踪の言説には見出せない語りなのである。その意味でも、選択的な人間関係の孕むリスクに対する不安の構図を先取りした「蒸発」の言説は、「第二の個人化」へといたる時期の過渡的な言説だったと言えよう。このように、失踪の言説では、一貫して失踪の孕む本人にとってのリスクに関する語りが見られるが、語られるリスクの内容はそれぞれの時期の社会的なコンテクストによって異なっており、その差異はやはり失踪の言説に大きな影響を及ぼしていたと見るのが妥当であろう。

また、「蒸発」の言説において失踪のリスクが前面に押し出されていないのは、先述したように、失踪によってリスクを冒してでも家族からの自由を得ることに、一定以上の意味が見出されていたからであると見ることもできる。「蒸発」の言説が流行していた一九七〇年代は、「ここ」ではない「どこか」――既存の人間関係とはまったく異なる外の世界――に、何かしら望ましいものが存在すると想定できることが一般的であった時代だったのかもしれない。[20]

逸脱行為の温床としての失踪に対する批判

次に、失踪を問題視する第二の論拠として、失踪が、本人の逸脱行為の引き金になるという内容のレトリックを検討しておきたい。本章で記述した失踪言説の歴史を見直すと、その種のレトリックもほぼ全期間において用いられていた。その内容は、失踪によって失踪者が逸脱的集団に巻き込まれて逸脱行為に走ることに警鐘をならす言説と、失踪者が行う不純な異性交際を主題とする言説の二種類に分けることができる。

前者については、前項でも述べたように、一九五〇年代の「家出娘」を問題視する際に盛んに語られている。これらの言説では、田舎出身の無垢な少女と、都市で彼女たちを誑かす大人が対照的に語られている。また、一九七〇年代の少年少女の「家出」言説では、少年少女たちが非行集団を形成することで、その集団が逸脱行為の機会を新たに提供することが危惧されている。このように、失踪者が逸脱的集団に巻き込まれるというレトリックは、主に若年層の失踪を問題視する際に用いられる傾向があった。

一方、後者の失踪者の不純な異性交際に関する語りは、特に一九七〇年代の「蒸発妻」の言説と、一九九〇年代以降の若年層女性の「家出」言説において非常に頻繁に見られる。「蒸発妻」の言説についてはこれまで述べてきたとおりなので、もはや説明する必要はないだろう。また一九九〇年代以降の若年層女性の「家出」においても、「援助交際」あるいは「売春」といった概念が必ずといってよいほど一緒に用いられていた。これらの記事は、いずれも失踪中の女性たちの性的放蕩や性の乱れを問題視するレトリックを用いているという点で共通している。ただし、記事において失踪と女性の異性交際の問題が頻繁に関連づけられていたという点については、本書が分析した記事の掲載元の多くが、女性のスキャンダラスな性の話題を選好する雑誌であったという事情も考慮すべきであろう。よって、ここで異性関係の問題を、それが実際に記事で語られている頻度ほどには、重要視する必要はないように思われる。

家族を見捨てることに対する批判

失踪を望ましくないものとして問題視する根拠として、リスクと逸脱によるレトリックが用いられていたことを確認してきた。ただし、リスクや逸脱が問題視されるのはいわば当然であり、ことさら強調する必要もないだろう。むしろ本書にとって重要であるのは、リスクや逸脱のレトリックに還元されないような、失踪の孕む問題性なのである。では、雑誌記事における失踪言説のなかで、それはいかにして語られてきたのだろうか。

ここで、これまでの分析ではあまり触れてこなかった、失踪が残された家族に与える影響について見てみよう。「蒸発妻　残された子供の訴え　ママ、いまどこにいるの？」（『女性自身』1975.3.27）と題された記事では、「蒸発妻」の増加現象が問題として指摘されたうえで、蒸発した母親を待つある子供の悲哀が語られている。

> 母がある日フッといなくなり、父も交通事故で入院してしまった北野ヒロ子ちゃん兄妹に、大人たちの勝手な事情を説明できる人が誰かいるでしょうか？（『女性自身』1975.3.27、傍点は原文ママ）

上の引用のように、同記事では、子供たちを置いて失踪して帰ってこない「蒸発妻」の身勝手さと、それに対して子供が理解できるような説明がなされていないという現実を訴える内容となっている。同記事は、「蒸発妻」本人ではなく、失踪された家族の悲哀が主題となっている、当時としては稀な記事であるが、このように家族を見捨てたという根拠によって失踪者を批判するレトリックは、他の失踪の記事でも頻繁に見かけることができる。

たとえば「蒸発」を主題とした記事では、「蒸発は個々の家庭でもっとも痛ましい悲劇である。家族は路頭に迷い、肉親の絆はずたずたに切られ、疑心暗鬼が横行する」（『婦人公論』1983.3）や、「捨てられた子どもや夫にとってこれほどむごいことはない」（『週刊大衆』1980.4.24）、「自分がよければすべてよし。女の気まぐれに乗って戸籍を汚された（?）ダンナのことなどこれっぽっちも思わない。手前勝手との形容付きでいえば、見事な論理である」（『アサヒ芸能』1974.10.17）、「ある日突然、家庭から消えてしまう蒸発妻!!　取り残された夫と子供は深刻である」（『週刊女性』1975.3.11）などの語り方で、家族とりわけ子供に対して被害を与えることになる失踪を問題視していた。また、「夜逃げ」の言説においても、「何が困るかって、本人と連絡が取れないと大家は借家の契約解除ができないという点。

［……］当然、本人は行方不明ですから、欠席裁判に」「夜逃げをする人は現実逃避タイプが多いのだという。シビアな現実を受け止めるだけの強さがない。しかし、残されたものにとってはまさに地獄だというのは忘れてほしくないものだ」（『女性セブン』2005.4.21）のように、失踪が残された者に与える被害を強調することで「夜逃げ」に警鐘を鳴らす語りが見られる。同記事によれば、「やむをえずするとはいえ、〝立つ鳥跡を濁さず〟夜逃げをするのが礼儀というもの」（『女性セブン』2005.4.21）であるという。

　これらのような、家族を見捨てたという根拠によって失踪者を批判するレトリックは、以下の二点の特徴を備えている。

　まず、このレトリックは、主に成人すなわち「大人」の失踪を問題視する際に用いられている。若年層すなわち「少年少女」の失踪では、「家出」によって親たちが心配しているというレトリックは用いられているが、成人の失踪に対してなされるような、家族を見捨てたという非難は見られない。

　次に、このレトリックは家族を「見捨てる」ことを非難しているという点では、実は二〇一〇年代の「高齢者所在不明問題」の言説において失踪者の家族を責めるために用いられていた論拠と同型であると言える。たとえば、「所在不明高齢者20万人超　捨てられた老人たち　その孤独な死に様　地縁も血縁も当てにならない」と題された記事には、以下の記述がある。

> 冒頭で紹介した坂田氏の親族の一人はいま、後悔しているという。「彼は家族にさんざん不義理をしてきた男でした。ただ今となっては、もっと必死に探してあげればよかったとも思っています。家族を突き放した我々も、世間から見れば恥ずかしい存在なのですから……」（『週刊現代』2010.9.4）

　上の記述では、親族たちに迷惑をかけた後に行方不明になってしまった「坂田氏」（仮名）への対応を後悔しているという坂田氏の親族の話を引用することで、「捨てられた老人たち」の孤独を訴えている。この記事中に引用されている親族たちの話においては、失踪者を探さずに「突き放した」ことが「世間から見れば恥ずかしい」ということに、すなわち規範的な態度ではなかったということになっている。これと同型の語りは、他の記事においても見られる。

酷暑が続き、老人が熱中症で孤独死したニュースが立て続けに流れている。自分の親は大丈夫だろうか。老親を探さぬ子供たちはそう案じることもないのだろうか。
行方不明のまま届け出をしなければ年金がはいり、いまある生活が穏やかに続く——親を探さないのは〝犯罪〟にはならないのだからといって……」(『女性セブン』2010.9.9)

上の記事では、関係が切れてしまった高齢の親を案じないこと、そして探さないことに対して疑問が呈されている。もちろん、本章第4節で述べたように、同記事で紹介されている子供が親を探さない事例には、親が自ら家を出て行った失踪のケースも含まれている。また、「独占告白　消えた110歳老人と家族『年金使って悪かった』」と題された記事にも、「家族が、家族を見捨てる。そんな光景はもう『異様なもの』ではなくなってきている」(『『Asahi Shimbun Weekly AERA』2010.8.16)という記述がある。そして、親が家族を捨てたり酒癖が悪かったりと、親の方に原因があるケースも多いと指摘しつつも、「しかしそれにしても、親を捨てるとは尋常ではないはず」(『Asahi Shimbun Weekly AERA』2010.8.16)と述べられており、「親を捨てる」という行為が批判されている。

これらの記事の例からも明らかであるように、「高齢者所在不明問題」の言説において失踪者の家族を責める際には、「蒸発妻」や「夜逃げ」の言説において失踪者を責める際と同じレトリックが用いられている。この点から、「家族を見捨てる」を望ましくないものとする批判は、一九七〇年代においても二〇一〇年代においても一定の説得力を有しているということがわかるだろう。ただし、ここで重要であるのは、そのように同一の規範的判断が通時的に用いられているにもかかわらず、一九七〇年代の「蒸発妻」の言説と二〇一〇年代の「高齢者所在不明問題」の言説では、記事の批判の矛先が反転しているように見えるという点である。ともに失踪という概念に該当するような類似の現象を、同一の規範的判断を根拠に問題視しているにもかかわらず、なぜ一九七〇年代には批判された失踪者が二〇一〇年代には同情的に庇われるようになり、一九七〇年代においては被害者であった家族たちが二〇一〇年代においては批判される立場になっているのだろうか。

この点については、一九七〇年代の「蒸発」の言説における主な失踪者は若い女性であったのに対して、二〇一〇年代の「高齢者所在不明問題」の言説における失踪者は社会的・身体的な弱者とみなされる高齢者であったという説明が可能かもしれない。しかし、仮にそうであるとしても、なぜ二〇一〇年代には失踪者が庇われ、失踪者の家族が責められるような種類の失踪に多くの注目が集まり、以前のようにその逆の構図の失踪には注目が集まらないのか、という疑問は残ることになるだろう。

以上の疑問に対しては、本章で展開してきた、「第二の個人化」の進展による排除への不安の高まりという説明だけでは答えることはできない。そもそも、本節の冒頭で述べたように、「個人化」による説明のみでは、二〇一〇年代において失踪者の家族が新たな批判の対象となっていたという現象を説明しきれないのである。この点については、かなり先になってしまうが、第8章であらためて考察することにしたい。

責任と呼ばれる倫理

前項で、「家族を見捨てること」に対する批判という、失踪を望ましくないものとして問題視する際の根拠を見出した。この根拠は、本節で確認した失踪者本人のリスクや、逸脱の温床になるといった言説上の他の根拠にも、第1章で検討した「親密な関係」からの離脱に対する抵抗感となる種々の根拠にも還元されえない、少なくとも本書にとっては新たな論理であると言えるだろう。また、この論理は、「家族を見捨ててはいけない」という規範によって判断されているという点で、明らかにある種の倫理的なものを孕んでいる。よって、この論理は、第1章で「親密な関係」からの離脱に対する抵抗感の根拠として、ある種の倫理観の存在を予見した本書にとっては、とりわけ重要なものとなる可能性がある。

そこで、最後に本項では、そのような倫理観が、失踪の言説において「何」と呼ばれていたのかを見ておきたい。これはすなわち、「家族を見捨ててはいけない」と語られる際に用いられている論理がどのようなものであるのかを、言説に内在するかたちで導き出す作業にもなるだろう。

本章第2節で述べたように、「蒸発」言説の流行の終末期にあたる一九八〇年代になると、かつて流行した「蒸発」の現象を回顧する記事が見られるようになる。そのなかで、「離婚　蒸発に見る夫婦の別れ　心の弱さ、無計画さ、無責任さ（帯正子）」と題された記事では、次のように「蒸発」が反省的に語られている。

> 「蒸発」を深く見据えれば見据えるほど、その蒸発者の心の弱さ、無計画さ、無責任さが目につく。離婚などという大目的のための行動とは、どうしても受け取れない。逃げ隠れしていて天下の戸籍面を変えられる筈がないではないか。（『週刊読売』1981.9.27）

上の語りでは、「蒸発」すなわち失踪をするだけでは離婚に進展しないし、戸籍を変えることもできないということが語られている。それにもかかわらず「逃げ隠れ」をしてしまうという「蒸発」に、「心の弱さ」「無計画さ」が見出されるのは自然な流れだが、ここで注目すべきは、同時に「無責任さ」という概念が用いられているという点である。この記事においては、「逃げ隠れ」する行為は、「無計画」であると同時に、「無責任」でもあると語られているのだ。

もう少し古い年代の記事も確認しておこう。「生態学'73講座　妻の蒸発　逃亡にこめられた『男社会』への怨念」と題された記事では、「母親がこどもを殺したり、捨てたり、はたまた蒸発するたびに繰り返されるのは『母性の喪失』『無責任』の決まり文句。だが、そんな道徳的な片言隻句は、なんの意味もなさない」（『週刊サンケイ』1973.3.9）と語られている。この一文では、母親が子供を殺したり、捨てたり、「蒸発」したりすることに対して、「母性の喪失」や「無責任」という言葉を用いて安易に非難することに対する反論が行われている。逆に言えば、当時は「蒸発妻」を非難する際に「母性の喪失」や「無責任」という概念を用いるのはごく一般的であったということになるだろう。「母性の喪失」に関しては、失踪の言説のなかでは母である立場の「蒸発妻」に対してのみ用いられるレトリックであるが、それと並列するかたちで、子供を殺したり、捨てたり、『蒸発』したりすることに対して、「無責任」という倫理的な裁定が下されているという点は見逃せない。

これらの言説から、「蒸発」によって家族から逃げたり、子供を捨てたりすることは、しばしば「無責任」という概念に関連づけられて批判されてきたことがわかる。「無責任」という概念の適用対象になるということは、それらの行為は、責任の倫理に抵触するものとみなされているということになるだろう。しかし、家族から逃げたり、子供を捨てたりすることは、どのような意味で責任の倫理に反しているのだろうか。この点について詳細に語っているのは、以下の言説である。

> 蒸発するというのは、逃げ出すことですから、人間としてだらしがない、責任感がない男なわけです。蒸発することで責任回避をしようとするわけです。
> 家庭を持つということは、自分一人ではなく、妻や子供たち、ときには親の生活まで面倒をみる。責任を持つということなのです。
> それを、自分が辛くて耐えられないからといって逃げ出すような男には、もともと、結婚する資格なんかないのです。(『週刊女性』1978.6.6)

上の語りは、「男が蒸発したくなる時」と題された記事のなかで紹介されている、識者――作家の樹下太郎――のコメントの一部である。この語りによれば、「家庭を持つ」ということは、「妻や子供たち、ときには親の生活まで面倒をみる」ことであり、それは「責任を持つ」ことであるという。そして、「蒸発」すなわち「逃げ出すこと」は、そのような責任を「回避」することであると述べられている。このレトリックにしたがえば、家族から逃げたり、子供を捨てたりすることは、責任の倫理によって果たすべきとされる行為を果たさないことになるから、「無責任」であるとみなされるということになろう。

さて、ここでの目的は、失踪の言説における「家族を見捨てること」への批判が、どのような倫理に基づいているのかを明らかにすることであった。「家族を見捨てること」を批判するレトリックを含む記事のなかで、必ずしも「責任」や「無責任」という言葉が用いられているわけではない。とはいえ、先に確認した「蒸発」の記事における「家族を見捨てること」への批判は、家族である以上は果たさなければならない行為を怠っているという形式で語られているとみなすことも可能だろう。そしてこの形式は、「高齢者所在不明問題」における失踪者の家族に対する批判のレトリックにおいても共通しており、しかもより明瞭に見出すことさえできるのである。[*21]

以上を踏まえて、差しあたりここでは、失踪の言説において「家族を見捨てること」が批判の対象となる際に、根拠となっている倫理を「親密なる者への責任」と呼んでおくことにしよう。失踪の言説において、失踪が否定的に語られる際に用いられるレトリックは、「失踪者本人のリスクを根拠とした語り」、「逸脱行為の温床となることを根拠とした語り」、そして「親密なる者への責任を根拠とした語り」の大きく三種類に分類することができる――これが、本章の結論になる。そして、先述したように、本書において特に重要な根拠となる可能性があるのは、三番目の根拠である「親密なる者への責任」という倫理である。もっとも、「家族を見捨てること」に対する批判の根拠となる倫理を、「男が蒸発したくなる時」で説明されているように本当に責任の倫理と呼んでよいのか――家族を見捨てることを批判する際の倫理が、本当に責任の倫理に該当するのか――については、まだ確証できる段階にはない。その点について確認するためには、一般的あるいは普遍的な責任の倫理についての検討を経る必要があるだろう。この作業は、本書の第7章で行うことにしたい。

III　当事者の語る失踪

本章の議論の導きの糸として、まずは北朝鮮による拉致被害者の家族である、横田早紀江さんの以下の語りを引用しておこう。

最初からショックの受け続けです。新潟に居た時などは年がら年中。事件で遺体が出るたびに警察署に駆けつけたり、このあいだのニセ遺骨が出て来た時まで。ずっとショックの連続でしょ。

違う違うと言いながらここまで来てしまっただけのことで、本当はもう静かに暮らしたいんです。あの子が居たら、あとは何も要らないから。でもいまは、何も活動しなくなって皆シーンとなってしまったら、それこそ大変だから頑張っているだけで。

海で遭難されたり事故で亡くなっても、ちゃんとお葬式をあげて20年30年経てば、少しは悲しみもうすらぐだろうけど、居なくなった日からいままで生死すらわからず、希望や絶望やらで振り回されて、生殺しの状態が続いているわけですけど……。（横田滋・横田早紀江 2012: 143-4）

失踪という言葉を聞いて、まず最初に、北朝鮮による日本人拉致問題を思い浮かべる者は少なくないだろう。一九九〇年代後半以降、マスメディアでも盛んに取り上げられるようになったこの問題に対する関心がピークに達したのは、小泉純一郎首相在任時の二〇〇二年であった。というのも、二〇〇二年の日朝首脳会談において、北朝鮮の金正日総書記が初めて公式に日本人の拉致を認め、そして同年の一〇月に、五名の拉致被害者の帰国が実現したからである。ただし、五名以外の拉致被害者の安否や行方は依然としてわからないままであり、日本と北朝鮮の間の拉致問題は依然として未解決のままである。[*1]

冒頭の語りは、そのようないまだに安否が不明である拉致被害者の一人である横田めぐみさんの両親が、娘の横田めぐみさんを失ってからの半生についてインタビュー形式で振り返った著書『めぐみへの遺言』から引用したものである。めぐみさんが失踪したのは一九七七年だが、文中では、それから三〇年以上が経過した現在（執筆当時）においても、横田夫妻がめぐみさんの帰国に向けた活動を続けていることが読み取れる。そして、その原動力に、いまだ陰ることのない、横田夫妻のめぐみさんへの強い「想い」があることは明らかであろう。

このような娘に対する長期にわたる感情の――こう言い表すことが許されるのであれば、執着の――継続は、娘を突如として失った親の立場を考えれば、当然のことのように思われるかもしれない。しかし、一般的に言って喪失感とは、かくも長期にわたり継続するものなのだろうか。実際に、冒頭の引用文で横田早紀江さん本人も述べているように、仮に「ちゃんとお葬式をあげて20年30年経てば」、喪失に伴う感情もある程度は和らぐことが想定される。では、横田さん夫妻を長期にわたり苛み、また活動へと駆り立てるものは一体何なのだろうか。

この点に関して、横田さん夫妻とめぐみさんを取り巻く政治的な状況の困難さについては、議論が尽くされてきたと言っても良いだろう。たしかに、北朝鮮の理不尽な仕打ちや、日本政府の対応の緩慢さなどの問題が、拉致家族を苦しめている第一の要因であることは疑いようがない。北朝鮮による拉致は、国家規模の思惑に家族が否応なく左右されてしまう、特異な失踪現象なのである。

しかし、ここで見逃すべきではないのは、横田さん夫妻は、めぐみさんが失踪してから当初よりずっと「拉致被害者の家族」だったわけではないという事実である。というのも、『めぐみの遺言』によれば、めぐみさんの失踪が北朝鮮の拉致によるものであったという情報が横田さん夫妻に伝わったのは、失踪から二〇年も経過した一九九七年のことだったからである。この情報が、横田さん夫妻にとって大変な驚きをもたらしたことを踏まえれば、それ以前の夫妻に、拉致被害者の家族という自覚がなかったことは明らかであろう。すなわち、横田さん夫妻は、一九九七年以前は、拉致被害者の家族というよりも、原因が不明のまま迷宮入りした失踪者の家族という立場だったのである。

よって、それまで横田さん夫妻は、少なくとも本人たちの自覚のうえでは、北朝鮮をめぐる政治的な問題とは無関係だったと言えよう。では、めぐみさんの失踪から一九九七年までのあいだ、横田さん夫妻は、平穏な日々を送っていたのだろうか。無論、答えは否である。『めぐみへの遺言』で繰り返し述べられているように、そして冒頭の語りでも触れられているように、横田さん夫妻は、めぐみさんが「居なくなってから」現在に至るまで、ずっと苦難に晒されてきたのだ。

以上を踏まえると、横田さん夫妻を長期にわたって苛んできた困難を、政治的な要因のみで説明し尽くすことが不可能であることは明白であろう。横田さん夫妻の困難の背景には、そのような政治的な要因に加えて、家族が死ぬのではなく消えてしまうことに起因するさまざまなトラブルが存在するとみなすのが妥当なのではないか。ここで、私たちは、そのような失踪に伴う当事者にとってのトラブルに対して、私たち自身があまりにも無知であることに気づかされるのである。

では、人が「死ぬ」のではなく「消える」ことで、残された失踪者の家族たちはいかなる経験をするのか。また、そのような特殊な喪失――と言って良いのかさえも現段階では定かではないが――の体験とはいかなるもので、また家族たちにとってどのような意味を持つのか。そして、それは家族たちにいかなる困難をもたらすのだろうか。以上の諸点について、より幅広い失踪のケースから考察を行うことが、ひいては横田さん夫妻の経験を十全に理解するためにも必要不可欠なのである。ここで、議論は拉致問題という文脈を離れ、本書の問いへと合流することになる。[*2]

1 失踪の当事者の研究へ

前章では、雑誌記事の失踪言説の変遷を追うことで、失踪が一般的にどのような点で問題とされてきたのか、そして、失踪が何に対する侵犯としてみなされてきたのかを明らかにしてきた。そこで私たちは――いくつかの未解決点を残しつつも――失踪が、失踪者本人のリスク、逸脱行為の温床、家族を見捨てることへの批判という三種類の根拠によって問題視されてきたことを見出した。そして、三つ目の根拠となる倫理を、本書では「親密なる者への責任」と呼ぶことにしたのであった。

しかし、これまでの研究は、言うならば失踪について一般的に語られていることを時系列に沿って整理したに過ぎない。これらの作業は、たしかに上述の気づきを私たちにもたらしはしたが、しかしそれはあくまでも失踪についてすでに広く知られている（知られていた）ことを精査したに過ぎず、失踪について一般的に知られていないことを知りたいという読者の好奇心を満たすものではないだろう。まだ私たちは、失踪という現象のより深い位相にまで手を伸ばしたわけでもなければ、失踪に関する何らかの深淵を覗き見たわけでもないのである。

本書の第Ⅲ部（第4章・第5章・第6章）では、まさにそのような、失踪に関して一般的には知られていないであろう知識を得ることが目指される。すなわち、失踪に実際に関わっている者たちに焦点を当て、当事者たちにとって失踪がどのような意味を持つのかを考察するのである。この作業は、「親密な関係」が失われる、病理的あるいは極限の状態から、私たちを「親密な関係」に繋ぎ止める倫理を見出そうとする本書の目的に、ストレートに適うものであることが想定される。あるいはそれは、一般的なレトリックのレベルで見出された「親密なる者への責任」が「何」であるのかについて、失踪という例外的な経験からより深い洞察を行うことでもあると言い換えても良いだろう。その意味で、第Ⅱ部の研究は、第Ⅲ部のいわば予備的な考察でもあったわけである。

さて、そのような第Ⅲ部の最初に位置する本章では、まずは失踪者の家族に焦点を当てることにしたい。ただし、

「失踪者の家族にとって失踪がどのような意味を持っているのか」と問うだけでは、研究としてはいささか漠然とし過ぎているので、以下ではこの問いを、本章の冒頭に述べた課題へと置き換えて考察してゆくことにしよう。すなわち、失踪者たちの家族たちの抱える困難の正体とは、一体どのようなものなのだろうか。そして、そこから見えてくる、当事者にとっての失踪が望ましい事態ではないことの根拠とは何なのだろうか。

2 「社会的死」と「曖昧な喪失」

第2章第2節で述べたように、少なくとも警察庁の集計データ上は、失踪者——家族にとって失踪者として認知される者——がすでに自殺あるいはそれ以外の原因によって死亡している可能性を拭い去ることはできないのであった。実際に、それまで共に過ごしてきた者が突然失踪すると、「何かがあったのではないか」と、最悪の事態までを想定するのはごく自然なことであるように思われる。

このように、失踪者たちがすでに死亡しているかもしれないという状況は、すなわち、残された者にとって失踪者の生死が不確定なものとして認知されるということを意味するだろう。もちろん、状況によって生きている可能性と死んでいる可能性のどちらかが濃厚であるかは異なるはずだが、それでも、残された者たちは失踪者と再会するか、失踪者と連絡が取れるまでは彼／彼女たちの生死を確信することはできないのである。このような失踪者と残された者の関係は、他の一般的な「親密な関係」においては見られない、特殊なものである。

よって、失踪者の家族たちが何らかの特殊な困難を抱えているとしたら、それはそのような失踪の特殊性に、すなわち残された者にとって失踪者の生死が不確定なものとなることに起因すると考えるのが、まずは自然であろう。したがって、本書においてまず明らかにされるべきは、そのような不確定な生死が残された家族たちにとってどのような意味を持つのか、という点になる。

ところで、不確定な生死の持つ意味に関しては、それを分析できる可能性を有している理論がすでに存在している。

もし、既存の理論で事足りるのであれば、すなわち不確定な生死の持つ意味についてあらかじめ十全に把握できるのであれば、失踪者の家族たちの抱える困難はそれらを用いて説明すれば良いので、本書ではそれ以上の研究を行う必要はないだろう。本節では、既存の理論の可能性と限界とを見極めるために、死の社会学における「社会的死」と、喪失研究における「曖昧な喪失」という二つの概念を用いて、「失踪者の生死が不確定であること」が家族たちにとって何を意味するのかについて、説明できるかを試してみたい。

「社会的死」の概念

まずは、「社会的死」の概念から検討を始めることにしよう。

「社会的死」は、人の死がたんに生物学的に観察される肉体的な死――以下では「生物学的死」と呼ぶ――には還元しきれない社会的な出来事であるということを示すために、ミクロな死の社会学においてしばしば用いられてきた概念である。「社会的死」の概念を最初に用いたのは、D・サドナウ（Sudnow 1965=1992）である。サドナウは病院内における患者の取り扱いから、患者が生物学的にはまだ生きているのに、あたかもすでに死んでいるかのように取り扱われるという事例を見出す。サドナウはE・ゴフマン（Goffman 1959=1974）の「非人格（non-person）」の概念を参照しつつ、人が「本質的にすでに死んだとみなされるようになった時点」（Sudnow 1965: 66=1992: 129）によって判別される死を「社会的な死」として定義する。そして、病院内ではしばしば生物学的死に先立って患者が「社会的な死」を迎える事例が観察されるという。

このサドナウの「社会的死」の概念を、病院内だけではなく我々の日常的な死の認知にも適用できるように拡張したのが、M・マルケイとJ・アーンスト（Mulkay and Ernst 1991）である。マルケイらは「社会的死」を、「我々の社会的存在の終焉」（Mulkay and Ernst 1991: 173）であると定義し、さらに「社会的死」を決定づける特徴として「他者の生活のなかで、個人が生き生きとした活動者であることを停止すること」（Mulkay and Ernst 1991: 178）を挙げている。では、「社会的存在の終焉」や「生き生きとした活動者であることを停止する」とは、具体的にどのような事態を指しているのだろうか。マルケイらは「社会的死」が生物学的死に先行する事例として、働き続けていた人が定年退職後に社会参加の度合いを減らし、徐々に社会から疎遠になっていき、そして生物学的死が近づくころには病院や介護施設などの社会から隔絶された場所に置かれるといった過程を挙げている。以上の事例は現代では一般的に見られるため、マルケイらは現代社会では「社会的死」は生物学的死に先行する傾向があると述べている。それに対して、「社会的死」が生物学的死に後発する事例としては、近代以前の社会で配偶者の死後に喪の儀礼に長い時間が費やされたり、子どもの突然死にあたって親や周囲の人びとがその事実を認められなかったりするといったケースが挙げられている。

以上の事例からわかるのは、マルケイらが「他者の生活のなかで、個人が生き生きとした活動者であることを停止する」というとき、それは他者にとってある個人との関係が途絶えることと、ある個人のことを忘却してしまうことの二つを意味しているということである。また、このマルケイらの「社会的死」概念の含意として重要であるのは、「社会的死」が一連のプロセスであるということが強調されている点である。つまりマルケイらにとっては、死とは生物学的死の一時点で起こるものではなく、「社会的死」の進行を伴いながら生物学的死の前後で生じるプロセスとして捉えられるべきということであろう。

「社会的死」は失踪に適用可能か

このマルケイらの理論を用いれば、失踪者たちが当人の生物学的死とは別のタイミングで残された者にとって徐々に「生き生きとした活動者であることを」停止し、最終的に「社会的死」へと到る過程を想定することができるかもしれない。この場合、横田さん夫妻がそうであったように、残された家族が失踪者に対して強い「想い」を抱き続けるのは、失踪者が家族たちにとってはいまだに「活き活きとした活動者」であり続けているからであると記述することになるだろう。すなわち、失踪者は、残された家族たちにとっては長期にわたり社会的に生きている状態なのだ、と。逆に、失踪者とそれほど親しくなかった者たちが、失踪者のことを忘却してしまうのは、残された家族にとってよりも早期に、彼／彼女らにとっては失踪者が社会的に死んでしまったとみなすことができるのではないか。

ただし、失踪の場合における、失踪者との関係の継続と断絶の経験を、従来の「社会的死」の議論における、生物学的死に前後して生じる「社会的死」とを、安易に同一視することはできない。この点について説明するためには、「社会的死」の概念の使用にまつわる、以下のような注意書きを参照しておく必要がある。

マルケイとアーンスト（Mulkay and Ernst 1991）や澤井敦（2005）によれば、「社会的死」の概念を用いた分析を用いる際には、「社会的死」の概念を生物学的死の認知と結びつけて用いなければならないという。というのも、ある者との関係が途切れることや、ある者が忘却されることは、当然のことながら死の前後にのみ生じる現象ではない。これらの現象をすべて「社会的死」として分析するのであれば、わざわざ「死」という概念を用いる意味がなくなってしまうからである。その際に「社会的死」の概念は、ゴフマンの「非人格」の概念――それは、人間がある社会においてあたかも存在しないかのように扱われる現象を指す概念である――と区別がつかなくなってしまうし、たんなる比喩表現に過ぎないということになるだろう。

社会的死の理論は、「死ではない」現象には適用できない――この「社会的死」の概念に課せられたルールが示唆するのは、次の点である。「社会的死」の理論は、文字どおり死の社会性を捉えるために編み出されたものであるが、同理論で分析が行われる際には、生物学的死という出来事の存在が前提とされているのだ。すなわち、同理論は、生物学的死が存在しないようなところからゼロベースで死が社会的に構成されるというラディカルな議論をしているわけではなく、あくまでもそれは生物学的死と「社会的死」の二元論として成り立っているのである。「社会的死」の理論は、生物学的死なしでは、みずからの研究対象を同定することができないのだ。

以上を踏まえると、失踪によって残された者の経験を、生物学的死の認知を前提とする「社会的死」の理論でそのまま説明できない理由は明らかであろう。前述したように、失踪もまた、残された者にとっては明確な生物学的死の認知が無いか、あるいは不確定な状態に留まる現象だからである。というよりも、そのような生物学的死が伴わない関係の継続や断絶の経験は、マルケイらや澤井の「社会的死」の分析の射程外なのだ。[*3] よって、一般的な喪に際して進行する「社会的死」のプロセスと同じように、失踪によって残された者に生じる経験をそのまま捉えることはできないのである。[*4]

「曖昧な喪失」の理論

「社会的死」の概念では、失踪の場合に想定されるような、家族の生死が不確定になる経験を十分に捉えることができなかった。それに対して、生死が不確定な他者を抱える者の主観的な世界に徹底的にアプローチを試みている理論が、喪失研究の分野に存在する。それは、P・ボスによって考案された「曖昧な喪失」の理論である。ここでは「曖昧な喪失」の理論を概観することで、それによって生死が不確定な他者を抱える困難を十全に捉えることが可能であるかを検討しておきたい。

「曖昧な喪失」とは、在／不在の認知が不確実なものとなる喪失を焦点化するためにボスが提唱した概念である。「曖昧な喪失」と対比される「明確な」喪失の最たる例は、他者の死である。親しい他者を亡くした者をいかにケアすべきであるかは、グリーフケア研究の文脈で多くの研究の蓄積がなされてきた。それに対して、ボス（Boss 1999=2005）によれば、「曖昧な喪失」が明示的に臨床的研究や観察として記述されることはほとんどなかったという。そのような現状を踏まえ、「曖昧な喪失」を抱えた者をいかにケアすべきであるのかを実践的に検討し、そのプロセスを理論化することがボスの研究の意図となっている。南山浩二（2012）によれば、その理論は、東日本大震災後の日本でも、災害遺族の支援の文脈で着目されているという。

ボスによれば、「曖昧な喪失」には次の二つのタイプがあるという。第一のタイプは、「死んでいるか、生きているかどうか不明確であるために、人びとが家族成員によって、身体的には不在であるが、心理的に存在していると認知される場合」（Boss 1999: 8=2005: 10）であり、兵士の行方不明や子どもの誘拐のケース、さらには離婚や養子縁組によって家族が離散するケースなどが挙げられている。第二のタイプは、「人が身体的に存在しているが、心理的に不在であると認知される場合」（Boss 1999: 9=2005: 10）であり、アルツハイマー病やアディクションなどを患った家族を抱えるケースや、家族が家庭外の関心事に夢中になってしまうケースなどが挙げられている。

では、「曖昧な喪失」はどのようにして人びとに憂うつ、不安、葛藤などをもたらすことになるのか。ボス（Boss 1999=2005）によれば、「曖昧な喪失」は次のような過程で経験されるという。まず、喪失が最終的なものであるのか一時的なものであるのかわからないので、当惑させられ、問題を解決することができなくなる。次に、不確実性によって、愛する人との関係を再編成し、喪失の曖昧性に順応することが阻止されてしまうため、家族関係が喪失以前のままで凍結する。人びとは、喪失以前の状態に元どおりになれるという希望にとらわれてしまうのである。さらに、葬儀のような喪の過程を支援する象徴的儀式が行われないため、彼／彼女の経験が周囲のコミュニティにとって証明されないままになる。このように、「曖昧な喪失」は長期にわたって存続するものであるので、人びとは曖昧な喪失によるストレスを抱え続けることになるという。

「曖昧な喪失」の理論と失踪

失踪者の家族たちの喪失経験が、ボスの述べるところの「曖昧な喪失」の第一のタイプに該当することは明らかであろう。家族たちにとって失踪とは、家族が何らかの理由で行方不明になり安否が不明なものとなってしまうという出来事だからである。よって、失踪者の家族たちの経験の過程も、ボスが理論化した上記のモデルに、少なくともある程度は準ずるものであると予測することは可能であろう。[*5] ただし、その予測によって、私たちが失踪者の家族について何も考えなくても済むほど、ボスの理論は完全というわけではない。特にここで重要であるのは、南山（2003）によって指摘されている、ボスの議論における在／不在の定義の不明確さである。たとえば「曖昧な喪失」の第一のタイプの原因となる身体的不在には、対面的な状況にないという意味での不在も含まれているが、どの程度からが不在であるとみとめうるのが明確ではない。また、「心理的不在」に関しても、親密性の喪失であったり、身体的不在の認知であったりと、定義に揺れが生じているという。

「曖昧な喪失」の理論にとって、在／不在の認知が不確実なものとなること、あるいは身体的な在／不在と心理的な在／不在の不一致は、「曖昧な喪失」を生じさせる原因そのものである。では、その在／不在の定義に揺れが見られるということは、何を意味するのだろうか。これまで確認してきたように、ボス（Boss 1999=2005）の研究では、「曖昧な喪失」は実に多様な状況で発生することが明らかになっている。だとすれば、ボスの議論においてしばしば在／不在の定義に揺れが生じているのは、「曖昧な喪失」の発生条件を、在／不在の認知の不確実性のみで説明することに無理があるからだと考えることはできないだろうか。

たとえば、石井千賀子・左近リベカ（2012）は家族の自殺を「曖昧な喪失」として捉える分析を行っており、しかも自殺を「曖昧な喪失」とすることに関してボス本人から了承を得ている。これは、自殺による喪失が、喪失感や悼みを意味づけられないまま凍結した悲嘆をもたらすという点で、「曖昧な喪失」の定義に一致するからだという。しかし、その一方で、自殺は明確に認知される死であるという点で、「死んでいるか、生きているかどうか不明確であるために、人びとが家族成員によって、身体的には不在であるが、心理的に存在していると認知される」という「曖昧な喪失」の発生条件とは矛盾してしまう。このような例を踏まえると、「曖昧な喪失」は少なくとも生死の不明確さに起因する在／不在の不確実性のみを原因として生じるわけではないことがわかるだろう。むしろ、そこには何か別の概念で説明可能な発生条件が関わっているとみなす方が自然なのではないだろうか。そうでないと、明確な死のなかにも「曖昧な喪失」を引き起こす場合とそうでない場合があるという事実を上手く説明できないからである。

この定義の揺れに加えて、ボスの研究では、「曖昧な喪失」にともなう家族たちの精神的負担の経験については詳細に理論化されているが、不確定な生／死に起因する家族たちの社会的・経済的負担の経験については十分に検討がなされていないという問題もある。これらの問題に共通する点を簡潔にまとめると、「曖昧な喪失」の理論は、家族の生死が不明確になるという経験が、在／不在が不確実なものになるということ以外に何を意味しているのかを、十分に分析できていないということになるのではないか。以上の点を踏まえると、「曖昧な喪失」の理論は不確定な生死の有する意味をあらかじめ十全に把握できるような何かではなく、むしろ本書にとっては、その課題を補完するための研究を動機づけるものであると言えよう。失踪者の家族たちの経験は、「曖昧な喪失」にどの程度該当し、また失踪者の生死が不確定であることにどの程度起因しているのだろうか。

3　研究の方法——失踪者の家族へのインタビュー

本章の課題は、失踪者の家族たちが抱える困難の正体を明らかにすることであった。差しあたり私たちは、家族たちの困難が、失踪者の生死が不確定な状況に起因するものであると想定し、そのような家族たちの経験を捉えるために、「社会的死」と「曖昧な喪失」の二つの理論に着目した。しかし、前節の検討の結果、二つの理論は、いずれも失踪者の家族の経験を過不足なく理解するには不十分であることが明らかになってきた。よって、私たちは、生死が不確定な失踪者を身近に抱える家族たちの経験を、みずからの手で捉え直す必要があるだろう。また、後に明らかになるように、実は家族たちにとっての失踪の「望ましくなさ」の根拠は、失踪者の生死が不確定なものとなるという経験のみでは説明しきれない部分がある——そして、本書にとってはまさにこの部分こそがより重要である——のだが、それについて明らかにするためにも、まずは失踪者の生死が不確定なものとなる経験を十全に理解しておかなければならない。

そこで、まず本章では、残された失踪者の家族にとって、失踪者の生死が不確定であることがどのような意味を持ち、またそれによってどのような経験がなされるのかを調査研究によってあらためて明らかにする。そのうえで、そのような失踪の特殊性には還元しきれないような——すなわち、「親密な関係」一般に通じる知見である可能性があるような——残された者にとっての失踪の意味を、失踪の特殊性に対する研究成果のなかから抽出してみることにしよう。

なぜ失踪者の家族なのか

以上の目的に基づき、本章では失踪者の家族たちにインタビュー調査を実施し、失踪者を抱えることによる経験が彼/彼女らによってどのように語られたのかを分析する。しかし、調査に入る前に、ここであらためて次の点について確認しておくべきであろう。本章では、北朝鮮による拉致被害者家族の経験を導きの糸として、失踪者の家族という問題系に入っていった。しかし、本書全体から見て、そもそもなぜ失踪者の家族が重要な研究の主題となるのか。第1章第3節で述べたように、「親密な関係」には、家族以外にも友人や同僚などさまざまな関係が含まれることになるし、本書における失踪の定義上、友人や同僚も失踪によって「残された者」の立場となりうる。それにもかかわらず、なぜ多様な「親密な関係」のなかからあえて失踪者の家族を調査対象として選択し、家族にとっての失踪の意味を明らかにしようとするのか。まずは、この点について説明しておきたい。

前節で見たボスの「曖昧な喪失」研究において、主要な調査対象は家族であった。よって、本章で失踪者の家族を調査対象とするのも、「曖昧な喪失」研究の形式を継承するものであると言えるだろう。そうすることで、本章にとっての先行理論である「曖昧な喪失」の知見を参照すると同時に、そこで見出された課題に取り組むことが可能になるのだ。ただし、本書にとってより重要であるのは、以下で説明する理由の方である。

第1章第4節で述べたように、本書が追究している親密な関係を維持する倫理とは、社会的・経済的条件やリスク意識や愛では説明しきれないような何かであった。よって、その存在を明らかにするためには、それが社会的・経済的条件やリスク意識や愛といった原理によって説明される根拠とは異なるということを示さなければならないだろう。

ところで、一般的に家族関係の維持に関しては、上記のすべての原理を根拠として見出すことが可能である。ひとたび成立した家族関係が維持されるのは、血縁や婚姻関係を重視することを周囲のコミュニティや伝統的な社会規範によって要請されるからであるとも説明できるし、家族成員たちが経済的に強く結びついており、役割分担を行うことで――たとえば核家族における働き手としての夫とそれを支える主婦のように――経済生活を営むことが可能になっているからであるとも説明できるだろう。あるいはそれは、家族関係を失うと生きていけないという不安によって――後期近代以降の社会ではこのリスク意識が特に強調される傾向があった――説明することもできるだろうし、J・ハーバーマス（Habermas 1990=1994: 67-8）にならって家族を「愛の共同体」として捉えて、家族は自由な個人による持続的な愛情によって維持されていると説明することも可能かもしれない。

このように家族関係は、実に多様な根拠によって維持されているように見えるのだ。そして、この点こそが本章において失踪者の家族を調査の対象とする重要な理由でもある。すなわち、家族関係を研究対象とすることで、私たちが探し求めている「親密な関係」を維持する原理と、既出の諸根拠とを比較し、前者の性質を浮かび上がらせる——すなわち、前者が後者によっては説明しきれないということを示す——ことが可能になると見込まれるのである。

ただし、ここで注意しておかなければならないのは、家族関係が必ずしも各種の「親密な関係」を代表しているわけではないということであろう。血縁関係や親子関係は、現代において「純粋な関係」の理念型へと接近しつつある他の「親密な関係」と比べて、個人の選択が介在する余地が大幅に少ないという特徴がある。[*6] よって、親子関係や血縁関係に基づく家族関係は、他の「親密な関係」よりも当該関係のなかに人を押しとどめる拘束力が強いとも言えるだろう。よって、失踪者の家族を研究することで得た知見を、他の「親密な関係」にも適用可能であるように一般化する際には、この家族関係特有の拘束力の強さを考慮に入れなければならない。もっとも、この家族関係の拘束力の強さは、本書にとっての興味深い問いを提供することにもなるだろう。そのような個人の選択が介在しづらい関係から、あえてみずからの意志で離脱するとしたら、その行為はどのような動機に基づいているのだろうか。この点についての考察は、本書の第6章に譲ることにしたい。

調査の方法および事例の概要

次に、インタビュー調査の方法と概要について説明しておこう。本調査は二〇〇九年六月から二〇一二年二月までの期間に行われた。インフォーマント（情報提供者）は「失踪者を抱える家族」もしくは「失踪者を抱えていた家族」であることを条件とし、日本行方不明者捜索・地域安全支援協会（以下、MPS）の紹介とスノーボール・サンプリングによって確保した。その結果、一〇ケースの家族にインタビューを実施することができた。各事例の概要は表1のとおりである。表では、「日付」の項目にインタビューを実施した日付、「関係」の項目に失踪者から見たインフォーマントとの家族関係、失踪者の項目に失踪者の性別と失踪当時の年齢、「失踪時期」に失踪者が失踪した時期、「原

表1　各事例の概要

仮名	日付	関係	失踪者	失踪時期	原因・痕跡・備考
Aさん夫妻	2009/8/30	両親	男性・20代	2000年代前半	不明
Bさん	2009/6/27	父親	男性・40代	2000年代前半	不明
Cさん	2009/10/15	母親	男性・30代	2000年代前半	不明
Dさん	2010/10/31	妻	男性・50代	2000年代後半	遺書らしき書置き
Eさん	2009/11/24	妻	男性・40代	1970年代前半	借金、20年後に再会
Fさん	2010/12/6	妻	男性・40代	2010年代	借金
Gさん	2010/9/24	妹	女性・40代	1980年代前半	夫との関係の悪化
Hさん夫妻	2010/12/18	両親	女性・20代	2000年代後半	不明
Iさん	2012/2/16	父親	男性・30代	2000年代半ば	不明
Jさん	2012/2/27	娘	男性・50代	2000年代半ば	異性関係、最近再会

因・痕跡・備考」の項目にインフォーマントの語る原因や痕跡の有無を記している。[*7]

インタビューは、半構造化インタビューの形式で実施した。U・フリックによれば、半構造化インタビューの特徴は「オープンな（＝インタビュイーが自由に回答できる）質問をインタビュー・ガイドのかたちにまとめて、それを用いてインタビューを行う」(Flick 2007=2011: 208) ことにある。本調査では、「失踪からこれまでに至る経緯」、「失踪者の安否についてどのように考えているか（考えていたか）」、「捜索活動はどのように行われたか」、「失踪者を家族に抱えることによる困難や負担はどのようなものか」、「失踪宣告についてどのように考えているか」の五点の質問をあらかじめ用意し、これらの点についてインフォーマントに自由に語ってもらった。インフォーマントの語りは、データとして使用する許可を得たうえで、ICレコーダーによって録音した。なお、次節以降の記述にあたっては、インフォーマントのプライバシーに配慮するために、家族の語りのなかでプライバシーに関わる情報が読み取れる箇所を直接引用することは避けている。

データの分析方法についても述べておこう。これまで述べてきたことから明らかであるように、失踪の内実は多岐にわたっており、個々の事例に固有の文脈を捨象してただちにデータのカテゴリー化を行うのは困難である。そこで、まずは事例の文脈に即して個々の事例の家族たちの語りを解釈し、そのうえで事例間の文脈の相違に注意を払いつつ、事例横断的な分析を行った。[*8] 本章では、主に後者の事例横断的な分析の結果を中心とした記述を行うが、その前に、いくつかの事例に関して具体的な状況を——すなわち前者の分析で明らかになった個々の事例の文脈を——見ておこう。

4　さまざまな失踪のかたち

上で述べたように、本節では、これから取り上げる失踪者の家族たちが経験した失踪が、具体的にどのような状況下で生じていたのかを確認しておきたい。この作業は、失踪について日頃は馴染みがないであろう多くの読者たちと、失踪に対する具体的なイメージを共有するためにも、必要不可欠なはずである。ここでは、紙幅の都合もあるので、表1の事例からいくつかを選んで紹介を行っておく。なお、事例によっては、プライバシーに配慮するために、部分的に変更を加えている。

独居中の息子の失踪

本書では失踪を、「人が家族や集団から消え去り、長期的に連絡が取れずに所在も不明な状態が継続する現象」として定義していた。そのような広範な現象のなかでも、失踪という言葉からもっとも一般的に想起されるのは、ある日突然に、あるいは忽然と、彼／彼女が生活していたはずの場所から姿を消してしまう事態ではないだろうか。そのようなケースに該当するのが、Bさんの事例である。以下では、Bさんの語りから、息子が失踪した当時の状況を再現してみよう。

Bさんはある朝突然、息子が職場に出社してこないという連絡を受ける。心配したBさんは、独居中であった息子のアパートへと向かい、警察の立ち合いの元で、息子の職場の同僚と共にアパートの鍵を開け、部屋に立ち入った。しかし、すでに部屋に息子の姿はなく、また書置き等も残されてなかったのだという。なお、Bさんは、その際に一緒に立ち入った息子の同僚たちの行動を訝しんでおり、警察が去った後に——警察は事件性がないと判断し、早々に立ち去ってしまったという――失踪の原因の手がかりとなる物証を処分したのではないかという疑惑を抱いていた。

Bさんの息子の足取りは、Bさんが部屋に立ち入った前日に銀行で預金を下ろした記録を最後に、完全に途絶えることになる。その後、本人からの連絡はおろか、手がかりも何もないまま、Bさんに最初にインタビューした二〇〇九年の時点に至っている。そのような状況にもかかわらず、かつての息子の職場の同僚たちは、失踪から現在に至るまでBさんに対してほとんど何も情報を提供してくれなかったという。これらの同僚たちの態度は、先に見た失踪当日の同僚たちの行動とともに、息子の失踪の原因に、同僚たちが何らかのかたちで関わっているのではないかとBさんに疑わせる根拠の一つとなっていた。

筆者は探偵でもなければ週刊誌の記者でもないので、このBさんのケースの「真相」にこれ以上迫ることはしない。ここでは、形式的な部分のみを取り出しておこう。先に述べたように、Bさんが経験した失踪は、家族（Bさんの場合は息子）が何も告げることなく、忽然と姿を消してしまい、そのまま音沙汰がないというパターンであると言える。また、特徴的であるのは、息子はBさんの家から出て行ったわけではなく、あらかじめ仕事の都合で家族から離れて独居していた状態から、ある日突然、失踪をしてしまったという点であろう。このような種類の失踪の場合、残された家族は失踪以前に失踪者と生活を共にしていたわけではないので、原因の特定や捜索はもっとも困難を極めるであろうことが想定される。なぜなら、失踪前の失踪者の生活状況や言動を振り返ることで、失踪の原因や失踪先を推測することができないからである。

なお、このようなタイプの失踪を経験していたのは、Bさんだけではない。Cさんもまた、独居していた息子がある日突然失踪をしてしまうという経験していた。Cさんもやはり、手がかりらしきものが見当たらない状況に途方に暮れて、何年もの時間を過ごしてきたという。BさんやCさんのような状況では、家族たちに残された手がかりはあまりにも少ない。一方で、Iさんの事例も、独居中の息子の失踪であったが、Iさんの息子の場合、以前より連絡が途絶えがちであり、実家にもあまり寄り付かなかったという。Iさんの経験した状況は、「ある日突然消えてしまった」というよりも、「（思い返せば）最後に会ったのは〇〇のときであった」という認知を伴うタイプの失踪であったと言えるだろう。もっとも、Iさんの場合も、息子が独居していたがゆえに、最後の失踪がなぜ起こったのかという原因がはっきりとわからないという点は共通していた。

旅先での足取りの消失

Bさんや Cさん、Iさんが経験したのは、独居中の家族の失踪であった。それと対になる失踪の形式は、同居中の家族が何らかのかたちで家を出て行き、そのまま行方がわからなくなるというものであろう。

たとえばAさん夫妻の経験した失踪の状況は、次のようなものであったという。インタビュー時点より五年ほど前のある日、Aさん夫妻の息子は昼過ぎに仕事から帰ってきた後に、いつもと変わらない様子で、「今日は夕飯はいらないよ」という言葉を残して、ふたたびどこかに出かけたという。その時点では、程なく帰って来るものと思いきや、しかしなかなかAさん夫妻の息子は帰ってこない。そして、息子が家を出て二日後に、海上保安庁からAさん夫妻の元に思いもよらない連絡が入ることになる。Aさん夫妻の息子は、家を出て行った後に、ある旅行用のカーフェリーに乗船していたが、フェリーが目的地に着いてからも、フェリーから降りてくることはなかったというのだ。Aさん夫妻の息子は、フェリーの船上で行方不明になっていたのである。

Aさん夫妻の息子がフェリー内で滞在していた四人部屋のベッドには、手荷物や財布・メガネなどの携行品、免許証などが残されていた。このような状況下では、事故あるいはみずからの意思で海に落ちてしまったという「最悪の事態」も想定される。しかし、船の柵にそのような痕跡は発見されず、また遺書などの書置きも遺されていなかった。息子本人の性格や失踪前の生活状況から考えても、みずから身を投げるという選択をするとは考えづらいという。そうでないとしたら、船内で拉致や誘拐などの事件に巻き込まれたという可能性が大きい。このような推測の元で、Aさん夫妻は息子を「特定失踪者問題調査会」に登録するなどして、捜索活動を行ってきた。[*9] しかし、二〇〇九年のインタビュー時点に至るまで、Aさん夫妻は息子の消息を掴めずにいる。

このAさん夫妻の場合と似たような状況であるのが、Hさん夫妻の事例である。Hさん夫妻の娘は、仕事で地方に出張中に、宿泊先のホテルに戻らなくなり、それ以降一切の音沙汰が無くなってしまったという。

上の二つの事例は、家族が旅行や仕事などで外出をしていたはずが、ある時点で足取りが掴めなくなり、そのまま失踪してしまったという点で共通している。これらの事例では、失踪者と直前まで生活を共にしていたこともあり、失踪の原因が何でないかという推測は可能になっている。しかし、当然のことであるが、失踪の原因が何であるかについては、やはり失踪者が発見されるか、あるいは連絡が取れるまではわからないようであった。

金銭トラブルからの逃避

本節でこれまで紹介してきた事例は、失踪時の状況は違えども、いくつかの共通点を有している。その一つは、残された家族にとって失踪の原因が不明であったという点である。しかし、そのように残された者にとって原因が不明であるケースばかりが、失踪ではない。ここでは、残された家族が原因に目星を付けることができている場合の一例として、Fさんの事例を見ておこう。

Fさんは、やはりある日突然、夫の失踪を経験する。その日、夫はいつものように会社に向かったはずが、会社にも行かず、そのまま家にも帰って来なかった。そのまま、夫との連絡も取れずに一ヶ月が過ぎてしまったというのが、Fさんにインタビューした時点での状況であった。Fさんは、夫の失踪の原因がギャンブルによる借金であると半ば確信を持っていたが、それは、以前にも借金が原因で、夫が一日家に帰って来ないことがあったという過去の経験に起因している。そのときは、夫とFさんは話し合い、借金を共に返済することにしたそうだが、しかし今回の失踪では、夫は何も告げずにFさんの前から姿を消してしまったとのことである。Fさんは、夫が失踪直後に、匿ってもらうために親戚の家に向かったところまでは把握していたが、その後の足取りは掴めていないようであった。

なお、Fさんは、失踪事件までは、夫と小学生の子ども二人という家族構成で暮らしていた。子どもたちも、失踪の原因が父親（失踪者）本人であることを薄々感づいており、そのため母であるFさんに対して気を遣い、気丈に振る舞うことが多いという。たとえば、子どものうちの一人は、自身がサッカーで有名になることができれば、父親に会えるかもしれないと発言し、熱心にサッカーの練習をしているそうである。それでも、子どもたちはときに思い出したように、泣き出してしまうこともあるようだ。なお、Fさんへのインタビュー時点では、まだ夫は失踪して一ヶ月しか経っていなかったが、それ以降も夫の音沙汰はなく、状況は変わっていないとのことである。

このFさんの事例と失踪時の状況が近いのは、同じように夫が借金を残して失踪してしまったEさんの事例である。ただし、Fさんがインタビュー時点で失踪から一ヶ月しか経っていなかったのに対して、Eさんが夫の失踪を経験したのはもう三〇年以上も前であり、しかもそれから二〇年後には死期が近づいた夫と病院で再会し、最期を看取ったという経験までしていた。このEさんとFさんの語りについては、また後に分析してみることにしたい。

さて、インフォーマントによって借金が原因であるとみなされている事例は、今回扱った事例のなかでは、この二つのみであり、インフォーマントは失踪者の配偶者の立場にあった。それに対して、インフォーマントにとって原因が不明であるとみなされていた事例は、いずれもインフォーマントは失踪者の親の立場にあった。これは、偶然であろうか。すなわち、たまたま本調査では、インフォーマントが失踪者の親の立場にある事例に、よりミステリアスな失踪が集中してしまったのだろうか。それとも、失踪者の親と、失踪者の配偶者では、事態の見え方が異なっていたり、あるいは同じように事態を見ていたとしても、その意味や語り方が異なっていたりすることがあるのだろうか。

残念ながら、一〇ケース程度の調査では、この問いに対して結論を出すことはできない。とはいえ、インフォーマントと失踪者との関係性の違いが、インフォーマントの語りを分析する際に重要な分析軸となることも間違いないだろう。この点も踏まえつつ、事例横断的な分析へと進むことにしよう。

5　失踪者の家族たちの特殊な経験

前節では、いくつかの事例に関して、失踪が具体的にどのような状況で生じたのかを見てきた。次に本節では、失踪者の家族たちに特有の経験を抽出するために、各事例の家族たちの語りを比較してみよう。

先に述べた手順どおりに、事例横断的な分析を行った結果、インフォーマントたちは、大別すると「失踪者との再会を強く望む」者と「失踪者との再会を強くは望まない」者の二つのグループに分類できることが明らかになった。前者のグループにはAさん夫妻、Bさん、Cさん、Hさん夫妻、Iさんが該当し、これらの事例ではインフォーマントが失踪者の親であるという点と、インフォーマントにとって失踪の原因が不明であるという点が共通していた。後者のグループには、Dさん、Eさん、Fさん、Gさん、Jさんが該当した。それぞれの語りがどの点で共通しており、またどの点で異なっていたのかについては、以下で詳述していくことにしたい。

失踪者の生死はいかにして語られたか

最初にすべての事例に共通していた点を述べておくと、家族と長期的に連絡が取れない状態が継続する失踪の状況にあっては、明確な証拠が見いだされないかぎり、残された家族たちは失踪者が「生きているか」「死んでいるか」の確信を持つことができていなかった。[*10] つまり、彼/彼女らにとって、失踪者の生死に対して完全に明確な線引きを行うことは不可能だったのだ。しかし、この事実は、前節でも見てきた失踪の状況を踏まえれば、驚くに値するものではないだろう。むしろ、ここで重要なのは、各事例間の差異の方である。以下では、インフォーマントたちがそのような曖昧な生死をどのように捉えていたのかについて、見ておこう。

まず、「失踪者との再会を強く望む」インフォーマントたちは、失踪者の安否を強く案じていた。突然の失踪で、しかも原因が不明のまま失踪状態が長期にわたり継続する場合、失踪者がすでにどこかで自殺しているという「最悪のケース」や、何らかの事件・事故に巻き込まれているケースが想定されるからである。このような状況下で、Aさん夫妻とHさん夫妻、ならびにIさんは、失踪者の失踪直前の動向と失踪後の痕跡から、自殺は考えにくいと判断していた。そして、息子/娘である失踪者をあくまでも「生きている」ものとして語っていた。しかし、Aさん夫妻とHさん夫妻ならびにIさんは息子/娘が「生きていること」を確信できていたわけではない。たとえば失踪者の父親であるAさんは以下のように語っている。

一年間はね、私はほんと寝れなかったですもん。外にいたらね、どこのビルの谷間にいるのかなって思ったりね。うん。一人で孤独に居るのかなって思ったり。誰がこの子の面倒見てんのかなって思ったり。あわよくばね、死んでも誰にも見つけてもらえないのかと思ったりね。[*11]

以上のAさんの語りは、失踪者の生死が不確定である状況に対する憂慮を端的に示していると言えよう。これに対して、一人暮らしの息子がある朝突然姿を消したBさんは、息子の「帰ってくる見込み」を「多く見積もって五〇パーセント」であると語っていた。また、同じく一人暮らしの息子が姿を消したCさんは、息子の生死に対して「まったくわからない」と答えている。しかし、このような厳しい状況にあっても、「失踪者との再会を強く望む」インフォーマントたちは、その生死を簡単に割り切ることはない。Bさんは家族が死んだ場合と、家族が失踪した場合の違いについて、以下のように述べている。

あのね、死っていうものをね、残った人間がはっきり自覚してるじゃないですか。目の前で、現実に、死ということに突き当たったわけですよ。それで、火葬場で灰になったと。そうすればね、それは一つの事実として受け止められるわけですよ。だけど、行方不明っていうのはね、事実がないんですよ。まだ生きてるんじゃないかっていう。

このBさんの語りは、たとえ失踪者の生存を信じることが難しい状況であっても、それが明確な死とはまったく異なるものであることを示している。

では、これまで見てきた「失踪者との再会を強く望む」家族たちの憂慮は、ある時点で晴れることがあるのだろうか。「失踪者との再会を強く望む」グループのインフォーマントに共通していたのは、失踪者の不確定な生死に対する憂慮が、現在（インタビュー時点）まで長期にわたり継続していたという点である。失踪当時の憂慮がどの程度強く持続するかは事例によって異なっていたものの、失踪者との再会を強く希望する家族にとっては、年月の経過によって、失踪者への根本的な「想い」が変わることはないという。たとえばCさんは、（インタビュー時点より）六年前に息子が失踪してから現在まで、夕食時に不在の息子のために簡単な食事を出し続けているという。Cさんによれば、それは「いつでも帰ってきたらいい」と失踪中である息子に語りかける行為であり、失踪者との再会を願って、Cさんはその行為を現在まで継続しているのである。

さて、これまで見てきたのは「失踪者との再会を強く望む」インフォーマントの事例であったが、では、「失踪者との再会を強くは望まない」インフォーマントたちは、失踪者の生死をどのように捉えていたのだろうか。「失踪者との再会を強くは望まない」インフォーマントたちもまた、失踪という状況ゆえに失踪者の生または死を確信することはできていなかった。しかし、その不確定な生死に対する捉え方は、「失踪者との再会を強く望む」インフォーマントたちのそれとはかなり異なるものであった。

まずは、失踪者の妻の立場であるDさん、Eさん、Fさんの事例について見てみよう。

まず、遺書らしき書置きが残されていたDさんは夫の死の可能性を十分に考慮に入れていた。その一方で、借金による逃亡を原因として推測していたEさんとFさんは、夫について「生きている」と考えていたようである。このような状況に応じた違いが存在していたにもかかわらず、三名の語りは、ある重要な点に関しては共通していた。それは、彼女たちがいずれも、失踪後にある程度の時間が経過した時点で、不確定な状況に対して憂慮することに「一区切り」をつけていたという点である。そのような失踪者の配偶者としての特殊な立ち位置を強調するのは、Dさんである。

私のような配偶者は生きていかなければならないわけだから。……配偶者は、「待っているだけじゃないんだよ」みたいな。いろいろな事柄がもう続々と降ってきてそれを処理していかなきゃいけないわけだし。

このようにDさんは、後述する社会手続き上の負担に追われて、捜索活動よりも日常の生活を送ることを優先していた。Eさんと Fさんの場合も、夫が失踪したことによる経済的負担を乗り越えることを第一に考えていた。そのうえで、彼女たちは失踪した夫の生死に対する憂慮とは別の不安を抱えていた。たとえば、Dさんは失踪した夫が何らかのトラブルを抱えて家族の元に帰って来ることに対する不安を語っていた。また、Fさんは夫がふたたび借金を伴って帰って来ることを危惧しつつも、子どものことを考えると帰ってきてほしいという両義的な心境を述べていた。彼女たちにとっては、想定される失踪者が「生きて帰ってくる」状況もまた不安の対象となっていたのである。

では、失踪者の親でも配偶者でもないGさんとJさんの事例ではどうだろうか。失踪者の妹であるGさんと娘であるJさんは、失踪の原因を状況から推測できていたこともあり、失踪者の生死に対して憂慮することはそれほどなかったという。ただし、失踪から長期間が経過するにつれて、失踪者が病気にかかっていたり、すでに死んでいたりすることも想定されるようになる。この点に対する心情を、Gさんは「ずっと忙しかったけど、心のなかにチクリとトゲが刺さっていた」と語っていた。

捜索活動

インフォーマントたちが失踪者の生死をどのように捉え、またどの程度失踪者との再会を望むかによって、彼／彼女らの捜索活動に対する態度も大きく異なるものとなる。本項では、その点について見てゆこう。

まず、「失踪者との再会を強く望む」グループのインフォーマントについてであるが、失踪者との再会を強く望んでいるからといって、それが積極的な捜索活動の実現に結びつくとは限らない。実際に、インタビュー時点でインフォーマント本人が積極的に捜索活動を行っていたかどうかは、事例ごとの状況によって異なっていた。積極的な捜索活動を行っていたのは、Aさん夫妻とHさん夫妻である。Aさん夫妻は、息子の失踪の原因について北朝鮮の拉致による可能性が高いと考え、「特定失踪者問題調査会」に参加し、ビラの配布や署名活動を行っている。Aさん夫妻の事例では、失踪者の友人や知人のなかにも、捜索に協力的な者がいたという。また、Hさん夫妻の場合、他の事例に比べると警察が捜索に協力的であったため、Hさん夫妻は警察と共にビラの配布やポスターの掲載といった活動を行っていた。

上の二つの事例に対して、Bさんも積極的に活動を行っているが、しかしその内容はAさん夫妻やHさん夫妻の捜索活動とは異なっていた。前項でも触れたが、Bさんは息子の失踪の原因が職場でのトラブルにあったと考えており、現在でも息子が当時働いていた職場に失踪の原因究明を訴え続けている。前項で見たように、Bさんは失踪した息子の安否を憂慮しているが、警察には事件性がないものと判断され、「何もしてくれなかった」という。また、警察が捜索に非協力的であったのはCさんの事例でも同様であった。Cさんは当初、失踪後の息子が映っている可能性のあった銀行の監視カメラの映像を調べようとしたが、「事件性がない」という理由で拒否されたという。このような経緯もあり、Cさんは失踪から六年が経過したインタビュー時点では捜索活動を行っておらず、「ただもう待つしかない」と述べていた。同様に警察の協力を得ることができなかったIさんも、私的に捜索活動を行う資金がなく、これまで十分な捜索活動を行えずにきたという。

このように、原因が不明である失踪の事例では、家族が失踪者の安否を心配していたとしても、警察や周囲の対応は事例によってまちまちであり、それによって家族たちの捜索活動の可否も大きく左右されることになっていた。第2章第3節で述べたように、失踪者を捜索するために、警察関係者でも興信所関係者でもない一般の者ができることは限られている。よって、警察や関係者の十分な協力が得られず、専門の民間業者に依頼する資金も用意できない場合、失踪者の家族たちは、BさんやCさんやIさんのように、不十分な、あるいは孤独な捜索活動を強いられることになってしまう。

次に、「失踪者との再会を強くは望まない」インフォーマントたちの捜索活動についても見ておこう。失踪者との再会を強くは望まない家族たちの場合、やはり失踪者に対する捜索活動への態度も、総じて消極的なものとなる。

まず、Dさんの事例では、遺書らしき書置きがパソコンに残されていたこともあり、警察は捜索に非常に協力的であったという。Dさんも失踪直後は捜索活動を行おうとしたが、前項で述べたDさんの配偶者としての立場に加えて、後述する失踪にともなう社会手続きに追われたことで、インタビューの時点ではすでに捜索活動は行わずに自身の日常生活を送ることを優先していた。また、夫が借金トラブルとみられる原因で失踪したEさんとFさんも、失踪による経済的負担を乗り越えることを優先し、捜索活動はほとんど行わなかったという。Fさんは、自身が夫の失踪によって心理的・経済的負担を被った被害者である以上、失踪者を無理に連れ戻す必要もないと考えている。

Dさん、EさんおよびFさんの事例では、意図的に捜索活動が行われなくなったわけではなく、彼女たちにとってそれは日常生活よりも優先度が遥かに低かったということであろう。それに対して、失踪者の妹であるGさんは、失踪の原因として姉の夫婦間のトラブルを推測したために、これまであえて捜索活動を行ってこなかったという。Gさんは、Fさんの事例とは逆に、失踪者が被害者の立場であるために、探してはいけないと考えていたのである。このように、失踪の原因が残された家族にとって明確なものとしてみなされる場合、その原因も家族の捜索の積極性を左右する大きな要因となっていた。なお、Gさんは失踪後二〇年以上が経過した後、母親の意向で捜索活動を開始したという。失踪者の娘であるJさんもまた、失踪後に数年が経過した後、失踪者の父親の意向で捜索活動を開始していた。

失踪をめぐる社会的・経済的負担

このように、インフォーマントたちの語る失踪者の生死に対する捉え方や、捜索活動に対する態度は、事例の状況や失踪者との関係、ならびに推測される原因の有無によって、事例ごとに大きく異なるものであった。その一方で、すべてのインフォーマントたちに共通していたのは、家族の生死が不明なものとなるという状況から生じる、特殊な社会的・経済的負担の経験であった。本節ではそれについて見ていくことにする。

残された家族にとって失踪者の生死が不明である以上、失踪者の死亡届が出されることはないので、失踪者は法律上はあくまでも生きていることになる。しかし、もちろん失踪者は家族の元には身体的には存在せず、連絡を取ることもできない。そのような例外的な状況では、すべての家族たちは複雑な社会手続きを強いられることになる。たとえば納税に関しては、失踪者がみずからの手でそれを行える状況にないことは明白であるが、だからといって、市役所に尋ねても納税が免除されることはない。そのような状況であるため、残された失踪者の家族が納税を肩代わりするケースがあった。同様の手続きが要請される例として家族たちが挙げていたのは、年金、保険、各種カードの支払い、家や車のローンなどである。これらの事案について、問い合わせや名義の変更、解約などを行う諸手続きの煩雑さ、ならびに必要に応じて失踪者の義務を家族が肩代わりすることによる金銭面の損失が、すべての失踪者の家族にとって大きな負担となっていたのである。

このような社会手続き上の負担のなかでも、特に複数の家族たちによって強調されていたのは、失踪者の財産管理の問題であった。ここでは、Cさんのケースを見てみよう。Cさんは、夫が亡くなった際にその財産を相続することになったのだが、夫の財産相続の対象に失踪中の息子が含まれていた。しかし、相続対象である息子本人が不在の状態で財産相続の手続きを進めるためには、家庭裁判所に申し立てを行い「不在者財産管理人」となり、しかも相続の手続きにまつわる「権限外行為許可」を受ける必要があることが民法によって規定されている。Cさんは、みずからが「不在者財産管理人」となり手続きを進めた経験を次のように語っている。

もう主人が亡くなったときもね、相続の手続きやら何かがすっごく難しくてね。どうにもなりませんでしたよ、長いこと。私も何もどうしたらいいのかわからんし、本人ももう絶対ね、いますぐ出てくるいうこともね、可能性もアレやし……。

Cさんの経験は、家族の失踪という例外的な状態に対処することが、いかに困難であるかを物語っているのではないだろうか。

この社会手続き上の負担は、失踪者が配偶者であることによってさらに増すことになる。夫が失踪したDさんが社会手続き上の負担に追われたことは先述したとおりであるが、配偶者である失踪者とはさまざまな手続きを共有していたため、ローンなどDさん自身に関わる手続きのなかにも失踪者の名義で行われていたものがあった。つまり、配偶者同士が経済的にも社会的にも不可分な関係にあるため、失踪者本人のみならずDさん自身に関する社会手続きにも多大な影響が生じていたのである。

また、失踪者の収入に経済的に依存していた家族の場合、残された家族による経済的負担は深刻なものとなる。夫が失踪してから子どもを育て上げるまでの経験を、Eさんは次のように語っている。

三年やそこらで、子ども二人ほっとかれて出ていかれたら……。それもね、財産があって、ちゃんとしておいてくれて出るならいいけども、私らみたいな、食べる明日のお米が無いわってぐらい「すっからかん」にさせられて、のんびりしてられます？　そんなことしてられませんやんか。もう昼も夜ももう仕事、仕事仕事で、もうあっという間に経ってしまいましたな。

家族が死亡するケースとは異なり、家族が失踪するケースでは、残された家族に対して保険が下りることもなければ保障が行われることもない。Eさんの語りは、そのような状況における残された家族の経済的負担を如実に示しているのである。そして、残された家族たちは自身や子どもの生活を支えるための労働に多くの時間を割く必要があり、この点もまた家族たちが捜索活動に積極的になれない要因の一つとなっていた。

失踪宣告

以上のような失踪者の家族の社会的・経済的負担を解決する制度として、民法上の失踪宣告という制度がある。失踪宣告とは、失踪者が失踪してから七年経過した後であれば、裁判所で失踪宣告の手続きを行うことで、法律上はその人間を死亡したものとして扱える制度である。失踪者の家族の社会手続き上の負担が、家族が失踪状態にあるにもかかわらず、法律上は生きていることになっているという点に起因するものである以上、失踪宣告を行い失踪者の法律上の死を認めることで、家族の社会的・経済的負担は大幅に解消されることが見込まれる。では、失踪者の家族たちはこの制度についてどのように捉えているのだろうか。

まず、「失踪者との再会を強く望む」グループのインフォーマントたちは、みな一様に、失踪宣告によって失踪者の法律上の死を認めることに大きな抵抗を感じていた。たとえばAさんは失踪宣告について、以下のように語っている。

たしかに、七年という期限はあるの。それは、知ってるの。うん。でもそれをやっちゃうと、戸籍からも消えちゃうし、特定失踪者問題調査会の方からも消えちゃうし、もう何もかももういない人間になっちゃうから、そういう手続きはもう、しないつもりでいるんだけどね。一生涯、手続きしないけどね。

Aさんは、失踪宣告を行うことによって失踪者である息子が社会から消えてしまうという理由から、失踪宣告は行わない方針なのである。その一方で、Cさんは失踪宣告に抵抗を感じつつも、前述した失踪者への相続の手続きで困難に直面した経験から、失踪宣告に関して以下のように語っている。

そうせんと、もう私がすごくしんどい思いしましたのでね。［……］やっぱりね、私がとにかくしんどい思いしたから、もうそんな思いはさせたくないという思いもね。

Cさんは、みずからの負担に加えて、自身の後の世代に失踪者の財産管理の負担を与えることを心配しているのである。上の語りから、Cさんが失踪宣告に対する葛藤を覚えつつも、失踪宣告を行うことを視野に入れつつあることがわかる。

その一方で、「失踪者との再会を強くは望まない」インフォーマントたちは、失踪宣告には積極的な意向を示していた。夫が失踪したDさんとFさんは、ともに失踪宣告を行うことについては前向きな態度であったが、その一方で失踪宣告が行えるようになるまでの七年という期間は「配偶者にとっては長すぎる」ものであると述べていた。失踪宣告が可能になるまでは、離婚訴訟を行わないかぎり、配偶者たちは失踪者との婚姻関係を解消することさえもできないからである。ただ、失踪宣告の制度自体の認知度が必ずしも高くないために、EさんやGさんは失踪宣告の制度を長期にわたり知らなかったようであった。

6　失踪者はなぜ失踪してはいけなかったのか

これまでの分析から、失踪者の家族たちの特殊な経験とは、生死が不確定な家族を抱えることによる精神的な負担と社会的・経済的負担という二つの困難であったことがわかる。

家族たちの精神的な負担は、特に「失踪者との再会を強く望む」グループのインフォーマントで顕著に見られたが、その負担は失踪者の安否を憂慮することから生じている点、また失踪から年月を経ても長期にわたって継続するという点で、おおむね先述した「曖昧な喪失」によるストレスと一致するものであったと言えるだろう。ただし、ケースによっては「曖昧な喪失」によるストレスが長期にわたり継続しない場合もあり、その傾向は「失踪者との再会を強くは望まない家族」において顕著に見られた。

また、家族たちの社会的・経済的負担に関しては、失踪者に関する法的な生死の線引きと、失踪者が不在であるにもかかわらず死が確定しているわけでもないという状況が食い違うことによって生じていたと言えよう。この食い違いを解消するための手段として用意されている制度が失踪宣告であったが、同制度を利用することへの積極性もまた、失踪者に対してどのような考えや感情を家族が持っているかによってまったく異なるものであった。失踪者の家族たちは最終的に、失踪者の生死をどのように扱うかを、みずからの意思に基づいて決定しなければならないのである。[*12]

以上を総合すると、家族たちにとって失踪者とは、生きているとも死んでいるとも言えない、いわば生と死の間に宙吊りになった存在であると捉えることができるだろう。いみじくも柄谷行人（2013: 131）が指摘しているとおり、私たちはいつ帰ってくるかわからない者と、その者が存在しないような関係性を築くことができない。そのような状況で、通常頼りになるのは、残された者の意識如何にかかわらず否応なく生死の線引きを行う制度であり、儀式であり、また法の存在であろう。私たちは、死者の（生物学的）死から数日間のあいだに葬儀を行い、死亡届を出し、喪に服することで、死者の死を徐々に受け入れてゆく。これこそが、一般的な喪に際して生じる、「社会的死」が生物学的死に後発して進行するプロセスであった。しかし、失踪の場合、そのような死の儀礼的・制度的・法的な線引きでさえも、残された家族たちの手に委ねられているのだ。頼りになる判断基準が何もない極限に不確実な状況、これこそが、本書の失踪者の家族に対する調査で浮かび上がってきた点であり、そのような不確実性が家族たちの困難の一因であるとみなしても何ら問題はないだろう。

ただし、本当にそれだけなのだろうか。家族たちの困難を、失踪者の生死が不確定であるという経験のみから記述してしまっても良いのだろうか。このような一抹の疑問は、事例によっては「曖昧な喪失」によるストレスが長期にわたって持続しない場合もあったという、今回の調査の結果から生じるものである。不確定な生死に対する憂慮を早い段階で切り上げていたインフォーマントたちが、精神的なストレスから無縁であったかというと、けっしてそうではなかった。その原因の一つが、先述したとおり、失踪による社会的・経済的負担であったことは間違いないところだろう。しかし、他にストレスの原因となる、不確定な生死に対する憂慮以外の何かが、インフォーマントたちの語りのなかになかっただろうか。そのような何かを、主に「失踪者との再会を強くは望まない家族」の語りのなかに見出すことはできないだろうか。

あるいは、次のように問うことも可能だろう。失踪者の親の立場のインフォーマントから成る「失踪者との再会を強く望む」グループと、それ以外の立場のインフォーマントから成る「失踪者との再会を強くは望まない」グループとで、ここまで失踪に対する捉え方が異なっているのはなぜなのか、と。特に、失踪者の親の立場のインフォーマントの語りと、失踪者の配偶者の立場のインフォーマントの語りは、失踪者の安否や捜索活動に関しては、対照的といっても過言ではないような関係にあったと言えるだろう。ここには、たんに事例ごとの状況の違いを超えた、何か他の要因が介在していないだろうか。たとえば、配偶者たちが失踪者との再会を強くは望まないのは、本章第4節で想定したような、失踪者と配偶者の関係性が孕む問題が存在するからであるかもしれない。

さて、このように粘り強く問うことは、実は本書全体の目的にも適っている。本書全体から見れば、本章の目的は、失踪者の家族たちの語りのなかから、「親密な関係」から離脱することに対する抵抗感の根拠を導きだすことのはずである。言うまでもないことであるが、ここで取り扱っている、「親密な関係」からの離脱に該当する現象は、失踪である。よって、失踪者の家族たちにとっての「親密な関係」からの離脱に対する抵抗感の根拠は、彼／彼女らが語る、失踪を望ましくないものとして捉える根拠に反映されているものと想定することができよう。しかし、仮にそのように失踪が望ましくない事態であることの根拠が、失踪者の生死が不確定になるという経験によってのみ説明されるのであれば、そのような経験は特殊であるがゆえに、私たちの「親密な関係」からの離脱に対する抵抗感へと一般化することは困難であろう。よって、本章の最終的な目的を遂げるためには、失踪が望ましいものではないという家族たちの意味づけが、生死が不確定な者を抱えることによる特殊な経験によってのみ生じているわけではないということも示さなければならないのだ。

配偶者たちが失踪者を厳しく責めた理由

ここでふたたび、「失踪者との再会を強く望む」グループと「失踪者との再会を強くは望まない」グループの、失踪者についての語り方の違いに注目しておこう。特に他の事例と明らかに異なっていたのは、配偶者の立場にあったDさん、Eさん、Fさんの語りであった。彼女たちは、インタビューに答える際に、失踪した夫を厳しく責め立てていた。以下では、そのような失踪者の配偶者たちの語りについて、より詳細に確認しておきたい。

まず、Eさんに関しては、本章第5節で見たように、三〇年以上前に夫が家の金銭を使い果たしたうえで失踪したことで、子どもが育つまで経済的に大変困難な生活を強いられた過去を語っていた。Eさんは、ギャンブルによる金銭トラブルによって失踪した夫について、以下のように語っている。

なんで失踪したかって、気が弱くて……やっぱり、お金全部使い込んでしもて、もう帰るに帰れへんなったん違う？　なんにもあらへんやんか。もう、ね。ほんでね、家出る前もね、「全部お金使ったけれども、そんなんはもう忘れてしもて、また一から、若いから頑張ろう」って、そこまで話合うたんですねん。そしたら、「そうやな」って言うてくれたんやけども……。

このようにEさんは、失踪の原因について「夫の気の弱さ」を挙げ、失踪前に夫とこれからも共に生活してゆくことを約束したにもかかわらず、結局出て行かれたという経緯を語っている。ちなみにEさんは表1（一一九頁）にも記述したとおり、失踪から二〇年後に病院から呼び出され、病気で入院した夫と再会することになる）。その際に、夫から長年の失踪について謝られたEさんは、なぜもっと早く家に帰ってこなかったのかと夫に問いかけたという。その際の心境を振り返って、Eさんは次のように語っていた。

もう、腹立つどころかね、どうやろ、憎しみよりね、ほっとかれて苦労してな、自分が四二ぐらいの若いときにね、好きなようにして出て行ってああしたけどね、姿見たときにはね、もう憎しみよりね、「ああ、こんな風になって、もっとはよ帰ってきたらいいのに、元気なときに」って。今度は、反対に可哀相になりましたわ。

上の語りから、Eさんは病床に臥した夫を見て、それまでの怒りや憎しみとは反対の「可哀相」という感情が芽生えたと振り返っていることがわかる。そして、結果的に夫が死を迎える前に会話し、その死を看取られたことは、Eさんにとっては結果的に良い出来事だったとも、Eさんは語っていた。

次に、Eさんと同様に夫が金銭トラブルによって失踪したFさんが、失踪者についてどのように語っていたのかについても見ておこう。Fさんの場合、夫が失踪してからまだあまり時間が経っていなかったが、インタビュー時点ではすでに日常生活を送ることを優先し、積極的な捜索活動は行っていなかった。Fさんによれば、夫の失踪はFさんにとっては「裏切り」の行為であったという。では、それは何に対する「裏切り」だったのか。Fさんは、次のように語っている。

でもやっぱり、この人卑怯やなって思った。自分（夫）は、いうたら○○県（夫の出身県）行ったら○○県の親戚の人とかに頼ったりできるし、じゃあなんで私らのことで、子どもら生活できひんし、自分の借金云々より、やっぱり私らの生活のことを考えて欲しかったな、っていうのがあった。うん。（（　）内執筆者）

それでも子どものこと思うんやったら電話かけてくるよなって、この一ヶ月はだんだん思えてきた。まったく電話もかけてきやへんし、「もう居場所は言えへんけど子どもどうしてる？」とかいう言葉の一つでも掛けてくれたら良かってんけど、まぁ私に合わす顔も無いから、んー、かける言葉もないから電話もしてきやへんとは思うんやけど、でもそれってズルいよなぁって思って。うーん。自分が一〇年一緒にいたんは何やったん？　っていうのは、すごいあるよ。うーん……。そんな簡単に家族を捨てられるもの？　みたいな。

二つの語りから、Fさんは、夫が家族とりわけ子どものことを考えずに、家族を捨てたとみなしていることがわかる。つまり、Fさんにとっては夫の失踪は家族に対する「裏切り」の行為だったのである。特に、電話などで連絡をしてこないというのが、失踪中の夫が家族のことを考えていないという推測を裏づける根拠となっており、「ズルい」という非難の対象となっていた。ただし、Fさんは、夫の失踪行為を完全に悪であるとみなしているわけではない。

だから、逃げるつもりはなかったんやけど、逃げざるをえへんかったような状態なんと違うかなって。だから、一〇〇パーセント悪いようには言いたくないねん、みたいな。たぶん、その給料日のときも、お金の段取りができたら、普通に給料持って帰ってきてたと思うし。うん。だから一〇〇パーセント悪いっていうのは言いたくないし、まぁある意味自分が内緒にして作った借金を補って補って、いままで何とかやってこれたことに対しては、「まぁまぁ私ら家族のことも考えてくれれたんやな」と思って、「まぁまぁありがとう」っていう気持ちもあるし、でも「そこで何で言うてくれへんかったん」っていう腹立たしい気持ちもあるし、私ってそんな頼りないの、みたいな。

このように、Fさんは夫を完全に責めることもできないという両義的な心境を語っている。上の語りでも、Fさんの怒りは、夫が失踪にいたるまでの事態についてFさんに相談してこなかったことに向けられている点には、注目すべきであろう。Fさんの非難はつねに、家族の前から姿を消したことに加えて、その前後でFさんや子どもたちに何の応答も返してこなかったというコミュニケーションの不在に向けられているのである。それゆえ、Fさんは両義的な心境を吐露しつつも、最終的には「(夫が)帰ってくるのが一番」という結論に至っていた。Fさんによれば、Fさんたちは夫なしでも経済的な生活を営むことが可能ではあるし、「中途半端な」夫の帰還は、本章第5節で述べたように新たなリスクともなりかねない。それでも、Fさんは夫の帰還というかたちでの応答を望んでいたと言えるだろう。

以上のように、EさんとFさんの語りでは、基本的に失踪者は家族を捨てたことに対する非難の対象となっていた。これは、EさんとFさんの事例では原因が失踪者自身の招いた借金であると推測され、しかも失踪者が生存している可能性が高いという状況だったからであると解釈するのが、まずは自然であろう。この点について確認するために、最後にDさんの事例をふたたび検討しておきたい。というのも、Dさんの事例では、遺書らしき書置きが残されており、少なからず自殺の恐れが想定される状況だったからである。以下では、Dさんの夫に関する語りを見ておこう。

先述したように、Dさんは夫の失踪後に社会手続き上の負担に追われたこともあり、インタビュー時点ではすでに捜索活動よりも日常の生活を送ることを優先するようになっていた。そのように失踪者の安否を憂慮することに「一区切り」をつけたDさんは、失踪者である夫についてどのように捉えるようになったのだろうか。不確定な夫の生死について現在（インタビュー時点で）Dさんがどのように考えているのかを尋ねたところ、Dさんは次のように回答している。

私はね、さっき言ったように、死んでいて欲しい。変な話が、死んでいて欲しい。というのはね、潔く死んでいて欲しい。これだけのことをしでかして消えたら、死んでいて欲しい。［……］死にきれなかったら連絡してくれればいいじゃない。そう思いません？　すごく単純に考えて。何にもなければ、その、ね？　［……］なんか、これでもし生きていたとしたら、毎日が背信行為だと思うし、私は正直言って潔く死んでいて欲しい。ただ息子は逆ですね。「なんかどこかで生きてんじゃない」、って感じ。「しょうもねえ。親父だなぁ」、みたいな。息子は割と生きていると思っていて、「帰ってきたら絶対家入れるなと。警察行けと。病院行かせろ」みたいな。

このように、Dさんは夫が「死んでいて欲しい」と繰り返し述べており、もし生きていたとしたらそれは「背信行為」であると述べている。では、Dさんにとっては、夫の何が「背信行為」だったのだろうか。それは、夫が「これだけのこと（失踪して、家族や周囲に多大な迷惑をかけた）」をしでかして消えたことと、そして、もし生きているのだとしたら、それにもかかわらず連絡をしてこないことの二点であろう。ここでも、「連絡をしてこないこと」が非難の対象となっているという点に注目しておきたい。

このような失踪者である夫に対する考えと、生死が不確定な状況が継続することによる社会手続き上の負担、さらには夫が生きて帰ってきたとしてもまた新たなトラブルが生じるであろうという危惧などから、Dさんは次のように結論づけている。

ほんとにある意味一番のハッピーエンドは、遺体としてポンと見つかるのがハッピーエンドで、その次の二番手っていうのはやっぱり六年間、あと六年もあるけれど、このまま、何もなく無事に終わって、裁判所に、六年後の七月一日に、死亡宣告提出して。はー、無事に終わった、みたいな。それが二番目でしょうね。うん。

このような結論にいたる背景としては、Dさんに一人でも家計を支えることが可能な収入があり、インタビューをした時点ではすでに、生活に落ち着きが戻りつつあったという点も付言しておくべきであろう。なお、インタビュー時点でのDさんの語りからは、夫に対して生きて帰ってきてほしいという願望を読み取ることはできないが、これはDさんと夫との関係が失踪前から悪化していたからではない。むしろ失踪以前は、Dさんと夫との関係は良好であった。失踪以前より夫が精神科に通院していた際も、Dさんは夫の生活に合わせてケアに当たっていたという。よって、おそらく実情は逆であったのだろう。すなわち、Dさんのケースでは、夫婦関係に問題がなかったがゆえに、むしろいっそう、Dさんにとっては夫の失踪が一方的な「背信行為」であるとみなされるようになっていたのである。

以上のDさんのケースから、配偶者が失踪者を責めるのは、必ずしも借金のように失踪者に明確な落ち度があるとみなされるような原因が推測される場合や、失踪者が生存している可能性が高いような状況である場合とは**かぎらない**ということがわかるだろう。では、本調査で扱った失踪者の配偶者たちが、他の事例のインフォーマントたちよりも際立って失踪者に対して厳しい見解を述べていたのは、一体なぜなのだろうか。

まず想起される理由は、失踪者の生死が不確定なものとなることによる負担が、失踪者の親よりも配偶者の方に、より重く圧し掛かってくるからであるというものであろう。たしかに、一般的に成人の場合、親子関係よりも配偶者との関係の方が社会的にも経済的にも結びつきが強いという傾向がある。よって、Dさんが主張するように、家族の失踪による社会的・経済的負担は、配偶者の場合の方が大きくなる可能性がある。

ただし、「失踪者との再会を強く望むケース」における失踪者の親たちは、配偶者たちのように失踪者の安否に対する憂慮に「一区切り」を付けることが困難であり、長期にわたり「曖昧な喪失」による精神的負担に苛まれていたのであった。この点を踏まえると、「失踪による負担が親の場合と配偶者の場合でどちらが大きいか」を一概に判断することは不可能であると言えるだろう。そもそも「負担」とは私たちにとっては主観的な概念なのであり、むしろ問うべきは、なぜそれが特定の関係においてとりわけ「負担」として感じられ、語りにおいて強調されていたのか、という点のはずである。

以上を踏まえると、たんに「生死が不確定であること」――およびそれによる負担の多寡――のみでは、とりわけ配偶者の立場にある者が、失踪者である夫を強く責めていた理由を説明できない。また、夫の失踪後も経済生活が成り立っていたDさんやFさんのケースを踏まえると、夫が家族から離脱することによる家族の経済生活へのダメージも、彼女たちが夫を非難する決定的な理由とはならないだろう。Eさんは、夫の失踪後の経済生活の苦しさを強調していたが、しかし失踪以前から夫がギャンブルで借金を作り、家の財産を「すっからかん」にしていたことを踏まえると、夫の家族からの離脱が経済的な損失であったとは必ずしも言えないはずである。よって、経済的生活の観点からも、配偶者たちが失踪者を責めていた理由は説明しきれない。

では、愛の観点からはどうだろうか。すなわち、配偶者たちにとって失踪者の失踪が望ましくないものとして非難されるのは、両者の関係を繋いでいた愛が失われたからなのであろうか。より詳細に言えば、失踪によって、失踪者から配偶者へと向けられていた愛情がすでに失われていることが明るみになってしまったかのように、配偶者たちには映ったからなのだろうか。このような愛に関する話題は、インタビューにおいては語りづらいものであると想定される。しかし、それを踏まえても、配偶者たちの語りにおいては、夫と配偶者の間の愛に関する話題はほとんど表れてこなかった。先に引用した三人の語りからも明らかであるように、強調されていたのは愛の喪失ではなく、むしろ信用の喪失であったと言えるだろう。長年にわたり共に生きてきたにもかかわらず失踪したこと、そしてそれに対して何の説明もしてこないことが、配偶者たちにとってはみずからに対する不信であるとみなされていたのである。

最後に、リスクの観点についても検討しておこう。「失踪者との再会を強く望む家族」にとっては、前節で引用したAさん夫妻の語りにも見られるように、失踪者が失踪によって家族から離れて孤独になった状態で、果たして無事に生きていけているのかという問題は、大きな懸念事項だった。このように、失踪者が失踪することで被るであろう生活上の危機に対する懸念は、親たちが語る、子の失踪が望ましくないことの根拠の一つであったと言えるだろう。しかし、「失踪者との再会を強くは望まない」配偶者のケースでは、懸念事項として語られていたのは失踪者本人の失踪後の生活よりも、残された家族の生活の問題であった。よって、配偶者たちにとっては、失踪によって家族が被る損害こそが、夫の失踪が望ましくない事態であることの大きな理由であり、失踪による失踪者本人にとってのリスクはその理由としては重視されていなかったと言えるだろう。

以上のように、失踪者の配偶者たちが、他のケースよりも失踪者に対して際立って厳しい見解を述べていた理由は、失踪という状況の特殊性からも、経済的生活や愛、リスクといった観点からも説明しきれない。では、残された理由とは何なのだろうか。それは現時点では、配偶者たちの語りに沿うのであれば、失踪者が夫であり、家族にとっての父だったからであるという、トートロジカルな結論になってしまうだろう。[*13] しかし、もちろん本書では、そのような結論で満足するわけにはいかない。私たちは最終的には、失踪者が配偶者であり、家族にとって父であることが、失踪がより望ましくないものとみなされる条件となるような、潜在的な原理を明らかにしなければいけないのである。そしてそれは、本項で述べてきたように失踪という事態の特殊性からは説明しきれない以上、「親密な関係」の維持一般にも通じる原理であるとみなすべきであろう。

残された家族たちが求める応答

前項では、「失踪者との再会を強くは望まない」インフォーマントの――とりわけ失踪者の配偶者の――語りと、「失踪者との再会を強く望む」インフォーマントの語りの対照性に着目した分析を行った。それに対して本項では、二つのグループに共通する点を取り出してみたい。

前項で見たように、失踪者の配偶者たちは、失踪を約束の反故や裏切り、背信行為として捉えていた。そして、その際に強調されていたのは、たんに家から出て行ったという行為のみではなく、いつまでも帰ってこないし連絡もしてこないことによる応答の不在という点であった。ところで、失踪者に対する応答の要求は、その内容はまったく異なるものの、「失踪者との再会を強く望む家族」のケースにおいても見られた。ここでは、家族たちの語りのなかから、いくつかの例を挙げておこう。

まず、「失踪者との再会を強く望む家族」のなかには、時折かかってくる無言電話に対して、ある行為を行っている者がいた。以下では、Aさんの妻の語りを見ておこう。なお、Aさん夫妻の息子である失踪者の名前は〇〇と表記している。

その前はね、周りの雑音も聞こえるときあったのね。今度聞こえないんで、切れて、それも、ここのところ無くなってきたなと思っていたら。ね、ここに書いてあるけど（最近の非通知の記録を指差す）、もう何かね、無言であってもね、「〇〇かな」しか思えないでしょ。そしたらね、最近はね、七月××日、××時××分非通知だったのね。［……］あと、忘れた頃に入ったから、お兄ちゃんにね、やっぱり非通知あったよって、それだけでもホッとしたね。なんていいながら、ホッとしたって何も言葉は無いんですからね。それでね、これはこの間、二一年八月の××日。このあいだね。八月××日××時××分非通知。ここは、私が取ってね、「〇〇、〇〇」っと二度言ったら、切れる。急いで二度言ったって、もう向こうは聞いてるかどうかわからない。（（　）内執筆者）

このように、Aさん夫妻は時折かかってくる無言電話を息子であると考え、呼びかけを行っているという。そして、息子からの応答はなくとも、非通知の電話自体が、Aさん夫妻にとってはある種の応答の意味を有していることがわかる。このAさん夫妻と同様の経験を、Iさんもしていた。さらに、Iさんは失踪した息子が以前住んでいたアパートに、手紙を置いてきたという。それらの経験についてIさんは、次のように語っている。

その時はたまたま電話が鳴るもんだから私が取ると、息子じゃないかと。どうかしてたまに切れちゃう場合もあるんですよね、俗に言うワン切りっつうのかしら。だからね、(私が)「もしもし」って言った瞬間、(息子が)「あ、親父まだ生きてるんだな」と(確認する)。だからそこでまた一旦安心してね、それで一年に何回かあるんだよね。だからはたして息子かどうかわからんけども、そんな風に思う時もあるね。[……] だけど私としてはね、それはいろいろあったって知ってるけど、元気にさえいてくれてね、あんまり娑婆に迷惑さえかけてなければと思ってるんだけれども、なかなかそうこっちの、あれが通じないもんでね。それでね、東京行った折に置いてきたんですよ。手紙をね。色々のこと書いて、それでそこにもういないってことはわかってたの。[……] 二、三枚しっかり書いといて、いないってことはわかってたけど置いてきたんですよね。(( )内執筆者)

このようにIさんは、無言電話を手がかりとして捉えたり、すでにいなくなった場所に手紙を置くことで、息子に対して連絡を行い、それに対する応答を得ようとしていた。

ところで、呼びかけと応答の要求は、電話や手紙といったメディアを介して行われるとはかぎらない。たとえば前節で見たように、Cさんは夕食時に失踪中の息子のために簡単な食事を用意し、「いつでも帰ってきたらいい」と語りかけていた。また、Bさんは息子の失踪の原因が職場でのトラブルにあったと考えており、職場に失踪の原因究明を訴え続けていた。このBさんの訴えは、失踪によって応答することがなくなった息子の代わりに、息子の周囲に「真実」の説明を求める行為であると解釈することもできるだろう。

以上のように、「失踪者との再会を強く望む家族」たちは、みな何らかのかたちで失踪者に呼びかけを行い、応答を得ようとしていた。これらの失踪者の親たちの行為は、本章でこれまで見てきたように、失踪者の安否に対する強い懸念によって動機づけられていることは明らかであろう。よって、親たちが要求する応答の内容は、失踪者を責める配偶者たちが要求していた応答とはまったく異なるものであったと言える。ただし、親たちの安否に対する不安が失踪者の応答の欠如に起因しており、配偶者たちの自身が裏切られたという憤りもまた応答の欠如にあったことを踏まえると、両者は共通の前提を共有していることがわかる。それは、失踪者が、家族からの呼びかけに対して何らかの応答を行うことは、当然の営為であるという前提である。そのような前提が共有されているがゆえに、何も応答してこないことは規範から逸脱した異常事態であるとみなされるし、親たちは失踪した子からの応答を求め続けていたのではないだろうか。

家族からの呼びかけに対して、応答をしなければならない――この前提自体は、目新しい事実というわけではまったくないし、私たちの日常的な感覚からもそう隔たったものではないだろう。私たちは一般的に、自身に無関係な者からの呼びかけよりも、「親密な関係」にある者からの呼びかけに対しての方が、応じる必要性を強く感じるものであるし、「親密な関係」にある者たちとは、呼びかけと応答を繰り返すことでお互いの状況について把握し合っている。ただし、本章で見てきたように、このような応答の義務といういわば暗黙の前提が、失踪という「親密な関係」からの離脱を経験した者の語りのなかで前景化していた、という事実は軽視すべきではないだろう。この規範意識は、失踪が望ましくないものとして捉えられる際に、しばしば重要な根拠となっていたのである。

ところで、前章の最後で、マスメディアの言説上では、失踪者が「無責任さ」を根拠に批判されることがあると述べておいた。詳細は第7章で述べるが、この「責任」という言葉の原義には、「応答可能性」の意味が含まれている。そして、本章で私たちは、失踪の当事者である残された家族たちにとっても、やはり応答の不在が問題となっているという事実を見出したのであった。この共通性を、ただの偶然として片づけるわけにはいかないだろう。もっとも、ここで示唆された規範意識が、私たちの「親密な関係」から離脱することに対する抵抗感とどのように関わっているのかについては、第7章であらためて考察することにしたい。それについて論じるためには、現時点ではまだ材料が不足しているからである。

第5章　失踪者の家族をいかにして支援すべきか——MPSの取り組みから

前章では、導入部から結論に至るまで、「重たい」内容に終始した。もちろん、失踪という主題を扱っている以上、そのような深刻さを本書では避けて通ることはできないのだが、ここでは少しだけ「軽い」素材を扱っておこう。それは、『桐島、部活やめるってよ』という映画である。

この映画は、桐島という高校のクラスやバレーボール部の中心人物だった人物が、突然部活を辞め、学校にも姿を現さなくなったことで、校内の人間関係に微妙な変化が起こる数日間を描いた作品である。唐突な桐島の不在という出来事は、彼の周囲の人間関係の序列——いわゆる「スクールカースト」と呼んでも差し支えはないだろう——と、それと各々の在り方で向き合う登場人物たちの内面を浮き彫りにしてゆく。結局、桐島という人物はスクリーンに一度も登場することがないまま、最終的には彼の学校への帰還が示唆されるかたちで、映画は終幕を迎える。

映画で描かれている桐島の不在は、わずか一週間にも満たないので、この出来事を桐島の失踪と呼ぶことは無理があるだろう。その一方で、この映画は、人が消える現象のある側面を非常に的確に捉えている。これまで述べてきたように、人が消えるという現象は、その不在を認知する周囲の者たちの存在があって初めて成立する。ひたすら桐島の不在に振り回される周囲の者たちに焦点を当て続けることで、結果として一度も登場しない桐島が独特の存在感を放つ本作は、失踪を扱った作品であるとは言えなくとも、どこか「失踪的」であるとは言えるだろう。

さて、この桐島の突然の退部と不在によって、何人かの登場人物は内面的な成長を遂げる一方で、騒動の一番の被害者と言える登場人物が、桐島の恋人である梨紗である。梨紗は、学校一の美人であり、クラスでも中心グループに属しているが、桐島本人から何も聞かされないまま、桐島の退部騒動に巻き込まれてしまう。桐島がいつまでも学校に姿を現さず、連絡さえも取れない状況に不安と動揺を隠せない梨紗は、他の登場人物たちに桐島の現在について問いつめる。しかし、他の桐島の友人たちも、桐島については何も知らない状況なので、梨紗の問いかけに応じることができない。そんな周囲に対して、梨紗は苛立ちをぶつけてしまう。

ここで、映画の本筋とはあまり関係がない部分ではあるが、本書としては次のような問いを提示してみたい。桐島について問い詰められた周囲の者たちは、梨紗のために、何と答えるべきだったのだろうか。梨紗の不安を和らげたり、納得させたりするために、友人たちが取るべき何かしらの有意味な行為は存在しているのだろうか。結論から述べると、そのような行為は困難であると言わざるをえない。というのも、梨紗が本当に応答を望んでいるのは、桐島の友人ではなく、桐島本人に他ならないからである。桐島から何らかの言伝を受け取っているわけでもないかぎり、友人たちが桐島の代役を直接的に果たすことは不可能であろう。

ところで、映画における梨紗の不安や苛立ちの原因は、桐島がなぜ部活を辞めるのか、またなぜ姿を現さないのかがわからないということと、桐島との連絡が取れないことにあった。この梨紗の不安や苛立ちは、前章で見てきた、失踪者の家族たちが抱えるそれと似てはいないだろうか。深刻さの程度はかなり異なるものの、失踪者の家族たちにとっても、失踪者の安否が不明であることや、失踪者からの応答がないことが、憂慮や不満の原因となっていたからである。となると、失踪者の家族たちを周囲の者が支援することもまた、梨紗に対して周囲が上手く応じることができなかったのと同様に、あるいはそれ以上に、困難を極めることが想定される。

1 「曖昧な喪失」理論の問題点

前章では、失踪者の家族の抱える困難について、実際に家族たちの語りを分析することで明らかにしてきた。そこではまず、失踪者の安否を憂慮することによる精神的負担が見出された。この負担は、とりわけ「失踪者との再会を強く望む家族」にとって重く圧し掛かっていた。次に、失踪者の生死が不確定であることによる社会的・経済的負担と、失踪者からの応答の不在という、すべての家族たちが抱える困難が見出された。どの種類の負担や、誰にとっての負担が深刻かを簡単に判断することはできないのだが、しかし、少なくとも「失踪者との再会を強く望む家族」の失踪者の安否に対する憂慮が切実で、かつ長期にわたるものであることは疑いようがないだろう。このような家族たちの状況を素どおりして、先に進むわけにはいかない。では、私たちは、そのように極限に不確実な状況に投げ込まれた当事者たちと、いかに向き合うべきなのだろうか。

そこで本章では、失踪者の安否を憂慮する家族たちをいかにして支援すべきであるかという問いをテーマとしたい。とはいえ、何も依るべきところがなく独力で挑むには、先ほど述べたように、この課題はあまりに困難であることが予想される。そこで、まず本章では、ふたたびボスの「曖昧な喪失」の理論を参照することにしよう。すでに前章で、家族たちの失踪者の安否に対する憂慮は、「曖昧な喪失」によるストレスの一種としてみなせることがわかっていた。「曖昧な喪失」の理論は、「曖昧な喪失」を抱える者たちに対するケアのプロセスを理論化することを目的としている。けれども、後述するように、ボスの理論は当事者のケアとセラピストの実践に関する方法論としては完成されているものの、「曖昧な喪失」に関わる者たちの経験を包括的に観察するパースペクティブとしては、不十分な点がある。そこで、本章ではそのような点を踏まえたうえで、実際に失踪者の家族たちを支援する団体の活動に焦点を当てることで、ボスの理論を補完することを試みる。そのようにして、セラピストではない周囲の者たちがなしうる、失踪者の家族に対する支援のあり方を考えてみたい。

「曖昧な喪失」のケア

まず、「曖昧な喪失」が経験されるプロセスについて、もう一度確認しておこう。ボス（Boss 1999=2005）によれば、「曖昧な喪失」に該当する状況に置かれると、家族たちは喪失が最終的なものか一時的なものであるのかわからずに当惑することになる。彼／彼女らは、家族関係が喪失以前の状態に元どおりになれるかもしれないという希望にとらわれることで、問題を解決することができなくなるという。また、「曖昧な喪失」に対しては葬儀のような喪の過程を支援する象徴的儀式が行われないため、彼／彼女の経験が周囲のコミュニティにとって証明されないままとなる。このようにして、「曖昧な喪失」を抱える者たちは長期に渡ってストレスに苛まれ続けることになるというのが、ボスが明らかにした「曖昧な喪失」の一般的なプロセスであった。

以上のような「曖昧な喪失」がもたらすストレスに対して、私たちはどのように対処すべきなのだろうか。この点について、ボス（Boss 2006）では曖昧な喪失のストレスに対するレジリエンス――この言葉は、日本語では「抵抗力」あるいは「復元力」を意味する――を回復するための六つのガイドラインが提示され、それぞれに対して詳細な検討が行われている。[*1] ただし、ここで重要であるのは、ボスはこれらの方法で、「曖昧な喪失」を解消しようとしているわけではないという点である。事態の不確実性は、原因となっている問題が根本的に解決しないかぎり、完全に消失することはない。よって、むしろ上記の六つのガイドラインは、そのような解決が困難な喪失を抱えながらも、家族たちがレジリエンスを見出すための方法として位置づけられている。ボスにとってのゴールは、家族たちが「曖昧な喪失」とともに生きてゆけるようになることなのである。

では、そのために「曖昧な喪失」を抱える当事者たちに対して第三者はどのように関わるべきなのであろうか。この点についてボスは、第三者が家族たちの物語を聴くことの重要性を強調している。ボス（Boss 1999=2005）によれば、当事者たちは喪失に関するさまざまなエピソードや自身の見解を語ることで、失われたものが何で、失われていないものが何なのかを再考し、喪失に意味を見出すきっかけを得ることができるという。[*2] これらの必要性から、特にボスの議論では、精神科医やカウンセラーといったメンタルケアの専門家たちが「曖昧な喪失」を抱える当事者たちといかに向き合うべきであるのかという、臨床的な方法論に焦点が当てられてきた。

問いの設定

前節で見てきた処方箋は、ボス自身の豊富な実践からも裏づけられているように、メンタルケアの専門家——以下、本書ではセラピストと呼ぶことにする——たちにとっては、きわめて有効な方法論であることは疑いようがないだろう。[*3]とはいえ、「曖昧な喪失」を抱える者たちをケアする際に、重要な役割を果たす第三者は、専門的なセラピストたちのみではない。この点に関して、ボス（Boss 1999=2005）は家族たちがみずからの物語を語ることの重要性を強調するのと同時に、家族たちが「曖昧な喪失」に関する情報を収集することの重要性も指摘している。ボスによれば、情報を探すという行為は曖昧性を和らげることに寄与する。また、情報が得られ尽くされたという状況になれば、そのこと自体も情報となり、当事者たちが「みずからのできることはすべて行った」と結論づけることに役立つという。それゆえ、「曖昧な喪失」のケアの過程においては、当事者のメンタルケアを行うセラピストのみならず、それぞれの喪失に関する専門的な情報を提供する者たちも、当事者たちにとって重要な役割を果たしうることが、ボスの理論からも想定されることになる。

以上のような専門的な情報の提供者——以下、本書では情報提供者と呼ぶことにする——として、ボスはたとえば第4章第2節で述べた「曖昧な喪失」の第一のタイプの場合、警察や探偵、および類似の経験を持つ家族といった存在を挙げている。ところで、これらの情報提供者は、ボスの理論にそって考えれば、情報を当事者に伝える際に困難を抱える可能性がある。というのも、曖昧性を解消するような情報は、ときには家族たちが語る喪失の物語を否定する内容であるかもしれず、その場合、「家族たちの物語を聴く」というケアのあり方と「情報を提供する」という行為が矛盾してしまうからである。このような問題を情報提供者たちは抱える可能性があるため、「曖昧な喪失」のケアのプロセスで生じる問題を観察するためには、情報提供者の視点も含めた包括的な視点が必要になるはずである。しかし、ボスは「曖昧な喪失」を抱える当事者と、彼/彼女らをケアするセラピストたちの経験については十分な研究を行っている一方で、当事者たちに情報を提供する支援者たちの経験を主題とした研究は行っていない。

そこで、以下では、この「曖昧な喪失」の状況下における情報提供者の視点に、焦点を当ててみることにしたい。

「曖昧な喪失」を抱える当事者たちに対して、情報を提供するというかたちで支援を行う第三者が、どのような経験をすることになるのか。また、その際にどのような困難を抱えることになるのか。これらの点について実証的に考察を行うことは、失踪者の家族を始めとした、不確実性と向き合う当事者に対して、いかにして情報を提供してゆくべきであるのかについて、検討してゆく契機となるだろう。

2　研究の方法——支援団体に対するケーススタディ

ケース・スタディの対象選択

以上の課題に取り組むために、本書では「曖昧な喪失」を抱える当事者の支援団体に対するケース・スタディを行う。[*4] 研究の対象とするのは、日本行方不明者捜索・地域安全支援協会（ＭＰＳ）である。ＭＰＳは、失踪者を抱える家族たちの捜索活動を支援する日本で唯一のＮＰＯ法人である。[*5]

ここで、なぜＭＰＳを本書におけるケース・スタディの対象として選択したのかを述べておこう。まず、第4章第2節でも述べたように、ＭＰＳが支援の対象としている失踪は、家族が身体的に不在であるためにその生／死が不明確な状況を引き起こすという点で、第一のタイプの「曖昧な喪失」のケースに典型的に当てはまっている。それゆえ、失踪者の家族たちを支援するＭＰＳは、「曖昧な喪失」を支援する第三者的な組織であると明確にみなすことができる。次に、これまでも述べてきたとおり、失踪には、行方不明の原因や失踪者の生死が残された家族にとってはまったく見当がつかないケースも多く含まれている。このようなケースにおいては、曖昧な状況つまり失踪に関する情報は、残された家族たちにとってはとりわけ大きな意味を持つことになるだろう。特に、もしもＭＰＳの支援の結果として失踪者が発見されたともなれば、まさにそれは家族にとっての「究極の」情報となりうるのである。したがって、本章が主題とする「曖昧な喪失」の状況下における情報提供者に特有の経験を、失踪者の捜索活動を支援するＭＰＳの取り組みからは明瞭に取り出すことができるはずである。

調査方法

具体的な調査方法についても説明しておこう。まず、本章におけるケース・スタディとは、「ある単一体、現象、社会的単位の集約的で全体論的な記述と分析」（Merriam 1998=2004: 49）を意味するものとする。上記の「記述と分析」を行うために、本書ではＭＰＳへの参与観察とインタビューの二つの方法で調査を実施した。

まず、参与観察については、二〇一〇年から二〇一二年にかけて不定期的にＭＰＳの事務所を訪れ、ＭＰＳの業務の一部を手伝いつつ、ＭＰＳのスタッフが失踪者の家族たちと日常的にどのように関わっているのかを記録した。次に、インタビューについては、ＭＰＳでスタッフ経験のある計三名に対して、半構造化インタビューの形式で実施した。本調査では、「ＭＰＳではどのような活動を行っているか」、「失踪者家族たちとはどのように接しているのか」、「失踪者の所在や安否の見込みに関する情報提供を行う際には、どのようなことを心がけているか」の三点の質問をあらかじめ用意し、これらの点についてインフォーマントたちに自由に語ってもらった。インフォーマントの語りは、ＩＣレコーダーによって録音し、データとして記録した。

以上の調査方法によって得たデータから、本書では失踪者家族への情報提供のあり方を中心に、ＭＰＳの失踪者家族に対する支援の取り組みを分析した。その結果については、次章において詳述することにしたい。

3　ＭＰＳのプロフィール

ＭＰＳの設立から現在まで

まずは、ＭＰＳの設立の背景から、現在にいたるまでの経緯を概観しておきたい。ＭＰＳは、前述のとおり現在は「日本行方不明者捜索・地域安全支援協会」という正式名称であるが、二〇〇三年のＮＰＯ法人設立当初は、たんに「日本行方不明者捜索支援協会」という名称であった。設立当初からのメンバーであったＯさんによれば、民間の調査会社と警察OBの有志によって立ち上げられたNPO法人が、MPSの発端であったという。[*6] そして、第2章第3節で述べた事情によって警察の捜索対象から外れ、しかも経済的な理由によって高料金の民間の調査会社に捜索を依頼することもできないという失踪者家族たちの受け皿となるために、失踪者の家族を支援する活動を行うようになったとのことである。

その後、設立メンバーの引退などの事情によって団体としての活動をあまり行えない期間を経つつも、二〇〇〇年代後半には新たな代表を迎えることでふたたび盛んに活動を行うようになり、現在に至っている。その過程で、二〇〇九年には失踪者家族の支援以外にも活動範囲を拡げるために名称を現在のものに変更しているが、それでも活動の主眼が失踪者家族の支援に置かれていることは現在でも変わらないようである。なお、実際に失踪者家族の支援を行っているスタッフはつねに少数であり、MPSの発足以後、つねに五人程度で活動にあたってきたとのことである。

現在のMPSの活動

次に、具体的にMPSがどのような支援活動を展開しているのかを見てゆこう。先に述べたように、MPSは警察や民間の調査会社に頼ることができない失踪者の家族たちを支援の対象としており、それゆえ理念的には家族たちの捜索活動を総合的に支援するシステム――たとえば家族たちが自力で捜索活動を行うための情報ネットワークなど――を構築することを目標としている。しかし、実働メンバーが少人数であるがゆえの限界もあり、現在は以下の二点の活動に注力しているという。

まず、MPSのスタッフがもっとも頻繁に行っているのは、電話やメールでの相談業務である。MPSには失踪者を抱えた家族からの相談が頻繁に寄せられており、これらの相談に対してスタッフがアドバイスを行うのが基本的な形式となっている。その際に行われるアドバイスは、スタッフの専門的な経験を活かした内容となっており、たとえば「状況から考えて、〇〇のような動機による家出かもしれません」「〇〇のような家出のケースでは、お近くの××のような場所にいることが多いので、そこを捜すと見つかるかもしれません」「△△のようなケースですと、すぐに帰ってくる可能性が高そうですので、とりあえずしばらくは様子を見てみてはいかがでしょうか」など、家族たちがケースに応じて事態に対処し、失踪者と再会できるように働きかけることが目的となっている。このアドバイスは場合によっては非常に有効であり、一過性の「家出」の場合にはアドバイスによって家族みずからが失踪者を捜査し、発見に至ったこともあったと、OさんとPさんは語っていた。[*7]

これらの相談は多いときには月に一〇件を超えることもあり、また簡単には解決しないケースの場合は、同じ相談者が繰り返し相談を行うことも多いという。それゆえ、実際にMPSの事務所では、一日に何度も相談の電話が寄せられ、それに対してスタッフが応じるという光景が観察された。

第二に、家族が希望する場合、失踪者の情報をMPSのウェブサイトに記載するという活動も行われている。このようにして、ウェブ上で失踪者の情報を発信することで、広く失踪者の所在などについての情報を募ることが目的であるという。また、Nさんによれば、この情報掲載には、失踪者が社会から忘却されてしまうことを防ぐことによって、失踪者家族たちの再会への希望を残し続けるという意図もあるとのことである。[*8] ただし、それぞれの家族たちの抱える事情やプライバシーの問題などがあるため、ウェブサイトに掲載されるのはあくまでもMPSに寄せられた相談のなかの一部となっている。

4　情報提供者としてのMPSスタッフの語り

前節で見てきたMPSの活動は、その内容から大別すると、失踪者家族たちに個別の失踪に関する情報を提供する業務と、ウェブサイトを通して失踪者に関する情報を拡散する業務の二種類からなっていることがわかる。さて、本章の目的は、「曖昧な喪失」の支援において、情報提供者の立場に当たる者が経験する問題や困難について分析することであった。そこで、以下では前者の情報提供の活動について、スタッフたちの語りを中心に詳述していくことにしよう。今回、インタビューを実施した三名はいずれも、前述の相談業務に何年も携わった経験があるMPSのスタッフたちである。

スタッフの相談業務における経験と葛藤

失踪者家族への相談業務は、問い合わせの電話やメールを受け取ったスタッフが適宜対応することになっており、相談の乗り方やアドバイスの内容などは各スタッフの裁量に委ねられている。とはいえ、スタッフ間で緩やかに共有されている方針は存在している。それは、失踪者と無事に再会できることを望む家族たちの意思をできるかぎり尊重し、そのために必要なアドバイスを行ってゆくということである。ところで、失踪に関してそのような情報提供を行う際に問題となるのは、「失踪者が生きているのか死んでいるのか」、「失踪者と再会できることがあるのか」などの失踪に関わる本質的な情報は、失踪者が発見されるか、失踪者と何らかのかたちで連絡がつかないかぎりMPSのスタッフでも確信はできないということである。それゆえ、スタッフが家族たちにアドバイスを行うにあたっても、そのアドバイスはあくまでも推測の域を出ないということになる。

では、そのような推測に基づくアドバイスを行う際に、スタッフたちはどのようなことを心がけているのだろうか。この点に関して、ここではNさんの語りを見てみることにしよう。

あんまり不合理なことをね、ありえもしないような想定を言ってしまうことは、逆に家族を傷つけてしまう結果になるかもしれないので、まぁ現実的に自分の経験だとか、あと統計だとか、何らかのデータ、根拠のあるものに基づいて、「このようなことが考えられますね」ということをアドバイスするようには心がけてますね。

以上の語りから、Nさんは失踪という不確実な事態に対しても、自身の経験やデータなどを活用して、可能なかぎり合理的な推測を行おうとしていることがわかる。また、事態に対する「ありえもしないような想定」——Nさんによれば、たとえばそれは、無根拠に「北朝鮮に拉致されてしまっている」などの論理的に飛躍した説明を行ってしまうことなどが当てはまるという——を行うことは、家族たちに「誤った」期待を抱かせることになり、そして結果的に裏切ってしまうことになるため、けっしてしないように留意しているという。以上の点については、他のスタッフに関しても共通していた。

しかし、ここで問題となるのは、自身の経験やデータなどから、失踪者家族たちにとって「望ましくない結末」となっている可能性が濃厚であるとスタッフが判断した場合に、そのような情報を家族たちに伝えるべきであるのか、という点である。たとえば、失踪時の状況や遺留品の書置きなどから失踪者がすでに自殺している可能性が高い場合や、失踪時から長期間が経過しているために失踪者と再会できる見込みが薄いと判断される場合に、スタッフたちはそのような推測をそのまま家族たちに伝えることにしているのだろうか。

この点については、スタッフたちはみな「難しい問題」であるとしつつも、基本的にはどんなに「望ましくない結末」が濃厚であってもそれについて直接的に断言するようなことはしないと述べている。Oさんも、「もう亡くなっているのではないか」と述べた経験は「私はない」と断言したうえで、ときにはネガティブな話をしなければならないケースが存在することを認めつつも、「たんに亡くなっているということを伝えるだけなら、MPSはいらない」と語っている。Oさんは、「亡くなるような、もうほぼダメだなと思って向こうが諦めてるケースなら、こういうところに来ませんよね。行方不明者として捜しませんよね」と述べ、家族たちの再会への希望を最大限に尊重する態度を表明している。ただし、このようなケースにおける対応にはスタッフの間で若干の差異も存在していた。たとえばNさんは、Nさんの経験からは自殺している恐れが強いと推測されるケースに対して、再会を望む家族たちから「生きてますよね？」と繰り返し問われる場合に、『いいえ』とはもちろん言えないけど、『はい』と断言することもできない」という葛藤があるということを述べていた。

スタッフと失踪者家族たちの関係

短期的には解決が困難な失踪の場合、失踪者家族からのMPSスタッフへの相談は一度ではなく何度も行われることになる。そのようにして家族たちとスタッフのやりとりが長期化する場合に、両者の関係性はどのようなものとなっていくのであろうか。

まずは、スタッフの家族たちへのアドバイスが、たんに捜索活動を支援する意図に留まらない場合があるということを確認しておく必要がある。たとえば、失踪によって動揺したり不安を抱えたりしている家族に対しては、スタッフは各自のデータや経験に基づいて、「失踪後もしばらく生きていた形跡がある場合は、自殺している可能性は低い」などの説明を行うことがあるという。このエピソードからわかることは、スタッフは明らかに家族たちの精神状態も考慮に入れたうえで、相談業務にあたっているということである。

以上を踏まえたうえで、Nさんはスタッフと家族たちの関係に関して、「メンタル面でかなり寄りかかってくる方もいる」という点を指摘している。実際に、聞き取りを行ったすべてのスタッフたちが、同じ相談者から何度も電話がかかってくるという経験や、一度の電話が数時間に及ぶこともあるという経験を語っており、これらのスタッフたちの経験からも、家族たちがスタッフに精神面でも依存するケースがあることがわかる。この点についてNさんは、「ただ、私はそのあたりのプロではないので。それはまた違う専門家の方がやるものだと思うんですよね」と述べ、家族たちの精神的なケアについては専門のカウンセラーに任せたいという意向を表明していた。

以上の点について、Nさんとはやや異なる考え方を語っていたのが、Pさんである。Pさんもまた、電話を中心とした相談業務を長時間にわたって行っていた経験を持つスタッフである。Pさんは、そのような失踪者家族との電話でのやりとりについて、「どんな情報でも、別に話す言葉がなくても、日常会話でもいいから相手に話をしてあげて。そのぶんリラックスすると思うんですよ。どうしても自分一人でいると悪い方向にしか考えないんで」と語っている。このように、Pさんは家族たちと電話でやりとりすることが、家族たちの精神的な不安を和らげることにもなっていると捉えている。そして、Pさんは自身が結果的に家族たちの精神的なケアも行っていることについて、精神的なケアに関しては専門的なセラピストの方が詳しいということを認めつつも、次のように語っている。

実際現場に携わってる人っていうのは、その人がいま直面している悩みに対してストレートに答えてあげれると思うんですよ。「家出したけど、こういう場合はどこに行ったんですか？」とか「こういう場合どんなケースが多いんですか？」って訊かれてもたぶん医者は答えられない。でもこっちは答えられるんですよ。［……］こっちが日常的に知ってることでも、向こうにポンっと言うと「ああ、そんなことがあるんですか」とか「そういう風な状況なんですか」とかっていう言葉を聴くことは多いんで。だからそこに対してそういう風に言ってあげると、その悩みが一つ消えるわけじゃないですか。だからその部分に関しては、医者よりは我々の言葉のほうが効果的なんじゃないかと。

以上の語りから、Pさんは、MPSのスタッフは失踪に関する悩みに直接的に応えることができるという点で、スタッフの行うケアに、セラピストたちの行うケア――Pさんの言う「医者」という言葉は、本書におけるセラピストと同様の意味で用いられている――とは異なる意義を見出していることがわかる。このように、Pさんは相談業務と家族たちの精神的なケアが時として重なり合ってしまうことに関して、肯定的な側面もあると捉えていた。とはいえ、PさんもNさんと同様に、失踪者が「生きている」と断言できないようなケースでは、家族からの相談に対してどのように応じれば良いのかわからないということも述べていた。

5　情報提供者がなしうるケアとは何か

「曖昧な喪失」理論による事例の整理

前節では、特に失踪者家族に対する情報提供という観点から、MPSの活動とスタッフたちの経験を見てきた。では、彼らの活動と経験を「曖昧な喪失」のケアのモデルに当てはめるとしたら、どのように位置づけることができるだろうか。

先に確認したとおり、ボスの「曖昧な喪失」の理論には、さまざまな状況から「曖昧な喪失」を抱える者と、「曖昧な喪失」の原因となっている者、そして「曖昧な喪失」を抱える者を支援する第三者という三つの立場が存在していた。この第三者の立場には、ボスが主な研究の対象としているセラピストの他に、個々の「喪失」に関する情報を提供する情報提供者の存在も想定されていた。失踪の場合、「曖昧な喪失」を抱える者が失踪者の家族であり、「曖昧な喪失」の原因となっているのが失踪者である。そして、MPSのスタッフは、最初に想定したとおり、基本的には失踪者の家族たちにとっての情報提供者として位置づけることが可能であろう。失踪という曖昧性がきわめて高い状況にあっても、スタッフたちは、自身の経験やデータに基づいて個々のケースに関する原因や結果を可能なかぎり推測し、その結果を家族たちに情報として提供していた。少なくとも本書における調査結果からは、それらの情報は、失踪者の家族たちが曖昧な状況に対する悩みを解決するにあたって、有効に機能しうるものであったとみなすことができるだろう。

しかし、同時に調査から明らかになったのは、MPSのスタッフが、相談業務においてたんに家族たちに情報提供を行っているのみならず、家族たちの精神面に対するケアも行う事例が存在していたということである。つまり、MPSのスタッフは、情報提供者としての役割を遂行すると同時に、少なくとも部分的にはセラピストとしての役割も担当していたのである。

この点については、MPSのケースでのみ生じる特有の現象であり、他のケースにおける「曖昧な喪失」のケアにおいては情報提供者とセラピストの役割は明確に区別されうると見ることもできるかもしれない。しかし、前節でPさんが述べていたように、情報提供者は専門的・実践的な観点から、直接的に事態の曖昧性を緩和できるような情報を家族に提供することができる。それゆえ、「曖昧な喪失」を抱える者たちがセラピストよりも情報提供者を頼ってしまい、情報提供者の側もそれに応じて家族たちのケアを行うことになるという事態が、失踪の場合以外でも生じうる可能性は十分に考えられる。すなわち、これは、失踪に限った問題ではなく、「曖昧な喪失」のケア一般に関わる問題なのだ。

ケアと情報提供の矛盾

以上の点を踏まえることで、情報提供者の抱える問題の内実を明らかにすることが可能になる。

ＭＰＳの相談業務においてスタッフが葛藤を抱えることになるのは、スタッフが推測する失踪の結末が、失踪者との再会を望む家族たちが期待する結末に反するものであった場合に、そのような情報を伝えるべきか否かという選択に迫られるときであった。この葛藤は、本節の冒頭で示唆しておいたように、「家族たちの物語を聴く」という意味でのケアのあり方と、「情報を提供する」という行為が矛盾することによって生じている問題であると言い換えることができるだろう。この場合の失踪者家族たちの「物語」とは、「失踪者がどのような事情でいなくなり、またいまはどうなっているのか」ということに関する、家族たちなりの解釈の結果に他ならないからである。

ところでこの矛盾は、ボスによれば、少なくとも「曖昧な喪失」を抱える当事者にとっては問題とはならないことになっている。本章の冒頭でも確認したとおり、提供される情報はたとえ当事者たちの考える物語に反する内容であっても、結果的には喪失に新たな意味を付与しうるような新しい物語を当事者たちが形成することに、寄与することになるからである。[*9]

しかし、仮に当事者たちの物語に反するような情報を提供することがケアに寄与するとしても、そのことと、情報提供者が実際に当事者たちに情報を伝えることができるかどうかは、また別の問題であろう。この点に関して、前節で述べたように、ボスが当事者の物語を聴くセラピストと、当事者への情報提供者の役割を分離して扱っている点は、示唆的である。というのも、もし仮に情報提供者が当事者にほとんどコミットせずに、ただ情報を提供するだけの立場にあるのだとしたら、当事者の期待に反する情報もより容易に伝えることができるだろうからである。逆に、本書で取り扱ったＭＰＳのケースのように、情報提供者たちが当事者たちの物語を頻繁に聴く役割も兼ねている場合には、当事者たちの物語に反する情報を伝えることに抵抗感が生じてしまうという点は、これまで見てきたとおりであった。

以上より、ＭＰＳのスタッフの葛藤は、相談業務においてスタッフが、「曖昧な喪失」に対する情報提供とケアの二つの役割を同時に担うことによって、両者の役割の矛盾が顕在化してしまった結果、生じたものであったと言えるだろう。そして、「曖昧な喪失」への支援実践においては、この二つの役割は同じ支援者によって同時に担われる可能性があり、それゆえ、MPSのスタッフが経験した問題も、けっして特異なケースとして軽視することはできないのである。[*10]

情報提供者がなしうるケア

では、MPSのスタッフは、情報提供とケアの矛盾という困難に対してどのように対処してきたのだろうか。本節ではこの点について確認するために、もう一度MPSの実践に立ち帰っておきたい。

まず、Nさんは、情報提供とケアを両立することが困難であることを踏まえたうえで、ケアに関しては専門のセラピストに委ねたいという考えを述べていた。ただし、そもそも「曖昧な喪失」に対して専門的に対応できるセラピストは多く存在するわけではないので、家族たちに適合するようなセラピストを簡単に紹介できるとは限らない。また、Oさんが述べるように、情報提供者がケアの役割も兼ねることには、家族にとっては大きなメリットが存在する。失踪という事態に精通したスタッフは、家族たちにとってはみずからの抱えている問題を理解しうる数少ない存在に他ならないからである。これらの事情があるため、やはり現実的には失踪者家族のケアを完全に外部に委託することは困難なようであった。

よって、結局のところスタッフたちは、先に見た葛藤を抱えつつも、多くの相談業務をこなすなかで、情報提供者として可能なるケアのあり方について各自で模索することになる。そのようなケアのあり方について示唆的であったのは、本調査中において観察されたOさんと、本調査中において観察されたある家族――ここではQさん夫妻とする――とのやりとりである。

成人の息子が失踪してから数年が経つQさん夫妻は、息子が失踪した当初よりOさんに相談を続けていた。失踪が起こった当初、Qさん夫妻は失踪時の状況から息子の安否についてつねに不安が絶えなかったという。しかし、Oさんは失踪者がすでに自殺しているという恐れを認めつつも、いくつかの具体的な根拠から失踪者が自殺していないという可能性を信じ、Qさん夫妻にその根拠を説明するとともに、捜索のためのアドバイスを送り続けた。Qさん夫妻はいまだに息子と再会できていないが、結果的に現在（調査当時）は「息子がどこかで生きている」と考え、前向きに生活することができるようになったという。このように、Qさん夫妻は「曖昧な喪失」を克服したとみなすことができるのだが、その際に非常に大きかったのは、Oさんの長期的な支援の存在であったとQさん夫妻は述べていた。

さて、この事例で着目すべきは、Oさんはたんに失踪者の生死に関する「客観的な」情報を伝えるだけではなく、それらの情報を元にOさん自身が「失踪者が生きていると信じている」ということをQさん夫妻に表明しているという点であろう。すなわち、Oさんは、当初Qさん夫妻が抱えていた不安とは異なる、「失踪者が生きている」という内容の物語を語ることで、結果的にQさん夫妻にとっての「息子がどこかで生きている」という新たな物語の創出に寄与していたのである。[*11] これらの点から明らかであるのは、情報提供者は喪失に関する「客観的な」情報を伝えること以外に、それらの情報に基づいたみずからの物語を当事者に伝えることも可能であるということ、そして、情報提供者がみずからの物語を伝えることもまた、ときに当事者にとってのケアの一端となりうるということだろう。

以上の点について情報提供者自身が自覚的であるならば、つまりみずからの物語を伝えることもまたケアの選択肢の一つとしてみなすのであれば、当事者にとってだけではなく情報提供者にとっても、情報の提供とケアは両立しうる可能性がある。仮に、情報提供者が当事者の物語に反するような情報を提供しなければならず、その情報提供の行為が「当事者の物語を聴く」という意味でのケアと矛盾することになったとしても、その後に「当事者とともに喪失の物語を作り上げてゆく」という意味でのケアを情報提供者は実践することができるからである。[*12] 先に見たOさんのケースも、そのような実践の一つとしてみなすことができるのではないだろうか。

6　共に物語を作るという可能性

本章では、失踪者の安否を憂慮する家族たちに対する支援のあり方を模索するために、ＭＰＳの活動を分析してきた。ボスの「曖昧な喪失」の理論では、「曖昧な喪失」を抱える者たちをケアするために、彼／彼女たちの物語を聴くセラピストの役割と、彼／彼女たちに必要な情報を提供する情報提供者の二つの役割が必要とされていた。しかし、ＭＰＳの活動から明らかになったのは、情報提供者がセラピストの役割を兼ねざるをえないことがあること、そして、情報提供者とセラピストの役割はしばしば矛盾する恐れがあるということであった。これらの事態は、ボスの「曖昧な喪失」のケアモデルでは軽視されてきた点であるとも言えるだろう。

ここで付言しておけば、完全に信頼に足る情報を提供しうる「情報提供者」という立ち位置自体が、そもそも「曖昧な喪失」の状況下ではありえないのだ。というのも、本当に信頼に足る情報がどこかに存在するのであれば、状況はきっと「曖昧」にはならなかっただろうし、そのような確定した情報が発見されさえすれば、きっと事態は次のフェーズへと移行することだろう。どこかに「真実」を知る者が存在することがもはや期待できない状況こそ、「曖昧な喪失」が引き起こす事態の特徴なのである。よって、セラピストであれ、情報提供者であれ、家族にとって絶対的な支援者とはけっしてなりえない。このように、みずからが提供する情報が絶対的に信頼性に足るものではないということも、情報提供者が情報提供者としての役割に徹することを阻むのである。

さて、ＭＰＳのスタッフは、失踪者の家族たちにとってはいわば失踪問題のスペシャリストたちであり、その意味で専門的な情報提供者という立ち位置であった。では、本章で見てきたＭＰＳのスタッフが抱えていた問題は、失踪者の家族たちに対してより一般的かつ日常的に関わる周囲の者たち――友人や知り合いなど――とは無関係なのだろうか。無論、そうではないはずである。というのも、専門家ではない周囲の者たちは、専門家という立ち位置ではないがゆえになおさら、セラピストにも、情報提供者のどちらにもなりきれないからだ。

たとえば、友人として、失踪者の安否を憂慮する家族を何とか励まそうとする状況を想定してみるとよい。彼らの不安を短期的に解消するためには、失踪者が無事であるということや、そう遠くない将来に帰ってくるというヴィジョンを示したり、あるいは家族たちのそのような見解に同意したりする必要があるだろう。しかし、友人という第三者の立場から事態を眺めるかぎり、見通しはそこまで明るくないという場合もあるだろう。その際に、仮に専門的なセラピストであれば、家族たちの物語を傾聴し続けることができるかもしれないし、あるいは専門的な情報提供者であれば、家族たちの物語とは無関係に「客観的な」見通しのみを語り続けることが可能かもしれない。しかし、専門家ではない――たんに知識や技能の面でも、また家族にとっての立ち位置という意味でも――友人にとっては、どちらかの対応に割り切ることは困難であるに違いない。このような状況を想定すると、専門的な情報提供者の立ち位置にある者でさえ、情報提供とケアの両立が困難であることに葛藤を覚えるのだから、一般的な周囲の者たちにとってはなおのこと、情報提供とケアの矛盾という問題は解決困難に映るはずである。

また、周囲の者たちにとっての葛藤という問題の他にも、結果的に周囲の者たちの対応によって、家族たち本人のストレスがより長期化するというリスクも想定される。以上のような対応の難しさとリスクから、結果的に周囲の者が家族たちとのコミュニケーションを避けるようになってしまえば、もはや支援どころの話ではなくなってしまうだろう。

では、そのような事態を避けるために、周囲の者たちは、失踪者の家族たちのように不確実性に苛まれている者に対して、いかにして関わるべきなのだろうか。一般的な周囲の者と、専門的な情報提供者の抱える問題が同一の形式をとっている以上、その処方箋もまた、情報提供者の活動のなかに見出すことが可能なはずである。ここで、前節の最後で見た、MPSのOさんと、失踪者の両親であるQさん夫妻の関係性をふたたび思い起こしておきたい。情報提供者の立場にあるOさんがみずからの物語を伝えることは、結果的にQさん夫妻のケアへと繋がっていた。OさんとQさん夫妻の関係性は、情報提供者が「当事者とともに喪失の物語を作り上げてゆく」という意味でのケアの可能性を示していたのである。

では、このようなケアのあり方を、家族たちの周囲の者たちも実践することはできないだろうか。すなわち、家族たちの物語をただ聴き続けるのではなく、「客観的な」見解を伝え続けるのみでもなく、その両方を行うことで、家族たちの、不確定な状況と向き合うための物語の創出に能動的に参与してゆくのである。もちろん、家族たちの希望に繋がるような物語の創出に寄与することは、いわば名人芸のようなもので、誰にでも可能なことではないだろう。それでも、不確実性を抱える者たちが何かしらの物語を紡ぐにあたって、物語を共に紡ぐ第三者が存在することは、たとえその第三者が相談の「名人」ではなくとも、けっして無意味ではないはずである。自己の物語は、他者と共有されることによって初めて、自身にとっても説得的なものとして立ち現れるからである。

7　失踪に対する筆者の立場

調査者の立場性という問題

以上のような示唆を引き出せたところで、本章を終えてしまっても良いのだが、ここでもう一つだけ言及しておかなければならないことがある。というのも、これまでの本章の内容は、本書全体に関わる、ある重要な論点を考慮するための手掛かりを与えてくれるからだ。その論点とは、これまでまったく触れずにきてしまったのだが、調査者である筆者のフィールドにおける立ち位置という問題である。筆者は、失踪というフィールドにおいてどのような「顔」をしているのか、またどのようなスタンスでそこに参入しているのか。特に、失踪者の家族のような傷を負った者たちのフィールドに参入するうえで、この手の問題を避けて通ることはできない。まず、以下では、この問題の意味するところについて、二点に分けて説明しておきたい。

まず、研究を行ううえでの価値の問題について。言うまでもなく、古典的な自然科学において想定されていたような、無色透明な観測者という前提を、社会科学においてそのまま採用することは不可能である。社会現象を観察する際には、観察者本人も何らかのかたちで特定の社会に所属しているわけであるから、その社会の価値観とは無関係に現象を見ることはできない。社会科学者もまた、すべての価値に中立的であることはできないのだ。それゆえ、社会科学者は、自身がコミットする価値の基準を自覚し、その限界を表明したうえで研究を行う必要がある。以上については、M・ヴェーバーが一世紀以上も前に丹念に論じていたとおりである。

次に、この点こそがより重要なのだが、調査者とインフォーマントの関係という問題を挙げることができる。仮に筆者が研究者として価値中立的でありえたとしても、調査者としてインフォーマントと向き合う際に、インフォーマントにとって筆者がどのような立ち位置に映るのかは、また別の問題であろう。インフォーマントたちが、失踪者の家族であるがゆえの深刻な困難を抱えている以上、彼/彼女らは、調査者がその困難に対してどのような立場を取る者であるのかを、多かれ少なかれ考えることになるはずである。調査者に家族たちの困難を解決する気があるのか、また、失踪という事態のなかで家族たちの肩を持つのか。さらに、より乱暴に言ってしまえば、調査者はインフォーマントの敵なのか、それとも味方なのか。これらの点に関して、調査者がインフォーマントにとってどのように映るかに応じて、インフォーマントが調査者に対して何を語るのかも、変わってくると考えるのが自然であろう。

以上の二点を踏まえると、次のように言わざるをえない。筆者が、失踪というフィールドにおいてとるスタンスは、本書における調査および分析の結果を規定する重要なコンテクストの一つなのだ、と。それゆえ、本書の研究成果を理解しようとする読者に対して、その情報を開示しないままでいることはアンフェアであるし、科学的な態度として望ましいものとは言えないのである。

「情報提供者」としての筆者と、その逡巡

では、あらためて、筆者は失踪というフィールドにおいてどのような「顔」をしていて、またどのようなスタンスでそこに参入していたのか。筆者は、インタビューと並行するかたちで、インフォーマントである失踪者の家族たちに対して自身の知りうる情報を提供しようとしていて、またインフォーマントからも専門家として意見や他の失踪の事例に関する情報を求められることがあった。ここで、本章の内容がふたたび活きてくることになる。つまり、筆者

もまた、失踪者の家族たちにとっては情報提供者の立場だったのである。その意味では、筆者は家族たちにとっては協力者の一人であり、多くのインフォーマントたちと一～二回しか面会していないにもかかわらず、本書の第4章を構成するに十分な内容を語ってもらえたのも、それゆえであると考えられる。よって、筆者が調査者としてインフォーマントと築いた関係は、通常の意味でのラポールとは異なるものであったと言わねばならないだろう。[*13]

しかし、実際のところ、筆者の失踪というフィールド、あるいは失踪という問題系全体に対するスタンスは、もう少し複雑である。それにもかかわらず、筆者が家族に対して情報提供者として接していたのは、家族たちとの関係を構築するうえで、結果的にそのような役割に落ち着いていったからである。そのような筆者の立場をもう少し詳細に述べると、筆者は深刻な困難を抱える家族たちの失踪が解決されるべきであると基本的には考えているが、その一方で、ある種の失踪に関しては失踪者の立場にも一定の理解を示したいと考えている。しかし、言うまでもなくここで問題となるのは、失踪を解決したいという立場と、ある種の失踪を容認したいという立場が、端的に矛盾してしまうということである。

このような筆者の逡巡は、本書の内容にも表れている。たとえば、本章では「失踪者との再会を強く望む」家族のために、彼／彼女たちをケアする方法について検討してきた。しかし、そのような家族たちの願望により直接的に沿おうとするのであれば、たとえそれがどんなに困難を伴うことであっても、失踪者を発見するための手段を考察すべきであろう。そのためには、失踪者の居場所の傾向をフィールド調査によって割り出すことを試みたり、失踪者の捜索を阻む日本社会における個人情報保護のあり方に一石を投じる方向へと議論を拡げたりすることが自然であるように思われる。あるいは、監視社会化の是非を、失踪者の捜索・発見と予防という観点からあらためて問うこともできるかもしれない。

これらの研究の価値を筆者は否定しないし、むしろ積極的に行われるべきであると考える。しかし、少なくとも本書において筆者は、そのような方向には向かわない。その理由は、筆者の能力的な限界もさることながら、失踪を解決したり防止したりする方法についてマクロな視点で模索することが、先述したような、基本的には失踪者の家族の肩を持ちたいと考える一方で、ある種の失踪に関しては失踪者の立場にも一定の理解を示したいと考える、筆者の立場にそぐわないからだ。その意味で、本章の内容は、両者の立場を尊重しようとする筆者の苦肉の策であったと言えるかもしれない。再会を望む失踪者の家族たちにとって、彼／彼女たちへのケアは、あくまでも失踪者が帰還する日が来るまでの「繋ぎ」に過ぎないかもしれないのだから。

これまで、そもそも筆者が、なぜそこまでして、ある種の失踪に対して理解を示したいと考えているのか、その肝心な点をまだ何も説明してこなかった。失踪には、一体何の価値があって、その価値はどのような基準からそう認められるのか。そして、そのことと、本書全体のテーマである、「親密な関係」からの離脱の抵抗感の根拠となる倫理は、どのように関わっているのか。以上の諸点に関しては、これから本書の後半で、明らかになるだろう。

第6章　失踪者のライフストーリー

1　失踪者本人への問い

行為としての〈失踪〉が有する意味

本章を開始するうえで、特別な導入部は必要ないだろう。というのも、筆者の経験上、読者たちのもっとも大きな関心は、結局のところ本章の内容に帰着すると予想されるからだ。そして、その内容は、おそらく本書の各章におけるサブテーマのなかでは、もっともシンプルでわかりやすいはずである。というのも、本章で行うのは、失踪者にとって失踪がどのような意味を持っているのかを問う、失踪者本人に関する研究だからである。失踪者たちは、何を思って姿を消したのか。この研究は、失踪を主題として標榜する本書にとって、避けて通ることはできないものだろう。しかし、これまでも繰り返し述べてきたように、失踪者本人に関する研究には著しい困難が想定される。それにもかかわらず、なぜあえて失踪者本人に関する研究を行う必要があるのだろうか。

これまで本書では、マスメディアにおける失踪言説と、残された失踪者の家族の語りから、失踪の有する意味を考察してきた。当事者である残された失踪者の家族と、第三者的な観察主体であるマスメディアでは、言うまでもなく失踪という現象に対する距離はまったく異なるのだが、しかしそれにもかかわらず、両者にはある一つの共通点を見出すことができる。それは、両者がみずからは失踪をしないという前提で、失踪の当事者になったことがない立場から、失踪について語っているという点である。それに対して、失踪者本人は、みずからが失踪の当事者であるという点で、前の二者とはまったく位相の異なる立ち位置から失踪を経験し、自己をモニタリングしているのである。

このような失踪に対する立ち位置の違いは、失踪についての語りに、重要な違いを生むことになるだろう。たとえば、みずからは失踪しないという前提からなされた語りからは、失踪はしないであろう根拠として何らかの規範Xの存在が示唆されるのに対して、失踪者本人の立場からなされた語りにおいては、むしろそのような規範Xの欠如が見出されるかもしれない。つまり、失踪者本人の立場からの語りでは、「彼／彼女らに何があったから失踪したのか」のみならず、「何がなかったから失踪したのか」も示される可能性があるのだ。

このような本章の狙いからして、本章で取り扱う失踪は、これまで定義してきた失踪よりも狭い範囲に限定されるべきだろう。これまで本書では、失踪を「人が家族や集団から消え去り、長期的に連絡が取れずに所在も不明な状態が継続する現象」として定義してきた。それに対して、失踪者の失踪という選択の意味を問おうとする本章では、行為としての失踪に限定して考察を進めていきたい。すなわち、失踪のなかでも、失踪者がみずからの意思で家族や集団から消え去ることで引き起こされた失踪現象に焦点を当てるのである。それゆえ、拉致や誘拐などの事件に巻き込まれたケース、あるいは「夜逃げ」する親に連れられて失踪したケース等に関しては本章の考察の対象からは除外されることになる。なお、ここからは行為としての失踪を、広義の現象としての失踪から区別するために、〈失踪〉と表記することにしよう。

行為としての〈失踪〉の範囲

ただし、行為としての〈失踪〉に該当する現象の範囲を同定するにあたっては、一筋縄ではいかない問題がある。

第一に、どこまでがみずからの意思による行為で、どこまでがみずからの意思に依らない強制された結果であるのかを線引きすることは難しい。[*1] たとえば、ある者が配偶者のＤＶから逃れるためにシェルターに逃げ込み、それが配偶者にとって結果的に失踪現象として観察されたケースを想定してみよう。このケースでは、失踪者がＤＶを行う配偶者からみずからの意思で逃げることを選択したとも言えるし、ＤＶによって強制的に家族関係から排除されたとみなすことも可能である。

このような境界的なケースに関しては、議論の厳密さを担保するために研究の対象から除外するという場合もあるだろう。しかし、本章の研究にとっては、むしろ境界的なケースこそが重要なものとなる。というのも、ある失踪がみずからの意思に基づく選択的な人間関係からの離脱であるとみなされるのか、それとも強制的な人間関係からの排除であるとみなされるのかによって、その失踪の意味が大きく左右される可能性が想定されるからである。よって、本書では行為としての〈失踪〉の厳密な範囲に関する判断は保留とするが、しかし〈失踪〉に該当するのか議論が分かれそうなケースに関して、分析の対象から除外することはしないようにしたい。

第二の問題は、自殺の扱いについてである。〈失踪〉が、結果的に失踪現象を引き起こすことになる、みずからの意思で家族や集団から消え去る行為を指すのであれば、ある種の自殺は〈失踪〉に該当する可能性がある。というのも、自殺した後に遺体が家族や集団から発見されなかった場合、それは行為としての自殺を完遂したと同時に失踪現象を生じさせることになるからである。実際に、第2章第3節で参照したように、真鍋（2008）の分類では、「自己の意思による失踪」の代表的な原因の一つとして自殺が挙げられていた。

しかし、結果として生じる現象の水準ではなく、行為の水準で見るのであれば、みずからの命を絶つ行為と、家族や集団の元から出て行き、関係を切ろうとする行為は、少なくとも外面上はかなり異なるものであると言える。私たちにとって、生／死という区別がたんなる区別以上の意味を有する区別である以上、生きる行為と死ぬ行為の差異についてもけっして軽視すべきではないだろう。よって、本書ではいささか恣意的ではあるが、行為としての〈失踪〉には完遂された自殺は含まないものとしたい[*2]。ただし、これは自殺を本書の研究対象から除外するということを意味するわけではない。むしろ本書では、精神痛を停止する行為として自殺を位置づけたうえで、なぜ精神痛を停止するために、自殺ではなく人間関係から離脱することが選択されないのかという問いを出発点としていたのであった。よって、自殺と〈失踪〉との関係については、本章の考察を終えた後に、あらためて検討されなければならないだろう。

この冒頭の問いへの帰還は、本書の終章で果たされることになる。

2　先行研究の検討（家出・蒸発・runaway・ホームレス）

前節で述べたように、本章では失踪者本人にとって、行為としての〈失踪〉がどのような意味を持っているのかを考察する。そして、前節では行為としての〈失踪〉の定義を行うことで、本章の研究対象を素描しておいた。しかし、それでも〈失踪〉に該当する行為の範囲は、依然として広大だと言えるだろう。失踪者本人に直接アクセスすることが簡単ではない以上、本書においてそれらの広範な〈失踪〉を一からすべて調査研究することは到底不可能である。

ところで、「はじめに」でも述べたように、行為としての〈失踪〉は――その多くは失踪という名称の概念を用いているわけではないが――過去から現在までの社会学において研究の対象となってきた。そこで、まず本節ではそれらの先行研究を整理することで、さまざまなケースにおける失踪者本人にとっての〈失踪〉の意味について、全般的かつ俯瞰的に把握することを試みる。そのうえで、先行研究においては十分に検討がなされておらず、かつ本書が取り組むべき対象とはどのような〈失踪〉であるのかを、明らかにしてみたい。またもや既存研究の整理をすることになってしまい、回り道をするように思われるかもしれないが、失踪に関連する研究の多さは、それだけ失踪という現象が他の問題系とも関わっているという証左でもある。

日本の「家出」および「蒸発」の研究

第1章の冒頭でも述べたように、一九六〇年代から一九七〇年代においては、「家出」は他の社会的な病理現象――犯罪や非行、自殺、薬物依存症、児童虐待など――と同様に、日本の社会病理学の主な研究対象の一つであった。たとえば昭和四八年版から昭和五二年版までの『警察白書』の集計データを分析した米川（1978）によれば、「家出」の原因としてもっとも多いのは、疾病・弊癖と異性問題を中心とした「本人関係」であるという。疾病・弊癖の内実としては、一般的には「放浪癖」が、少年の場合は「遊び癖」が代表的なものとして挙げられている。そして、本人関係に次いで多い「家出」の理由は、「家族関係」であるという。「家族関係」を原因とした家出では、一般的には家族員間の不和が家出の大きな理由となっており、少年の場合は父母などの叱咤が大きな理由となっている。米川は、「家出」が家族生活からの離脱であるかぎり、何らかの家族的条件が関わっていることは否定できないとして、「家出」の原因として特に家族の病理を重視している。

また、米川によれば、「家出」は一般的に「From 型」と「To 型」の二種類に類型化されるという。「From 型」は、家庭や学校や職場などで生じる葛藤や緊張、不満から逃れるための離脱行為であるのに対して、「To 型」では現状の日常生活においては達成できそうにもない個人的な生活目標を達成するための離脱行為として説明されている。そして、米川は「To 型」よりも「From 型」の方が家族生活への復帰が困難であると分析しており、さらにもっとも復帰が困難であるのは、「From 型」と「To 型」の混合ケースである――なぜなら、復帰には両方の要因が解決されなければならないから――としている。

米川が整理している「家出」に関する知見は、〈失踪〉を分析する際にも参照すべき視角となるだろう。ただし、「家出」の研究の場合、「家出」が「家族成員が自己の所属する家族の日常生活から一時的にあるいは永続的に離脱する行為」として定義される以上、研究の対象には一時的な「家出」と永続的な「家出」の両方が含まれている。よって、分析された「家出」の原因にも、一時的な「家出」と、永続的な「家出」の両方の原因が含まれていることになる。そのため、「家出」の研究で分析された「家出」の原因を、長期的な家族や集団からの離脱行為である〈失踪〉の原因としてそのまま捉えることはできない。

このような「家出」の研究に対して、より長期的な離脱行為に焦点を当てた数少ない研究として、「蒸発」にまで研究対象の範囲を拡大している星野（1973）・米川（1978）・井上（1978）を挙げることができる。第3章で詳細に論じたように、「蒸発」は特に一九七〇年代に社会的に流行したマスメディア由来の概念であり、社会病理学における「蒸発」の研究に関しても、その流行の影響が認められる。なかでも注目すべきは、一九七二年から一二月にかけて行われた全国調査による独自のデータを用いて、「蒸発」の実態と原因の分析を試みている星野の研究である。[*3] 米川と井上の「蒸発」に関する分析も、この星野の研究成果をデータとして用いることで行われている点を踏まえると、ここでは星野の研究の内容を取り上げるのが妥当であろう。

まず、星野は「蒸発」を類型化し、その原因として「家出」、自殺、事故死（過失死）、殺害・死体遺棄、誘拐・監禁の五種類を挙げる。星野によれば、それらの多様な原因による「蒸発」現象には、「たんなる家出とは異なり、一つの社会からまったく異なった社会への移行、あるいは生から死への変化をみることができ、家族関係を含む従前の人間関係のほぼ永続的な断絶という特色をみとめることができる」（星野 1973: 159）という。そのうえで、星野は前述した調査データから、「蒸発」の実態について、発見された「蒸発者（生存者）」と「身元不明死体」の場合に分けて記述する。本章における〈失踪〉の定義——完遂された自殺は含まない——からして、ここで重要であるのは、「蒸発者（生存者）」に関する分析であろう。というのも、「蒸発者（生存者）」は生きて発見されている以上、彼／彼女らの「蒸発」は少なくとも結果的には自殺ではなかったとみなすことができるからである。

星野によれば、「蒸発者（生存者）」の「蒸発」の目的としては、家を出ること自体が目的であるケースがもっとも多く、次いで駆け落ち・異性との同棲、職場への不適応や自己疎外による集団からの離脱が主要な目的として挙げられるという。自殺を意図したものや犯罪後の潜行、誘拐等のケースは「蒸発者（生存者）」のケースではごく僅かであったようである。また、「蒸発」の目的とは別に、蒸発者自身が記述した「蒸発契機」の分布も紹介されている。それによると、「夫または妻の浮気・浪費癖などの夫婦間の葛藤22・2％、かけおち23・1％、仕事への不適応14・8％、夫婦関係以外の家庭不和12・0％など」（星野 1973: 161）であり、星野はこのデータから、家族間の意志の疎通を欠くことが「蒸発」を引き起こすと分析している。また、星野の調査によれば、発見された「蒸発者（生存者）」は、下流階層の核家族において、子どもとしての立場にある二〇代の男女と、母親としての立場にある三〇代の女性が多かったという。これらの「蒸発」の実態を踏まえ、星野は「家族の庇護・拘束から独立へ、それから新たな核家族としての生活の定着へ、という移行過程に、蒸発を生ぜしめる問題の多くがみられている」（星野 1973: 163）と結論づけている。新たな核家族としての生活に定着する際に、母親としての立場にある女性が「蒸発」することが多いという傾向は、第3章で見た、同時代に語られていた言説上での「蒸発」とも一致する部分があると言えるだろう。

以上の星野の研究成果は、「蒸発」に関しても「家出」と同様に、失踪者と家族との関係の問題が密接に関わっているという傾向を示すものであると言えよう。ただし、その研究成果には時代的な制約があるため、現代社会にそのまま適用することは不可能である。[*4] さらに、より重要な問題は、統計的な手法によって見出される〈失踪〉の原因や背景は、必ずしも失踪者本人にとっての〈失踪〉の意味と一致するとは限らないという点である。本書の目的からして、より重要であるのは後者の〈失踪〉の意味の方であろう。そこで、井上（1978: 30-1）が指摘するように、量的データのみならず、ケース・スタディを中心とした質的データの収集およびそれを用いた分析が望まれることになる。

アメリカの「家出（Runaway）」研究

前項の検討から、かつての社会病理学における「家出」および「蒸発」研究が本書にとって不十分であるのは、①一九七〇年代の研究であるがゆえに、使用データに時代的制約が存在する点、②失踪者本人にとっての〈失踪〉の意味を分析するための、インタビューやケース・スタディに基づく質的データが不足している点、の二点であるということが明らかになった。これらの不足点を補うために、本書では国外の「家出（Runaway）」研究に目を向けてみよう。「家出」を主題とした研究に関しては、国内よりも国外、特にアメリカにおいて豊富な蓄積が存在している。近年のアメリカでは、「家出（runaway）」と若年ホームレス（Homeless youth）の問題は合わせて扱われる傾向がある。それゆえ若年ホームレスの問題と並行するかたちで、「家出」に関しても最新の研究が存在している。アメリカの「家出」研究は、若年ホームレス問題の文脈で行われているため、そこでは「家出」が長期化するケースも研究対象として十分に想定されているはずである。よって、本書が参照すべき点も多く存在するであろうことが見込まれる。[*5]

近年におけるアメリカの代表的な「家出」研究としては、六〇二人の青年期の家出人と二〇一人の両親・世話人たちのデータから、家出人の経験や家族内の問題を統計的に分析することで、「家出」のリスク要因を明らかにしようとするD・ホイトとL・ウィットベック（Whitbeck and Hoyt 1999）や、「家出」の原因のみならず、親が子どもが家出した際にとるべき対処法についても詳細に検討しているN・スルスニック（Slesnick 2004）を挙げることができる。しかし、そのような比較的最近の蓄積のなかでも、上記の国内の「家出」および「蒸発」研究の不足点を補うような知見は限られている。ここでは、前述の不足点を補いうる数少ない先行研究の一つとして、家出人たちの語りを詳細に分析しているL・シャフナー（Schaffner 1999）の研究を詳細に参照しておこう。

シャフナーによれば、一般的に家出人は精神病理学的あるいは人格的な問題を抱えているか、あるいは子どもを十分に規律化できないような低所得の家庭の出自であると仮定されてきた。それに対してシャフナーは、社会学的な視座から、家出した若者たちの行動やその家族および社会的状況を包括的に理解しようとする。特に、シャフナーが重視するのは、社会構造によって生じる感情である。

シャフナー（Schaffner 1999: 94）によれば、家出人たちが語る「家出」の理由はさまざまである一方で、複数のインタビューから共通して示唆されたのは、（本来であれば家族内に存在すべきであったはずの）繋がりや保護の必要性という点であったという。「逆説的なことに家出は、感情的な紐帯に対する絶望的な探索としてみなしうる」（Schaffner 1999: 94）。この点について、シャフナーはT・ハーシの社会的絆理論の観点から分析を行い、家出行動は家族における社会的絆の決裂の現れであることを見出す。さらに、シャフナー（Schaffner 1999: 95）は、悲しみや拒絶といった感情が、家出人たちの自我の構造や、家族内での規範や期待に沿うために強いられる努力を捉える際に、鍵となる役割を果たしていることを明らかにする。そして、家出人たちにとって家族からの逃走は、そのような家族との解決不可能な問題を解決するための、最良かつ唯一の選択肢に見えているという。「家出」は、家出人たちを守り、家族内では得られなかった愛情と社会的絆の必要性を満たす場所を探す過程なのである。

では、以上のような家族内のミクロな感情の相互作用は、いかなる社会的構造を背景として生じているのだろうか。シャフナーは、「家出」の感情的な動機が、若者の社会における位置づけにどのように影響されているのかを明らかにしようとする。シャフナー（Schaffner 1999: 134）によれば、インタビューで明らかになったのは、若者たちが、彼らが生きている支配構造の多くは不正義で、不公平で、過度に独断的なものとであるという印象を持っているということであった。若者たちは、家族や学校からの正常な期待に沿おうとして奮闘するが、そのような奮闘は、彼／彼女らを「家出」へと決断させるような感情的な緊張を生むという。「家出人たちの語りは、家出が無力感に対する反抗的な反応であり、彼／彼女らが家族や学校、警察、ソーシャルサービスワーカーたちと関わり合う際の怒りや憤り、失望といった感情によって引き起こされることを示している」（Schaffner 1999: 135）。シャフナーは、このように若者が従属的な位置に置かれることによって構造的に生じる、怒り（anger）の感情を重視する。家族において無力な位置に置かれている家出人にとっては、この怒りはそれ自体が「不服従」の証なのである。

以上のシャフナーの研究成果は、日本とアメリカでは当然のことながら社会状況が異なるゆえに、国内の〈失踪〉について把握する際にそのまま用いることはできないだろう。また、国内の「家出」研究と同様に、長期的な離脱行為である〈失踪〉に限定した分析を行う際に、その知見がどの程度応用可能かという問題もある。しかし、シャフナーの研究成果は、「家出」および〈失踪〉を分析する際の、いくつかの社会学的視座の有効性を証明しているという点で、本書にとっても重要な先行研究となりうるだろう。

ただし、ここで見過ごしてはならないのは、アメリカの若年ホームレス問題の文脈における「家出」研究では、研究の対象が若者の「家出」——具体的には、少年期や青年期あるいは一〇代の「家出」——にほとんど限定されてしまっているという点である。よって、そこで見出される「家出」の意味には、シャフナー（Schaffner 1999）やスルスニック（Slesnick 2004）で分析されていたように、家族や社会に対する怒りや不服従、反抗や独立心が主要なものとして含まれることになる。これらの意味は、一般的に言えば一〇代や少年期の逸脱に付与されるもののはずであり、少なくとも〈失踪〉の意味全般について捉えるにあたっては何らかの偏りが存在すると想定される。よって、これらの若者の「家出」において特に見出された意味が、大人の〈失踪〉においてどの程度妥当するのかについては、追って検証される必要があるだろう。

日本のホームレス研究から見る〈失踪〉

前節では、アメリカの若年ホームレス問題の文脈における「家出」の研究について見てきた。ホームレス化と〈失踪〉の間には密接な関係があるものと想定される。実際に第1章の冒頭で述べたように、かつて日本国内で行われていた「家出」や「蒸発」の研究内容は、現在では「ホームレス」や「ネットカフェ難民」といったより狭い概念を主題とする研究に継承されているとも言える。そこで、最後に本節では、国内のホームレス研究において〈失踪〉にあたる行為の意味がいかに分析されてきたのかを概観しておきたい。

前節でも言及した、かつての社会病理学における「家出」および「蒸発」研究の不足点を補うことができるのは、比較的最近に行われたもので、かつ質的データを用いて〈失踪〉の意味を詳細に分析している研究であるということになるだろう。このような条件を満たすホームレス研究としては、ホームレス当事者・ボランティア・地域住民の三者の立場を検討することでホームレス支援について考察する渡辺（2010）、女性ホームレスの生活世界を対象としたフィールドワークを行うことで、なぜ彼女たちが従来のホームレス問題の枠組みから排除されてきたのかを問う丸山（2013）、ネットカフェ生活者の不安定な生活の実態と排除の様相を考察する大倉（2008）などを挙げることができる[*6]。では、これらの研究からは、〈失踪〉にあたる行為について、何を読み取ることができるのだろうか。たとえば大倉（2008）では、親との「けんか」や、親からの「勘当」によって家族との連絡が途絶え、ネットカフェ生活者となった二〇代から三〇代の事例が紹介されている。ネットカフェ生活者のなかにも、親との関係の悪化を契機として〈失踪〉した者が存在するということだろう。より詳細な分析が行われているのは渡辺（2010）であり、四〇代から六〇代の六人のホームレス生活経験者たちがホームレス化するにいたった経緯と要因、それに関する本人たちの語りが分析されている。

渡辺（2010: 165-178）によれば、それらの事例におけるホームレス化の直接的要因は、暴力被害、家族からの逃避、失業・事業の失敗、仕事の減少であり、さらに間接的には何らかの家族トラブルやアルコールの問題、社会逃避的な事例もある。また、ホームレス当事者たちにとって、ホームレス経験が社会性や常識がないことによる自己選択の結果であると捉えることは、スティグマを伴う認識であるという。渡辺によれば、「ホームレス経験は、社会に対して自分を開いていくことができないいきさつとして、マイナスの評価を自身に与える根拠となっており、ホームレス経験をした人は、社会的に排除されていることの一つの表れとしての自己排除の状態にあるとみることができる」（渡辺 2010: 232）。

ただし、渡辺が分析するホームレス当事者たちの語りのなかには、元々属していた家族への罪責感や、家族に対する想い等に関する言及はほとんど含まれていない。本書にとっては重要であると想定される、これらの点に関する語りが紹介されていないのは、渡辺の研究の主旨にとってはあまり重要ではないために省略されたからなのだろうか。それとも、インフォーマントたちは、本当にそれらの点について深く語らなかった――あるいは語ることがなかった――のか。

この点で示唆的であるのは、丸山の次のような指摘である。丸山（2013）によれば、従来の野宿者研究では、野宿者を更生すべき存在や救済の対象とするまなざしに対して、人びとの主体性や自立性を見る必要が主張されてきた。しかし、そのようにみずからの意志にもとづいて野宿を行い、排除に抵抗する主体に着目する視点からは、女性ホームレスたちの生活に見られる、周囲の人びととの関係性に応じて変化する実践が見落とされてしまうという。

> 特に女性の美徳であるとされる他者に配慮するような「ケアの倫理」は、パートナーの男性やペットなどの親密な関係のあいだでは頻繁に見られるものであり、こうした関係は、彼女たちが野宿を続けるのかそこから脱するのかを決めていく際に、彼女たち自身の意志と切り離せないようなものとして存在していた。（丸山 2013: 259-60）

上の引用にあるように、丸山は野宿生活を続けるか／脱するかの選択は、個人レベルでの排除への抵抗や主体的な意志のみならず、親密な他者への配慮のような他者との関係性によって左右されることを鋭く指摘する。

ところで、この他者との関係性は、それが野宿生活のみならず生活世界一般で見られる「ケアの倫理」に基づく以上、野宿生活を続けるか／脱するかの選択のみならず、野宿生活を開始したり、家族からの離脱を選択したりする際にも関わっていることが予想される。[*7] しかし、丸山の研究では、ホームレス化後の人間関係が女性野宿者たちの選択にどのような意味を持っているのかについては詳細に検討されているが、ホームレス生活を開始する以前の人間関係が彼女たちにとってどのような意味を持っているのかについては、あまり焦点が当てられていない。すなわち、丸山の研究でも――親密な他者への配慮が重要視されているにもかかわらず――渡辺の研究と同様に、元々属していた家族に対する想い等は重視されていないように見えるのである。

本章で取り組まれるべき課題

本節では、行為としての〈失踪〉に関係する先行研究として、日本の社会病理学における「家出」および「蒸発」の研究、国外の「家出（Runaway）」研究、そして日本の近年のホームレス研究を概観してきた。[*8] ここで、先行研究の検討から得られた知見を整理しておこう。

まず、すべての先行研究から共通して示唆されるのは、〈失踪〉の原因が、失踪者と家族の関係と、密接に繋がっているという点であろう。もっとも、〈失踪〉がみずからの意思で家族や集団から消え去る行為として定義される以上、家族に何らかの原因があるのは当然のことではあるが。よって、〈失踪〉の意味を分析する際には、失踪者にとって家族関係からの離脱がどのような意味を有するのかについて、詳細に見てゆく必要がある。

このような課題に取り組むにあたっては、かつての社会病理学の「家出」および「蒸発」研究で主に採用されていた統計的把握のみでは方法として不十分なのであった。それに対して、シャフナー（Schaffner 1999）では、アメリカの若者の「家出」についてインタビューデータを用いた詳細な研究が行われていた。シャフナーの研究では、少年や一〇代の若者の「家出」は、家族や社会に対する怒りや不服従の意味があるということが明らかにされたが、しかし、これらの成果は成人の〈失踪〉も含めた日本の〈失踪〉全般にそのまま当てはまるとは限らない。

実際に、日本の近年のホームレス研究において紹介されていた成人のホームレス経験者の語りからは、そのような怒りや反抗——および怒りや反抗の対象——は見出せないケースの方が多く、成人の〈失踪〉と少年の〈失踪〉では意味が異なる傾向があることが示唆される。なかでも示唆的であったのは丸山（2013）の、他者への配慮をともなう他者との関係性が野宿生活を左右する重要な要件となるという指摘であったが、しかし、ホームレスたちが家族から離脱する際に、家族との関係がどのような意味を持っていたのかについては十分に検討がなされていなかった。

この点に関して示唆的であるのは、家出した子どもが親の元に帰ることを拒否する際の感情として、怒りと並んで「恥」の感情を見出すスルスニック（Slesnick 2004: 97-8）の分析である。スルスニックによれば、「家出」は子どもが独力で生きようとして行った行為であるため、親の元に帰ることは彼／彼女にとっては恥になる。また、家出した子どもが親たちの要求に応えて家に帰ることは、親との問題に対するみずからの罪や過ちを認めることになるため、彼／彼女の自尊心を傷つけることになるという。これらのスルスニックの分析は、子どもたちは「家出」をした後も家族のことを意識しており、それが彼／彼女たちの「家出」の行為に影響を与えているということを示唆している。では、成人の失踪者の場合はどうなのだろうか。

以上を踏まえると、結局のところ本書で取り組むべき課題は、成人の失踪者たちの〈失踪〉が有する意味に関する、より詳細な検討ということになるだろう。すなわち、彼／彼女たちはなぜ・どのような経緯で〈失踪〉し、その際に家族等の親密な関係の他者の存在はいかなる影響を与えたのか。そして、彼／彼女たちは〈失踪〉についてどう考えているのか。本章では、これらの点について、失踪者たちの語りを分析してみることにしよう。

3　研究の方法——失踪者のライフストーリーを聞く

前節で導かれた課題に取り組むため、本章では〈失踪〉の経験者を対象としたインタビュー調査を行い、それによって得られた失踪者たちのライフストーリーの分析を行う。本節では、本調査の方法について説明しておきたい。

調査の概要

本調査では、Kさん、Lさん、Mさんの三名を対象としたインタビューを行った。インタビューは、データとして使用する許可を得たうえで、ICレコーダーを用いて録音した。本節で掲載している〈失踪〉経験者たちの語りは、すべて録音データより作成したスクリプトからの引用となっている。データを掲載する際には、プライバシーに配慮するため、個人の特定につながる可能性がある情報は伏せている。なお、本章で調査対象となっている〈失踪〉の経験者三名は、第4章の調査でインタビューを行った失踪者の家族たちとは一切無関係であるということを付言しておく。

インタビューの方法について

本調査の概要については前節で述べたとおりであるが、いくつかの点についてより詳細に説明を加えておこう。まず、本調査では、インタビューによって失踪者のライフストーリーを収集し、分析を行う。なお、本書におけるライフストーリーとは、「個人が歩んできた自分の人生についての個人の語るストーリー」（桜井 2002: 60）を指している。先述したように、本章の目的は失踪者にとって〈失踪〉が有する意味を詳細に検討することであるが、そのためには、たんに〈失踪〉についてのエピソードのみを分析するだけでは不十分であろう。むしろ、たとえ調査可能である事例が少数であっても、〈失踪〉が彼／彼女が振り返る人生のなかでどのように位置づけられるのかについて、人生の物語すなわちライフストーリーを単位とした分析が行われる必要がある。

以上のような〈失踪〉に関するライフストーリーを収集するために、本調査では特定のインタビュー・ガイドを定めない、非構造化インタビューを実施した。ただし、たんに人生に関する語りを依頼するだけでは、インフォーマントにとっては何を語ってよいのかわからないという状況が生じてしまう。そのため、結果的にインタビューは、〈失踪〉にいたるまでの人生の経緯や、〈失踪〉から現在にいたるまでの経過に関する語りを促す質問者と、〈失踪〉に関するライフストーリーを自由に物語るインフォーマントとの対話という形式になった。

調査対象者の選定とデータの分析について

次に、インフォーマントの選定の根拠について述べておこう。まず、〈失踪〉の意味を質的データより詳細に分析することを目的とする本章の研究にとって、〈失踪〉の経験者からサンプルを無作為に抽出し、そのサンプルから〈失踪〉経験者全体の傾向を推測するといった手法が適さないことは明白であろう。むしろ本調査にとって必要であるのは、本研究にとって豊かな知見を提供しうるインフォーマントを意図的に選択することである。以上の観点から、先ほどの先行研究の検討結果を踏まえて、本調査では成人の〈失踪〉経験者を調査の対象とすることにした。

上の条件に該当するインフォーマントを、MPSからの紹介および縁故法によって有意抽出した結果、前述の三名にインタビューすることができた。三名はいずれも二〇代の頃に失踪を経験しており、シャフナー（Schaffner 1999）の研究における少年および一〇代の家出研究の成果と比較するという観点では特に有意味なサンプルである。その一方で、三名には〈失踪〉当時に既婚者であった者が含まれていないなど、分析されることが望ましい社会属性の者が含まれていないという意味での「偏り」は存在してしまっている。そのような点を補完しうる網羅的な調査研究は、今後の課題となるだろう。

ところで、質的研究とはいえ、三名というインフォーマントはあまりにも少ないのではないか。以下では、このような想定される指摘に対して、あらかじめ本調査の可能性と限界とを示しておきたい。

まず、たしかに本調査の規模は、インフォーマントの人数の点からも、インフォーマントの社会的属性の多様性という点からも、何らかの理論を形成するには、明らかに不十分だと言えるだろう。したがって、本章では、〈失踪〉に関する何らかの傾向や法則性を示すような理論を導くことを目的とはしていない。目指すところは、あくまでも本書全体の目的に適う、知見の「発見」にある。[*9]

次に、ごく少数のインフォーマントの語りから何かしらの帰結を導き出す場合、その成果の妥当性が問題となる可能性がある。[*10] たとえば、仮に語りの一部に嘘やごまかしがあったり、語り手の記憶違いがあったりした場合、それを処理するために有効であるのは、インフォーマントの人数とバリエーションを増やすことで、事例間の比較検証を行うことであろう。[*11] しかし、本調査では、インフォーマントの人数の関係から、そのような手段による分析結果の妥当性の向上を図ることは不可能である。この点を踏まえて、本章でインタビューデータを扱う際には、以下の点に留意することにしたい。

第一に、本インタビューから生成されるインフォーマントのライフストーリーが、インフォーマントたちが実際に関わった出来事の時系列や内容と、完全に一致するかどうかについては、本書は保証できない。というのも、先述したように、事例の数が少ない本調査では、事例間の比較を行うことでそれらの点を検証することもできないし、彼／彼女の語り以外に検証材料となるような他のデータも存在していないからである。本章で理解を試みるのは、あくまでもライフストーリーにおける〈失踪〉の意味、すなわち「〈失踪〉が失踪者の人生にとってどのような意味を持ったか」であり、ライフストーリーにおいて語られる出来事の時系列や内容は、〈失踪〉の意味を理解するための主観的な物語として取り扱う。[*12]

第二に、インフォーマントの語りを掲載する際には、インフォーマント本人の語りのみならず、インタビュアーの質問や語りも併記する。それによって、たんに「何が語られたのか」のみならず、データが語り手と聞き手の対話からどのように生まれたのかについても読者が確認できるように配慮した。[*13]

4 〈失踪〉経験者のライフストーリー①――家族からの離脱と応答の拒否

以上の方法でインタビュー調査を行った結果、それぞれのインフォーマントのライフストーリーを収集することができた。本節では、KさんとLさんのライフストーリーにおける〈失踪〉について分析を行う。KさんとLさんのライフストーリーを同じ節で扱うのは、この両者が語る〈失踪〉には多くの類似点が存在していたからである。

Kさんのライフストーリー

KさんはMPSによって紹介された、〈失踪〉経験者の男性である。五年間の失踪生活の後にMPSの協力による捜索活動によって発見され、インタビュー時点ではふたたび家族とともに生活をしていた。インタビューはKさんの母親とMPSのスタッフの立ち合いの元で行われた。なお、以下で引用するインタビューでは、Kさんの発言をK「　」、質問者の発言を質「　」と表記している。

それでは、まずは最初にKさんの〈失踪〉にいたるまでの人生の経緯についての語りを見てみよう。

質「とりあえずあの、失踪でも行方不明でもなんでもいいんですけど、そういうことになった経緯を、お話していただけますでしょうか?」

K「じゃあ経緯っていうか、僕の場合は、もう高校出た時からはじまりがあって」

質「ええ」

K「で、まあその前に自分がこう、ばあちゃんの財布からお金を抜いたり、ちょっと悪いことをして、父親にぶっ飛ばされたりよくしていてたんで、もうとりあえず出たいなと思って。で、高校卒業するときに、大学も落ちたんで、もう出てけといわれて。で、自分で働きながら、じゃあ学校に行こうと思って、そのときにはもう両親の顔も見たくないので、行き先とかも、ほんとは教えなかったんです。で、そこが始まりなんです」

質「あぁ、なるほど。それはいまから何年くらい前でしょう?」

K「一五年前くらいで」

質「一五年くらい。いまはえっと、」

K「三二です」

質「あ、なるほどなるほど。その時はもう、お家からは一応、物理的には違うところに住むようになったっていうことなんですね」

K「そうですね」[*14]

上の語りにあるように、Kさんは高校以前から家族との仲があまり上手くいっておらず、定期的な衝突を繰り返していた。そして、家族への不満から、高校卒業を機に、家族とは疎遠になっていったという。では、そのような状況から、さらになぜ〈失踪〉するにいたったのだろうか。

K「で、まあ、失踪の原因になったのは借金なんですけど。借金して、もう返せなくなって。それでちょっと、一発でかいことをやって、まあ笑い話になっちゃうんですけど、マグロ漁船とか、カニとか捕まえに行って、で、自分で金貯めてから、帰ろうかなって思ってたんですよ。まあ、ちょっと格好つけたかったところもあって。結構、まあ迷惑かけて、警察にも届けをだされてるんで、失踪にはなるんですけれど、でも自分のなかではあんまりそうやって思ってなかったんで」

このように、Kさんの〈失踪〉の直接の原因は借金であったという。ただし、この時点では長期にわたり〈失踪〉をするつもりはなく、周囲にとって深刻な事態になっているとも思わなかったようである。しかし、Kさんはその後、長期にわたり失踪生活を送ることになる。では、なぜKさんの〈失踪〉は長期化し、またその間、どのような生活を送っていたのだろうか。

質「で、その後何年ぐらい、家出されてたんでしょうか?」

K「完全に連絡取らなくなったのは、五年間です」

質「お話できるかぎりでいいんですけれど、そのあいだにどのような……」

K「最初は、日銭が欲しかったんで、ちょこちょこっとしたアルバイトみたいなことをやってって、でもやっぱりそれじゃ稼げないし、手持ちのお金も無くなってきたから、いいことして死のうかなって思ったんすよ。それで、なんだろう、××県の××町、あるじゃないですか」

質「あ、ぼく、場所はちょっとわかんないんですけど……」

K「あー、繁華街があるんですよ。で、そこで、ちょっと、ヤクザみたいな人と女の子が喧嘩してたんで、『ま、これ助けて刺されてもいいや』って止めにはいってみたりとか、そういうことをしたりしてたんですけど。そこで、もう亡くなっちゃったんですけど、いまの仕事を教えてもらうことになる親方に会って。で、その人が『元気やからいい、明日から来いよ』って言ってくれて、で、内装の仕事をするようになって、頑張れば稼げるかなって思って。で、なんて言えばいいかな、ちょっとわかんないですけど、仕事をちゃんとやって親にちゃんと頭下げられるようになればいいなって思って、っていう感じですかね、ざっと」

質「あ、なるほどなるほど。基本的に五年間はその内装の仕事をずっとされてたということでしょうか」

K「そうですね」

質「そのあいだに、家族に連絡を取らなかったという意図は、やっぱり自立するまでは、家族に顔見せれないとか、そういう感じなんでしょうか？」

K「それもあったし、うちはやっぱり親が怖かったんで、帰ったらとりあえず殴られるなと思ったんで。小っちゃい頃にほんとに死ぬんじゃないかなと思うくらい親父に殴られたりとかして、で精神的にも母親に結構いじめられたり、ですね。いじめっていうか、まあしつけだと思うんですけど。いまは」

以上の語りのなかで、Kさんは〈失踪〉が長期化した原因、すなわち長期的に消息を絶った動機を二つ挙げている。Kさんは、〈失踪〉当初は自暴自棄にも見える振る舞いをしていたが、たまたま仕事を紹介してもらえる人物に出会い、その後は失踪生活が終わるまでその仕事で生計を立てていたという。そのように振り返る回想のなかで、Kさんは仕事で自立をして親に謝ることができるまでは親に会えないと考えていたことがわかる。しかし、質問者がKさんの〈失踪〉の動機をそのように言い表そうとした際に、Kさんはそれに加えて、「帰ったらとりあえず殴られる」という両親への恐怖心を付け加えた。この自立への意志と両親への恐怖心が、Kさんにとっての〈失踪〉が長期化した原因であると捉えてもよいだろう。

では、そのような心境は、結果的に家族との再会にいたった前後でどのように変化したとKさんは捉えているのだろうか。

質「それで、数年間をお過ごしになって、お母さんに見つかったというか、再会されたと思うんですけど、その時の心境とかはどのような感じでしたか？」

K「その時は嬉しかったですね、普通に」

質「あー、そうなんですか」

K「うん、ほんとに顔見たかったんですよ。でもやっぱりそういう怖い気持ちもあったし、自分が仕事無くて、金もたまってない状態で、会えないと思ってたし」

質「はい。その、会いたいという気持ちに変わったのは大体いつぐらいなんですかね？　最初は怖かったたって仰ってましたけど」

K「うーん、なんすかね。まわりの人にもやっぱり、二七、八くらいのときに、仕事教えて貰うにあたって、手出されてたりとかよくしたんですよ。でも、やっぱりそれは、ちゃんと教える気があって教えてくれてるし、あと、怒った後にもちゃんと話して、また元どおりになるし、そういう関係がたぶん家族でも自分がそうやってやってけば出来るなって思ってたから。だから、あれですかね、そこら辺から気持ちが変わってきた。周りの人がそういう感じだったんで、うん」

上の語りのように、Kさんは母親との再会がみずからの意思によってもたらされたわけではないにもかかわらず、再会について「嬉しかった」と述べている。そして、その理由は、親と再会する以前より、親の顔を見たいものの、前述した理由によりまだ親には会えないという状態であったからであると説明されていた。以上より、Kさんにとって親とは、「恐怖心」の対象であると同時に、「会いたい」対象でもあるという、両義的な意味を持った存在であることがわかるだろう。そして、親に「会いたい」という感情は、失踪生活において仕事をするなかで芽生えたものであると語られていた。その意味で、Kさんにとって失踪生活は、結果的には必ずしも否定的なものではなかったことがうかがえる。

最後に、質問者に促されるかたちで、Kさんは失踪後の家族の様子と、〈失踪〉と自殺の相違について次のように語っている。

質「紆余曲折を経て、一応お家の方に帰られたということなんですけれども、帰ってから家族関係とかは、どのような感じになりましたでしょうか？」

K「あんまり変わんないすね。まあ、なんていうんだろうな。いや、変わんないですね。あんま変わんない。みんな年取ったから、まぁ普通になったのかなとは思いますけど。」

質「見ててそのような感じは、非常にこちらも安心できる感じなんですけれども。もう一回出て行った時の話に戻るんですけれども、人生どうしようもないっていう状況になっちゃったときに、家出するような人と、それから、自殺とかしちゃう人もいるわけじゃないですか。で、一瞬、誰か助けて死のうと思ったとか仰ってましたけど、そこらへんと、富士の樹海に実際行っちゃうような人との違いって、どのような感じだと思いますか？　そういう気にはならなかったんですよね、たぶん」

K「そういう気にはならない。なんかこういう言い方は変なのかもしれないですけど、自殺する勇気はないですね。痛いだろうし、怖いだろうし。でも人にやられる分には、たぶん気づかないうちに死んじゃうかなって思ってたんで」

質「あーなるほどなるほど。実際、MPSの方が捜索活動とかされているんですけど、遺体で見つかっちゃう人もやっぱりいっぱいいて、そこらへんの違いが何なのかなとか、たぶんこの方たち（MPSのスタッフ）が気になっていることだと思うんですけれど。Kさんにとっては、まあ家出とはそういうもので、という感じなんですかね」

K「うーん、家出の話は、どうだかわかんないけど、僕の場合は、自分が弱いから、その時は、逃げればどうにかなると思ってたから、結局出ちゃったわけで、現実逃避というか。だけど、自殺する人の気持ちは僕にはわかんないし。絶対、たぶん、生きようとする人の方がいっぱい、いるだろうし。で、そういうチャンスを自分で作れない人たちがたぶん、自殺すると思うんですよ。僕は結構チャンスがあったから、死ぬとかそういうこともあんまり考えなかったし。その違いじゃないのかな、と」

このようにKさんによれば、〈失踪〉の前と〈失踪〉の後で、家族関係は変わっていないという。ただ、その点について言い直そうとした後に、再度「変わんない」と繰り返したKさんにとっては、家族関係が何も変わらずに、年月の経過によって「普通になった」ことこそが重要な意味を持っているようにも見える。そのうえで、〈失踪〉時の自暴自棄な状態と、自殺へといたる状態の相違についてやや唐突に尋ねる質問者に対して、Kさんは自身にとっての〈失踪〉と自殺の違いを強調する。語りによると、自殺は勇気が必要な行為であり、またその「気持ち」はわからないという。それに対して、Kさんにとって〈失踪〉は、自身の弱さに起因する「現実逃避」であったということである。Kさんのライフストーリー全体を踏まえれば、それは表面上は借金からの逃避であり、延いては両親からの逃避であったとも言えるだろう。

Lさんのライフストーリー

Lさんは、MPSによって紹介された〈失踪〉経験者の女性である。Kさんと状況が異なるのは、Lさんはインタビュー時点ではまだ失踪中であり、家族とどのように再会すべきかについてMPSにみずから相談に来ていたという点である。インタビューは質問者とLさんの一対一で行われた。なお、以下で引用するインタビューでは、Lさんの発言をL「」、質問者の発言を質「」と表記している。なお、Lさんの語りには、プライバシーに配慮して、一部に変更を加えている箇所がある。

L「なんか、ただなんか勇気がなくて帰れなくなっただけなんですけど、割と」
質「なるほどなるほど。なんでまたいまになっていきなり帰りたくなったんでしょう」
L「なんかもう、結構何年も前から、夢とか見るようになってきてて、『あーなんか帰りたいな』って思っててても、帰るきっかけがつかめなくて、そしたら色々探しているうちに、家族の、なんでしたっけ、謄籍みたいなの、見つけちゃったりして、帰りたーい、みたいな」
質「あー、なるほど」
L「んで、ちょうどMPSのサイトを見つけた時に、ちょうど兄もインターネットで（私を）見つけちゃってたんですよね。そしたら、うん、どうしようかな、自分一人で行くの怖いから、ちょっと後押ししてくれる人誰かいないかなって行ったのが大きいですかね」[*15]（（ ）内執筆者）

Lさんの語りは上のようなエピソードから開始された。Lさんの場合、Kさんの事例よりもはっきりと、失踪生活中に家族の元に帰りたくなったことを述べている。しかし、家族の元に帰るきっかけが掴めなかったので、「後押し」を得るためにMPSを訪れたとのことである。では、そこにいたるまでのLさんのライフストーリーは、どのようなものだったのだろうか。

質「なるほどなるほど。家を出たんですか、その時って。何年ぐらい前ですか?」
L「七年かな」
質「七年ぐらい前。七年ってことは、二〇代の時」
L「二〇代、ですね」
［……］
L「一年間就職したあとの時の出来事です」
質「なるほど、(失踪当時は)お家の方にいらっしゃった」
L「うん」
質「どちらですか? ◯◯県?」
L「◯◯ですね」
［……］
質「なんか出てったきっかけとか理由とか」
L「出てったきっかけ。なんか家族の状態がちょっとおかしかったんですよね、ちょっとね。そう、家族のなかで、お金の問題みたいなのが勃発して、もういやだ~みたいな感じで出ちゃったね」
質「で、まあ、ものすごく広いくくりで言うと、喧嘩して出て行ったみたいな、そういう感じなんでしょうか。ちょっと違うか」
L「ちょっと違いますね。どっちかと言うと、精神的にちょっとときはじめてたから、あのー、うーん、嘘ついて出た、みたいな状況で、ちょっとね。『友達と、ちょっと一週間ぐらい、旅行に行ってくるね』って言って、そのまんまいなくなったみたいな」
質「(笑)七日じゃなくて七年だったみたいな」

L「そうそう、そうそう。そういう感じでしたね」（（　）内執筆者）

以上で語られているように、Lさんはインタビュー時点より七年前、Lさんが二〇代のときに〈失踪〉したようである。原因は、広い意味で言えばKさんの事例と同様に家族関係の不和ということになるというが、しかし〈失踪〉の際に家族との「喧嘩」があったことについては、Lさんは否定している。Lさんの場合、家族内でのトラブルに嫌気が差し、精神的に限界に達しつつあったため、家族に〈失踪〉の旨を告げずに家を出て行ったのだという。

では、Lさんの〈失踪〉後の生活はどのようなものだったのだろうか。Lさんによれば、〈失踪〉後は働きながら各地を転々としていたようである。それについて、Lさんは次のように語っている。

質「あー、いきなり飛びましたね」
L「飛びました飛びました。もうここまで来たらどこ行っても同じだ、と思って。そう。うん。一回飛び出したらすぐには帰れないって思って」
質「なるほどなるほど。X県で、しばらく働いていて」
L「しばらく働いて、そのあとに、Y県の方に移動しましたね。うんうん。Y県です、あとは。」
質「なんかルームシェアしてらっしゃるって聞いたんですけど」
L「そうですそうです。去年からなんですけど、それまでは一人で普通に暮らしてて、うん。そしたらなんかちょっと、人恋しくなったんですよね、きっとね」

上の語りにあるように、Lさんは X県で働いた後に、Y県に移動し、その後はインタビュー時点までY県に住んでいたようである。そして、去年からはルームシェアを行うようになったとのことである。ところで、そのやりとりのなかで、各地を移動していたことに驚く質問者に対して、Lさんは「一回飛び出したらすぐには帰れない」と述べている。Lさんは、なぜ家に帰れなかったのだろうか。それについて尋ねようとする質問者に対して、Lさんは次のように語っている。

質「うーん、なんかその、すぐに帰れなかったら、やっぱり引っ込みがつかなくなったとかそういうことなのかな」

L「あります、あります。で、なんか帰ったらダメだわ、って思って。怒られるわ、みたいな。で、怒られるって一回思うと、想像するんですよね、気持ちのなかで、なんかすごく。あ、だめだわ、怒られるわ。最終的に、『あ、勘当されるわ』っていうところまで行って、『あ、家族じゃなくなったわ』ってなって、『あ、帰れない』って。みたいになって。でも連絡、取ってみたら取ってみたで、意外と、『連絡くれてよかった』みたいな、言われたりとかして、そう」

［……］

質「その七年間のあいだに、一回も連絡は取らなかったんですか」

L「とらなかったです。うん」

質「じゃあ、携帯とかはもう、前の番号とか使ってらっしゃらなかったのですか。たとえば前の携帯持ってたら電話とか」

L「まったく使ってないです。ほんとにまったく使わなかったですね」

質「じゃ、けっこう本格的に」

L「本格的に」

質「本格的にやっちゃった感じですね」

L「そう、やっちゃった感じですよね。本格的にやりすぎて、ほんと連絡取れなかったですね」

上の対話から示唆されるのは、Lさんが〈失踪〉後に家族の元に帰らなかった原因は、たんに質問者が指摘するように「引っ込みがつかなくなった」だけではなく、Lさん自身が繰り返し強調するように、Lさんの家族に対する「想像」にもあったということである。Lさんにとっては、家族に怒られると「想像」すること、そしてもう家族ではなくなっていると「想像」することが、〈失踪〉生活の継続の重要な動機となっていたのである。この「想像」は、引用の後半部で明らかになった、Lさんの〈失踪〉が七年間に一度も連絡を取らなかったほど「本格的」であることにも関わっているとみなすべきだろう。Lさんの失踪生活が徹底したものであったことは、インタビューの以下の箇所でも語られている。

質「Lさんご本人は、なんか探されてるとか思ってました？」
L「あの、ちょっと探されてると思ってたから、息をひそめていたっていう。そう、怖い怖いって思いながら」
質「息をひそめてたって、具体的になんか気をつけてたことってありますか」
L「気をつけてたこと……。とりあえず、データに残るようなことは何もしない、みたいな」
質「たとえば、携帯電話作ったりとか」
L「しなかったですね。まったくしないし。ま、たしかに仕事をするときは、自分の名前とかはちょっとそのまま必要ですけど。何か買うときは、違う名前」
質「あー、結構徹底してらっしゃいますね」
L「そう、そうそうそう。いまになって思うと、『何でそんなんしてたんだろう』って若干思ってたりもして。兄と連絡が取れたからということもあるんでしょうね。取れるまでは、見つかんないようにしようと思っているのに。何やってたんだろうって、いま最近ちょっと、思ってますね」

このように、Lさんは〈失踪〉中に、自身の痕跡が残らないように徹底的に配慮していたことを振り返っている。

Lさんにとって失踪生活は、家族の捜索に対して「怖い怖い」と思いながら、「息をひそめていた」生活だったのである。この点からも、Lさんの家族に対する「想像」が、Lさんのなかで失踪生活を徹底することの動機となっていることがわかる。家族と連絡が取れた後に、自身の〈失踪〉中の徹底した配慮について「何やってたんだろう」と語っているのも、家族の現実的な様子が明らかになることで、Lさんが想像上の家族から解放されたからであるとみなすことができるだろう。

しかし、なぜLさんは家族に対してそのような「想像」を抱くようになったのだろうか。Lさんは、家族と友達との関係の違いを尋ねる質問に対して、次のように語っている。

質「えっと、家族の人とそうやって、徹底的に、見つからないように行動されてる一方で、結構普通にルームシェアしたりとか、お友達との関係は普通にあるわけじゃないですか」

L「ありますね、それは」

質「そこらへんの違いというか、なんで家族だけ嫌なのかなっていうのは何かありますか?」

L「なんか嫌というよりは、なんだろ、小さいころから、すごいなんかこう、親が怒る家庭だったんですよ。だから、怒られるのが怖いって植えつけられていて、何かやるたびに怒られるから。で、なんかこう、隠れていたんですけど。でも人に対してすごい、こう人恋しい部分とかやっぱりあるから。家族はいないわけじゃないですか、だったら何か他ので補おうって思ったときに、友達増やそう、みたいな感じになってたんかなと。いろんな、うん」

上の語りから、Lさんが「隠れていた」背景には、怒られることに対する恐怖心があり、さらにその恐怖心の原因は幼少期の親の厳しさにあると捉えられていることがわかる。親に対する恐怖心の原因として、幼少期の経験が語られる展開は、Kさんの事例と共通のものであると言えるだろう。しかし、このような親への恐怖心が強調されているにもかかわらず、インタビューの冒頭ではLさんは家族と再会することを望んでいた。この変化は、どのようにして生じたのだろうか。Lさんは、「失踪して良かったこと」を尋ねる質問に対して、以下のように語っている。

質「失踪して、自分のなかで良かったこととかってあります？」

L「良かったこと？　良かったこと、あ、なんかあの、考え方が変わったのはいいことなのかなとは思うけど。大体のことは後悔してたりはするんですけど、あの頃のまんまだと、何も考えれてなかったことが、七年間何にもない状態でぼーとしてたら、いろいろ考え方がやっぱりなんか、丸くなったなって、自分では思ってて。家族のこととか。考えたりしなかったこととか、考えるようになったんですよね。うん。そのぐらいしかいいことないですね、特に。うん」

質「あとはもっぱら後悔する部分が多い」

L「家族に関してはやっぱり後悔してますよね。いまの生活に後悔してるのかって言ったら、連絡を取れてないっていうこと以外は、いまの環境に関しては後悔してないんですけど、後悔してる部分はやっぱり家族に関してですよね」

Lさんは、「失踪して良かったこと」として、「考え方が変わったこと」、具体的には家族についてなど、以前は考えなかったことを考えるようになったと語っている。この変化は、Lさんが語る、再会の願望と、親への恐怖心という二つのエピソードの矛盾を解消しうるようにも見える。このように〈失踪〉中に家族に対する考え方の変化が生じたという点も、Lさんの語りはKさんと共通していた。ただし、「良いこと」はそれのみであると語られている点、そして家族への後悔があるという点から、Lさんにとって〈失踪〉は肯定的な意味はあまり持っていないとも言えるだろう。

最後に、Lさんが振り返る家族との再会について見ておこう。

L「ちょうどこの間、兄に会えたんですけど、ふつうでした」
質「ふつうでした（笑）」
L「ふつうでした（笑）。すいません、ふつうでした。うん。そう」
質「あんまり心配してたとか、そんな感じじゃなかったですか？」
L「なんか心配して、一応探してくれてはいたみたいなんですけど」

前述したように、Lさんは〈失踪〉中は「怖い怖い」家族を想像して「身をひそめていた」わけだが、上の語りのように、実際に再会した兄の態度は「ふつう」であったという。この「ふつうでした」という語りには、これまで見てきたLさんのライフストーリーを踏まえると、「想像」とは異なっていたという拍子抜けと、安心感の両方を見出すことができるだろう。Lさんのライフストーリーは、家族から「身をひそめていた」当時の心境や思考を再現する語りと、それを家族と再会後の現在の視点から反省的に捉える語りの二種類に分けられるように見えるが、それだけこの家族との再会という出来事が、Lさんにとっては大きな意味を持つものであったことがわかる。Lさんは冒頭で、「ただなんか勇気がなくて帰れなくなっただけなんですけど、割と」という語りでみずからの〈失踪〉経験を言い表しているが、このように端的に振り返ることができるのも、家族と再会した後だったからこそなのであろう。

中間考察

Kさんとしさんのライフストーリーは、これまで見てきたように多くの共通点を有するものであったと言えるだろう。両者の語る〈失踪〉の直接の原因は異なっていたものの、そのストーリー上の背景にはともに家族関係の不和があり、両者にとって〈失踪〉には家族からの逃避という意味が存在していた。このような経緯には、シャフナー（Schaffner 1999）において観察された、家族から逃走することが問題を解決するための唯一かつ最良の解決策に見えているという、少年の家出人の心理状況との類似点を見出すことができる。ただし、KさんとLさんの語りでは、シャフナーの研究で重視された家族や大人の社会への怒り、憤りや失望といった感情の側面は強調されておらず、また不正義で不公平な社会の支配構造に対する反抗や不服従といった意図も、少なくとも表面上は観察されなかった。加えて、家族では満たすことのできない紐帯を探すという目的も――結果的には両者のライフストーリーでは共にそのような顛末を辿ってはいたが――語られておらず、両者にとって〈失踪〉は基本的に一貫して「From型」であったと言えるだろう。

　では、シャフナーが見出した、家出人に特有の感情の動向や反抗の意図が希薄であるにもかかわらず、KさんとLさんの「家出」はなぜ長期化し、結果的に失踪になってしまったのだろうか[*16]。この点に関しても、両者が語る経緯は共通していた。すなわち、KさんとLさんはともに、家を出た直後は少なくとも何年も〈失踪〉するという計画は有していなかったようだが、家族の自己に対する態度や感情を想像し、親に怒られることを恐れることで、家族と連絡を取ることができなくなっていたのである。両者はいずれも、失踪生活が長期化するなかで、家族に対する感情に変化が生じ、家族に再会したいという願望を抱くようになったと語っていた。それにもかかわらず、家族の元に長期にわたり帰還しなかった――あるいは帰還できなかった――のも、上述の家族に対する想像上の恐怖による部分が大きかったと見るべきであろう。また、両者はいずれも、そのような恐怖心の原因として、幼少期に受けた親からの厳しい叱責を挙げていたのであった[*17]。

　以上の分析を踏まえると、KさんとLさんにとって〈失踪〉は一連の経緯でありつつも、そのなかには異なる意味を有する二つの行為が含まれていることがわかる。そのうちの一つは、家族および現実からの逃避を目的とした、家族からの身体的な離脱行為である。この離脱行為は、〈失踪〉の開始時において――場合によっては半ば衝動的に――なされる、いわば〈失踪〉の引き金のようなものだと言えるだろう。それに対して、失踪が長期化する過程で行われていたのは、離脱行為に対する家族の怒りを想像し、その恐怖から家族と連絡を取らないという選択であった。これはすなわち、想像上の、あるいは現実の家族からの働きかけ――捜索や連絡、あるいは怒りなど――に対して、応答することを拒否する行為であると言えるだろう。

Kさんとしさんのライフストーリーから見出された、「離脱行為」と「応答の拒否」という〈失踪〉における分析上の区別は、〈行為〉としての失踪に関する重要な点を私たちに再確認させることになる。それは、家族からの〈失踪〉が成立するためには、たんに物理的に家族から離脱するだけではなく、家族からの呼びかけに対する応答の拒否が必要になるということである。

そもそも、家族から身体的に離脱することは、私たちの日常生活においては何ら逸脱的な出来事ではない。少なくとも現代日本においては、進学や就職にともなう「一人暮らし」や、あるいは労働にともなう「単身赴任」、さらに短期的な事例では「旅行」など、家族はつねに成員の身体的な分離と合流を繰り返すものである。その際に、成員が家族から「消えた」とみなされないのは、当該成員と家族が、離脱の前後に十全なコミュニケーションを取っているからであろう。

逆に、それまで日常的な離脱であるとみなされていた状態でも、ひとたび離脱中の者が応答を拒否すれば、次第に逸脱的な状況であるとみなされるようになるだろう。[*18] 応答の消失は、本人が何らかの事情で応答できない状況――何らかの事件に巻き込まれたり、急病であったり――に陥ったか、あるいは本人と家族の関係にトラブルが生じたかのいずれかが危惧されるからである。この点については、第4章の失踪者の家族の研究でも確認したとおりであった。

行為としての〈失踪〉には、応答の拒否がともなっている――この〈失踪〉に関する説明は、私たちが失踪と呼んできた現象一般についても適用可能であろう。たとえ失踪者の意思とはまったく無関係なかたちで――たとえば誘拐や拉致などの事件に巻き込まれることで――失踪現象が生じていたとしても、その現象の成立過程には、応答が消失する段階が存在するのである。もっとも、本書において失踪が「人が家族や集団から消え去り、長期的に連絡が取れずに所在も不明な状態が継続する現象」と定義される以上、そこに連絡が途絶える段階が含まれているのは当然であり、上記の点に関してもいまさら強調することではないだろう。ただし、これまでの本章の成果を踏まえて、次のように失踪という現象を記述することには、一定以上の意義が存在するように思われる。すなわち、失踪においては、応答を求める者と、応答を拒否する者／あるいは応答が不可能な状況にある者との、コミュニケーションの齟齬が生じているのだ、と。

よって、失踪の原因について考察する場合、「なぜ彼／彼女は家族や集団から離脱したのか」に加えて、「なぜ失踪者と残された者とのコミュニケーションの齟齬が生じているのか（行為としての〈失踪〉であれば、なぜ失踪者が呼びかけに対する応答を拒むのか）」についても着目しなければならないということになるだろう。

5 〈失踪〉経験者のライフストーリー②——自殺未遂から失踪へ

前節で分析したKさんとLさんのライフストーリーにおける共通性は、あるタイプの失踪の過程を示す理論の萌芽となるかもしれない。しかし、三人目のインフォーマントであるMさんが語ったライフストーリーは、KさんやLさんのそれとは大きく異なっていた。それゆえ、Mさんが語った〈失踪〉のエピソードも、前節で見たタイプの〈失踪〉からは大きく逸脱していたのである。最後に、本節ではこのMさんが語ったライフストーリーを追い、Mさんの〈失踪〉が本書のなかでどのように位置づけられるのかを検討してみたい。

Mさんのライフストーリー

Mさんは、知人に紹介された〈失踪〉経験者の三〇代（インタビュー当時）の女性である。Mさんはすでに何度か自身の経験や人生について取材を受けたことがあるらしく、本インタビューでも、幼少期から現在にいたるまでの家族関係を中心とした多くのエピソードを語り慣れた様子で語っていた。言うまでもなく、それらのエピソードはすべてMさんの失踪経験と関わっており、それゆえMさんが語る〈失踪〉の意味を理解するためには、それらのエピソードも踏まえた分析を行う必要があるだろう。しかし、調査者の視点で多くのエピソードを再構成することは大変難しい作業であるし、ともすればMさんの語るライフストーリーから乖離してしまうという危険もある。そこで、まずはM

さん自身がインタビューの開始時点で語ったライフストーリーの概要を確認し、本節ではその流れにそってMさんの語りを分析していくことにしたい。なお、以下で引用するインタビューでは、Mさんの語りをM「　」、質問者の語りを質「　」と表記している。

質「さっそく中身の方に入っていきたいんですけども、Mさんの場合、やっぱりその人前から消えてしまうのは、おそらく体調とかそれまでの既往歴みたいなものとすごく関わってると思うんですけど、簡単にこれまでの経緯を教えていただければと思うんですが」

M「ざっくりしたプロフィールからということなんですね。えーまず、そうだなあ、障害の話から分けて話すと、まず、後でわかったことなんだけど、父がいわゆるASDだった。母がADHDだった。で、そのなかで生まれた最初の子どもだったっていうのが私のエピソード。で、私の下に三歳年下なんですけど妹が居て、こっちはアスペルガーはすごく低いけど、いわゆる『片づけられない度』がすごい高い。ま、ADHDがすごく強く出ちゃってる。ただ彼女の場合は、それをいろんなことで克服することによって社会生活はできてるっていう状態なんですね」

［……］

M「で、母は前の結婚での子育て経験がないということもあって、当時は発達障害の概念があんまり浸透してないこともあって、とても子育てに悩んでしまう。そのうちに彼女はパチンコ依存の方に走っていくわけですよ。私は、だから幼稚園に入って小学校に入ったくらいにはもう大人という扱いになってて、幼稚園の妹を小学校の私が迎えに行くというようなことをしてたわけですね。そのなかで、いわゆる発達障害を自分は脳のベースとして持っていながら、同時にネグレクトも受けているっていう。ま、サバイバーなんですね。で、そのなかで色んな、学校の方でもうまく適応できなくていじめがあって、高校の時に父が破産をして借金の取り立てと、学校からのいじめと、家に行けば妹が居なかったり、妹のためのご飯を作ったりしなきゃいけなくて、学校からは、親が居ないんだったら私立だったんで退学してくれとか、そういうなかで二次障害を発病するわけですよ。それがまあだいたい高一ぐらいから二八歳ぐらいまでの間、わりと闇が濃かったという状態が続くんですね。で、二八のときに首を吊って、そのときにも、何度目かの失踪をしてるんですね。で、それはどちらかというと、初めて他者によって介入されて、『もうそこにいるな』ということで失踪するんですけど。その時の体験が直接のきっかけになって、私はすごく回復していくわけですよ」

質「なるほどなるほど」

M「おそらくその首を吊った事件とその周辺の失踪劇、という三週間だったんですけど、それは、私の回復にとってのすごいカギになるので、おそらく私の話、人生のエピソードの話、そのなかの失踪というのが、おそらく話の中心になってくると。で、回復の途上で、逆に私と関わったことでそれまで自分の心の苦しさを表面化できなかった人たちも表面化していくわけです」

［……］

M「いま私は彼と出会って、すごいプチね、家出レベルの失踪におさまっているという状態なんですけども。それはやっぱり、現実からちょっと自分を保護するという目的が強いかな、と。まあざっくり話すとここまで。ま、そんな感じです」[*19]

Mさんの語りによれば、MさんはＡＳＤ（自閉症スペクトラム）の父とＡＤＨＤ（注意欠如多動性障害）の母の家庭に育ち、そのような両親からネグレクトを受けて育ってきたアダルトサバイバーであるという。Mさん自身も発達障害を持ち、さらに家庭内および学校での境遇から二次障害を発症したため、二〇代以降も生きるうえでの著しい困難を抱え続けることになる。そして、二八歳の頃にMさんは自殺未遂を行い、その際に他者の介入を経て、家族の元から失踪をする。しかし、意外なことにこの三週間の失踪劇が、Mさんの抱えていた症状が回復し、人生が好転してゆく契機になったという。現在では、Mさんは夫である「彼」と出会ったことで、現実から自分を保護するためのごく短期的な「家出」をするという程度の状態に収まっているとのことである。
以上が、Mさんの語るライフストーリーの概要である。これをガイドラインとして、以下では時系列順に、Mさんの語るより詳細なエピソードを見ていくことにしたい。まずは、幼少期から一〇代の時期に関する、Mさんの語りを見ておこう。

質「もうちょっと詳しく聞いていきたいんですけど、最初のその、僕は失踪と言ってますけども、家族あるいは所属している集団からしばらく連絡をとらずに、いわゆる『消えてしまった』という経験は元からされてたんですか？」
［……］
M「失踪……、ちっちゃいものだけど、学校から消えるというのは、いじめがエスカレートしてくる小学校の高学年くらいからありました。家出は中学ぐらいから始めて、高校ぐらいのときに、実際に家に帰らないということを数日する。そのときは、ただやっぱり保護されている身分であるということも自覚があったので、非常に理解してくださっている高校の教師のお家に数日、一週間ぐらい居たんですね。ただ条件として、親にはその旨をきちんと伝えようということで、お伝えするっていうかたちで。ま、家出なんですけど。ここが一番最初かな」
質「なるほどなるほど。その時の経験は、一番大きな失踪の経験だった二八のころの出来事とは、ちょっと違うというか」
M「そうですね、まだそこまで激しくはないかな」
質「中学ぐらいから小さな家出みたいなことを何回かしてらっしゃったとお話してたと思うんですけど、その時は一日では帰ってこないとかそういう感じ……」
M「そうですね。親もとかく心配もしなかったので、探すということもなかったので。まあ元々、家というのは私にとって苦しい場所なので、家から出て、田舎なんで自然の隠れ家みたいな所でボーっとしてるとか、っていうことの延長で、出て行って一日ぐらいいないっていう」

［……］

質「えっと、いま家がすごい苦しかったって仰ってたと思うんですけど、それは具体的にはやっぱり最初に仰ってた、たとえば妹さんの面倒とか、親からネグレクトされてたりそういう……」

M「そういう部分が多いですね。で、いまはやっぱりだいぶ和解ができてるんですけど、母というのが当時はとても未熟で、私から見てもお金の使い方であり、感情の使い方でありっていうのがとっても幼い。ある意味でとても純粋な人だったんですね。で、家に居ると私はもう母親代わりなわけですよ」

［……］

M「というのもあるし、あとはやっぱりそうね、家にいると寂しいじゃないですか。誰もいないし、自分が保護をされるべき年齢であるにもかかわらず、頼られる側だからね」

上のやりとりからわかるように、Mさんは中学生の頃からすでに短期的な「家出」を経験していた。Mさんにとってそれは、「私にとって苦しい場所」である家から一時的に離脱するための行為であった。では、なぜ家は「苦しい場所」だったのだろうか。それについて尋ねる質問に対して、Mさんは自身が母親の代わりに家庭内で母親のような役割を果たさなければならないという重圧と、家にいるときの「寂しさ」を挙げていた。なお、家出していたMさんを家に泊めていた高校の教師はクリスチャンであり、後にMさん自身もその影響を受け、クリスチャンになったとのことである。

その後、Mさんは「苦しい場所」であった家と故郷を離れるため、高校卒業後に二度にわたり上京して、仕事に就くことになる。しかし、結果的には二回とも故郷の家族の元に戻ることになったという。以下では、その二回の上京に関するエピソードを簡単にまとめておく。

まず、Mさんは高校卒業後に一回目の上京を果たし、パニック障害に悩みつつも仕事をこなしていたという。しかし、交通事故に遭い入院したのをきっかけに失職してしまい、生活に困窮してしまうことになる。さらに、パニック障害が悪化したことから、精神科での治療費がかさんだことも苦しい経済状況に拍車をかけることになり、徐々に東京で一人で生活をするのが困難になってゆく。そのような状況を見た精神科医が、半ば強制的にMさんに実家への帰郷を勧め、親もそれに同意したため、Mさんは故郷の実家に帰らされることになったという。ただし、Mさんにとって実家に帰ることは病気の悪化に繋がることが明白であったため、まったくもって本意ではなかったようである。

その後、三年ほど地元で働いた後に、Mさんは二三歳のときに二回目の上京を果たすことになる。上京後はさらに別の地方に住んでいた妹の元に向かい、生活を共にしていたという。妹と生活を共にしていたのは、妹と互いに生活や経済面をサポートしあうためであるが、Mさんと妹との仲はその時点ではけっして良好とは言えなかったようである。そんな折、自身では身に覚えのない行動の痕跡を発見してしまうなど、以前より兆候があったMさんの解離性人格障害の症状が悪化し、病院で正式に解離性人格障害の診断が下されることになる。それによって仕事を続けることができなくなったため、妹とも話し合った結果、Mさんはふたたび不本意ながら故郷へと戻ることになってしまう。

ふたたび故郷に戻ったとき、Mさんは二五歳であったが、その際の心境を振り返り、「産まれてきたことを失敗したと思った」と語っている。そして、その時点で、普通に結婚をし、妊娠し、出産するという「人並みの生活」を送ることは諦めたという。代わりに、Mさんは病気から回復することを目標に生きようとする。しかし、Mさんの故郷には解離性人格障害にも発達障害にも理解がある医者がおらず、治療も上手くはいかなかったようである。

そのような療養生活のあいだに、母親は徐々に社会生活を取り戻し、長時間働くことができるようになった一方で、逆に父親は破産を経験したことで職を転々とするようになったという。また、Mさんは家族の元にふたたび戻るにあたり、自分にはもはや何の役割も期待しないでほしいという旨を告げていた。それゆえ、家計はもっぱら母親が支え、父親は兼業の主夫のような立場になったが、父親はそのような自身の立場に不満を抱き、徐々に精神状態が悪化していったとのことである。

そして、Mさんが二八歳の時に、Mさんの〈失踪〉の原因となる事件が起こることになる。そのきっかけは、精神状態が悪化した父親と母親の間でトラブルが起こり、母親が家を出て行ってしまったことであったという。しかし、Mさんは母親が家出をした原因を父親から聞かされなかったため、以前より解離性人格障害の症状で母親を困らせていた自身に母親の「家出」の責任があると感じ、自殺未遂をしてしまう。では、そこからMさんは結果的にどのように〈失踪〉にいたったのだろうか。その経緯に関するMさんの語りを見てみよう。

M「私はもう、私自身がすごい責任を感じてね。で、ロープを百円均一で買って。そこで母と出くわしてるんだよ、『なんでこんなところにいるの?』とか、『なんでそんな自転車のロープ買うの?』とか言われてるんだけど、『関係ないでしょ』とか言って。あえて母の向かいの所（家出中であったMさんの母親は、ビジネスホテルに宿泊していた）に行って斜め向かいに部屋をとって、で、私は神様に遺言書を書いて、母にも手紙でありがとうございましたって言って、ドアの下にそっと入れておいたら、来るんだよ。どんどん。『開けなさい』っていうんだけど、そのうち彼女も回避性の人格でもあるから子どもとちゃんと向き合うということがなくてね、で、諦めてさっさと（母親の）部屋に入っちゃう（帰っちゃう）んですよ。で、私も色んな意味で追い詰まってて、もうダメだなと思ってたから、ユニットバスの上の天井、ああいう所ってパカって開けるとパイプがあって、そこにかけて。昼間かな、友達にありがとうみたいな、なんか色々書いたメールを送って」

（（　）内執筆者）

上の語りにあるように、Mさんは母親の静止を聞かず、母親が宿泊していたビジネスホテルの向かいの部屋で、自殺を決行しようとする。しかし、方法に問題があったため、なかなか死にきれなかったとのことである。その際に、首を吊る前にメールをした友人から、電話がかかってきたという。

M「死にきれなくてさ。ていう時に電話がかかってくるの。『え、どうしよう。でも私死ねなかった、うわーん』っていう状態で（電話に）出たらその子で。友達で、いろんな話をね、『私はいま、こうこうこうでこうでって死にきれないんだよ。死にたいのに死にきれないんだ』って。（友人は）もうね、『あ、わかった』って言うわけ。私はペンネームで呼ばれてたんだけど、×××って。『×××、もうね、あなたのこと大事にしてくれる人だけ見ればいいよ、もううちおいでよ』っていうわけ。彼女の家はA県なのね。それもB市なのよね。行ったこと当然ないわけ。しかも、お金がない。でも、たまたまそのときは親が悲観して手続きをしてくれた障害年金が支給されたばっかりだったんだよね。で、『それを全部持って来い』って。『それを持って、とりあえずいまから飛行機とって、うちにおいで』って。『うちに来たら、うちでともかく落ち着くまで田舎だしゆっくりしようよ』って言われて。で、すごいその日は雷雨だったのね。季節外れの雷雨だったんだけれども、次の日ものすごい雷が恐ろしく鳴ってるわけ。で、空港まで行く」（（　）内執筆者）

上の語りにあるように、Mさんは自殺中に電話をしてきた友人に促されるかたちで、急きょ友人の家に向かうことになった。出発時は、天候が荒れており、しかも首を吊ったダメージが身体に残っていたため、飛行機に乗るまでは非常に不安だったという。しかし、そのときにMさんにとって転機となる出来事が起こる。それは、次のように語られている。

M「席もね、（飛行機のスタッフが）『パニック障害があるということであれば一番後ろの方の席にして、後でみんな降りてからゆっくり降りていきましょう』ってしてくれて。で、席とって、座った。でも雷雨がすごいから、飛ぶかどうかもわかんないのね。でも私が座って五分ぐらいして。ギリギリに行ったんですよ。五分ぐらいしてからね、急に晴れるの。急に晴れて。飛行機って、あの、モニターが付いててね。自分の飛行機を客観視できるようになってるんですけど。虹の中を飛んだんだよ。でね、そんときに、ゾワゾワってきたの。

そんなのあんまりないじゃない？」

質「そうですね」

M「いまでも、その話、ときどき『死にたい』って人にするんだけど。すると、その人たちもやっぱりゾワゾワするらしいんだけど。そして、パーっと晴れて、飛ばないかもしれない、とりあえず待機しててくださいって言われてるのに、晴れて、『じゃー、いまから飛びます』っていう話になって。で、飛び始める頃に、『アレ？ 虹だ』っていう話を誰かがして、エッって見たら、虹が出かかってて。っていうようななかで飛んで行って、で、一一月だったのよね。寒かったのよ、Y県だから。で、A県に着いたら、ポカポカなのよ」

質「はいはい、Y県に比べたら。そうですよね」

M「そう。で、またそのときのA県ってとっても晴れてたのよね。で、なんだろうこの春みたいな暖かさって思いながら」

［……］

M「そんななかで、いっぱい太陽の光を浴びて、『あっ』て。なんか、自分が生かされてる感というものが、リアルな体験として感じるのよ。で、着きました、ってなったところがB市の地で、自然がとても豊かでね、温かく迎えていただいて。で、『すぐにともかく病院に行こう』って病院連れてってくれて。でも保険証なんて持ってるわけないから、自腹なんですよ。それも彼女が全部ね、払ってくれて。っていう日から、あれだけ強い薬飲まないと眠れなかったのに、スッカリ眠れるようになったんだよね。その数日の間の、嵐の日と、その後の、この明暗。本当に明と暗なわけですよ」

質「たしかに」

M「ていう、たまたまの気象状況もあったにしろ、すでに信仰を持ってた私にはすごくそれは意味のあることでね。そういったことが重なって、余計に私は回復方向に心が切り替わっていくっていうのは実際あると思う」（（　）内執筆者）

Mさんが語るように、Mさんは飛行機の離陸時、突然天候が晴れ渡り、虹を見るという経験をする。さらに、故郷と比べて、〈失踪〉先のA県は暖かく、太陽の光を浴びることで「自分が生かされてる感」を実感したという。これらの奇跡的な体験が、Mさん自身が語るように、Mさんの回復の契機となったことは想像に難くない。では、その後、Mさんの〈失踪〉はどのような経緯を辿ったのだろうか。

M「そうそう、ともかくそういうなかでですね、結果三週間保護をしてもらいます」

［……］

M「で、その三週間のあいだ、（友人は）もう親に連絡しなくていいって言ってたんだけど、メールがガンガン入ってきて、電話着拒しても入ってくるわけですよ。ここで連絡がないと、捜索願を出さざるをえない。で、捜索願を出したら迷惑がかかっちゃうから、メールで。そっから母と私の、ちゃんとした対話が始まっていくの。で、あなた（母親）と私は、親子でありながら、どうもお互いよくしゃべるし。で、彼女（母親）は子どもだからやっぱりとっても純粋というか、天真爛漫なんですね。だから自分で話したいことが、優先。で、ここは、まだなんや（「大人になりきれていない」の意）、みたいな感じの人なので、どうも譲り合って話をするのが苦手、私も苦手ですけど、余計に苦手なの。だから、文字だと、彼女は文字をそんなに私ほど打てない分、喋る量が減る。と、やっとそこで、キャッチボールが成立し始めるんですよ。っていうなかで、やりとりをし始めるんですね。まだまだその時点では、母が苦しんでいたんだっていうこととか、母と和解する過程で感じてくフィーリングっていうのはまだないけれども、それがまあきっかけで、会話してくわけですね」

［……］

質「なるほどわかりました。えっと、失踪された時のことをもうちょっと詳しく」

M「あ、もちろん。はい」

質「その、まず失踪した時に、お母さんからいっぱいメールが来たって仰ってたんですけど、具体的にどういう内容だったかとか覚えてます？」

M「まず、実際の話として、戻ってこないと警察が云々かんぬんっていうのは、もう妹から全部（聞いていた）。だからその時点では、妹からのメールなんですよ、全部。ほら、私まず妹に電話をするのね。母とは話したくないから、『こうこうこうでこうでこうでいま、友達の家にいる』と。で、『眠れるようにはなったのか』って話をしていくわけですよ。で、そのなかで、まあ、うちでは彼女はママちんと呼ばれてるんですよ、ちょっと可愛く呼ばれてるのね。幼い人なので。『ママちんが心配してるから連絡をしてあげて』、でも私は直接電話をすると絶対喧嘩するからいやだってことでちょっと揉めるんだけど、『じゃあメールでいいから』みたいな話になりますね」

［……］

M「で、母も、直接人に、きちんと自分の本心を伝えないのね、言葉数は多いんだけど。ただ、文字になると、彼女の能力としてね、あんまりメール使い慣れていない以上、言葉が少なくなっちゃうから。ショートメールしか使えないし彼女は。そのぶん、凝縮したことを言わなきゃいけないっていうなかで、わりと本心が出やすかったのね」

質「なるほどなるほどなるほど」（（ ）内執筆者）

以上の語りにあるように、〈失踪〉の経緯としてMさんが強調していたのは、〈失踪〉中にしばらくしてから開始された、母親とのメールのやりとりであった。本書の第4章でも確認したように、娘／息子が失踪した際に、親が消息を確認するために電話やメールで連絡を取ろうとするのは自然なことである。このような親からの呼びかけに対して、Mさんは行方不明者届出書を出されて迷惑をかけてしまうことを危惧し、母親と渋々メールでやりとりを始める。とところが、このメールでのやりとりが、意外な方向に作用することになったという。Mさんの語りをまとめると、メールという制限された手段によってコミュニケーションが行われたことによって、逆説的にMさんと母親との意思疎通が可能になったのである。このエピソードも、〈失踪〉後の母親とのコミュニケーションの出発点になったという点で、Mさんにとって〈失踪〉が人生を好転させる契機となった理由の一つだと言えるだろう。なお、上の引用中では語られていないが、Mさんは〈失踪〉生活で自身の精神状態が回復に向かい始めたことを踏まえ、父親に関する話し合いへの参加を求める家族からの帰還要請に応えるかたちで、最終的には実家に帰ったとのことである。

以上のように、Mさんは〈失踪〉中に家族からの連絡に応答し、最終的には家に帰ることを選択したことになる。では、Mさんは〈失踪〉の際に、家族に対して抱いていた感情を、どのように振り返るのだろうか。Mさんが家族の呼びかけに応じたのは、Mさんに〈失踪〉に関する何らかの罪悪感があったからなのか、あるいは家族への配慮が存在していたからだったのだろうか。

質「失踪っていうイベントに対して、こうなんていうか、お母さんの方がどういう風に、連絡をとったかっていうのはよくわかったんですけど、逆に、Mさんご本人は失踪とか一応そういうことをされた時に、なんというか、一応家から出ていったじゃないですか。その時に、親に対して何か思ったこととかってありますか？」

M「通して、ずっといままで？」

質「特にその時ですね」

M「思うこと？」

質「特になければないで……」

M「あの一番大きな首吊りのイベントのときは、さっきもお話したとおり焦燥感が勝っているので、とても他人のことを考える余裕はない。ただ、プチ家出的なところから、ともかく思うことは、ともかく思うことというか、犠牲になりたくないのよ。私自身の人生を歩んでいないんだもん。だって、求められるままに、ある意味生きてて、彼女や父もそうでしたけどね」

M「ほんとくそ親と思ってたわけですよ。だから、出ていくうえで、なんか申し訳ないとかっていうのはごめんなさい、ないです。うんあの、それに、二八に首をね、吊って、三週間のあいだにだんだん冷静になってきた。なんかね、申し訳ないっていう贖罪の気持ちはあんまりない。うん、ないですね」

「……」

この対話では、前述のような質問者の予想に反して、Mさんは若干の戸惑いを表面した後に、家族への罪の意識を否定している。「ごめんなさい、ないです」という語りは、Mさんが質問者の期待する回答を読み取ったうえで、それでもその期待を裏切らなければならない状況から発せられたものであると捉えることができる。このように、対話のなかで最終的にMさんが〈失踪〉の「申し訳なさ」を否定するにいたった背景には、Mさんが語っているように、〈失踪〉時の心理的な余裕の無さと、それまでの人生で自身が犠牲になってきたという認識が存在していたとみるべきだろう。

さて、これまで何度も言及してきたように、Mさんにとって〈失踪〉は彼女の人生の回復にとって、重要な意義を有していたのであった。その後、実際にMさんの人生がどのように回復に向かったのかについて検討する作業は、もはや本書の守備範囲を超えてしまうことになるだろう。とはいえ、本項で分析したMさんのライフストーリー――それは、Mさんの語ったライフストーリー全体の一部に過ぎないが――から、〈失踪〉がどのような点でMさんの人生の回復の契機となったのかについては、明らかにすることができたはずである。ここで重要であるのは、Mさんは〈失踪〉によって家族関係を完全に「リセット」したわけではないという点である。実際に、Mさんはライフストーリーの最後に、〈失踪〉について次のような考えを語っている。

M「こんなこと言うとちょっとおかしいかもしれないけど、失踪って、でも、あくまでそれは一時しのぎなの。

失踪して、じゃあ、さっき溜まってたゲージがね、全部リセットするかというと、実はそうじゃないわけ」

Mさんが語るように、本項で見てきたMさんの〈失踪〉も、家族との関係や他の何かを消し去ったわけではなく、あくまでも一時的な退避だったのであり、それはまさに「一時しのぎ」と呼ぶにふさわしい経験だったと言えるだろう。そして、Mさんはこのような考えに基づき、現在もまれに数日間の「家出」あるいは「プチ失踪」を行っているのである。

Mさんの〈失踪〉が提示する問い

さて、前項で見てきたMさんの〈失踪〉経験は、前節のKさんやLさんの語った〈失踪〉とは大きく様相が異なっている。そればかりか、Mさんの〈失踪〉は、いくつかの点で、本章で用いてきた〈失踪〉の概念に該当するかどうかさえも際どいと言わざるをえない。

まず、失踪が「人が家族や集団から消え去り、長期的に連絡が取れずに所在も不明な状態が継続する現象」として定義される以上、それを生じさせる行為としての〈失踪〉も長期にわたる離脱行為を指すはずだが、三週間というMさんの失踪期間は長期的であるとは言い難い。また、本章第1節で確認したように、〈失踪〉は行為である以上、失踪者本人の意思によって引き起こされた失踪を指すはずであるが、Mさんの〈失踪〉の場合、電話をかけてきた友人の意思がかなりの部分で関与しており、それがどこまでMさんの意思による失踪現象であったのかも疑問の余地があるだろう。加えて、同じく本章第1節で述べたように、本書では行為としての〈失踪〉と自殺の相違点を重要視していたが、Mさんは〈失踪〉の前に自殺未遂をしており、そのうちどこまでが自殺を意図した行為で、どこからが〈失踪〉行為であったのかの判断も難しい。

これらの点から、Mさんの〈失踪〉は、本書にとっては、細心の注意をもって扱われなければならない事例であると言えるだろう。しかし、結論から言えば、Mさんの〈失踪〉は、そのような境界的な事例であるからこそ、本書にとっては大きな意味を持つことになる。以下では、その点について説明しておこう。

　まず、Mさんの〈失踪〉における、見方によっては〈失踪〉とは言い難いような特徴は、KさんやLさんの〈失踪〉との相違点でもある。特に顕著であるのは、やはり数年以上にわたったKさんとLさんの〈失踪〉と、わずか三週間であったMさんの〈失踪〉の期間の違いであろう。ところで、前節において私たちが再確認したのは、「家族からの〈失踪〉が成立するためには、たんに物理的に家族から離脱するだけではなく、家族からの応答の拒否が必要になる」ということであった。特に〈失踪〉が長期化する過程では、家族たちが失踪者に呼びかけを行い続けるかぎり、失踪者が応答の拒否を継続することになる。しかし、KさんとLさんが長期にわたって応答の拒否を続けていたのに対して、Mさんは――少なくともKさんやLさんと比較すると――あっさりと家族からの連絡に応答していた。そして実際に、Mさんの〈失踪〉はごく短期間で終了していたのである。この点を踏まえると、Mさんがなぜ直ぐに家族からの呼びかけに応じたのかを分析し、その結果をKさんやLさんのケースと比較することが、〈失踪〉が長期化する条件を探る一端となるのはもはや明らかであろう。家族からの離脱行為がどのような意味を帯びた場合に、それは〈失踪〉となるのだろうか。このように、Mさんの〈失踪〉は境界的な事例であるがゆえに、それによって〈失踪〉が成立する条件を問うことが可能なのである。

　では、なぜMさんは家族からの呼びかけに比較的直ぐに応答したのだろうか。KさんとLさんの場合、長期にわたって家族からの呼びかけに対して応答しなかったのは、親に怒られるという恐怖による部分が大きかった。そのような恐怖は、KさんやLさんにとって、彼／彼女らの〈失踪〉が親に怒られて然るべき行為であるという認識を示すものであるとも言えるだろう。それに対してMさんは、前節で見たように、〈失踪〉に関する家族への「申し訳なさ」の存在を否定していたのであった。よって、差しあたり、この〈失踪〉に対する捉え方の差異が、家族の呼びかけに対して応答するか／否かを規定する条件であったと仮定することは可能だろう。

　ただし、その一方でMさんは、失踪前に自殺未遂を行った際の心境を振り返るかたちで、家族に迷惑をかけていたことに対して「すごい責任」を感じていたと語っていたのであった。このように〈失踪〉の前に自殺にいたるほど責任を感じていたというMさんの語りは、〈失踪〉に対する「申し訳なさ」の存在を否定していた部分と、矛盾しているのではないか。ここで、Mさんは〈失踪〉時の経験によって、それ以前と以後が「明」と「暗」にたとえられるほど、心境の変化が起こったと語っていたことをふたたび想起すべきである。このエピソードを踏まえると、Mさんの〈失踪〉に対する対照的な二つの語りは食い違っているわけではなく、〈失踪〉の前後の心境にそれぞれ対応しており、〈失踪〉を経ることがMさんに及ぼした変化を示していると解釈することが可能だろう。そして、〈失踪〉を経た後の状態、すなわち〈失踪〉に対する「申し訳なさ」がない状態で、家族からの呼びかけに応答することができたのだとしたら、それは換言すれば、〈失踪〉による変化を経た後であったからこそ、家族への応答が可能になったと捉えることができるのではないか。

では、この〈失踪〉による変化とは何だったのだろうか。Mさんが、〈失踪〉の前には重い責任を感じていたということを踏まえると、それは責任からの解放であったと言えるだろう。しかし、なぜMさんの〈失踪〉の経験は、Mさんの責任からの解放をもたらしたのだろうか。この点については、本書の最後で考察することになる。

ところで、KさんとLさんとMさんの〈失踪〉に関するライフストーリーは、すべての点で異なっていたわけではない。Mさんは、〈失踪〉はあくまでも「一時しのぎ」に過ぎないと語っていた。また、KさんとLさんも、家族に関する記憶や想像を消し去ることはできていなかった。すなわち、三名に共通していたのは、〈失踪〉がすべての人間関係をリセットするわけではない――あるいはリセットできない――という点なのである。この点に関しても、終章の考察で活かされることになるだろう。

補論 〈失踪〉経験者のライフストーリー③――職場からの〈失踪〉

本書では、失踪を「人が家族や集団から消え去り、長期的に連絡が取れずに所在も不明な状態が継続する現象」として定義し、研究の主題としてきた。しかし、このように失踪を定義してきたにもかかわらず、これまで扱ってきた事例は家族からの失踪ばかりであった。第3章の失踪者家族の事例では、言うまでもなく失踪者たちは家族から姿を消していたわけであるし、第4章で扱ったMPSに関しても、その活動内容は基本的には失踪された家族を支援することであった。そして、本章で見てきた〈失踪〉の三つの事例も、すべて家族からの失踪であった――それらは同時に、他の集団からの失踪も含んでいるはずだが、少なくとも失踪者当人にとっては――と言えるだろう。このまま家族からの失踪以外の失踪を一切扱わずに本書を終えてしまうと、失踪を家族内で生じる現象として実質的に限定してしまうことにもなりかねない。

よって、ここで家族以外の集団からの失踪にも触れておくことは、そのような本書の間隙を少しでも埋めるためにも、大いに意味があるものと思われる。そこで、以下では職場から失踪した経験がある、とある一人の女性の語りを取り上げてみたい。もちろん、たった一件の事例のみでは、本書がこれまで家族からの失踪を分析することで積み上げてきた知見に対して、何事かを加えることは困難であろう。そのため、以下の事例に関しては、本章の他の三つの事例でしたような比較の対象とはせずに、あくまでも「紹介」の範囲に止めておくことにしたい。よって、以下の事例は、本格的に分析を加えるとすれば大いに示唆に富むものと思われるものの、本書の結論部（第Ⅳ部）に直接的に組み込まれることはない。以上が、本節を「補論」として位置づける理由である。

さて、先に述べたように、これから紹介するのは、職場から二度「飛んだ」経験をしたことのある、二〇代の女性Rさんの語りである。彼女は、職場の人間の誰にも告げずに無断で仕事を辞め、それ以降二度と連絡を取らずに終わることを「(仕事を) 飛ぶ」と形容している。このようなかたちで仕事を「飛ぶ」と、残された職場の人間にとっては、ある日突然同僚が消えてしまったことになり、まさに失踪として映ることになるだろう。なお、実施したインタビューの形式および方法は、本章でこれまで扱った事例と同様なので、詳細については第6章第3節を参照されたい。

まずは、Rさんが職場を「飛んだ」経緯についての、Rさんの語りを見ておこう。[*20]

質「お給料とかってどうなるんですか」

R「私は、仕事を飛んだことっていうのは、私のなかのその意味合いだと二回あって、一つ目が水商売をしばらくしていた時期、二年……二年も働いてないくらいかな、働いていた店があって。そのお店は働いた日の帰りに、その日分の給料をまるまるもらえるシステムだったので、その場合はもう最終日にお金をもらったら、そのままいなくなれば未払いのお金は一切ないので、そのままお給料は払われた状態でいなくなることができて。もう一つのほうは、働いてた……一ヶ月も働かなかった料亭なんですけど、この場合はもう一ヶ月分の給料は、一切もらわずそのままいなくなったような感じですね」

質「ということは、いままで人生で飛んだっていう経験は、二回っていうことですね」

R「そうですね」

質「では、その二回において、どういう経緯があって、そのアルバイトですかね、仕事を飛ぶというかたちで辞めることになったのかっていうのを、ご自身のなかでどうなっているのかをちょっとお話いただきたいんですけれども」

R「一つ目の辞めてしまった水商売の店に関しては、取り立てて嫌なことがあったとか、なにか問題があったということは一切なくて。ただ、そのちょうど辞めた日が、お店のいちばん年度末、十二月の最終営業日に私が働いてたんですけど、そこのお店のドレスを収納しておく箪笥みたいな……ドレスとか、靴とか、そういうこまごました衣装、それを年度末に大掃除をするから全部持って帰ってくれ、っていうことを言われて。『ドレスを全部持って帰ってください、でも、靴とかは大丈夫ですよ』って言われて。なぜか私はドレスも靴も一緒に持って帰って、そのまま辞めちゃったんですけど。どうなんでしょうね、別にそんなに靴が大事だったわけでもなくて、まあほんとに安い、五〇〇〇円くらいの靴だったし。なんか、全部持って帰っちゃったことが、そのまま行かなくなる原因になったような気もしますけどね。取り立てて、お店でいじめられてたとか、あんまりそういう大きな理由がなかったような気もしますね」

［……］

R「二つ目に関しては、あまり職場の雰囲気とかも良くなくって、なんか、指導役みたいな女の人が、挨拶しても返してくれないとか、手を洗ったのに、書いてある手順どおりに洗ったのに、『洗ってない！』と言ってくるとか。あと、職場が全部女性しかいなかったので、風通しが悪い感じの空間で。お給料も本当に安かったし。でもちょっと格式高い感じの店だったので、やることはしっかりしたことを求められてるみたいな感じが、しんどかったんだと思います。［……］で、本来その日は絶対に休みを入れなければならないって日があったんですけど、シフトをバッと書かなきゃいけないときに、その日を、そのまま休みにせずに送っちゃって、それでパニックになってしまったみたいなのがあって、その二つで辞めてしまいましたね」

以上の語りから、Rさんの一度目の〈失踪〉と二度目の〈失踪〉は、同じようなパターンで起こったわけではなく、その経緯は異なるものであることがわかる。一度目の〈失踪〉では、職場の環境に対しては大きな不満はなかったものの、ほんの些細なきっかけから、職場に行かなくなったようである。その動機については、Rさん自身もはっきりとはわからないようで、明確に語ることはできなかった。それに対して、二度目の〈失踪〉に関しては、職場の環境が思わしいものではなかったという背景や、また本来出勤できないはずの日を誤って勤務日としてしまったという経験も語られていた。二度目の〈失踪〉に関しては、退職の動機も、直接的にきっかけとなった出来事についても、Rさんは明確に自覚していたと言えるだろう。

このように、二度の〈失踪〉は、それぞれ経緯が異なるものであったものの、その後に職場に対して一切連絡を取らなかったという点に関しては、共通していたという。では、Rさんはなぜ、退職の連絡を職場に対してしなかったのか、あるいはできなかったのか。また、その後の職場からの連絡に対して、返事をしなかったのか。それらの理由に関して、Rさん自身はどのように捉えていたのだろうか。Rさんの語りを見てみよう。

質「えっと、結構その二つのケースでかなり経緯とか状況が違うと思うので、なかなかその両方に関してという質問は難しいと思うので、それぞれお伺いするのが良いのかなと思うんですけど。一つ目と二つ目の職場に対して、自分が飛んでしまったことで思うことというか、ちょっと質問が難しいんですけど、たとえば申し訳ないとかでもいいですし、あるいは清々したとかでもいいですし、それぞれについて思うところを……」

R「その、やってしまったことは両方ともよくないことだと、自分でもしっかり思っていて、申し訳ないというものは持っているんですけど。二つ目のケースに関しては、月末の二十何日かに辞めてしまったので、まだ最終日までちょっと自分のシフトがある状態で辞めてしまったので、そこに対してはかなり申し訳ないなあと思ってはいますね。あと、そちらに関しては、お金は一ヶ月分まるまるもらっていないので、お金ほしいな、と思ったんですけど。自分の都合で勝手に辞めちゃったので、お金もらうのもなんかしんどいなあと思いつつ。二年たったら、お金が請求できなくなるみたいなんですよ、法律上。私が調べたので知ったかぎりでは。で、もう私はお金がたぶん請求できないんですけど、できませんって言われたら、もうできない。断られたらもう自分が我を通すことができない状態なんですけど。まあ、お金がもらえなかったのは、もらえたらよかったなあって思うんですけど、もらうぐらいならほんとに働きたくないし、あんまり関わり合いたくないなあって気持ちのほうが、強かったですね」

R「一つ目のお店に関しては、そちらは結構私はよくしてもらったというか、お店のなかの人たちのことも割と好きだったし、嫌なこととかも、まあまあ、ありはしたけど、私は恩を感じていて。中で働いている、いろいろフルーツとか用意する裏方をやっているおばちゃんとか、あとチーママみたいな指導役のお姉さんにも、ものすごくよくしてもらっていて。いろいろ物をもらったりとか、ドレスをもらったりとかもして。指導も結構、こういう風にしたらいいっていうのを教えてもらったりとかしたので、そのお店に関しては、自分は結構好きだったので、なんで辞めちゃったのかなって気持ちがあるんですけど。そちらに関しては頻繁に連絡が来ていたけど、返しづらかったのは、まあ、嫌いだから返せなかったんではなく、割とその、みんなのことが好きだったから、余計返しづらかったっていうのは、あるかもしれないですね」

上の語りのように、Rさんは両方のケースに対する自身の非を明確に認めたうえで、二つのケースに対する自身の認識を述べている。それによれば、二度目の〈失踪〉では、「自分の都合で勝手に」仕事を辞めてしまった申し訳なさと、職場に対する否定的な印象から、本来は請求できるはずの給料を請求することができなかった、ということになるだろう。その際の感情について、Rさんは上の語りとは別の個所で、「それ以降連絡を取るのもちょっと、怖いというか気まずい」とも語っていた。

このように、良くない印象を抱いていた人間に対して、もう連絡を取りたくないと思うことは、ごく自然な感情の営為であろう。しかし、興味深いことに、一度目の〈失踪〉で職場と連絡を取らなかった（取れなくなった）理由に関しては、Rさんは逆のことを語っていた。すなわち、一度目の〈失踪〉に関しては、Rさんは職場の同僚に対して好意的であったからこそ、余計に連絡を返しづらかったという旨を述べていたのである。実際、Rさんは、一度目に〈失踪〉した職場から来るさまざまな連絡――ちなみに、Rさんはそれらを「生存確認」と呼んでいた――に対して、返事はおろか反応さえもしないという徹底ぶりであったという。このエピソードに対して補完的な説明を加えるとしたら、「親密な関係」にある相手に対しては、みずからの望ましくない行い――今回の場合は、職場を「飛んだ」こと――に対する「申し訳なさ」が増してしまう、ということになるだろうか。少なくともRさんが、この一度目の〈失踪〉に際しての感情を、二度目の〈失踪〉に際しての「怖いというか気まずい」とは異なるものとして語っているのは確かであろう。

一度目の〈失踪〉で、Rさんが最初に職場に行かなくなったきっかけは、ほんの些細な出来事であり、Rさん自身もはっきりとは語りえなかった。一方で、職場から去った後に、職場からの連絡に応答しなかったのは、職場の同僚への好意と「申し訳なさ」であると語られていた。ここで、本章における家族からの〈失踪〉経験者の語りの分析から得られた成果を、もう一度思い返しておこう。その成果の一つは、〈失踪〉の原因を考察する際には、当初の「離脱行為」と、その後の連絡に対する「応答の拒否」を、区別して捉えるべきであるという洞察であった。Rさんの特に一度目の〈失踪〉についての語りは、上記の「離脱行為」と「応答の拒否」を区別する視点が、Rさんの経験に対しても適用可能であることを示していると言えるだろう。Rさんの語りのなかでも、二つの動機は異なるものとして語られていたからである。

また、職場に対する「応答の拒否」の理由に関しては、一度目の〈失踪〉と二度目の〈失踪〉で対照的な感情が表れていた。すなわち、一方では職場への好意が、もう一方では職場への嫌悪が語られていたのである。そのような対照性にもかかわらず、両方のエピソードには、共通点も見出すことができる。それは、一度目の失踪では職場の同僚の好意に対して、二度目の失踪では職場の人間との関係を継続せよという要求に対して、もはや応えることができない状態にRさんが陥っていたという点である。これは、先に取り上げた家族からの〈失踪〉経験者であるKさんとLさんが、「家出」の後に、両親に叱られる恐怖から長期にわたり家族と連絡を取れなかったというエピソードと、似てはいないだろうか。

Rさんは現在も、「飛んだ」二つの職場がある場所には近寄らないようにしているという。もちろんそれは、かつての職場の同僚と会ってしまうことを極力避けるためである。

Ⅳ 「親密な関係」に繋ぎとめるもの

第7章　親密なる者への責任

1　責任という問いへ

本書の目的は、社会的・経済的条件やリスク意識や愛に還元されないような、「親密な関係」からの離脱に対する抵抗感の根拠となる原理を明らかにすることであった。以上の目的に基づいて、本書の第Ⅱ部（第3章）と第Ⅲ部（第4章〜第6章）では、失踪の有する意味についての実証的な調査研究を行ってきた。ここではまず、第3章から第6章にかけての調査研究の成果を振り返っておくことにしよう。

これまでの本書の歩み

まず、第3章では、雑誌記事における失踪言説の変遷を分析することで、一般的に失踪がどのような点で「問題」とされてきたのかを明らかにした。分析の結果、社会問題としての失踪の語られ方は、戦後の家族の変容や、「個人化」の進展を背景として、時代ごとに変化してきたことが明らかになった。たとえば一九七〇年代から八〇年代にかけて頻繁に語られた「蒸発」の言説は、その表現が独特であったばかりでなく、内容に関しても、他の時期には見られないような特徴を有していたのであった。また、以前は失踪者が批判の対象であったのに対して、二〇一〇年代の「高齢者所在不明問題」における失踪言説においては、新たに失踪者の家族の側が批判の対象となっていた。そのような通時的な言説の分析を通して、最終的に私たちは、失踪が問題とされる根拠を以下の三種類に整理した。それは、失踪者本人が被るリスクへの危惧、逸脱的行為の温床となることへの危惧、家族を見捨てることへの批判であった。そして、家族を見捨てることがしばしば「無責任」であると語られていたことから、本書では家族を見捨てることに対する批判の根拠となる倫理を「親密なる者への責任」と呼ぶことにしたのであった。

次に、第4章では、失踪者の家族へのインタビュー調査によって、残された者たちにとって失踪がどのような意味で望ましくないのか、あるいは逸脱的であるのかを分析した。ボスの「曖昧な喪失」研究で示唆されていたように、「失踪者との再会を強く望む」失踪者の家族たちは失踪者の不確定な生死を憂慮することからくるストレスに苛まれていた。しかし、失踪者の家族たちが失踪を望ましくないものとして捉える根拠はそれだけではなく、たとえば失踪者が不在である状況が、制度や法律における失踪者の扱いと食い違うことで生じる社会的・経済的負担もまた、家族たちの困難の一因となっていた。そのような失踪者の家族たちの語りのなかでも、本書が特に注目したのは、失踪者の妻たちにとって、失踪者が家族のなかで父親の立場であるにもかかわらず姿を消したこと――家族を「捨てた」こと――が強い非難の対象となっていたという点であった。加えて、失踪者が家族たちの呼びかけに対して応答しないことを、家族たちが逸脱的な状態として捉えていたということが、「失踪者との再会を強く望む家族」と「失踪者との再会を強くは望まない家族」の双方の共通点として見出された。

第5章では、第4章の調査で明らかになった失踪者の家族たちの困難を踏まえて、特に「失踪者との再会を強く望む家族」を支援するあり方を模索した。具体的には、ボスの「曖昧な喪失」のケアモデルにおいて情報提供者の役割に十分に焦点が当てられていないことに着目し、その点を補完するために、MPSの支援活動に対するケース・スタディを行った。MPSのメンバーたちの語りから浮かび上がったのは、彼らが失踪者の家族と接する際に抱えている、情報提供とケアの矛盾という課題であった。しかし、MPSのメンバーと家族の関わりからは、支援者が家族たちにたんに情報を提供するのみでも、家族たちの物語を聴き続けるのみでもない、支援者が家族たちの物語作りに能動的に参与するという支援のあり方の可能性も見出されたのであった。また、この章では、副次的に筆者の失踪というフィールドにおける立ち位置も説明することができた。

そして、第6章では、失踪者にとって失踪がどのような意味を持っているのかを問う、失踪者本人に対する研究を行った。具体的には、先行研究の不足点を踏まえたうえで、成人の〈失踪〉経験者三名の語るライフストーリーに対して詳細な研究を行った。彼／彼女らはいずれも家族の前から姿を消した経験を有する者たちだったが、そのなかでも失踪が長期にわたっていたKさんとLさんの語りは、互いに多くの共通点を有していた。KさんとLさんの失踪が長期化する過程で行われていたのは、離脱行為に対する家族の怒りを想像し、その恐怖から家族と連絡を取らないという選択であったという。二人の語りから、行為としての〈失踪〉には、かならず応答の拒否という選択がともなっているということを再確認することができた。その一方で、自殺未遂の果てに、友人の手引きで姿を消したMさんの失踪は、結果的に三週間という短期間で終わっていた。Mさんの語りから、MさんがKさんとLさんの場合とは異なり、家族の元に短期間で帰還することができた背景には、失踪による責任からの解放と呼べる心境の変化があったことが明らかになった。

本書の調査研究の成果は、以上のようにまとめることができるだろう。これまでの研究によって、失踪が有する意味に関して、多くの新たな知見を得ることができたと著者は信じている。しかし、それらの成果は、同時にいくつかの新たな問いを提示するものでもあった。たとえば、現代のマスメディアの失踪言説において、失踪者の家族たちが新たに批判の対象となっているのはなぜか。より正確に言えば、現代において、失踪者の家族が批判の対象となるような失踪が問題として語られがちなのはなぜなのだろうか。また、失踪者の家族へのインタビューのなかで、失踪者が配偶者にとりわけ激しく非難されていたのはどういうことなのか。失踪者に借金トラブルのような明確な落ち度があるとはみなされない失踪や、失踪者が生存している可能性が高くない失踪のケースでも、配偶者が夫を責めるのはなぜだろうか。そして、失踪者本人にとって、失踪が人生にとって肯定的な意味を持つことがありうるとしたら、それはどのような条件に依るのか。特にMさんのケースにおいて、失踪がMさんを責任から解放したというのは、どういうことなのか。

これらの新たな問いに加えて、本書のもっとも大きな主題である、「親密な関係」からの離脱に対する抵抗感の根拠となる原理に関しても、依然として明確にはなっていない。このような状況を踏まえると、これまでの本書の歩みは、悪戯に疑問を増やしただけのように思われるかもしれない。しかし、問いの数が増えることは、必ずしも答えから遠ざかることを意味しない。たとえば数学における連立方程式がそうであるように、複数の問いを並べて考察することは、それらの問いに何らかの共通点があるかぎりにおいて、その共通点をあぶり出し、答えを導くことに寄与するからである。

鍵となる責任の概念

では、本書で導かれたいくつかの問いに共通して関係する要素とは一体何なのだろうか。ここで、第3章のマスメディアの失踪言説において、家族を見捨てることがしばしば「無責任」であると語られていたことを思い起こすべきであろう。私たちは、このように失踪者が批判の対象となる際に根拠となる倫理を「親密なる者への責任」と呼んでいた。第4章の末尾でも触れたように、それは失踪者からの応答の不在を逸脱視する家族たちの態度とも、何らかの関わりがあることが想定される。付け加えておけば、雑誌言説が失踪者を「無責任」であると批判する際の物言いと、当事者である失踪者の配偶者たちの切実な語りは、問題との距離感はまったく異なるものの、双方とも失踪者が家族を「捨てた」ことを非難しているという点で、両者のレトリックは似てはいないだろうか。

さらに、この「責任」という言葉は、〈失踪〉の経験者であるMさんの語りにおいても用いられ、またMさんの〈失踪〉を理解するための鍵となる概念の一つでもあるようだった。ここまでくると、もはや私たちは責任という概念に対して関心を向けざるをえないだろう。

ここで示唆的であるのは、家族関係をめぐる自由と不自由について考察する土屋葉（2013）の分析である。土屋は、家族関係から容易に逃れることができない根拠として、「『ふつうの家族』という幻想」、「愛情体験への拘り」そして「関係の非対称性」を挙げている。この土屋の議論において重要であるのは、他者から逃れることができない根拠となる関係の非対称性には、相手が自己よりも強い立場にあるケースのみではなく、相手が自己よりも弱い立場にあるケースも含まれるということである。たとえば、親なしでは生きられない子が親から逃れることが困難であるのは当然だが、同様に、一般的に子に対して強い立場にある親もまた、子を「棄てる」ことには強い抵抗を感じることになるという。

土屋は、この弱い者との関係が有する拘束性を説明する際に、しばしば責任という概念を用いている。土屋によれば、日本では母親が子どもを育てる責任を引き受けることになっており、その責任を放棄することは許されないとみなされている。そして、寝たきりの親や、未成年の子どもとの関係を分離することは、弱い立場にある親／子への責任を負わないという選択であるとみなされるがゆえに、親／子を「棄てた」主体は、内外からの批判や、罪悪感に苦しめられるのだという。このような種類の責任の倫理は、ケアを根拠づけるためにしばしば議論の対象となるものだが、土屋の議論は、責任に対する規範意識が、ケアだけではなく人間関係の接続と切断にも深く関わっていることを示唆するものであると言えよう。

ただし、土屋の議論では、責任の概念に対する検討がなされているわけではないので、非対称な関係において責任が生じるとされる際に、それがどのような意味での責任なのか、また、なぜ人間関係を切断することが責任の放棄としてみなされるのかについて、言及がなされているわけではない。

では、責任という概念は何を意味していて、また私たちのどのような感覚や意識を名指すものなのだろうか。そして、責任は、失踪といかなる関係にあるのだろうか。本章では、この点について考察するために、責任とはいかなる倫理であるのか、そして、一般的に私たちはそのような倫理からどのような規範意識を備給されているのかについて、理論的に整理しておきたい。その作業と並行するかたちで、先に挙げたいくつかの問いに関しても、「親密なる者への責任」の観点から順次考察を行ってゆくことにしよう。

2 本書における責任の定義

最初に、責任（responsibility）という言葉の意味を確認したうえで、その概念の定義を行っておくべきであろう。まず、一般的な辞書における責任の項目を確認しておく。『広辞苑 第四版』では、責任の意味は「人が引き受けてなすべき任務」として端的に説明されている。ただし、この定義はあまりに一般的過ぎるがゆえに、引き受けてなすべき任務がどのようなものであるときにそれは責任と呼ばれるのか、またどのような場合に責任が生じるのかについて何も語っていない。よって、この定義のみでは、私たちにとって責任はどのような概念であるのか、また他の概念——たとえば「義務」——とどのように区別されるのかが判然としない。

そこで、もう少し専門性を上げて、学術的な辞典における責任の定義を見てみよう。『現代社会学事典』において、責任の概念は次のように定義されている。

> 責任とは、主体がみずからの行為の結果を担うことである。行為者が自由な主体であるときにのみ責任は成立するのであり、このとき主体は、みずからの行為の結果を引き受けねばならない。（高谷 2012: 781-2）

この定義では、責任という概念が指し示す「人が引き受けてなすべき任務」が何なのかが明確に説明されている。この定義によれば、行為者が自由な条件の下で何事かの行為をなしたとき、その行為の結果を担うことが、責任という「任務」の内実なのであり、そのような構図全体が責任と呼ばれる。「結果を担う」「結果を引き受ける」とは、さしあたり社会的な道徳やルールに反する行為をした場合に行為者が罰を受けたり、被害者に対して償いをしたりすることを意味しているとみなして差し支えないだろう。ただし、同定義では「行為者が自由な主体であるときにのみ責任は成立する」とされており、これはすなわち、当該行為が本人の意志によるものではないとみなされたり、自由な状況ではなく何らかの強制の下で行われたと判断されたりする場合には行為者は責任を問われないことを意味している。たとえば現代社会において禁忌とされている殺人でも、正当防衛とみなされた場合、行為者がその責任を問われないケースが存在する。以上のような責任の捉え方が、少なくとも現代において私たちが一般的に用いている責任の概念の用法とそう離れたものではないことについて、異論はないだろう。

ただし、たとえば成田和信（2004）・大庭健（2005）・高谷幸（2012）らが述べるように、行為者が自由な主体であることを責任が成立する条件とみなすことに関しては、古来より決定論との両立可能性をめぐる哲学的議論が行われてきた。仮に決定論的な世界観を採用するのであれば、行為者に行為の選択の余地など存在しないことになり、それゆえ自由な主体であるという責任が成立する条件も成り立たないからである。また、後述するように、自由な主体であることを成立の条件とする責任の捉え方に対しては、現在でも重要な批判が提起されている。

それゆえ、ここではより普遍的な条件で成立する、responsibility の原義すなわち「応答可能性」に基づく責任概念の定義が存在することも確認しておこう。[*1] たとえば大庭健は、責任を「互いに応答（リスポンス）が可能だという、間柄の特質」（大庭 2005: 28）として説明している。そして、「個人ないし行為主体に帰せられる責任とは、そうした呼応可能な間柄を維持し、育ててゆく態度に他ならない」（大庭 2005: 28）という。[*2] このような責任の定義は普遍的であるがゆえに、本節の冒頭で見た「人が引き受けてなすべき任務」という責任の定義から、ほとんど何も変わっていないとも言える。しかし、責任の概念が指し示す「任務」がすべて何らかの「応答」であるということは、それだけで種々の責任の概念に共通する重要な特徴を示唆している。すなわち、「応答」という概念が応答先となる他者を不可欠に前提としている以上、責任の概念には、原理的に他者性が——あるいは社会性が——含意されているのである。

以上の議論を踏まえて本書では、責任の概念を暫定的に、「ある出来事に関する他者からの呼びかけに対して、応答すること」という意味で用いてゆくことにしたい。[*3] なお、ここでいうところの「出来事」とは、過去の出来事のみならず、想定される未来の出来事も含む。それゆえ、たとえば「想定される出来事を避けるべき」であるという他者からの呼びかけがあった場合、出来事を避けるための行為を行うことは、呼びかけに応答したと——すなわち責任を果たしたと――みなすことが可能である。このような責任の用法については、本章第4節で検討することになるだろう。

3　責任の「行為‐因果モデル」

前章で確認した、「行為者が自由な主体であるときにのみ責任は成立するのであり、このとき主体は、みずからの行為の結果を引き受けねばならない」という責任の原理を、以下では責任の「行為‐因果モデル」と呼んでおくことにしよう。では、責任の「行為‐因果モデル」による責任帰属、ならびにそれによって生じる規範意識は、本書でこれまで見てきた失踪の意味をどこまで説明することができるのだろうか。

配偶者たちの語り再考

まず、一般的に「行為‐因果モデル」では、出来事がある者によって自由に選択された行為の結果として生じたと判断される場合に、その行為者に責任が帰属することになる。これを失踪に当てはめると、「失踪者が家族から離脱することをみずから選択したと判断される場合に、失踪者本人に責任が帰属する」ということになるだろう。そして、出来事の責任者とみなされた者は、その出来事に対して何らかの応答――罰を受けたり、結果を補償したり、釈明をしたり――をすることが求められることになる。この図式に基づけば、出来事に対してきちんと応答しようとする態度は「責任ある態度」となり、逆に、責任が帰属されたのに応答を怠るものは「無責任な態度」であるとみなされることになる。

このような構図を用いて失踪者本人を厳しく責めていたのは、失踪者の配偶者だったと言えるだろう。第4章第6節で分析したように、本書で取り上げた失踪者の配偶者たちは、失踪を約束の反故や裏切り、背信行為として非難していたのであった。ここで特に注目すべき箇所を、失踪者の配偶者であるDさん、Eさん、Fさんの語りより再掲しておこう。

もう、ね。ほんでね、家出る前もね、「全部お金使ったけれども、そんなんはもう忘れてしもて、また一から、若いから頑張ろう」って、そこまで話合うたんですねん。そしたら、『そうやな』って言うてくれたんやけども……。（Eさん）

それでも子どものこと思うんやったら電話かけてくるよなって、この一ヶ月はだんだん思えてきた。まったく電話もかけてきやへんし、「もう居場所は言えへんけど子どもどうしてる？」とかいう言葉の一つでも掛けてくれたら良かってんけど、まぁ私に合わす顔も無いから、んー、かける言葉もないから電話もしてきやへんとは思うんやけど、でもそれってズルいよなぁって思って。（Fさん）

これだけのことをしでかして消えたら、死んでいて欲しい。……死にきれなかったら連絡してくれればいいじゃない。そう思いません？ すごく単純に考えて。何にもなければ、その、ね？……なんか、これでもし生きていたとしたら、毎日が背信行為だと思うし、私は正直言って潔く死んでいて欲しい。（Dさん）

これらの箇所で重要であるのは、たんに家族から離脱した行為が非難されているだけではなく、それ以上に、離脱後に連絡をしてこないという応答の不在が責められているという点である。なぜ、応答の不在こそが配偶者にとっては非難の対象となるのか。この問いに対しては、もはや次のように解釈することが可能であろう。すなわち、応答の不在こそが非難の対象となるのは、失踪者たちがみずからの行為によって生じた出来事に対する応答を行っていない、すなわち「無責任な態度」をとっているように見えていたからではないか。このように、責任の「行為－因果モデル」を用いることで、失踪者の配偶者たちの語りはより明瞭に説明することが可能であるし、この点からも、失踪が責任という倫理的な問題系に関わっていることは明らかなのである。

ところで、意図的な〈失踪〉による応答の不在は、責任の「行為－因果モデル」においては「無責任な態度」一般に該当するものとしてみなされるが、しかしより注意深く見てみると、そこから〈失踪〉という行為の特殊性を理解することが可能である。まず、「行為－因果モデル」においては、出来事の原因となる行為と、出来事に対する応答は、異なる行為であることが一般的である。たとえば、ある者が人を殺した後に、罪を償う態度を見せずに警察から逃げ続けているとしよう。この場合、出来事の原因となった殺人と、出来事に対する応答――罪を償わないことや、逃亡――は、それぞれ別の行為である。しかし、〈失踪〉の場合、失踪という出来事の原因となっている行為が〈失踪〉であると同時に、応答しないという選択もまた〈失踪〉によって為されている。このように〈失踪〉は、出来事と「無責任さ」を、いわば一つの行為から構成してしまうのである[*4]。そのため、失踪者を非難する配偶者たちの語りも、どこまでが家族から離脱したことを責める内容で、どこからが応答の不在を責める内容であるのかを区別することは困難であると言える。出来事自体が、いわばその出来事に対する応答の不在を意味している――この失踪の性質こそが、失踪者の家族たちが失踪を捉える際に見せる、戸惑いの原因の一つなのではないだろうか。

責任の「行為－因果モデル」の限界

ところで、私たちが「親密なる者への責任」という概念を見出す契機となったのは、以下の雑誌記事の言説であった。

> 蒸発するというのは、逃げ出すことですから、人間としてだらしがない、責任感がない男なわけです。蒸発することで責任回避をしようとするわけです。
>
> 家庭を持つということは、自分一人ではなく、妻や子どもたち、ときには親の生活まで面倒をみる。責任を持つということなのです。

それを、自分が辛くて耐えられないからといって逃げ出すような男には、もともと、結婚する資格なんかないのです。(『週刊女性』1978.6.6)

前項で用いた図式を用いれば、「蒸発する」＝「逃げ出す」ことが、なぜ「責任感がない」ことになり、「責任回避」になるのかについても、次のように説明することが可能だろう。すなわち、「逃げ出す」ことは、家族にとって望ましくない出来事を生じさせると同時に、その出来事に対して応答することを拒否する行為であるという意味で、無責任なのだ、と。

ただし、その次の記述では、「家庭を持つ」ということが、「責任を持つ」ことであり、妻や子どもや親の面倒を見るということであると語られている。この言説に対しても、責任の「行為－因果モデル」で説明できるだろうか。差しあたり、妻や子どもたちや親の面倒を見ることが、責任を果たすための応答の一種であると捉えると、夫に対して責任が帰属するのは、夫が家庭を持つという選択をみずからの意志で行ったからであるということになるだろう。しかし、夫が家庭を持った後に起こる妻や子どもや親にまつわるすべての出来事の原因が、すべて夫の結婚という選択のみに帰すことができると考えるのは無理があるだろう。決定論的な見方を採用する場合でも、個人の自由意志の存在を認める場合でも、いずれにせよそれらの出来事には、夫の結婚という選択以外の原因も関わっているとみなす方が自然である。それにもかかわらず、なぜ夫に妻や子どもや親の生活の面倒をみる責任が帰属するのだろうか。このような問いが残る以上、責任の「行為－因果モデル」のみでは、「親密なる者への責任」のすべてを説明しきることはできないようである。

また、責任の「行為－因果モデル」は、失踪者の家族たちの失踪に対する規範的判断に関してもすべてを説明できるわけではない。そもそも責任の「行為－因果モデル」では、行為者が自由な主体であったときのみ、責任が成立するのであった。しかし、たとえばDさんのケースでは、第4章第6節で見たように、失踪した夫は以前から精神科にかかっており、また遺書らしき書置きを残していたのであった。そのため、Dさんの夫の失踪が、失踪者の自由な選択の結果であったのか、それとも精神疾患によってみずからの意志とは無関係に生じたのかの判断がつかず、さらには家出だったのか自殺であったのかもわからない状況であった。このような状況では、「行為 - 因果モデル」では失踪者に明確な責任が帰属するとはみなせないだろう。しかし、Dさんは失踪の不確定な実態にさまざまな推測を加えつつ、それでも夫を厳しく責めていた。よって、Dさんの対応には、責任の「行為 - 因果モデル」では説明しきれない何らかの判断、あるいは感覚が介在していたとみなすのが妥当ではないか。

その一方で、失踪者の親に当たる立場の家族たちは、たとえ失踪者がみずからの意志で家族から離脱した可能性があっても、失踪者を厳しく責めることはしなかった。同じように失踪の原因が不確定な状況であっても、失踪者の配偶者と親の立場で失踪者に対する捉え方がまったく異なるのはなぜなのだろうか。さらに言えば、第4章第6節で分析したように、失踪者と家族との関係や失踪の状況はケースによって異なるにもかかわらず、本書で調査したすべての家族たちは、みずからの呼びかけに対して失踪者が応答すべきという前提を共有していた。この前提は、「親密なる者への責任」とどのように関わっているのだろうか。これらの点についても、責任の「行為 - 因果モデル」では説明ができない。

4　責任の「傷つきやすさを避けるモデル」

前節では、責任の「行為 - 因果モデル」によって、本書でこれまで観察してきた失踪の意味を解釈することで、同モデルの適用可能範囲と、その限界とを示した。それに対して、本節ではR・グディンの「傷つきやすさを避けるモデル」を用いることで、前節では解釈しきれなかった部分を補完することを試みる。

根源的責任論

これまで私たちは、責任の倫理を「行為 - 因果モデル」の図式を用いて捉えることで、失踪の有する意味と責任との関係を分析してきた。しかし、そもそも責任の「行為－因果モデル」は、私たちの責任に関する感覚や判断のすべてを説明しきれているのだろうか。この点に関して、たとえば小坂井敏晶（2008）は、自由意志を原因として行為が生ずるから責任を負うという、本書が「行為－因果モデル」と呼ぶ図式を否定する立場をとる。小坂井によれば、因果律による発想、すなわちある主体の自由意志に基づいた行為が原因で結果が生じたので、その結果の責任を当該主体が追うという発想では、私たちが行う責任の帰属過程はけっして説明されえない。この因果律とは別の原理によって責任が問われることの典型例が、「集団責任」の概念であるという。[*5] たとえば日本人は、現在でも過去の戦争について被害国から責任を負うように求められている。しかし、現代の日本人にとって、日本という国家の、しかもみずからが生まれる前の戦争行為に、みずからの行為が関わっていないことは明白であろう。よって、少なくとも単純な「行為－因果モデル」では、「集団責任」が生じる過程を説明することはできない。[*6]

「集団責任」の概念は、責任がときに自己の意志や因果関係とは無関係に生じるものであることを示唆していると言えるだろう。このような責任の性質は、K・ヤスパースの「形而上学的な罪」の概念においても見出すことが可能である。ヤスパース（Jaspers 1946=1998: 49）によれば、「形而上学的な罪」とは、以下のような根源的な罪責感を指す概念である。

> そもそも人間相互間には連帯関係というものがあり、これがあるために人間は誰でも世のなかのあらゆる不法とあらゆる不正に対し、ことに自分の居合わせたところとか自分の知っているときに行われる犯罪に対して、責任の一半を負わされるのである。（Jaspers 1946=1998: 49）

ヤスパースの議論にしたがえば、私たちにはみずからの行為如何にかかわらず、世界の出来事に対して責任を負っているという感覚が存在するということになる。このように責任の原理的な遍在性を認めるのであれば、やはり責任の「行為－因果モデル」は、責任にまつわる感覚のすべてを説明するわけではないと言えるだろう。[*7]

E・レヴィナスもまた、普遍的な責任を倫理の根源に位置づけている。レヴィナス（Lévinas 1961=2005）によれば、責任は、他者からの問いかけにさらされ、応答を迫られたときに生じる。その際、私に応答を迫ってくるのは、「顔」の現前であるという。レヴィナスによれば、「顔の現前――〈他者という無限なもの〉――とは、困窮していることであり、第三者の現前（言い換えるなら、私たちを見つめるすべての人間の現前）であって、命令することを命じる命令である」（Lévinas 1961=2005 下：74）。このように、「顔」は他者の困窮を、すなわち弱さや無防備さを訴えるのであり、その問いかけを前にして私たちは応答せずにはいられない。さらに、レヴィナスにとって責任は回避不可能なものであると同時に、「無限責任」でもある。「責任が無限なものであるとは、責任が現実に果てのないものであることを表現しているのではない。責任が引き受けられれば引き受けられるほどに、責任が増大してゆくことを現している」（Lévinas 1961=2005 下：149）。そして、そのように責任からけっして逃れることができないということこそが、倫理的主体としての「私」を成立させている。

瀧川裕英（2003: 151-2）によれば、現に営まれている責任実践の背景に、レヴィナスが論じた他者に対する責任があることは否定できないという。責任の実践においては、たとえみずからの責任を否定しようとしても、みずからの責任を否定しようとすればするほど弁明という応答を行っていることになるからである。このような事実は、私たちが応答から逃れることができないということを示唆している。ここでは、そのような現実的な責任実践の根源にある責任を、瀧川にならって根源的責任と呼んでおくことにしよう。

さて、根源的責任の感覚は根源的であるがゆえに、それは**たとえどのような事情があっても**他者に対して応答しなければならないという規範として前景化することが想定される。ところで、失踪者の家族たちもまた、失踪の状況はケースによって異なるにもかかわらず、失踪者たちが呼びかけに対して何らかの応答を行うことは当然の営為であるという前提を共有していたのであった。この前提にも、上記の根源的責任から生じる規範意識が現れているとみなすことができるのではないか。家族たちの失踪者への応答への要求は、応答しなければならないという規範意識の裏返しであると捉えることができるからである。さらに言えば、応答の消失をともなう失踪は、たとえどのような事情があっても他者に応答しなければならないという、根源的責任の倫理に必然的に反することになるだろう。これまで目撃してきたように、「消える」ことがしばしば「逃げる」ことに置換されて非難の対象となるのも、「消える」ことにともなう応答の消失が――本人の意図や事情とは無関係に――この根源的責任からの逃避としてみなされるからではないだろうか。根源的責任の倫理は、あらゆる「消失」を「逃避」へと変換してしまう。このような事情から、根源的責任から生じる規範は、なぜ失踪したのかわからない失踪者に対しても、絶えず応答を求め続けることになるのである。

グディンの責任論

前項では、行為者や原因の所在にかかわらず、他者に対して応答しなければならないという根源的責任の感覚について論じた。ただし、そのような感覚が私たちの倫理の根源に存在するとしても、現実において私たちはすべての他者の呼びかけに対して等しく応答しなければならないと捉えているわけではないし、実際に応答しているわけでもないだろう。現実的には、相対的により強く応答しなければならない――すなわち責任を果たさなければならない――ようにみなされる場面と、そうではない場面が存在している。では、これらの「行為－因果モデル」によらない責任の強弱あるいは濃淡は、どのような条件によっているのだろうか。この点について捉えるために、本節では「行為－因果モデル」を補完する、あるいは包含しうる、別の責任帰属のあり方を検討したい。

先に見たレヴィナス（Lévinas 1961=2005）の議論では、責任は弱さとして現前する「顔」からの問いかけによって生じるのであった。言い換えれば、責任は、自己と弱い他者との関係において成立しているとみなすこともできる。このような他者との関係を前提とした倫理のあり方の一つとして挙げることができるのは、C・ギリガンによって見出された「ケアの倫理」であろう。ギリガン（Gilligan 1982=1986）は、「正義の倫理」と「ケアの倫理」を対置し、普遍的な原則ではなく個別具体的な他者への配慮を根拠とする後者の倫理が、従来の発達段階論では看過されてきたことを指摘する。では、「ケアの倫理」において重視される他者への配慮は、私たちの責任の帰属や実践の過程とどのように関わっているのだろうか。この点について確認するために、ここでは他者の「傷つきやすさ」と責任との関係について詳細な議論を行っているR・グディンの責任論を参照してみたい。

先述したように、責任の「行為－因果モデル」では、「家庭を持つ」ことによって帰属する責任について十分に説明することができなかった。グディン（Goodin 1985）もまた、責任の「行為－因果モデル」――グディン自身は「契約モデル」という言葉を用いている――は、家族関係に代表される「特別な責任」を説明しえないという点を指摘する。そしてグディンは、「行為－因果モデル」に代わる責任の原理として、「傷つきやすさを避けるモデル」（vulnerability Model）を提唱する。[*8]「傷つきやすさを避けるモデル」の原則は、以下のとおりである。

Aの権利がBの行為や選択によって傷つきやすい状況に置かれている場合、BはAの権利を保護する特別な責任を負う。この責任の強弱は、BがAの権利にどの程度影響を与えうるかに厳密に依っている。（Goodin 1985: 118）

この原則にしたがえば、親が子どもに対する重い責任を負うのは、みずからの行為や選択が子に大きな影響を与えうる――子どもを傷つけることもできるし、被害から守ることもできる――立場にあるからである。[*9]同様に、私の足下で誰かが溺れていることを目の当たりにした私の責任は、助けに行けないような遠い対岸で誰かが溺れている場合よりも重いということになる。ただし、本書にとって重要であるのは、当該原則におけるAの立場に誰がなるのか、そしてその必然性はどこにあるのかという点であろう。

この点に関して、グディンは責任（responsibility）と義務（duty）を以下のように区別している。グディン（Goodin 1986）によれば、義務はある行為を命令するのに対して、責任はある結果を導くことを命令する。よって、「Aに責任があるという状態は、行為に言及しているわけではまったくないし、実際には行為主体に言及しているわけでもない」（Goodin 1986: 51）という。これはすなわち、たとえばAが「飼い犬を養う」という責任を果たすにあたって、飼い犬をA本人が世話していようが、別のBが世話していようが、犬が他の場所から自力で餌を獲ってきていようが、結果として飼い犬が養われてさえいれば問題はないということを意味する。このように、責任は帰結主義的に判断される概念であるがゆえに、複数の者によって分有可能であるという性質を持つことになる。

責任の帰結主義的な性質によって、「傷つきやすさを避けるモデル」では、必ずしも出来事の原因とみなされる行為者が責任を負うわけではなく、責任を果たすことが可能である者であれば誰もが責任を負うべき主体となる。この点について、岡野八代は次のような例を挙げて説明している。

> たとえば、因果論的なモデルでは、母親や父親は子をもつという決意を最初にしたのだから、その行為の帰結としての子の養育に責任があるとされるが、「傷つきやすさを避けるモデル」からすれば、どのような経緯があったにせよ、もし母親や父親が最終的にその子の養育の責任が果たせるのであれば、彼女たちが「特別な責任」を果たすのが合理的だとする。だが逆に、子を養育する責任を、もし母親や父親が最終的に果たせない場合は、なんらかのかたちで、子に対する危害を避けるための責任を果たしうる者が果たす方がよい、と考える。（岡野 2012: 180）

このように、「傷つきやすさを避けるモデル」では、責任は個人の「傷つきやすさ」を避ける能力に応じて、配分されたり、分有されたりすることになる。以上のグディンの責任の捉え方は、責任が私たちの意志とは無関係に、「たいてい私たちに偶然降りかかってくる」（Goodin 1985: 133）という現実を説明するものであると言えるだろう。また、グディン（Goodin 1985）によれば、「傷つきやすさを避けるモデル」は、契約モデル――本書における「行為－因果モデル」――を包摂するものとして設定されている。

「傷つきやすさを避けるモデル」による分析

グディンの責任論は、弱い他者と関わることで私に責任が生じる過程を、責任の「行為－因果モデル」とは異なる方法で捉えることを可能にする。すなわち、「傷つきやすさを避けるモデル」によれば、私に責任が生じるのは、私がその他者と関わることをみずからの意志で選択したからではなく、私の選択によって他者が傷つきうる状況に置かれているからなのである。その際に、私はその他者に対して、彼／彼女が結果的に傷つかないように応じなければならない。このような意味での応答もまた、責任の論理における責任の実践のあり方の一つとみなすことができるだろう。

さて、本節では、失踪に付与される規範的な意味の根拠となる「親密なる者への責任」が、責任の「行為－因果モデル」のみでは説明できないという事態を受けて、それとは異なる責任の捉え方を考察してきたのであった。これまでの成果を踏まえると、雑誌の言説で男が「家庭を持つこと」が、なぜ「責任を持つ」ことであり、「自分一人ではなく、妻や子どもたち、ときには親の生活まで面倒をみる」ことであると語られていたのかという疑問に対して、次のように答えることが可能であろう。それはすなわち、彼が夫であり父であるために、彼によって家族たちが傷つきうるような立場に立っているとみなされるからである、と。それゆえ、彼は「妻や子どもたち、ときには親」が傷つかないように家族たちに応答することが要請される。このように、「親密なる者への責任」の言説は、「傷つきやすさを避けるモデル」によって、十全に説明されることになるのである。

さらに、「傷つきやすさを避けるモデル」は、失踪者の配偶者たちの語りに対しても、新たな解釈をもたらす。第4章第6節で私たちは、失踪者の妻たちが失踪者を非難していたことを確認したが、失踪者の親よりも妻たちが失踪者を厳しく責め立てる理由については、「失踪者が夫であり、家族にとっての父だったから」であるという、トートロジカルな結論しか出せなかったのであった。いまや、この結論は次のように言い換えることが可能だろう。すなわち、失踪者の妻たちが失踪者を厳しく責めていたのは、失踪者が父という家族を傷つけうる立場にあったにもかかわらず、失踪することで家族が傷つくことを避けることを怠っていたからである、と。このように捉えると、失踪者の妻たちの怒りの根拠の一つは、失踪が「親密なる者への責任」の論理に反するからであったと解釈することができるだろう。その一方で、本書で調査の対象となった失踪者の親たちは、失踪者である息子に世話をされるような立場ではなかったがゆえに、この観点から息子を責めることはしなかったと解釈することができる。

ところで、「傷つきやすさを避けるモデル」においては、失踪はその内実がどのようなものであれ、失踪者は家族が傷つくのを避けることを怠った責任を問われることになるのだろうか。ここで、責任が帰結主義的な倫理であり、「Aに責任があるという状態は、行為に言及しているわけではまったくないし、実際には行為主体に言及しているわけでもない」という点をふたたび想起すべきであろう。この性質にしたがえば、仮に失踪が失踪者の身勝手な意志によって選択されたものであったとしても、結果的に家族たちが傷つかないような状況になれば——たとえば、別の誰かが家族の世話を代替するなど——家族への責任は果たされたことになるだろう。逆に言えば、結果的に家族たちが傷つきやすい状況に置かれるのであれば、失踪がどのような事情によって行われたとしても——たとえそれが失踪者の意志によらないものであったとしても——家族への責任は果たされていないということになるのではないか。

もっとも、現実的には、失踪においてそのような意味での責任が果たされることは稀であるように思われる。「曖昧な喪失」の理論が示唆してきたように、失踪者の在／不在や生／死が曖昧になる状況では、残された者たちは精神的に身動きが取れなくなるのであった。また、失踪者の家族たちは、そのような精神的負担に加えて、失踪による社会的・経済的負担を不可避に背負うことになっていた。さらに、失踪には失踪者の応答の消失がともなうので、失踪者から別の者への、役割の交代がスムーズに行われることも考えづらい。そもそも、失踪者を愛していた家族にとっては、他の誰かが失踪者の代わりとなることで、喪失による傷を埋めることなど不可能なのだ。よって、失踪者とは異なる別の誰かによって、失踪者がそれまで果たしていた役割がただちに果たされるという結果は、にわかには想定しづらいのが現実であろう。

このような現実を踏まえると、失踪は、たとえその内実がどのようなものであっても、「傷つきやすさを避けるモデル」に照らせば、残された者に対する結果的な責任の不履行であるとみなされうるだろう。この場合、責任の不履行に対する怒りは、まずはかつて責任を負っていた失踪者に向けられることが想定される。もちろん、失踪者は失踪中であるがゆえに、その訴えに応答してくることはないのだが。失踪が、失踪者の自由な選択の結果として生じたのか不明であるにもかかわらず、Dさんが失踪者である夫を厳しく責めていたのも、このような事情によるものであったと解釈することができるだろう。

5　「親密な関係」と責任の倫理

「親密なる者への責任」の一般化可能性

本章でのこれまでの考察から、失踪は、責任の倫理に抵触するものとして捉えられる現象であることが明らかになった。責任の倫理に抵触するのは、次の二つの意味においてであると言えるだろう。第一に、責任の「行為－因果モデル」の観点からは、失踪が失踪者の行為による〈失踪〉であるとみなされた場合に、失踪者たちはみずからの〈失踪〉行為によって生じた出来事に対する応答を行っていない、すなわち「無責任な態度」をとっているようにみなされる。失踪は、出来事自体が、いわばその出来事に対する応答の不在を意味するという、特異な現象なのであった。第二に、「傷つきやすさを避けるモデル」の観点からは、失踪者が家族を傷つけうる立場にあったにもかかわらず、失踪することで、家族が傷つくことを避けることを怠っているという意味で、責任を果たしていないものとみなされる。本書では、失踪を批判する際に根拠となる倫理を「親密なる者への責任」と呼んでいたが、それは上の二種類の論理から成っているのである。

ところで、「親密なる者への責任」は、失踪が有する意味から見出された概念であるが、しかしそれは、責任という一般的かつ普遍的な倫理から説明されたものである。また、あらかじめ私たちは第4章第6節で、失踪の特殊性――失踪者の生死が家族にとって不確実なものとなること――に起因する問題を、「親密なる者への責任」の問題から切り分けておいた。それゆえ、「親密なる者への責任」は、失踪現象に限らず、より一般的な人間関係のなかにも見出すことができるはずである。

実際に、より一般的な人間関係からの離脱行為であっても、「親密なる者への責任」の観点から見て、望ましくない事態として映るケースは多々あるだろう。ある者が人間関係から離脱することは、失踪のようにまったく連絡がつかなくなるような極端な事態ではなくとも、少なくとも離脱以前よりは当該人物とのコミュニケーションの頻度が減ずることを意味する。よって、それは離脱時の経緯によっては、応答の拒否であるようにみなされる可能性がある。また、他者を守るべきとされている立場に置かれている者が、その他者との関係を切った場合、それは他者を保護する責務からの逃避であるように見えることもあるだろう。

また、本書で調査および分析を行ってきたのは、ほとんどが家族からの失踪現象であったが、そこで見出された家族への「親密なる者への責任」は、他の「親密な関係」においても該当することが見込まれる。第1章第3節で確認したように、本書における「親密な関係」とは、「具体的な他者の生への配慮/関心を媒体とするある程度持続的な関係性」(齋藤 2008: 196) として定義されるのであった。このような関係においては、家族の場合と同様に、何事かについて問いかけられた際に応答を行うことは自然な営為となっていることだろう。また、定義内で記述されているように、「親密な関係」では特定の他者の生への配慮がともなっているのであり、また、本書では、そのような関係を「親密な関係」と呼んでいるのであった。それゆえ、親密な関係では、関係の種類によって程度の差はあれ、成員たちは互いの生命に関わり合っているし、これは言い換えれば、成員たちが互いを傷つけうる立場にあると言えるだろう。これらの点で、家族と他の「親密な関係」は共通の条件を有しており、それゆえ他の「親密な関係」もまた、そこからの離脱が「親密なる者への責任」によって批判されうる条件を満たしているのである。

ただし、第4章第3節で述べたように、他の「親密な関係」と比べると、家族関係はさまざまな外的条件によって維持・拘束されているのであった。よって、家族関係と他の「親密な関係」とで、「親密なる者への責任」が関係に与える影響は同一であることはありえない。たとえば家族関係では、成員たちは法的にも経済的にも結びついており、そのために家族関係からの失踪は残された家族たちに多大な社会的・経済的負担を与えるのであった。この家族関係からの離脱時に想定される負担の大きさは、家族関係にかかる「親密なる者への責任」を——特に「傷つきやすさを避けるモデル」に基づく責任を——より重いものとするだろう。

その一方で、法的にも経済的にも結びついていない「親密な関係」——たとえば大部分の友人関係——では、そこからの成員の離脱による損失は多くの場合は限定的であり、それゆえ随伴する責任も軽度であることが見込まれる。だが、家族関係とは異なり、多くの外的条件によって維持・拘束されているわけではない、他の「親密な関係」においては、その維持に対して「親密なる者への責任」が貢献している割合は、より大きいと見ることもできる。

とりわけ、恋愛関係のような密な関係をどちらか片方の意思で切断しようとする際には、「みずからの意思で関係を開始したのだから、その結果に対して応答をすべきである」という「行為－因果モデル」の責任のロジックによって、別れを踏み止まらせたり、何らかのクレイムを——「そんなことは無責任だ」と——申し立てたりすることも可能だろう。この観点から言えば、理論上は、「親密な関係」は「純粋な関係」の理念型へと接近すればするほど——すなわち、関係が社会的・経済的生活といった外的条件と無関係になればなるほど——、「親密なる者への責任」の重要性は高まることになる。その際に「親密な関係」は、「××（外的条件）だから関係する」のではなく、「彼／彼女に対して応答しなければならないから関係する」という、トートロジカルな関係として理解されるようになるかもしれない。

最後の予測はあくまでも理論的な推論に過ぎないが、とりあえずここでは、「親密なる者への責任」は、家族関係のみならず他の「親密な関係」においても機能しうるという点を確認しておきたい。

本書全体の問いに対する回答

前項では、失踪研究によって見出された「親密なる者への責任」の概念が、他の「親密な関係」に対しても適用可能であることを確認した。言い換えれば、家族からの失踪ではなく、より一般的な「親密な関係」からの離脱も、「親密なる者への責任」の倫理に抵触する可能性があるということになる。以上を踏まえると、いまや、本書が長らく課題としてきた問いに答えを与えることができるだろう。すなわち、社会的・経済的条件やリスク意識や愛に還元されないような、「親密な関係」からの離脱に対する抵抗感の根拠となる原理とは、責任の倫理なのではないか、と。

そして、「親密な関係」からの離脱について何事かを思考する際には、他の諸条件に加えて、この「親密なる者への責任」を考慮する必要があるのではないか。

ここで、第1章の議論に立ち帰ってみよう。ギデンズは後期近代社会における人間関係を特徴づける「純粋な関係」の概念について、「伝統的文脈での緊密な個人的つながりと比べて、純粋な関係性は社会的・経済的生活といった外的条件にはつなぎ止められていない――それはいわば自由に浮遊している」（Giddens 1991=2005: 99）と説明していたのであった。しかし、仮にある人間関係から社会的・経済的生活といった外的条件が完全に消失したとしても、その関係が完全に自由になる――すなわち、互いの意思のみによって成立したり解消したりする――ことはありえないのではないか。

このように、「親密な関係」がたんに「コミットメント」によってのみ成立したり解消したりするのではないという点を説明する際に、これまで用いられていたのは主にリスク論に基づく根拠であった。リスク論の説明によれば、親密な他者との関係を切ることができないのは、それを切断することで、自己に何らかの不利益が生じる恐れがあるからということになる。しかし、本書のこれまでの成果を踏まえると、「親密な関係」が完全に自由になりえないのは、そのようなリスク意識に加えて、他者に応答しなければならないという責任の感覚があるからだ、ということになるだろう。なお、この責任の感覚は、たんに「親密な関係」を継続するかどうかを功利主義的に判断する際の一材料には収まらない。というのも、本章の第4節で確認したように、私たちの責任実践の背後にある根源的責任は、他者との関係というミクロな局面から立ち上がりつつも、私たちにとって倫理的な拘束力を持つことになるからである。よって、「親密なる者への責任」は、「コミットメント」を左右しうる一つの要素として機能することになるだろう。

私たちの見立てによれば、ひとたび他者と「親密な関係」を結ぶと、その他者に対して応答しなければならないという責任が生じることになる。このようなひとたび成立した関係が孕むことになる拘束性は、たとえば日本語の「しがらみ」という概念の存在からも明らかであると言えるだろう。以上の点を踏まえると、仮に他の条件がまったく同一であっても、関係を結ぶことと、切ることは同じように自由ではありえない。もし仮に、関係を切ることが、関係を結ぶことと同じように自由に可能であるならば、そもそも本書がこれまで見てきた失踪に関わるさまざまな問題の多くも、生じることはないはずである。

ギデンズは、「純粋な関係」の特徴を「それが他者との緊密な接触から得られる情緒的満足のゆえに始められ、そうであるかぎりで存続する」(Giddens 1991=2005: 100) ものとして捉えていたが、その際に、関係を開始することと存続することに本質的な区別は設けられていないように見える。[*10] しかし、「親密なる者への責任」の概念は、第1章第4節であらかじめ見通しておいた、関係の「成立」と「維持」の問題とを区別する必要性を、より明瞭に証明することになるのだ。

「親密なる者への責任」と離脱の行為

本節では、責任の倫理が、「親密な関係」からの離脱に対する抵抗感の根拠となっていることを述べてきた。では、「親密なる者への責任」は、行為レベルではどのような影響を及ぼしているのだろうか。この点に関して——主に本書では失踪の有する意味に注力した調査を行ってきたので——何らかの理論を構築できるほど、本書のデータは十分ではない。ただし、責任の倫理が「親密な関係」からの離脱に対する抵抗感の根拠となっているからといって、単純に「責任感がない者ほど『親密な関係』から離脱しやすい」と言えるわけではないと、注意を喚起することは可能である。というのも、第6章で確認した本書の調査結果は、そのような単純な図式では説明することができないからだ。

この点について、もう一度、第6章で分析した失踪者たちの語りを振り返っておこう。本書で調査した〈失踪〉経験者のうち、〈失踪〉が長期化していたのはKさんとLさんであった。KさんとLさんは、共にみずからの離脱行為を〈失踪〉が親に怒られて然るべき行為であると捉え、親に怒られる怖れを想像することで、家族と連絡を取らずにいたのであった。この過程は、みずからが行った離脱に対して「行為-因果モデル」の意味での責任を感じ、それについて親に応答する必要性を認めていたからこそ、むしろ家族に対して応答することができなくなっていたと解釈することも可能だろう。

さらに、より詳しく見てゆくと、次のように考えることもできる。先に述べたように、KさんとLさんは、失踪中は親とまったく連絡を取っていなかった。ということは、二人はその間に、親に怒られたり、行方を探り当てられたりする経験を、実際にはしていないはずなのである。それにもかかわらず、二人の親に対する恐怖は消えることはなく、むしろLさんに関してはその恐怖は増していったようであった。それに関する、Lさんの語りを再掲しておこう。

L「で、なんか帰ったらダメだわ、って思って。怒られるわ、みたいな。で、怒られるって一回思うと、想像するんですよね、気持ちのなかで、なんかすごく。あ、だめだわ、怒られるわ。最終的に、『あ、勘当されるわ』っていうところまで行って、『あ、家族じゃなくなったわ』ってなって、『あ、帰れない』って。みたいになって。でも連絡、取ってみたら取ってみたで、意外と、『連絡くれてよかった』みたいな、言われたりとかして、そう」

このLさんの語りから、Lさんは実際には怒られてはいないにもかかわらず、自身のなかで循環的に、親の存在を大きくしていってしまい、最終的に「帰れない」という状況を構成してしまったと言えるだろう。そのような状態にあったために、Lさんは実際には捜索されているかどうかは知らなかったにもかかわらず、家族に見つからないように身を潜めていたのであった。このような、Lさんの想像上の他者との循環的なコミュニケーションが始まったきっかけは、「帰りたくない」という意志ではなく、むしろ本来であれば「帰らなければならない」「連絡しなければならない」（にもかかわらず、それをしなかった）という規範意識だったのではないだろうか。そうであるとしたら、Lさんは家族と再会するまでのあいだずっと、親に応答しなければならないという責任に囚われていたと見ることもできるだろう。

それに対して、Mさんの〈失踪〉は、KさんとLさんに比べるとごく短期間のうちに終わっていた。ここで注目すべきは、Mさんが〈失踪〉する契機となった自殺未遂は、Mさんが両親の諍いの原因が自身のそれまでの行為にあると誤解し、「すごい責任」を感じていたことによるものと語られていた点であろう。その後、失踪中に体験した一連の出来事によって、第6章第5節で述べたように、Mさんは責任から解放され、結果的に家族からの呼びかけに応答したのであった。

以上を総合すると、本書で見てきた失踪者たちは、みずからの行為の責任を強く認めている状態であればあるほど、むしろ家族に応答することが困難な状態になっていたことがわかる。ところで、瀧川（2003）によれば、そもそも責任を負うことは、責任を問う者にとっても問われる者にとっても、かなりの重みと痛みを要するという。「責任実践はしばしば辛い実践である。責任実践に随伴するこのような負担は、それ自体として責任実践の遂行を脅かす契機となりうる」（瀧川 2003: 6）。このような責任一般の性質を踏まえると、関係を修復することがまさに責任を果たすことでもあるような状況下においては、そうであるがゆえにかえって関係の修復が困難になるということがありうるだろう。その一方で、もし仮に、あらゆる意味で何の責任の概念も持っていない者が存在していたとしたら、家族から出て行った後に何も葛藤することもなく、みずからが帰りたいと思ったときに自由に家族の元に帰還するだろうし、そもそも何かから逃げるために「親密な関係」から離脱する必要すらないのかもしれない。

さて、これまでの議論より、少なくとも単純に「責任感がない者ほど『親密な関係』から離脱しやすい」とはかぎらないということは、もはや明らかであろう。ここで、失踪者の家族と失踪者本人の双方に焦点を当ててきた本書の調査結果が活きることになる。両者の状況を踏まえると、失踪者への応答を求めて呼びかけを行う家族と、呼びかけを恐れて応答を拒む失踪者という組み合わせが、一つのパターンとしてしばしば生じている――それがどこまでよくある事態であるのかはわからないが――ことが推測できるのである。この場合、仮に失踪者に上述の責任の感覚が存在するのであれば、家族が呼びかけを行い、応答を求めれば求めるほど、失踪者の応答をする（責任を果たす）ことへの恐怖は増し、失踪が長期化する恐れすらあるのだ。

とはいえ、「責任感が強い者ほど『親密な関係』から離脱しやすい」という逆の理論を提出できるほど、本書の〈失踪〉に関するデータが豊富でないことも、これまで述べてきたとおりである。おそらく、「親密なる者への責任」

と、「親密な関係」からの離脱行為は、もう少し複雑な関係にある。この点に関する、本書から予測できる範囲の見通しについては、終章であらためて述べることにしたい。

本章では、本書でこれまで提起された、いくつかの問いに対して回答してきた。ここで、さらに残された問いの一つに回答しておくことにしたい。それは、第4章第2節で、失踪者の家族の研究の先行理論としてボスの「曖昧な喪失」の理論を検討した際に、生じた問いである。

「親密な関係」と責任の循環的関係

ボス（Boss 1999=2005）の議論では、「曖昧な喪失」は、在／不在の認知の不確実性を条件として生じるとされているが、その一方で、石井・左近（2012）の研究では、家族の自殺もまた「曖昧な喪失」として捉えることが可能であることが明らかにされていた。しかし、家族の自殺は明確に認知される死であるという点で、生死の不明確さに起因する在／不在の不確実性という「曖昧な喪失」の発生条件には該当しないことになる。この点から、「曖昧な喪失」には、在／不在の不確実性には還元しきれないような、別の原因があるのではないか、と私たちは推論したのであった。

では、ボスが提示する「曖昧な喪失」の広範な事例――兵士の行方不明や子どもの誘拐のケース、離婚や養子縁組によって家族が離散するケース、アルツハイマー病やアディクションなどを患った家族を抱えるケース、家族が家庭外の関心事に夢中になってしまうケース――および石井らが指摘する家族の自殺に共通するような原因としては何が考えられるのだろうか。失踪という現象から、失踪者と残された家族たちのコミュニケーション――あるいはディスコミュニケーション――を分析してきた本書の成果を踏まえれば、それらの「曖昧な喪失」の事例に共通しているのは、応答の不在なのではないか、という仮説を立てることができるだろう。本書でこれまで繰り返し確認してきたように、「親密な関係」においては、呼びかけに対して応答する責務が自明視されている。それゆえ、応答の不在は、ときに生／死や在／不在に関わる曖昧な認知を生むことが想定されるのだ。

一方、自殺の場合、応答の不在は、生／死や在／不在の曖昧性とは異なる疑問を家族たちに抱かせることになる。

石井らによれば、自殺遺族たちは「遺書の有無に関係なく、遺族は幾度も『なぜ』を問い、答えがないことを繰り返し知るプロセスを辿り、弱まらない自責の念やほかの感情を抱えつづける」(石井・左近 2012: 19)。これらの疑問は、自殺の理由に対する曖昧性から生じており、また応答の不在それ自体から生じているとも言えるだろう。

さて、以上の「曖昧な喪失」に対する洞察は、次の点を示唆するだろう。「曖昧な喪失」が「親密な関係」に生じるとき、それは「親密な関係」にとっての危機的な状況を意味することは明白である。そして、「曖昧な喪失」が応答の不在によって生じているのであれば、「親密な関係」を支えているのは、まさにその応答であるということになるのではないか。本書では、「親密な関係」を「具体的な他者の生への配慮／関心を媒体とするある程度持続的な関係性」として定義していたが、そのような関係が維持されるためには、配慮／関心のみならず、配慮／関心に対する応答もまた不可欠なのである。なお、前節で分析したように、「親密な関係」において要求される応答は、それ自体が配慮である場合もある。私たちは配慮に対して配慮で応答することで――すなわち「配慮し合う」ことで――「親密な関係」を維持している。そして、そのような応答を要請しているのが、本書の概念を用いれば「親密なる者への責任」という倫理であり、そこから生じる規範意識なのであった。

その一方で、本章において確認してきたのは、「親密な関係」からの離脱は、責任の倫理からすると「無責任」な行為としてみなされうるということであった。この場合、「親密な関係」を維持することは、責任を果たす＝応答するための必要条件であるということになるだろう。あるいは、「親密な関係」を維持することは、それ自体が最低限の責任の実践であるとみなすこともできる。

以上を踏まえると次のように述べるべきだろう。**私たちは、責任の倫理の要請から、配慮と応答をし合うことで、「親密な関係」を維持するのであるが、「親密な関係」を維持することは責任の実践のための条件でもあるのだ**、と。だから、私たちは配慮と応答を行い合う――責任を果たし合う――関係を「親密な関係」と呼んでいると捉えることもできるし、「親密な関係」であるからこそ配慮と応答を行っていると捉えることもできる。責任の倫理と「親密な関係」は、そのような循環的な関係にあると言ってもよいだろう。

第8章　現代社会と責任の倫理

前章では、第Ⅱ部と第Ⅲ部の研究成果を整理したうえで、「親密なる者への責任」が、「親密な関係」からの離脱に対する抵抗感の根拠の一つとなっていることを見出したのであった。私たちは、他のいくつかの根拠に加えて、親密な他者に応答しなければならないという根拠によって、親密な他者との関係から離脱する際に、抵抗感を覚えることになる。そのような「親密なる者への責任」がとりわけ強く感覚される条件については、前章で考察してきたとおりであるし、失踪が私たちに教えてきてくれたことでもあった。

以上を踏まえたうえで本書を振り返ってみると、これまでの研究は、責任の倫理という観点から、「親密な関係」を読み解く作業であったとも言えるだろう。では、この責任の倫理は、私たちの社会およびその歴史にとってどれほどの普遍性を有しているのだろうか。

レヴィナス（Lévinas 1982=1997: 139）によれば、旧約聖書においてカインが兄弟（アベル）に対して冷淡であるのは、カインが自由に基づいて、あるいは契約に従って有責性を考えているからであるという。第7章第4節でも確認したように、レヴィナスにとって、他者に対する責任は契約や因果関係に先立って存在し、倫理の根源をなすものである。それゆえ、カインがアベルの番人（世話役）である理由を神に問い返したように、他者に対する責任の理由を問うことは、そのような根源的責任そのものを否定することになり、そのように問う者はもはや倫理的主体ではいられなくなってしまう。このレヴィナスの解釈に従うのであれば、私たちが責任と呼んでいる倫理観の端緒は、少なくともキリスト教文化圏の起源にまで遡ることができるということになるだろう。

このレヴィナスの見解について、Z・バウマン（Bauman 2001=2008: 104-5）は何ら目新しいものではないと指摘する。バウマンによれば、レヴィナスの意見、すなわち「他者の必要性を満たす責任こそが道徳の基礎であり、こうした責任を受容することが、道徳的人間がおこなう最初の行為であるということ」（Bauman 2001=2008: 104）は、二〇〇〇年期にわたってユダヤ－キリスト教的な教義の核心となってきた考えであり、その変奏にすぎないという。バウマンの見解もまた、根源的責任の倫理が相当な普遍性を有するものであり、それが西洋社会を基礎づけてきたことを示唆するものであると言えよう。ただし、バウマンの議論はこれで終わらない。バウマンによれば、現代社会においては、このような倫理と不可分の関係にある、他者への依存が、嘲いや軽蔑の対象になるという新しい事態が生じているといえう。バウマンは、この責任の倫理が被る新しい事態を、福祉国家が多くの批判に曝されているという現状とパラレルに捉えている。

さて、本書が第1章で出発点とした前提は、人間関係や社会関係から離脱することに対する捉え方は、社会によって異なるものであり、それゆえ社会学的に説明されるべき、社会学の問いの対象であるということであった。この前提にしたがうのであれば、そして、責任の倫理が現代社会において再帰的に捉えなおされているのであれば、私たちは「親密なる者への責任」の倫理を、「親密な関係」を説明するためのア・プリオリな独立変数として扱うのみならず、従属変数としても扱う必要があるだろう。すなわち、「親密なる者への責任」が社会や他の要因によってどのように規定されているのか／されていないのかを考察しなければならないのである。

本章では、上記の困難な課題に取り組むために、現代の失踪言説をふたたび手掛かりとすることで、「親密なる者への責任」の日本における現代的な変化とその背景について考えてみたい。この作業は、いまだ説明せずにいた、二〇一〇年代において失踪者の家族が新たな批判の対象となっていたという言説上の変化の原因について、分析する作業ともなるだろう。

1 「親密なる者への責任」の重要性の高まり

なぜ現代の失踪言説では失踪者の家族が批判の対象となるのか

まずは、現代における失踪言説の特徴をもう一度確認しておこう。失踪に関する雑誌記事を分析した第3章の成果によれば、その特徴は以下の二点にまとめることができる。第一に、一九七〇年代頃には「蒸発」に関する言説が盛んに語られていたのに対して、現代においては「蒸発」のように不可逆な失踪を積極的に行うことに関する言説はほとんど語られなくなっていた。第二に、一九七〇年代の「蒸発妻」の言説と二〇一〇年代の「高齢者所在不明問題」における失踪言説では、記事の批判の矛先が反転していた。すなわち、一九七〇年代には批判された失踪者が二〇一〇年代には同情的に庇われるようになり、一九七〇年代においては被害者であった家族たちが二〇一〇年代においては批判される立場になっていたのである。

第一の点については、第3章では「個人化」とそれにともなう「親密な関係」に対するリスク意識の高まりによって説明してきた。ただし、それらの図式では、第二の点が示す失踪言説の変化を説明しきることができないのであった。この第二の変化を説明するために、「親密なる者への責任」の変化を当てはめることはできないだろうか。

しかし、そもそも現代において失踪者の家族が批判される立場になっていたのは、「親密なる者への責任」の倫理から生じる意識がどうなったことを意味するのだろうか。第3章第4節で分析したように、現代の雑誌記事においては、失踪者と連絡を取ろうとしない家族は、たとえ失踪者がみずからの意志で失踪した場合であっても、失踪者が高齢者や親などの弱い立場であることを根拠に、失踪者を「見捨てた」ものとして批判されていたのであった。この言説上のレトリックは、たとえどのような事情であっても、みずからの選択によって傷つく可能性がある他者の呼びかけには応答しなければならないという立場を採っているという点で、「傷つきやすさを避けるモデル」に基づく責任の倫理が家族たちの側に適用されたものであると言える。よって、単純に考えるのであれば、現代の言説上の変化は、

「（親密な他者が傷つくことを避けるために）親密な他者を見捨ててはらない」という、特に「傷つきやすさを避けるモデル」に基づく「親密なる者への責任」の規範意識が強まった結果として生じていると説明することができるだろう。あるいは、次のような、より捻った解釈を施すことも可能であるかもしれない。現代の言説上の変化は、「親密なる者への責任」に基づく責任の倫理が危機に瀕しているがゆえに、それに対する危機感の標榜として、あるいはクレイム申し立てとして、失踪者の家族たちが批判される語りが生じているのではないか、と。

では、現代の日本において、「親密なる者への責任」からくる規範意識は、本当に強まっているのだろうか。この点の確認にあたっては、本書が調査した失踪言説のデータのみでは限界があるため、ここではより一般的な世論調査の結果を参照してみよう。なお、「親密なる者への責任」は、「親密な関係」に影響を与える倫理を捉えるために本書が独自に見出した概念であるため、同概念が指し示す私たちの意識の変化を完全に捉えきるような調査は存在していない。とはいえ、「思いやりの有無」や「無責任の風潮」や「自分本位かどうか」などを尋ねる質問項目は、他者への応答を要請する倫理に関わるものであるため、それらの結果を、「親密なる者への責任」による規範意識を捉える暫定的な指標として用いることは可能であろう。

まず、内閣府政府広報室（2016）による最新の世論調査の結果を参照しておこう。同調査では、「あなたは、現在の世相をひとことで言えば、暗いイメージとしては、どのような表現があてはまると思いますか。このなかからいくつでもあげてください。（複数回答）」という質問が行われているが、「無責任の風潮が強い」「自分本位である」「ゆとりがない」「連帯感が乏しい」の選択肢のなかで、もっとも多く挙げられていたのは「無責任の風潮が強い」（四二・二パーセント）であり、その次は「自分本位である」（三六・九パーセント）であった。この結果から、現在の日本では、世間の無責任さや自分本位さが問題視されていることがわかる。ただし、二つの回答の割合は過去一八年間においては増加傾向にあるわけではなく、一〇年前と比べると一〇パーセント以上減少していた。

また、「あなたは、現在の世相をひとことで言えば、明るいイメージとしては、どのような表現があてはまると思いますか。このなかからいくつでもあげてください。（複数回答）」という質問も行われているが、「平和である」「安定している」「おもいやりがある」の選択肢のなかで、「おもいやりがある」という回答はもっとも少なく一八・八パーセントであった。この結果は、現代の日本社会において、他者に対する配慮が十分になされていると捉えている者が多くはないことを示唆している。なお、「おもいやりがある」の回答の割合は過去一八年間においても減少傾向であり、一〇年前と比べても五・六パーセント減少していた。

次に、NHKによる「中学生と高校生の生活と意識調査」の結果を分析した村田ひろ子・政木みき（2013）も参照しておこう。同調査には、「望ましい生き方」に関して質問する項目があるが、村田らによれば、「自分をある程度犠牲にしても、他人の面倒をみる」を望ましいとする回答と「他人の面倒はあまりみないが、他人にも迷惑をかけない」を望ましいとする回答のそれぞれの割合を一〇年前と比べると、「他人の面倒をみる」が中学生で三四パーセントから四一パーセントに、高校生では四三パーセントから五四パーセントに増えたという。この結果は、若年層において、他人の面倒をみることの重要性が高まっていることを示唆していると言えよう。なお、同調査は一九八二年、一九八七年、一九九二年、二〇〇二年、二〇一二年の五回にわたって行われているが、二〇一二年の調査結果では、過去三〇年間で初めて高校生で「他人の面倒をみる」が過半数を超えていた。

最後に、第1章第4節でも取り上げた、統計数理研究所（2016）による「日本人の国民性調査」の結果も見ておこう。この調査における質問項目の一つに、「たいていの人は、他人の役にたとうとしていると思いますか、それとも、自分のことだけに気をくばっていると思いますか？」と尋ねるものがある。この質問に対する「他人の役にたとうとしている」という回答の割合は、一九七八年の調査結果では一〇パーセントに過ぎなかったが、その割合は徐々に増加し、二〇一三年には「自分のことだけに気をくばっている」の割合を初めて上回ったという。

以上の世論調査の結果を総合すると、現在の日本社会においては他者への配慮が十分ではないと捉えられる傾向がある一方で、他者の面倒を見るべきという規範意識は強まっていて、実際に人は他人の役に立とうとしていると考える者も増加傾向にあることがわかる。この知見と、現在の失踪言説の傾向とを合わせると、現代においては「親密なる者への責任」の規範意識が高まっており、「親密なる者への責任」を果たすことが重要視あるいは当然視されているために、その責任を果たしていないとみなされた失踪者の家族たちが批判の対象になったとみなしても良いのではないか。[*1]

「親密なる者への責任」の規範意識の高まりの背景

では、なぜ現代において、「親密なる者への責任」を果たすことが重要視されるのだろうか。この点に関して、真っ先に想起されるのは、本書において「親密な関係」の変化を説明する際に繰り返し用いてきた、「個人化」とそれにともなう人間関係のリスクの増大という要因であろう。「個人化」の進展によって人間関係が選択的なものとなり、人間関係から排除されるリスクが高まることで、自身もまた排除される側となることが現実的な事態として想定されるようになる。その一方で、そのような事態のセーフティネットとして機能することが期待されていた近代家族は、いまやその機能を縮小しつつある。このような現状に対する反動として、親密な他者への応答を要請する「親密なる者への責任」の倫理が重要視されるようになり、排除された者の包摂が叫ばれているのではないか。失踪の言説において、高齢の失踪者との関係を切れたままにしている家族たちがクレイムの対象となっていた背景にも、このような要因が存在することは確かであろう。

ただし、このようなリスク論のみでは、私たちの「親密な関係」からの離脱に対する抵抗感のすべてを説明できないということも、本書で繰り返し述べてきたとおりである。それはここでも同様であり、リスク論のみでは、自己が排除される不安を説明することはできても、なぜ排除された他者をそのまま放置しておくことが望ましくないものとされるのかを十分には説明できない。そして、リスク論の及ばない点を補完するために見出されたのが、「親密なる者への責任」という概念であった。となると、「親密なる者への責任」の重要性の高まりは、排除に対するリスク意識の高まり以外の要因によっても説明されなければならない。

ここで、第1章第4節で見た土井の議論をもう一度参照しておこう。土井もまた、人間関係の不安定化にともなうリスク意識の高まりを指摘し、それによって現代の若者の友人関係が帯びる「重さ」の問題を説明していた。ただし、土井は若者の友人関係の「重さ」を説明する際に、次のような視点からも議論を行っている。土井（2014: 47-50）によれば、現代のように価値観が多様化した社会では、人びとはみずからの選んだ選択肢に安定した根拠を見出せなくなる。そのため、周囲の他者からの評価にすがることで、みずからの選択の安定性と客観性を確保しようとする。そのため、子どもたちはつねに「場の空気」を読み、周囲からの反応を絶えず探ることで、それを自分が進むべき方向についての「羅針盤」にせざるをえないという。土井は、他者とつながることの重要性が高まっている背景には、このような変化が存在していると指摘する。

土井の指摘した状況を、私たちが依拠してきた理論的前提によって説明すると、社会の再帰性の高まり、あるいは「個人化」の進展によって、これまで人びとの選択の基準として受け入れられてきた普遍的な価値規範が失われた状況であると言えるだろう。このような変化が社会全体で生じているとしたら、土井の説明図式は、若者が被っている人間関係の変化のみならず、他者とつながることの重要性の高まり一般をも説明することができるのではないか。すなわち、価値規範の普遍性を失った私たちは、選択の際に他者の評価を重要な根拠の一つとせざるをえないのではないか。この場合、若者たちの変化も、そのような社会の情況をとりわけ色濃く反映した結果であるとみなすことができる。

さて、他者の評価に準じて選択を行うことは、基本的には他者から発せられる要求に応答することであると言い換えても良いだろう。ただし、ここで重要なのは、応答先となる他者が、個別具体的な他者になっているという点である。土井（2004: 46-8）も指摘するように、様々な人々の視点を代表するような「一般的他者」の視点が失効している状況下においては、代わりに具体的な他者からの承認が必要になる。よって、現代社会においては、後者の具体的な他者からの承認の比重がより高まることになるだろう。そして、友人や家族や恋人など、「親密な関係」にある他者は、私たちに実際に承認を与えることができる具体的な他者の一種である。それゆえ、「親密な関係」にある他者に応答する重要性は、価値規範が普遍性を失い、多様化するほど高まることになる――「親密なる者への責任」を果たすことの重要性が現代において高まっている背景には、このような因果関係が存在する可能性がある。

見田（2011）によれば、一九六〇年代初頭に東京に上京して就職した若者の悩みとしてもっとも多かったのは、友人が見つからないことではなく、一人になれる時間や場所がないことであったという。そこから見田は、当時の若者たちの「関係からの自由への憧憬、孤独への憧憬」（見田 2011: 26）を見出していた。それに対して、土井（2014: 37-8）によれば、逆に現代の若者は、他者とつながっていなければ安心できず、そうでないと自分が価値のない人間なのではないかという不安を抱えることになるという。この土井の指摘は、東浩紀・大澤（2003）によって展開されている、自分が見られているかもしれないという不安から見られていないかもしれない不安へという現代の不安の変化とも符合するものである。そして、これらの図式は、かつて一九五〇年代から一九七〇年代にかけて流行した、家族関係からの脱出を志向する積極的な失踪を主題とする言説が、現代においてはあまり語られなくなったという本書の分析結果とも矛盾はしないだろう。

承認欲求と責任の倫理

前項の議論で、現代における「親密なる者への責任」の重要性の高まりは、他者からの承認の必要性と密接な関係にあることが示唆されたと言えるだろう。実際に、山竹伸二（2011）は、現代社会における身近な他者からの承認欲求の高まりを、普遍的な価値規範の喪失という背景から説明している。誰にとっても共通する価値観の下で生きていれば、たとえ周囲の者からの承認を一時的に得ることができなくても、共通の価値観と自己を照らし合わせることで、自己の正当性を確認することができる。しかし、普遍的な価値規範が存在しない社会では、そこから承認を自己充足することができないため、承認欲求を満たすには、友人や職場の同僚など周囲の者からのアドホックな評価に頼ることになってしまう。

また、山竹によれば、承認の欲求と自由の欲求はしばしば食い違うことになる。承認を得るためには、何らかの価値規範に準じた行動をとる必要があるからである。この承認と自由の葛藤は、普遍的な価値規範が存在していた社会では、個人は普遍的な価値規範によって制約をされていたので、「個人の自由」と「社会の承認」というかたちをとっていた。しかし、普遍的な価値規範を喪失した現代においては、個人は周囲の者たちが織り成す狭い範囲の価値規範に制約を受けることになるので、そこでの葛藤は「個人の自由」と「身近な人間の承認」というかたちで現れることになるという。

山竹の分析は、現代における「親密なる者への責任」の重要性の高まりの背景に、普遍的な価値規範の喪失を見出そうとする私たちの洞察を、補強するものであると言えるだろう。普遍的な価値規範からの承認に代わって、身近な他者たちの承認を得るためには、身近な他者たちからの要求に応答しなければならないからである。山竹の議論にしたがえば、私たちは承認を得ようとする際に、みずからの自由と引き換えに、周囲の者たちに応じている――本書の言葉に置き換えれば、「親密なる者への責任」を果たそうとしている――ということになる。[*2]

しかし、自己を承認する身近な他者の存在と、「私」の自由は、本当に矛盾するだけの関係性なのだろうか。この点に関して、示唆的であるのは、ギデンズ（Giddens 1984=2015）が自身の構造化理論の前提としている、次のテーゼである。「拘束の多様な形式のどれをとってみても、それは同時に能力付与の形式でもある。拘束の形式は行為の一定の可能性を切り開く力になるのと同時に、他者を制約あるいは否定しもする」（Giddens 1984=2015: 209）。このテーゼにしたがえば、「私」を拘束する他者の存在は、たしかに他者からの承認を欲する「私」の行為を制約するものであるが、それは同時に「私」の行為を可能にする条件でもあるということになるだろう。私たちは、他者によって制限された範囲で、その内部にいるかぎりにおいて自由に選択を行うことができる。そのような選択の前提となる条件の設定がなければ、大澤（2015）が述べるように、選択肢が開かれていて多すぎるがゆえに、かえって自由な選択を行うことが困難であるという状況に陥ってしまうかもしれない。

このように考えると、他者の存在は、たんに自由と引き換えに私たちに承認を与えるのみならず、私たちが選択することを可能にするという意味での〈自由〉の条件をも構成しうるということになるだろう。そして、親密な他者、とりわけ家族や恋人や親友などのような特別に重要な親密な他者が、そのようなポジションに就く可能性は――特別に「重要な他者」によって人生を規定されている者がけっして珍しくないことを踏まえると――十分にありうるはずである。
「親密なる者への責任」は、「親密な関係」が維持される根拠として、社会的・経済的条件でも、愛でも、リスクでもないものとして、私たちが見出した倫理なのであった。いまや、その倫理に対する意識の高まりが、普遍的な価値規範の喪失といかに関わっているのかについて、説明を行うことが可能である。たしかに「親密なる者への責任」に対する意識の高まりは、身近な他者からの承認欲求を満たすために、身近な他者に対して応答する必要性が増していることから説明できる部分もあるだろう。ただし、それだけでは、結局のところ、「他者を失うと自己を承認する存在を失うことになるから、他者に応答(関係)し続けなければならない」という私たちのある種のリスク意識の高まりを説明しただけにすぎない。おそらく、「親密なる者への責任」の倫理は、私たちにとっての親密な他者の重要性が増すのと同時に、普遍的な価値規範に代わって、親密な他者が私たちの選択の前提条件としても機能し始めることによって初めて、現代のように強固なものとして立ち現れることになるのではないだろうか。

以上の議論を簡潔にまとめれば、かつて普遍的な価値規範が担っていた役割を、現代においては親密な他者が担うようになりつつあり、そのことによって「親密なる者への責任」の倫理が強まっているということになるだろう。ここで、二〇一〇年代の「高齢者所在不明問題」で語られた失踪言説の一つを、再掲しておきたい。

> 冒頭で紹介した坂田氏の親族の一人はいま、後悔しているという。「彼は家族にさんざん不義理をしてきた男でした。ただいまとなっては、もっと必死に探してあげればよかったとも思っています。家族を突き放した我々も、世間から見れば恥ずかしい存在なのですから……」(『週刊現代』2010.9.4)

上の言説は、親族たちに迷惑をかけた後に行方不明になってしまった「坂田氏」(仮名)への対応を後悔しているという坂田氏の親族の話を引用することで、「捨てられた老人たち」の孤独を訴えるものであった。重要であるのは、このエピソードが、坂田氏が親族に対して「さんざん不義理をしてきた」ことに対して、明らかに道徳的な侵犯があったことを認めつつも、それでも坂田氏を探そうとしなかったことを家族たちが恥じる構成になっている、という点であろう。これは、普遍的な価値規範と同じぐらいに、あるいはそれ以上に、坂田氏という個別具体的な個人に応じることが優先されるということを意味しているのではないだろうか。そして、このようなレトリックで失踪者の家族を批判する形式の言説が、かつての「蒸発」の言説の流行時には広まっていなかったことを踏まえると、この失踪言説の変化は、「普遍的な価値規範から親密な他者へ」という、私たちの選択に際する参照点の移行とも、無関係ではないように思われる。

以上のような価値規範の移行が起こりつつあるとしたら、すでに価値規範の参照点として機能してしまっている個別具体的な親密な他者との関係を切断することは、もはや現実的な選択肢とはなり難いだろう。親密な他者との関係を繋ぎ止める／切断することが選択的な営為であったとしても、その選択の前提自体に、他ならぬその他者が入り込んでしまっているからである。それにもかかわらず、社会の実態としては「個人化」が進行し、私たちは「親密な関係」を失うリスクに絶えず晒されている。このような状況下において前景化してくるのが、特に「傷つきやすさを避ける」責任の考え方に基づく、「親密な他者に応答しなければならない」という「親密なる者への責任」の倫理なのではないだろうか。

2 「神隠し」と〈逃がし〉の論理

「神隠し」とは何だったのか

私たちは、現代社会における普遍的な価値規範の喪失という背景から、「親密なる者への責任」の重要性の高まりを説明しようとしてきた。ところで、「親密なる者への責任」とは、それ自体が責任の倫理の一種なのであった。では、現代社会において価値規範の普遍性が失われつつあるとしたら、責任の倫理もまた普遍的たりえないのではないか。

この指摘については、第7章第4節で確認したように、「親密なる者への責任」の前提の一つとなっている「傷つきやすさを避ける」責任は、自己と弱い他者との関係において立ち現れてくるという点を想起すべきだろう。ギリガン（Gilligan 1982=1986）が、「正義の倫理」と「ケアの倫理」を区別したように、「傷つきやすさを避ける」責任は、他の普遍的な価値規範とは性質を異にしているのである。以上を踏まえると、「親密なる者への責任」は、何らかの普遍的な価値規範に従うことで生じるのではなく、個別具体的な他者との関わりのなかから生起する倫理であると捉えるのが妥当であろう。それゆえ、現代においては、失効した普遍的な価値規範に代わって、「親密なる者への責任」の倫理が前景化しつつあると見ることができる。私たちはそのような視点から、失踪者の家族が、失踪者を見捨てたものとして非難されるという現代における失踪言説の特徴の背景を分析してきたのであった。

このような現代的な傾向をありていに言えば、私たちは普遍的な価値規範よりも、親密な他者に従うようになりつつあるということになるだろう。しかし、ここで以下のような指摘を受けるかもしれない。日本人は、かねてよりずっと、普遍的な価値規範よりも周囲の他者の視線を基準に行動してきたのではないか、と。本書では、基本的に日本社会を分析の対象としてきた。たしかに、一神教を信仰してきたヨーロッパ社会であれば、キリスト教に基づく普遍的な価値規範が長らく存在してきたので、もし仮に後期近代社会においてそのような価値規範が衰退し、代わりに親密な他者に応答することの重要性が増しているとしたら、それは社会にとって非常に大きな変化だと言えるだろう。しかし、一神教を国家規模で信仰することがなかった日本社会では、絶対的な価値規範などはそもそも存在せず、それゆえ人びとはつねに周囲の他者の視線――以下では、これを便宜的に「周囲の目」と呼ぶことにする――を気にして生活してきたのではないか。だとすれば、現代の失踪言説の変化を、「親密なる者への責任」の重要性の高まりによって説明しようとするのは無理がありそうである。

しかし、この点に関しては、近代以前より続く日本人の「周囲の目」への配慮と、目下の主題である「親密なる者への責任」に基づく他者への配慮は、少なくとも同一ではないということを指摘しておきたい。それに、過去と現在とでは、私たちが責任と呼んでいる概念に対する考え方がかなり異なるのである。以下では、日本にかつて存在したことにしよう。

「神隠し」という考え方と、現代社会における私たちの失踪の捉え方を比較することで、それらの点について確認してみたい。とはいえ、神隠しについて独力で探求を行うには、本書は終盤に差し掛かり過ぎているので、ここでは多くの「神隠し」伝承を整理し、民俗学的な観点からその特徴と背景を導き出した小松和彦（2002）の研究を参照することにしよう。

「神隠し」については、第1章第5節で少しだけ触れておいたが、ここであらためて説明しておくべきであろう。近世以前の日本の村落社会では、人が失踪した際に、それを神が人を隠したものとして、すなわち「神隠し」にあったと呼ぶ風習があった。小松によれば、人を隠す神には、天狗をはじめとして、鬼や狐などのバリエーションがあり、それらは時と場合によって、善なる神であることもあれば、悪なる神であることもあったという。隠し神が善なる神である場合は、人に危害を加えることがないので、「神隠し」にあった者も無事に元のコミュニティに帰還することができる。しかし、隠し神が悪なる神である場合、「神隠し」にあった者が二度と帰ってこないこともあった。小松（2002：118-119）が述べるように、神がこのようにエピソードによって異なる振る舞いをするのは、日本の神々が、キリスト教における神のように人間を超越した完全なるものではなく、状況によって――出会った神の種類や、場合によっては神の気まぐれで――善にも悪にもなりうるような存在だったからであろう。これらの「神隠し」に関するエピソードは、近代以降も民俗社会において伝承されていたが、しかし、都市化の波が急速に地方に及んだ昭和三〇年代の高度経済成長期以降は、「神隠し」の話題は日本人の間から急速に姿を消していったという。

本書のこれまでの立場からすれば、それは実際に人が神に隠されたわけではなく、誘拐や自殺、駆け落ちや家出、事故や姨捨など、何らかの事情によって生じた失踪事件が、残された者たちによって、「神隠し」として解釈されたとみなすのが自然であろう。人が消えるという現象自体は、どのような時代や社会においても生じうるからである。ここで、社会学的な観点からは――とりわけ機能主義的な社会学の観点からは――、次のような問いが生じることになる。失踪事件に、あえて「神隠し」という解釈が施されることに、何の意味があったのだろうか。言い換えれば、「神隠し」という物語は、コミュニティに対して、どのような機能を果たしていたのだろうか。

この点に関して、小松は興味深い説明を行っている。

> 失踪事件が発生する。「神隠しかもしれない」と人びとは、鉦や太鼓で探し回ったが見つからない。数日後に、失踪者が死体となって山中で発見される。人びとは死体の発見場所や死体の状態などに「不思議」を見つけ出し、やはり「神隠しにあったのだ」と判断する。そうすることで失踪者は、民俗社会の〝向う側〟、神の世界へ旅だった者、つまり社会的に死んだ者として処理されるのである。この失踪者の死の真相が、事故死であれ、自殺であれ、また殺人であれ、「神隠し」というラベルを貼ることで、すべてが不問に付されて、失踪者＝死者は〝向う側〟に送り出されることになる。たとえ真相を知る人がいたとしても、そうしたラベル貼りを認めることで、真相もヴェールに包まれてしまうわけである。（小松 2002: 217）

以上の小松の説明によれば、「神隠し」という物語には、不可思議な事件に遭った者が「向う側」の世界――すなわち「異界」――へと送り出されたと解釈させることで、その事件に対する人びとの真相の追究や疑問、感情などを終わらせる機能があったということになるだろう。そして、それは失踪者が戻ってこないような失踪のケースでも同様であり、本当は家出や駆け落ちといった事情があったとしても、「神隠し」というヴェールをかぶせられることで真相は隠されて、失踪者はそのコミュニティでは社会的に死んだ扱いになったのだという。このように、小松は「神隠し」を、「実世界のさまざまな現実をおおい隠すために作り出され用いられた語であり観念」（小松 2002: 216）として捉えている。

「神隠し」と現代における失踪の比較

実際に、「神隠し」という解釈が、どれほどの頻度で失踪事件に対して付与されていたのかを、現代において確認することは困難である。ただし、残された数多くの「神隠し」伝承の存在を踏まえれば、そのような「神隠し」の概念が、近世以前の村落社会の少なくとも一部で存在していたことは、事実として認めるべきであろう。では、翻って、近代以降の失踪に対する捉え方と、小松が描き出したかつての「神隠し」の捉え方を比較してみると、どうだろうか。小松は、高度経済成長期以降、日本人からこのような失踪を覆い隠すヴェールは失われたと指摘しているが、近現代における失踪の意味を考察してきた本書の成果を経たいま、より詳細な比較を行うことが可能だろう。

まず、マスメディアの言説のレベルで、ヴェールとしての「神隠し」に近い意味を持っていたのが、一九六〇年代後半に登場した、初期の「蒸発」の概念であろう。一九六〇年代の「蒸発」の言説は、原因がよくわからない失踪に対して、人が忽然と姿を消してしまうという意味で「蒸発」という言葉を当て、訳のわからないミステリアスな現象として扱おうとしていた。しかし、「蒸発」というヴェールは――村落社会の象徴的な世界観に支えられていた「神隠し」とは異なり――もはや失踪の実態を明らかにしたいという人びとの欲望に耐えることはできなかった。実際に、一九七〇年代になると、「蒸発」は人妻の蒸発というスキャンダラスな実態とセットで語られることが一般的になり、そのような失踪の背後にある現実を覆い隠すどころか、積極的に暴露する概念として機能していたのである。もっとも、そのような私たちの欲望を喚起するスキャンダラスな物語に多くの失踪の実態を回収させようとしていた点では、ある意味で「蒸発」の概念は、失踪の他の多くの実態から――私たちが本当に見たくない実態から――目を逸らさせる機能を依然として有していたのかもしれない。一九七〇年代の「蒸発妻」の言説の内容のある種の「過剰さ」も、そうだとすれば理解可能なものとなるだろう。しかし、そんな「蒸発」の概念もまた、一九八〇年代後半には、「蒸発妻」の物語とともに衰退してゆくことになる。それ以降、失踪を訳のわからないものとしてそのまま処理するような概念が広まった痕跡は、今日まで見られない。

では、実際に失踪を経験した当事者のレベルではどうだろうか。第4章の失踪者の家族たちの語りから明らかになったのは、失踪という出来事をいつまでも「終わり」にすることができない家族たちのあり方であった。失踪者との再会を強く望む家族たちは、失踪者の安否に対する憂慮と再会への願望から、失踪者からの応答をずっと待ち続けていた。また、失踪者との再会を強くは望まない家族であっても、夫が何も伝えずに去っていったことを責め続けていたり、日常生活を送るなかで「心のなかにチクリとトゲが刺さって」いたりと、完全に事態に関して納得できていた者はいなかった。また、死に対する葬儀のように、失踪の未解決な部分を外圧によって「終わり」にするような社会的な儀式も存在していないし、唯一そのような制度として存在する失踪宣告も、結局は残された家族たちの選択に委ねられているのであった。

そのような状況に対して、家族たちはそれぞれの手で失踪に対する物語——失踪がなぜ起こったのか、そして失踪者がいまどうなっているのかという解釈——を作り上げていたが、その内容はケースによって千差万別であり、共有されているプロトタイプのようなものを見出すのは困難であったと言えよう。第5章で確認したように、失踪者の家族たちにとって、家族とともに物語を作り上げる支援者の存在が必要であったことも、失踪を解釈するための共有された物語が存在していないがゆえに、家族たちがみずからの手で物語を作り上げなければならないという状況を証明しているようにも思われる。そして、そのように不確実性に対して個人で向き合わなければならない状況は、失踪という特殊なケースを超えて、私たちの現代的な生き方と通底していると言っても良いだろう。

以上を踏まえると、当事者のレベルにおいても、「神隠し」のように失踪を不問に付し、事態の幕引きを図るようなヴェールは、現代においてはもはや機能していないし、存在もしていないということは明らかであろう。強いて言えば、北朝鮮の拉致を原因として解釈する物語——もちろん、そのような解釈が必ずしも実態に即していないというわけではない——は、一定の範囲で共有されているようにも見えるが、しかしこの物語が適用可能であるかどうかは失踪の状況によるし、何よりそれは家族たちを納得させるような、事態を「終わり」に向かわせるような物語ではないのである。

「神隠し」と責任

では、現代社会において、「神隠し」という失踪を不問に付すヴェールが機能しないのはなぜか。あるいは、そのような装置が存在すらしていないのはなぜなのだろうか。その背景に、小松（2002）の指摘する、かつての日本の村落社会で共有されてきた、異界と呼ばれる象徴的世界観の消失があることは間違いないだろう。天狗や鬼や狐といった神霊や、それらが住まう「向う側」の世界に対する信仰を共有していないかぎり、「神隠し」というコスモロジーによって失踪を解釈することは不可能であるように思われる。

ただし、そうすることで失踪者からの応答を諦めたり、あるいは失踪者を赦したりすることが可能になっていたのだとしたら、そのような社会は、現代の視点から見ればある意味で非常に「寛容」であるようにも映る。先述したように、現代であれば、失踪の真相は追究されずにはいられないし、失踪者への応答の要求も止むことはないだろうからである。少なくとも第4章で見てきた失踪のケースにおいては、失踪者たちは「社会的死」とは程遠い状態に置かれていたのだ。ここで付言しておけば、かつての日本の村落社会が失踪に対してある意味で「寛容」であるように見えるのは、当時の社会が失踪をありふれたものとして捉え、それに慣れていたからではない。小松（2002: 27）によれば、かつての村落社会では、たとえ一晩でも理由もなく日常世界から人が姿を消してしまうことは、家族はもとよりコミュニティにとっても大事件であったという。これは、近世以前の社会におけるコミュニティでは、現代よりも人びとの結びつきがずっと強く、情報の共有も密であったことを踏まえると、当然の成り行きであると言えるだろう。人が消えるや否や、そのことがただちにコミュニティ全体に伝わり、大騒ぎとなったことは想像に難くない。

では、「神隠し」の事例においては、そのように騒ぎになった残された者たちに対して、「誰」が応答していたのか。それは、言うまでもなく隠し神であり、さらに言えば隠し神を成り立たせていた象徴的世界の物語そのものであると言えるだろう。「神隠し」の物語では、天狗や鬼や狐が失踪を引き起こした張本人であるという説明がなされることで、事態の幕引きが図られていた。これは、現代の視点から見れば、隠し神に失踪の責任を帰属させることで、失踪の原因の追究が収束したと捉えることもできる。

以上より、そのような「神隠し」の物語における責任——と呼んでよいのかさえも定かではないが——のあり方は、私たちの責任に対する考え方とかなり異なるものであることが見えてきた。これは、「行為 - 因果モデル」の観点から見て、「神隠し」による責任帰属が因果関係に基づいていないという意味ではない。「神隠し」を生み出す象徴的世界観が共有されているかぎりにおいて、「神が人を隠した」という説明は一定の説得力を持ちえたであろうし、そうであるからこそ「神隠し」は真相を覆い隠すヴェールとしての機能を持ちえたはずだからである。ただし、「神隠し」の物語における論理を、日常的な因果関係の論理と完全に同一視すべきでもないだろう。「神隠し」の物語が、あくまでも、異界と呼ばれる日常とは異なる象徴的世界観によって成立するものである以上、「神隠し」の論理も、日常的な因果関係の論理とはそもそもの前提が異なると捉えるべきなのだ。

よって、おおよそ現代の日本社会では見られないであろう、「神隠し」の物語における責任のあり方の特徴をより正確に言い表すとしたら、次のようになるだろう。そこでは、異界という日常とは異なる象徴的世界観に基づく物語に沿うことで、人ではない存在が当事者に代わって責任を負うことがあり、それによって、ときに人は責任から解放される可能性があった——あくまでもそれは例外的な処置ではあったかもしれないが——のである。村から誰かが消えて行方不明になったときに、その者がいなくなったことでコミュニティにはさまざまな損失が生じる可能性があるわけだが、隠し神たちはそのような出来事に対して、事件の張本人として登場することで、失踪者に代わって人びとに応答をした。こうして、隠し神たちが責任を果たすことで、結果的に失踪者は追及を免れ、ある意味では赦されたのではないだろうか。

この一連の流れはまさに、異界の物語が、日常の因果関係の論理を打ち消す過程であると言えよう。失踪を不問に付す〈逃がし〉、すなわち責任からの解放に、日常とは異なる「別の」論理が必要であるとしたら、そのような「別の」論理を支える象徴的異界観——以下では、これを〈外部性〉と呼ぶことにしよう——が存在しない現代において、失踪を不問にする「赦し」が成立しないのもまったく自然な事態であるように思われる。

周囲の目と世間

私たちは、小松が提起した「神隠し」の「ヴェール」としての機能を、〈外部性〉に基づく「別の」論理によって、隠し神が当事者に代わって責任を担う過程として分析してきた。このように説明すると、新たに次のような疑問が生じることになるだろう。隠し神たちは、一体誰に対して応答をしていたのか、と。

そのような隠し神の応答先として真っ先に考えられるのは、「神隠し」にあった者たちの家族――すなわち、本書の言葉で言えば、残された失踪者の家族――であろう。しかし、「神隠し」の物語によって、失踪者との突然の別れに嘆き悲しむ親兄弟や配偶者を、本当に納得させることができたのだろうか。この点に関しては、「神隠し」の伝承のみからでは「わからない」と言わざるをえない。少なくとも、「神隠し」の説明図式が、失踪者と親密であった個別具体的な他者たちに対して十分な説得力を持ったと想定することは、いささか早計であろう。もちろん、異界という象徴的世界観を共有しているかぎりにおいて、「神隠し」の物語が、残された家族や縁者たちが事態を受け入れるために一役買ったであろうことは容易に想像できる。ただし、それがどのレベルで失踪者の家族たちに影響を与えていたのか――家族たちの「曖昧な喪失」を大幅に低減させていたのか、あるいは「ないよりはマシ」という程度のものだったのか――を論ずる作業は、もはや本書の研究の範囲を超えてしまう。

では、本書の考察の範囲内で、隠し神たちの応答先として確実に挙げることはできるのは、「誰」なのか。実はそれこそが、私たちが「周囲」と呼ぶ何かだったのではないだろうか。

ここで、「神隠し」が、近世以前の村落社会においては一大事件であったことをふたたび思い起こすべきであろう。小松（2002: 110-5）の提示した「神隠し」のモデルによれば、失踪が生じると、村人たちは鉦や太鼓を用いて大々的に捜索を行うが、そのような捜索はある時点で打ち切られることになったという。その後、失踪者が発見されるにせよ、戻ってこないにせよ、失踪には村中の人びとが見聞きしたり関わったりしたことになるので、何らかのかたちで彼／彼女たちを納得させなければならなかったことは、想像に難くない。それは、残された失踪者の家族たちが、「周囲」の者から奇異な眼差しで見られることを防ぐためにも、必要だったはずである。すなわち、個別具体的な誰かではなく、当事者を取り巻く「周囲」そのものを沈静化させなければならなかったことが想定されるのだ。

実際に、かつて村の人びとは失踪事件後に「神隠し」についてあれこれと想像を巡らし、その内容を村に共有された伝承としてまことしやかに語り継いできた。近世以前の「周囲の目」が当時の人びとにとって大変厳しいものであったことを踏まえても、かつての「神隠し」の物語に、「周囲」に対する応答を行うという抜け道のような機能があったと考えることに不自然はないだろう。

また、山本光正（1983）によれば、近世の日本では家出人が出ると肉親や親類が家出人を探し出すことが義務づけられており、既定の日数を過ぎても家出人を探し出すことができない場合、肉親や親類は役所に家出人の除帳願いを出した。その一方で、家出人が立ち戻り、帰村を願った場合は、犯罪などをおかしていないかぎり帰村願いを提出して帰村が許されるのが一般的であったという。そのような事例をいくつか検討したうえで、山本は、「家出人や欠落人が無事帰村した場合、〝神隠し〟という現象が方便として、というよりは従来の生活に戻ろうとした人に、時によっては救いの手段として用いられたのではないか」と述べている（山本光正 1983: 7）。

この山本の見解もまた、「神隠し」が帰村の際に、失踪者を救うための説明として用いられたという点で、「神隠し」の物語が「周囲」の疑念や非難を鎮めるために機能していたという本書の推測を補強するものと言えよう。同時に、これらの事例からは、近世の村落において、失踪者の家族の立場——失踪者を捜索したり、帰村を願い出たりする立場——と、失踪者の「周囲」という立場が、区別されていたことが見て取れる。となると、「周囲の目」もまた、個別具体的な親密な他者の視線には還元しきれない何かだったのではないだろうか。

この点に関しては、日本の各地に伝わる民話である「うばすてやま」にも見出すことができる。「うばすてやま」の民話に共通しているのは、コミュニティのルールに従って高齢の親を山に捨てに行った子どもが、紆余曲折を経て親を捨てることができずに終わる——そこにいたるまでの経緯は民話によって異なるが——というストーリーである。この物語の特徴は、親を捨てなければならないというコミュニティの要求と、親という特別な存在に対する捨て難さの葛藤という点にある。この葛藤は、「周囲」の要求と、「親密なる者への責任」が対立する構図として捉えることができるのではないか。この民話からも、「周囲」に対する応答と、個別具体的な親密な他者に対する応答が、かなり以前より区別されていたことがわかるだろう。

とはいえ、日本人が伝統的に配慮してきた「周囲」は、完全に個別具体的な他者から独立した抽象的な対象であるとも言い切れない。そのような日本人の規範的な感覚がよく反映されているのが、「世間」という概念である。「世間」概念の歴史研究を行っている阿部謹也は、「世間」について次のように説明している。

「世間」は人びとに生活の指針を与え、集団で暮らす場合の制約を課していた。それは広く捉えれば公共性とも呼ぶべきものであり、自己の欲望を抑制し、集団の利害を優先するための指針であった。その意味で「世間」は人びとの生活に規制を与えるものでもあった。そのなかでは一人一人の個人ではなく、集合としての人間が中心であった。（阿部 2005: 17-18）

この説明によると、「世間」とは、成員にとって規範の一種として機能する人びとの集合であるということになるだろう。では、それは、個人の意志には還元されない「社会」の言い換えに過ぎないのだろうか。その一方で、阿部は別の著作において、「世間とは身内以外で、自分が仕事や趣味や出身地や出身校などを通して関わっている、互いに顔見知りの人間関係のことである。」（阿部 1999: 144）とも述べている。後者のように「世間」の概念を捉えるのであれば、「世間」とは、「身内」すなわち親密な他者とは区別される一方で、個別具体的な他者と無関係に成立する概念でもないということになるだろう。

実際に、阿部は「世間」と「社会」という二つの言葉の用法の違いを強調する。阿部（1999: 10）によれば、「社会」が貨幣経済を軸とする構造を持っているのに対して、「世間」では贈与・互酬の原則が主たる構造を持っているという[*3]。また、阿部（2005）によれば、明治以降、西欧から社会と個人という概念が輸入され、公的には「世間」ではなく「社会」という言葉が使われるようになったが、しかし「世間」の感覚自体は残存し続け、日本人の生活の拠り所となってきたという。このように、「社会」と「世間」は異なる概念であるがゆえに、日本では「私は無実だが、世間を騒がせたことを申し訳ないと思っている」といったような言い回しが用いられることになる。この言い回しでは、「社会」に対して無実であるという宣言と、「世間」に対して迷惑をかけたことへの謝罪が同時に行われているのである。

以上の阿部の議論を踏まえると、「世間」とは「親密な関係」とは区別される一方で、完全に抽象化された「社会」とも異なる、両者の中間に位置するような概念であると言えよう。[*4] そして、日本ではこの「世間」が、独特の強い規範的拘束性を有してきたのであった。となると、本章でこれまで論じてきた、配慮の対象としての「周囲」もまた、「世間」の一種であるとみなすことができるのではないだろうか。[*5] そして、「世間」と同様に、「周囲」もまた親密な他者とは区別されるのだとしたら、「周囲の目」に対する応答と、親密な他者に対する応答も、やはり異なるものとして捉えるべきなのである。

さて、これまでの「神隠し」に対する分析については、色々と議論の余地も残るだろうが、少なくとも、かつての日本人にとって「周囲の目」は重要な規範の一つであり、人びとがそれに対して配慮しなければならなかったということは事実であろう。そして、「周囲」に対して応答しなければならないという感覚は、応答の対象である「周囲」が、「世間」と同様に、個別具体的な他者には還元されえないという点で、私たちが「親密なる者への責任」と呼ぶ倫理とは別の何かだったのではないだろうか。

ところで、失踪という人びとにとって説明が困難な事態が生じたときに、「周囲」あるいは「世間」に対して人びとの代わりに応答しうる存在が、隠し神であったと私たちは推測していた。となると、「周囲」に対しては、日常の論理とは異なる象徴的世界観による抜け道も確保されていたということになるだろう。この点に関しては、第1章第2節で紹介した網野（2001）の議論をふたたび想起することもできる。網野が指摘したように、中世の日本において、そこに入ると世俗との縁が切れるという「無縁所」の役割を果たしていたのは、寺院という宗教的な場であった。網野の議論においても、「世間」からの抜け道と、象徴的な世界観の関係性が示唆されているのである。

隠す神と赦す神

本書では、後期近代社会において、人間関係が選択的なものとなりつつあるという前提で議論を進めてきた。その一方で、かつての日本社会では、人間関係は制度や血縁関係など、当人たちの意思によらない基準によって強く規定されていた。「周囲の目」もまた、そのような基準の一つであろう。しかし、そこには異界という〈外部性〉が存在していて、それはただ人を外的な世界へと逃がすだけではなく、件の基準を打ち消すように機能することで、拘束的な人間関係から人を解放する可能性を秘めていた。また、本章では確証に至ることはできなかったものの、〈外部性〉は、失踪者と「親密な関係」にあった残された者に対しても、何らかの影響力を持っていたことが推測された。その意味では、「神隠し」の物語は、「親密なる者への責任」から人を解放する可能性をも秘めていたのかもしれない。要するに私たちは、近世以前の「神隠し」という現象から、隠し神による〈逃がし〉の可能性を見てきたわけである。

もっとも、隠し神たちは、キリスト教のような一神教の神とはまったく性質が異なる神である。先に述べたように、隠し神たちは気まぐれやいたずらで人を異界に連れ去る存在であるとされていた。このような神々の存在が、結果的に人を逃がすことに寄与していた、ということは本節で述べていたとおりである。それに対して、一神教の神は気まぐれやいたずらを人に行うことはないので、そのような神を信仰する社会では、「神隠し」が生じることは考えづらい。

この隠し神と一神教の神の相違について、もう少し詳細に検討しておこう。隠し神も一神教の神も、ともに人智を超えた象徴的な存在であるという点は共通している。しかし、両者の人びとにとっての在り様は、まったくといってよいほど異なっている。これまで見てきたように、隠し神たちは異界に住まう神であるか、少なくとも異界に片足を入れた存在であるとみなされている。それによって隠し神たちは、人びとに日常とは異なる〈外部性〉の論理を提供していたのであった。その一方で、一神教の神たちは、日常を含むこの世界の論理を隅々まで規定する存在であるとみなされている。このような一神教の神のあり方は、異界という外部に存在する隠し神たちとは異なり、人びとにとって超越的に存在していると言い表すことができよう。

また、場所毎に多種多様な神々が点在している日本の宗教観とは異なり、一神教の神は人びとにとって遍在する存在であるため、そのような信仰の元では、仮にある地点から逃げ出したからといって、神の視点から逃れることは不可能であろう。それゆえ、キリスト教において人が赦されるためには、神から逃げるのではなく、神の前で罪を告白せねばならない。「神隠し」伝承における神が「隠す神」であったのに対して、キリスト教の神は、告白を要請する、いわば「赦す神」なのである。ここで、「隠す神」が与える責任からの解放が、「別の」論理による〈逃がし〉であったのに対して、「赦す神」が与える責任からの解放を〈赦し〉と呼んでおくことにしよう。もっとも、〈赦し〉の場合、神への告白が必要になるという点で、それは厳密に言えば責任の履行でもあるのだが。

　このような事情ゆえに、一神教の社会では、「神隠し」のような概念は生じ難いし、それゆえ行為としての〈失踪〉も相対的に行われづらいのではないか、という仮説を立てることもできるだろう。実際に英語圏で、日本語の「神隠し」に相当する概念は見当たらない点についても、そのような差異が背景に存在する可能性がある。

　以上はまだ仮説にすぎず、一神教の世界において、人の失踪という現象がいかにして立ち現れ、また受容されてきたのか――あるいはされてこなかったのか――を調べることは、これからの興味深い主題となるだろう。この課題については、また別の機会に取り組むことにして、とりあえず本書では、すべての象徴的な存在が人を隠すわけではないということ、そして、隠し神による〈逃がし〉と超越的な神による〈赦し〉が異なる機制であるという点を確認しておきたい。本節で述べてきたように、日本人が民俗社会において信仰してきた神々は、ときとして人を逃がす「隠す神」の方なのであった。

　では、「隠す神」を支える〈外部性〉を失った現代を生きる私たちは、いかにして「周囲の目」や「親密なる者への責任」からの「抜け道」を確保すればよいのか。この問いについては、本書の終章で考察することになるが、次節では、そのような問いが私たちにとって深刻なものとして立ち現れてくる恐れがあるということを、現代における自己責任論を検討することによって、明らかにしておくことにしたい。

3　自己責任論と親密圏の過負荷

前節では近世以前の日本社会における「神隠し」について検討してきたが、ここで現代社会の話に戻ることにしよう。本章では、現代の日本社会において「親密なる者への責任」による規範意識が強まっていることを確認したうえで、その背景について考察を行ってきたのであった。ところで、現代の日本社会の責任の倫理の変化として、「親密なる者への責任」による規範意識の高まりよりも、より一般的に言及にされるのは、自己責任論の高まりであろう。この自己責任論の高まりもまた、本書にとっては無視できない現象である。というのも、後述するように自己責任論の高まりという傾向は、「親密なる者への責任」による規範意識の高まり――特に、「傷つきやすさを避けるモデル」に基づく規範意識の高まり――と、一見相反する現象に見えるからである。では、現代における「親密なる者への責任」による規範意識の高まりと、自己責任論の高まりは、どのような関係にあるのだろうか。

自己責任論とその社会的背景

大澤（2015）によれば、現代の日本社会では、かつてないほど責任の所在を明確化するべきという圧力が高まっている。そのような傾向を代表しているのが、自己決定権を擁護する自己決定論であるという。自己決定論は、ある個人に影響を与える諸結果を、可能なかぎりその個人の選択に帰すことによって、その結果をみずからの責任であると自覚しうるような状態を社会的に保証しようとする。そして、さまざまな領域で主張されている自己決定論は、責任の帰属を透明に確保し、個人が責任を引き受けることを促す指向に規定されているという。

しかし大澤によれば、このように責任の宛先を一義的に明確化しようとする指向によって一般的に帰結するのは、責任の押し付け合い、すなわち「帰責ゲーム」であるという。自己決定論はしばしば、自己決定論が期待していたような責任を積極的に引き受ける個人ではなく、逆に「それはあなたの責任だ」と言い続ける個人を生み出してしまう。

つまり、責任の所在を明確にしようとすればするほど、責任は人びとの間を循環してしまうという事態が頻繁に生じているというのである。

以上のような、日本における責任の所在を明確化すべきという傾向の最たる例は、自己責任論の流行であろう。本書では自己責任論を、「何らかの出来事の結果を個人の選択に帰することによって、出来事の責任を当該個人に限定しようとする議論」として定義しておく。吉崎祥司（2014）によれば、日本の財界で自己責任論が強調され始めたのは一九九〇年代からであるという。[*6] ただし、それが一般的に広く認知されるようになったのは、二〇〇四年のイラク日本人人質事件からであろう。同事件では、誘拐され人質になった者たちに対して政府がどのように対応すべきかが議論されるにあたって、マスメディアでは自己責任の概念がさかんに報道された。

しかし、自己責任論はそのような例外的な状況でのみ語られているわけではない。特に中村剛（2010）、吉崎（2014）、湯浅誠（2008）らが問題とするのは、貧困や福祉が議論される際に、自己責任論が用いられる機会が増えているという点である。[*7] このような自己責任論は、責任の所在を個人に限定しようとしている点で、一見すると「帰責ゲーム」とは相反するイデオロギーであるかのように見えるかもしれない。しかし、吉崎によれば、貧困とセットで語られる自己責任論には、「失業や不安定雇用、貧困などを『個人の問題』にしてしまい、その責任を当の個人の努力や能力の不足によるものと強弁し、またそう思い込ませることで抗議を封じこめる」（吉崎 2014: 9）ことにその特徴があるという。このような特徴を有する現代の自己責任論の構図が、大澤の指摘する自己決定論の問題――責任の宛先を明確にしようとする指向が、責任の押し付け合いに帰結してしまう――と同型であることは明らかであろう。

では、この責任の所在を明確化するべきという傾向と、その帰結としての自己責任論の流行は、どのような社会的背景に起因しているのだろうか。この点に関しても、本書がこれまで依拠してきた理論的前提によって説明することが可能である。ここでは、ベックの「個人化」論をふたたび参照しておこう。ベック（Beck 1986=1998）の「個人化」論において、ここで着目すべき一つの帰結は、「人間の人生があらかじめ決められた状態から解き放たれたこと」（Beck 1986=1998: 266）である。これはすなわち、「人生の成り行きが個々人の課題として個人の行為に委ねられている」

(Beck 1986=1998: 266) ことを意味するので、個人は人生のさまざまな場面で選択することを「強制」されることになる。社会的にあらかじめ与えられていた人生は、みずからの選択に帰せられるものへと変換される。その帰結として、人びとは自分がしたわけではない決定の帰結をも背負わなければならなくなるという。

たとえばベックによれば、大量失業という社会問題も、「個人的運命」として個人に負わされることになる。また、母親が一人で子どもを育てるということも、以前のように父親に「見捨てられた」のではなく、一つの選択可能性として実行されたものとしてみなされるという。これらの帰結は、先に見た「帰責ゲーム」や自己責任論の流行と同様の現象であるとみなしても差し支えないだろう。以上のように、自己責任論の流行は、後期近代における自己選択の機会の増大という背景から説明することが可能なのである。

自己責任論と「親密なる者への責任」の対立と併存

自己責任論は、本書の概念を用いて説明すれば、「行為－因果モデル」による責任帰属の原理を徹底した結果として生じる思想であると言えるだろう。その意味で、自己責任論は、「行為－因果モデル」に基づく「親密なる者への責任」の論理と相補的な関係にあると言える。二つの思考は、「社会生活における諸問題はすべて自己の選択に帰せられるのであるから、そこから離脱してはいけない＝逃げ出してはいけない」という規範意識を生むことになるだろう。その一方で、自己責任論は、「傷つきやすさを避けるモデル」に基づく「親密なる者への責任」の論理とは一見すると対立関係にあるように見える。というのも、「傷つきやすさを避けるモデル」では、たとえみずからの行為とは無関係に生じた他者の危機に対しても、それを避けるために他者に応じる責任が「私」に生じることになるからである。それに対して、自己責任論では、他者の行為によって生じたとみなされる危機の責任は、その他者自身にのみ帰属することになるので、「私」がそれに応じる必要はないと考えるのであった。

さて、本章では、失踪者の家族たちが批判の対象となっていた二〇一〇年代の失踪言説から、「傷つきやすさを避ける」責任論による規範意識の高まりを見出したのであった。そのような失踪の言説、およびそれらの背景となっている「無縁社会」を批判する言説が流行したのは、自己責任論の流行が指摘された時期とほぼ同一であり、両者はともにきわめて現代的な現象であるとみなすことができるだろう。しかし、上述したように、自己責任論と「傷つきやすさを避ける」責任論では、責任の帰属先が明らかに異なるのであった。それにもかかわらず、現代の日本社会においては両者に基づく規範意識がともに高まっているとみなせる現象が起きているのである。

このような現象は、関連する他の言説においても見出すことができる。たとえば、孤独死の言説史を分析した中森（2013）の研究からは、孤独な死を避けるか／受け入れるかを自己決定される選択として捉える見方と、孤独死の問題を個人に限局せずに、家族や地域や行政によって解決されるべき課題として捉える見方の二つが、二〇〇〇年代後半以降の孤独死の言説において併存してきたことが示唆されている。また、ＮＨＫによる「家族に関する世論調査」の結果を分析した関谷道雄・加藤元宣（2010）によれば、親が高齢化した場合に「親は子どもを頼らずに自立するのがよい」か「子どもは親の面倒をみるのがよい」かを二者択一で尋ねる質問に対して、一〇代から三〇代では前者が後者を下回っているが、四〇代以上では前者が後者を上回るという結果になっているという。このデータから、介護の問題という文脈においても、自身の問題は自身で処理すべきという自己責任論的な思考と、親が傷つくことを避ける責任を子どもが負うべきであるという「傷つきやすさを避ける」責任論の葛藤を見出すことができるのである。

以上のように、現代社会においては、自己責任論と「傷つきやすさを避ける」責任論が対立しているように見えつつも併存しているという現象が起こっていることがわかる。ところで、本章のこれまでの分析によれば、二つの規範意識の高まりは、ともに後期近代社会における「個人化」の進展という背景によって説明されるのであった。よって、二つの規範意識の高まりは、同一の原因に端を発している、コインの表裏のような関係にあると言えるのではないか。[*8]

「傷つきやすさを避けるモデル」の再検討

では、自己責任論と「傷つきやすさを避ける」責任論は、なぜ対立しつつも併存することが可能になっているのだろうか。差しあたり、「傷つきやすさを避ける」責任論に基づく言説は、自己責任論の言説に対するクレイムとして存在しているように見える。「行為をなしたのは誰か」という観点から責任の帰属先を限局しようとする自己責任論の言説に対して、「傷つきやすさを避ける」責任論は、行為の因果関係の観点に依拠することなく、他者への責任と、責任の分有可能性を主張するからである。

では、「傷つきやすさを避ける」責任論の論理は、自己責任論を批判し、乗り越えるためにどれほど有効なのだろうか。この点について確認するために、本項では一般的に語られている言説の検討を行うのではなく、そのようなロジックが依拠している原理論のレベルで検討を行うことにしよう。グディンの「傷つきやすさを避けるモデル」は、まさにそのような責任論が基づく原理を説明したモデルであるとみなすことができる。よって、ここではふたたび、グディンの議論を検討することにしたい。

まず、グディン (Goodin 1985) の議論は、責任の「行為－因果モデル」に対する批判から出発していたという点をふたたび想起すべきだろう。グディンによれば、責任の「行為－因果モデル」では、たとえば現実に生じている家族に対する責任を説明することができない。それに対して「傷つきやすさを避けるモデル」を用いれば、そのような「特別な責任」を説明することが可能なのであった。この点を踏まえると、「行為－因果モデル」による責任帰属を徹底することで、責任の所在を限局化しようとする自己責任論は、「傷つきやすさを避けるモデル」が捉えてきた責任帰属のあり方を考慮しておらず、その意味で現実的ではないものとして「傷つきやすさを避けるモデル」によって批判されることになる。このように、グディンの責任論は、責任のあり方を観察する理論であるのみならず、「行為－因果モデル」を徹底した自己責任論に対しては、それを批判する規範理論としても機能することになるのだ。

実際に、グディン (Goodin 1985) においては、「傷つきやすさを避けるモデル」は、契約モデル――本書における「行為－因果モデル」――を乗り越え、包含するものとして位置づけられている。それでは、「行為－因果モデル」を徹底した形態である自己責任論に代わって、「傷つきやすさを避けるモデル」を規範理論として採用する――すなわち、「傷つきやすさを避けるモデル」にしたがって責任の帰属を行う――ことは、果たしてどれほど有意味なのだろうか。

そもそも、「傷つきやすさを避けるモデル」は、それのみで責任の倫理として有効に機能しうるのだろうか。たしかに、同モデルが徹底されさえすれば、因果関係に基づいて出来事の原因となった行為者を追及し、責任の所在を限局しようとする「帰責ゲーム」は解消されるだろう。ただし、他者が私の行為によって傷つきうる可能性に晒されたときに、偶然にも私に降りかかってくる責任を、私が積極的に担うことは果たして可能なのか。この点について、岡野の批判は的を射ている。「他者を傷つけやすい立場に置かれてしまったという事実をもって、果たして、傷つきやすい者に対する責任が発生するといってよいのか、そういってしまうことは、人びとの能力を越え、逆に、ある種の犠牲を課すことにならないのか」（岡野 2012：183）。

もしも、そのような「犠牲」すなわち負担を受け入れて、仕方なく担われるのが責任の主なあり方となってしまったとしたら、結局のところ、新たな「帰責ゲーム」が生じてしまう可能性がある。すなわち、「行為－因果モデル」から「傷つきやすさを避けるモデル」へと移行しても、それは「出来事の原因となった行為者は誰か」という追及から、「出来事を解決できるのは誰か」という追及へと、議論の位相が変わるだけの結果に終わることが危惧されるのだ。後者の形式の議論は、たとえば現代社会においては「親の介護」の問題において頻繁になされることになる。親の介護が可能なのは誰か――私なのか、私の兄弟なのか、親の配偶者なのか、それとも介護専門職などの外部のエージェントなのか――という問題に答えを与えることが容易ではないのは現状を見るかぎり明らかである。このとき、「傷つきやすさを避けるモデル」は、たんなる「行為－因果モデル」の変種に過ぎないということになってしまうだろう。

自己責任論と「傷つきやすさを避ける」責任論のカップリング

ある者の「傷つきやすさ」に対して私が責任を負っているとき、その者が傷つくかどうかは私の選択に委ねられていると言ってもよいだろう。場合によっては、私の選択に他者の命がかかっているということもありうる。実際に、乳幼児の世話や、「寝たきり」の高齢者の介護といったケースは、私たちが他者の命を扱うような職業を主体的に選択しなくとも、ときに私が他者の命を左右してしまう状況に身を置かれることを示している。その一方で、このような状況で私に他者に対する責任が存在するのであれば、同様に私の選択もその他者の存在によって大きく左右されることになる。責任者はその他者が傷つくことを避けなければならないために、責任者にとってその他者の存在はいわば「人質」として機能することになるからだ。

第7章第4節で検討したように、グディンの「傷つきやすさを避けるモデル」に基づく責任論は、理論上はそれが徹底されさえすれば、責任は複数の者によって分有可能なものとなる。しかし、「傷つきやすさを避けるモデル」の問題は、上述のように他者が傷つくことを避けるという責任がときに重過ぎるがゆえに、その責任の帰属先――他者が傷つくことを防ぐことが可能な者は誰か――をめぐって新たな「帰責ゲーム」が生じてしまう点にある。この事態は、たんなる机上の空論ではなく、現実の責任帰属の過程の少なくとも一部が「傷つきやすさを避けるモデル」によって説明される以上、やはり現実にも生じうると考えるべきだろう。実際に、二〇一〇年代に生じていた失踪者の家族への批判は、高齢の親の面倒を見る責任の帰属先をめぐる、「帰責ゲーム」の一環であったと捉えることもできる。

ところで、ベック（Beck 1986=1998）によれば、「個人化」が進展した後期近代社会においては、みずからが決定したわけではない帰結をも、みずからが選択した運命として背負わされることがあるのであった。この傾向が、自己責任論の特徴の一つであったことは、先に確認したとおりである。この点を踏まえると、自己責任論と「傷つきやすさを避けるモデル」による責任論の関係には、次のような危惧が生じることになるだろう。すなわち、「傷つきやすさを避けるモデル」によってひとたびある個人に責任が生じた際に、自己責任論はその責任に「行為－因果モデル」に基づく更なる根拠づけを行うことで、その個人に責任を固定してしまう恐れがあるのであるのだ。その場合、「傷つきやすさを避けるモデル」によって生じる責任は、社会的責任の存在を基礎づけようとしたグディンの意図に反して、特定の個人や「親密な関係」のなかに限局してしまうことになるだろう。

以上を踏まえると、現代の日本社会において、自己責任論と「傷つきやすさを避ける」責任論が、なぜ対立しつつも併存することが可能になっているのかについても、解釈を施すことが可能だろう。自己責任論の批判者であったはずの「傷つきやすさを避ける」責任論は、ともすれば新たな「帰責ゲーム」を生んでしまうという点で、実際には自己責任論とさほど変わらない帰結を生むことになる。さらに自己責任論は、「傷つきやすさを避ける」責任の固定化に根拠を与えることで、「傷つきやすさを避ける」責任の押し付け合いを強化してしまうのだ。このように、自己責任論と「傷つきやすさを避けるモデル」による責任論が共存することで、ともすれば私たちは、自己の行為に対する責任と、自己の行為によらない他者の責任の両方を無条件に背負うことになりかねないのである。

〈失踪〉はどのような意味を持ちうるか

自己責任論と「傷つきやすさを避ける」責任論のカップリングは、私たちの規範意識に対して、理論的には次のような影響を与えることになるだろう。実際に「親密なる者への責任」による規範意識が高まっていることは本章第1節で述べたとおりであるが、ひとたび「傷つきやすさを避けるモデル」によって私に親密な他者に対する責任が生じると、それは自身が選択した帰結であるようにみなされ、その他者に対する責任を一人で背負うことに――すなわち誰にも代替してもらえないことに――なってしまうのだ。

ところで、親密な他者に応答しなければならないという「親密なる者への責任」による規範意識の高まりも、自己責任論の流行に関しても、その背景には「個人化」の進展を見出すことができた。となると、「個人化」によって人間関係が選択的なものとなったからといって、私たちは親密な他者たちと無関係でいられるわけではないということになるだろう。それどころか、場合によっては、むしろ関係を持った他者に対して応答しなければならないという、重い責任を負いかねないのである。

このような自己責任論と「傷つきやすさを避けるモデル」による責任論が共存している現状が、現代社会における親密圏の過負荷の一因となっていることは明らかであろう。それは、後期近代社会における人間関係の不安定さによる負担――ギデンズ（Giddens 1991=2005: 210-2）の言うところの「純粋な関係」の「圧迫と緊張」――とは同一の背景を有しつつも、異なる様相の負担として親密圏において立ち現れているのである。本書の第1章で想定されていた、ある人間関係が耐えがたい苦痛を伴うにもかかわらず、それでも当該関係に留まることを自明であると捉えてしまうような状態も、このような親密圏の過負荷の一部であると捉えることができるのではないか。そして、本書の冒頭で述べたように、人間関係が選択肢上は自由なものとなっているにもかかわらず、私たちがそのような自由を実感として得ることができないのも、そこには親密な他者に対して不可避に応答せざるをえない私たちのあり方が反映されているのではないだろうか。

さて、これまで本書では、事実の観察と理論的な検討によって議論を行ってきた。しかし、最後に若干の越権行為が許されるのであれば、ここからは当為の問題を議論することにしたい。

私たちの理論的前提によれば、現代社会は普遍的な価値規範の失効によって特徴づけることができるのであった。このような普遍的な価値規範の失効をいかにして乗り越えるべきかという問いは、社会構想に取り組む多くの学問に通底する課題であると言えよう。それに対する回答の一つとして、他者への責任や「ケアの倫理」に定位した社会的連帯のあり方が模索されてきた。本章の分析によれば、そのような連帯のあり方は現代社会においてすでに部分的に実現しつつあると見ても良いだろう。しかし、同時に本章では、責任の倫理が、現実には親密圏に対して過剰な負担をかけてしまうという危惧を想定したのであった。よって、本書が課題とすべき当為の問題とは次のようなものとなるだろう。責任の倫理から生じる、親密圏の過負荷を解消することは、いかにして可能になるだろうか。

「傷つきやすさを避けるモデル」の問題は、他者が傷つくことを避けるという責任がときに重過ぎるがゆえに、その責任の帰属先――他者が傷つくことを防ぐことが可能な者は誰か――めぐって新たな「帰責ゲーム」が生じてしまう点にあった。よって、「傷つきやすさを避けるモデル」は、みずからの原則によって責任者とみなされる者が傷つくことを避けるために、別の原理ないしはシステムを必要とすることになる。ただし、安易に別の原則を導入しても、またその原則に基づく新たな「帰責ゲーム」が生じてしまうことになるだろう。そのため、差しあたり本書では、個人がそのような「帰責ゲーム」から離脱し、「親密なる者への責任」から逃れることを可能にする行為とは何かを思考してみることにしたい。

では、「親密なる者への責任」から逃れることを可能にする行為としては、どのようなものが考えられるのだろうか。第7章第5節で検討したように、他者と関係していることは、彼／彼女に対して責任を果たすための条件の一つなのであった。また、他者と関係していることは、それ自体が彼／彼女に対する最低限の責任の実践であるとみなすことができた。これらの点を踏まえると、「親密な関係」から離脱することは、個人を「親密なる者への責任」から逃がすという帰結をもたらしうるのではないか。私たちはそのような可能性を有する行為について、本書で幾度となく言及し、観察し、分析を行ってきた。それはすなわち、行為としての〈失踪〉である。

しかし、行為としての〈失踪〉に対して肯定的な意味を見出そうとするのは、前後不覚も甚だしいのではないか。というのも、仮にある者が「親密な関係」から突如として消え去る行為を認めるのであれば、たとえばその者が別の者のケアを行っていた場合に、それは別の者にとっての多大な損害を――場合によっては死を――もたらすことになるだろうからである。そもそも、そのような事態を避けるべきであるというのが、私たちにとっての責任の倫理の前提なのであった。しかし、グディン（Goodin 1986）によれば、責任とは義務とは異なり帰結主義的な倫理なのであった。この点を踏まえると、責任の過負荷によって結果的に責任が果たされないことがある以上、〈失踪〉による責任の放棄を特別に蔑視する必要もないのではないか。他者から逃げることによって責任が果たされない場合も、責任に押しつぶされることで責任が果たされない場合も、結果的には変わらないからである。それでも、逃げることが殊更に悪に見えるのであれば、それこそが、私たちが責任の倫理によって縛られていることの証左ではないだろうか。そして、「親密なる者への責任」が無条件に私たちに降りかかってくるものである以上、「親密なる者への責任」からの解放を志向する行為もまた、やはり無条件に発動できる行為であるべきである。

以上を踏まえると、ここで〈失踪〉についての思考実験を行うことはけっして無意味ではないだろう。行為としての〈失踪〉は、責任の倫理からすればまったくもって「無責任」なのであるが、「無責任」であるがゆえに、それは過剰な応答の負担から人を解放する可能性を有しているのではないか。

このように〈失踪〉にふたたび積極的な意味を見出そうとする構想は、たんに親密な他者からの消極的自由を志向していわけではない。この点について示唆的であるのは、東浩紀（2007）が提唱する、「第三の自由＝匿名性の自由」というアイデアである。東によれば、選択肢の多様さ（消極的自由）でも、その選択を支える自己支配の感覚（積極的自由）でもなく、そもそもそのような選択を行わなくてもよいという直観、すなわち厄介な選択を自分に強いるすべての状況をリセットし、無名で匿名な存在に戻りたいという原初的な感覚が私たちには存在する。そして、そこから導かれるのが、消極的自由でも積極的自由でもない、「匿名性の自由」という概念なのだという。〈失踪〉もまた、他者に対して責任を果たす際に前提となっている「親密な関係」から離脱することで、親密な他者に対して応答する／応答しないという選択そのものから離脱できる可能性を有するのではないか。

ただし、東の「匿名性の自由」の構想では、公共圏のネットワーク上に「現れる」ことから離脱することが意図されているのに対して、本書の〈失踪〉構想は——後述するように、そのような構想は基本的にはうまくいかないのであるが——親密圏からの身体的および関係的な離脱を志向するものである。また、この〈失踪〉の構想は、多様な価値規範から距離を置くことで、現実に対してシニカルな態度を取り続けるという意味での離脱でもないし、ただ即自的な快楽に身を委ねに行くことを目的とするわけでもない。そして、それはかつて見田（2011）が「まなざしの地獄」として形容した、「周囲の目」の圧力から逃れるためのものでもない。それは、個別具体的な親密な他者に応えることに疲れ果てて、自身の生存がおびやかされているような者の声に応えるための、切実な何かである。

終　章　行為としての〈失踪〉の可能性

前章で私たちは、自己責任論と「傷つきやすさを避けるモデル」による責任論が共存している現状を確認したうえで、行為としての〈失踪〉に、過剰な責任から個人を逃がす意味を持つ可能性を見出したのであった。しかし、そんなことはそもそも本当に可能なのだろうか。それは、以下の二つの意味においてである。①行為としての〈失踪〉を行うことは、本当に可能なのか。②行為としての〈失踪〉を行うことで、本当に人は「親密なる者への責任」から解放されるのか。

終章では、まず①の問いに対して、行為としての〈失踪〉をなすことができる人の条件について考察してみよう。そのうえで、②の問いと向き合うために、最後に本書の冒頭の問いへと立ち戻ることにしたい。すなわち、みずから人間関係を断ち切ることは、みずから死を選ぶことの代わりになるのか。この点を明らかにするために、行為としての自殺と〈失踪〉の意味を比較することで、〈失踪〉が自殺を代替する行為となりうるのかを検討してみよう。以上の作業は、「死ぬこと」と「消えること」の相違に関する、筆者なりのささやかな考察でもある。

1 〈失踪〉を実行させたもの

逸脱理論は〈失踪〉に適用できるか

行為としての〈失踪〉に、人を責任から解放する可能性があるのかを問う前に、そもそも〈失踪〉が本当に可能なのかを問うべきであろう。〈失踪〉が不可能なのであれば、何らかの処方箋として〈失踪〉を位置づける意味もなくなってしまうからである。

さて、結論から言えば、行為としての〈失踪〉は少なくとも不可能ではない。というのも、本書でインタビューを行ったインフォーマントのなかには、実際にみずからの意思で失踪した経験を有する者が含まれていたからだ。実際に、もし家族から離れて独りで暮らしている者であれば、家族に何も告げずに引っ越しを行い、そのまま家族からの連絡を無視し続ければ、それだけで家族からの〈失踪〉は完了である。あるいは、何らかの仕事に就いている者が、ある日突然、一切の断りを入れずに職場に姿を現さなくなれば、それは残された同僚にとっては〈失踪〉になるだろう。しかし、〈失踪〉を行う方法自体は容易に思い浮かべることができる一方で、そのような方法を自身が実行に移すことに対しては著しい抵抗感を抱く者がほとんどではないだろうか。おそらく、〈失踪〉が物理的に可能であるということと、それを実際に実行できるということは、区別して考えるべきなのだ。それはちょうど、人を殺す方法を思い浮かべることができるかどうかと、実際に人を殺すことができるかどうかがまったく別の問題であるのと同じである。そして、実際に〈失踪〉することに対して私たちがなぜ著しい抵抗感を覚えるのかについては、本書でこれまでずっと考察してきたとおりであるので、ここでいまさら述べる必要はないだろう。

よって、ここでなおも問うべきは、一般的には行われないだろうと考えられている〈失踪〉を、実際に実行できてしまう者がいるとしたら、それはどのような条件によるのか、という点である。〈失踪〉の、実行すること自体は可能でも実際に実行に移すことはできないという意味での「不可能性」を飛び越えて、実際に〈失踪〉してしまうのはどのような人物で、またそれはどのような経緯でそうなったのだろうか。これは、〈失踪〉に無謀にも何かしらの希望を見出そうとする本書のような立場のみならず、〈失踪〉を予防しようとする立場の者にとっても、かならずや必要となる情報であろう。

しかし、このような問いを実証的に考察するためのデータが絶対的に不足してしまっているという点は、本書でこれまでエクスキューズとして述べてきたとおりである。実証研究が不可能であるとしたら、本書で可能であるのは、理論的な見通しを立てることだけだろう。ところで、一般的には行われないだろうと考えられていて、かつ望ましくないとされる行為がなぜ行われるのかを説明することを目的とした理論が、社会学には伝統的に存在している。それは、逸脱理論である。これまでの豊富な逸脱理論の知見を用いれば、〈失踪〉を実際に実行しうる者、あるいはそのような実行可能性が高い者の条件について、考察することができるのではないか。

たとえば、少年少女の非行目的の「家出」が高じた〈失踪〉は、非行グループと接する機会が多い者ほど引き起こしやすいという仮説を提示することができるだろう。これは、E・H・サザランドとD・R・クレッシー（Sutherland and Cressey 1960=1964）の分化的接触理論をはじめとした、逸脱の学習理論――逸脱行動を、後天的に学習するものとして捉える――の考え方の一つである。分化的接触理論では、規範を遵守することよりも、規範を破ることを多く学んだ者が逸脱者になると捉えるからである。ある者が接する非行グループが「家出」の常習者で構成されていれば、本人も「家出」について学習する機会は多くなるだろう。また、少年少女の〈失踪〉であれば、第6章第2節で取り上げたシャフナー（Schaffner 1999）の「家出」論で見られたように、親や教師との感情的な闘争が「家出」を生じさせ、それが結果的に〈失踪〉に繋がるという見方もできる。

あるいは、成人の金銭トラブルを原因とした〈失踪〉は、借金取りから逃れるための合理的選択の結果であると説明することも可能かもしれない。また、一見すると非合理的であるが、ある恋愛を実現するための方法が当事者にとって「駆け落ち」しか見当たらない場合も、〈失踪〉は合理的な選択の結果であるということになるだろう。逆に、〈失踪〉はそのような合理的な選択には帰すことはできず、〈失踪〉という行為自体の魅力によって引き起こされるという見方もありうるだろう。動機のよくわからない〈失踪〉に対しては、そのような見方も可能かもしれない。

これらの逸脱理論の知見を用いた説明は、たしかにあるタイプの〈失踪〉に対する仮説を提供しはするだろう。しかし、多くの逸脱理論は、〈失踪〉一般について説明することはできない。実際に、第6章第5節で取り上げたMさんのライフストーリーからは、他の誰かとの接触を通して「家出」を学習した痕跡は見られない。このように、あるタイプの〈失踪〉を行う者の条件は説明できても、そこにはつねに「しかし、〈失踪〉はそのようなタイプのものばかりではない」という疑問が残ることになる。これはもちろん、逸脱理論自体を批判しているわけではない。そうではなくて、本書における〈失踪〉の概念が指し示す範囲が、何らかの逸脱理論を適用するにあたっては、あまりにも広すぎるのだ。みずからの意思で家族や集団から消え去る〈失踪〉行為の内実は実に多様であり、そのような多様な〈失踪〉に共通する条件を理論的に導き出すのは、たとえ仮説であっても困難なのである。[*1]

社会的絆理論と〈失踪〉

ただし、多様な〈失踪〉を説明しうる可能性を秘めた逸脱理論が、存在していないわけではない。その一つが、ハーシの社会的絆理論である。社会的絆理論では、人が逸脱をしないのは、個人を社会に繋ぎ止める絆が存在するからであると捉える。ハーシ（Hirschi 1969=1995）によれば、そのような社会的絆には、親密な他者に対する「愛着（attachment）」、勉学や仕事などの社会生活で積み上げてきた「投資（commitment）」、社会生活への関わりを意味する「巻き込み（involvement）」、一般的な社会規範に対して従うべきであると考える「信念（belief）」の四つのタイプが存在する。[*2] そして、この四つの紐帯のいずれかが、あるいはすべてが機能していない場合に、逸脱が生じる傾向があるという。

ハーシの理論の特徴は、「なぜ人は逸脱をするのか」ではなく、「なぜ人は逸脱をしないのか」を考えようとする点にある。おそらく、ある特定の逸脱を想定してその根拠を問うよりも、人が「正常」のままでいる根拠を考察したうえで、それを欠いた状態として逸脱を捉える方が、より広い範囲の逸脱の原因を説明することが可能である。それゆえ、概念としてはあまりに広すぎる〈失踪〉に対しても、社会的絆理論を用いることでアプローチできる可能性があるのだ。

実際に、本書で見てきた失踪経験者たちは、いずれも親との関係に問題を抱えており、その意味で〈失踪〉時点では家族への「愛着」を欠いた状態であったと言える。家族への「愛着」を欠いた状態であれば、家族（が担う規範）に自己を同一化することも、その命令に従うことも難しくなるだろう。また、失踪時に仕事をしていなかったり、失踪者本人にとってその仕事の重要度が低かったりすれば、それだけ〈失踪〉するためのハードルは低いということになるだろう。その場合、現在の仕事や築き上げてきた立場を捨てることによる損失も、少なくて済むからである。このように、〈失踪〉を経験する（実現できる）者には、四つの社会的絆が不足しがちであるという仮説を立てることは可能だろう。この場合、人が〈失踪〉をするのは、人を家族やコミュニティに繋ぎ止める紐帯が欠けているからだということになる。

ただし、本書ではせっかくここまで失踪に関して粘り強く考察を行ってきたのだから、いまさらこの結論のみで満足するわけにはいかないだろう。上記の説明に対する私たちにとっての不満点は、主に以下の二点である。

まず、上記の説明では、〈失踪〉が家族やコミュニティの絆の欠如によって生じることになっているが、その一方で、家族やコミュニティの絆が強すぎることによって〈失踪〉が生じる可能性については考慮されていない。この点に関しては、社会的絆理論の観点からは、関係が密であるかどうかと、「愛着」の有無は別の問題であるという反論が可能だろう。すなわち、そのような〈失踪〉は、失踪者と家族の関係が強固であるにもかかわらず、そこに「愛着」が伴っていないために生じるのだ、と。しかし、第1章第4節で見たように、愛は、必ずしも「親密な関係」を維持する要件とはなりえないのであった。たとえば、愛情は、関係を発展させる契機になるが、過剰な愛情は関係を破壊することもある――恋愛関係がしばしばそうであるように。このような愛の逆説を、たんに社会的絆理論のモデルにおける例外として捉えるだけで良いのだろうか。

次に、この点はより重要なのであるが、上記の説明では、なぜ社会的絆の欠如に際して、他の逸脱行為を選択せずに、他ならぬ〈失踪〉を選択したのかについては何も述べられていない。仮に、社会的絆を欠いた者が、〈失踪〉しやすいとしたら、なぜ紐帯を欠いているにもかかわらず、さらなる紐帯の切断へと向かうのか、という点が根本的な問題として浮上してしまうことになるだろう。この疑問は、本書で取り上げた失踪経験者の〈失踪〉に関しても、問われなければならないはずである。

そこで、本書で検討してきた、「親密なる者への責任」の概念を用いて考えてみよう。「親密なる者への責任」の概念を導入することで、先ほどの問題点の一つであった、家族やコミュニティの絆が強すぎることによって〈失踪〉が生じる可能性を、容易に説明することができる。というのも、第7章第5節で確認したように、責任を果たすこと、すなわち他者に対して応答することは、それだけで個人にとっては大きな負担となるからである。それゆえ、ある他者への「愛着」が強ければ強いほど、その他者に応答しなければならないという責任感が高まり、いよいよその過負荷に耐えることができなくなったときに、〈失踪〉が行われるという過程を想定することが可能なのである。[*3] 他の種類の紐帯に関しても、同様の可能性を想定することができるだろう。[*4] その意味で、「親密なる者への責任」は、私たちの人間関係を繋ぎ止めると同時に、時に人間関係を引き離す磁力のようなものなのである。

さて、以上を踏まえると、本書のこれまでの失踪研究の成果を手掛かりとすることで、〈失踪〉に対して私たちが行った社会的絆理論による説明を、補完することができるのではないか。おそらく私たちは、いくら失踪が依然として謎に包まれた現象であるとしても、もう少し本書で手にした情報に対して自信を持つべきなのだろう。他ならぬ〈失踪〉という行為を実際に実現できてしまう者がいるのであれば、それはどのような条件によるのか、という問いに対して、本書独自の仮説を立てることができるはずである。

「他者に応える勇気」と「他者に応えない勇気」

ここで、あらためて失踪とは何であったのかを確認しておこう。失踪とは、「人が家族や集団から消え去り、長期的に連絡が取れずに所在も不明な状態が継続する現象」を指すのであった。この定義からしてそもそも自明なのであるが、第6章第4節でも分析したように、失踪という現象には、失踪者からの応答の途絶という段階が必ず含まれることになる。それゆえ、そのような現象を失踪者みずからの意思で生み出す行為としての〈失踪〉においても、みずからの意思によって応答を拒絶することが、身体的な離脱の行為と並んで、あるいはそれ以上に、重要な契機となるのだ。となると、〈失踪〉を実現してしまう者の条件を考察する際にも、応答を拒否してしまうことができる条件とは何か――あるいは応答を拒否せざるをえない条件とは何か――を問うべきではないだろうか。

ところで、本書で取り上げた〈失踪〉経験者の語りを素朴に見てみると、彼/彼女らの〈失踪〉という行為は、二つの異なる印象を私たちにもたらすように思われる。一方で、失踪者たちはとても臆病であるように見える。なぜなら、KさんやLさんが典型的にそうであったように、彼/彼女らは親に怒られることを恐れ、家族からからの「呼びかけ」に応えることができず、ある意味では長期にわたり逃げ隠れしていたからである。その一方で、失踪者たちは通常では考えられないような勇気の持ち主であるようにも見える。彼/彼女らはみな、失踪時に特に明確な未来の展望もないままに家族たちの前から姿を消し、そのまま家族と一切連絡を取らずに生活することを選んでいたからである。彼/彼女たちのリスク度外視の行為は、まるでリスク意識の一部が機能していないように見えるほど――実際に失踪者たちには、多かれ少なかれリスク意識が壊れているような側面があった――大胆なものであったとも言えるだろう。

このように、失踪者の〈失踪〉は、失踪者がとても臆病であると同時に、勇気に溢れているようにも見えるという、異なる二つの性格を私たちに印象づけることになる。では、〈失踪〉という行為が、二つの異なる性格によって成立しているように見えるのはどういうことなのだろうか。あるいは、失踪者が二つの両極端な性格を同時に有しているように見えるのは、なぜだろうか。

差しあたり私たちは、責任という観点を踏まえつつ、勇気という概念を二つに区別しておくべきであろう。すなわち、「他者に応える勇気」と「他者に応えない勇気」に、である。〈失踪〉の経験者たちは、〈失踪〉時において、「他者に応える勇気」を持たなかった――その意味で彼/彼女らは臆病に見える――一方で、「他者に応えない勇気」には溢れていたのだ。

ここで問題となるのは、「他者に応えない勇気」を失踪者たちが持ちえたのは一体なぜか、という点であろう。この点に関して示唆的であるのは、次のような大澤（2016）の議論である。大澤によれば、私たちは呼びかけを二種類に分けて考えるべきであるという。

一方に、外部の超越的な実体――具象的であったり抽象的であったりする実体――に帰せられる「呼びかけ」がある。他方に、行動する者自身の外部に根拠をもたない〈呼びかけ〉がある。（大澤 2016: 383）

この「呼びかけ」と〈呼びかけ〉の二つの区別を踏まえると、「他者に応える勇気」は「呼びかけ」に応じることに対応していて、「他者に応えない勇気」は〈呼びかけ〉に応じることに対応していると言えよう。なお、「呼びかけ」は外部の超越的な実体から発せられるという点で、そのような他者は大なり小なり規範的な性質を持った他者であるということになる。そして、ここからが重要なのだが、大澤の示唆するところによれば、〈呼びかけ〉を聞くためには、「呼びかけ」に対して耳を塞がなければならないという。これはすなわち、「他者に応えない勇気」を持つためには、他者の「呼びかけ」を聞いてはいけないということを意味するだろう。

みずからの内なる〈呼びかけ〉に応じるためには、他者からの「呼びかけ」に応えない必要がある。しかし、そうであるとしたら、「他者に応えない勇気」を持たぬまま、どうやって他者の声に耳を塞げば良いのだろうか。筆者の考えでは、それが実現する方途の一つは、他者の声に耳を塞がざるをえない状況に追い込まれることである。そして、他者の声に耳を塞がざるをえない状況とは、言い換えれば、他者の「呼びかけ」に対してどうしても応じることができない状況ということになるのではないだろうか。

このように捉えれば、本書で見てきた失踪経験者の〈失踪〉に関する語りにおいて、臆病さと勇気という二つの相反する性格が同時に見出された点に関しても、説明可能なものとなるだろう。〈失踪〉経験者たちの語りでは、親についての言及が高い頻度で登場した。これは、彼／彼女らにとって、親という親密な他者が、重要な他者であり、規範的な性質を帯びていた証左であろう。そして、KさんとLさんとMさんはいずれも、失踪時において、親との関係をままならないものとして捉えていたのであった。そして、親の規範的な要求、すなわち「呼びかけ」に対して応じることができないという状況が、彼／彼女たちの耳を塞がせ——つまり、彼／彼女たちから「他者に応える勇気」を奪い——、その代わりに、彼／彼女たちは「他者に応えない勇気」を得た。このようにして、〈失踪〉が実行可能になっていたのだとしたら、失踪者の〈失踪〉に、臆病さと勇気が併存しているように見えた点も説明可能なものとなるだろう。むしろこの場合、臆病さ、すなわち「他者に応える勇気」を持たないことは、〈失踪〉に必要な勇気を得るための条件となっているようにも見える。

なお、失踪者に「他者に応えない勇気」を与える、他者の「呼びかけ」に応じることができない状況は、〈失踪〉の初期の段階から与えられているとは限らない。私たちは、第6章において、行為としての〈失踪〉を、「離脱行為」と「応答の拒否」の二つの段階に区別して分析すべきであることを明らかにしておいた。失踪者が、最初の「離脱行為」の段階で、家族からの「呼びかけ」に応じることが不可能な状態に追い込まれていたのは、Mさんの事例であった。それに対して、Lさんの事例では、Lさんは家族から離脱してから、両親に怒られることを想像することで、徐々に「呼びかけ」に応じることができない状況へと追い込まれていってしまったと言えるだろう。Lさんの事例の場合、当初の「離脱行為」が「呼びかけ」に応じることができない状況を生み、それが「他者に応えない勇気」に帰結しているという点で、〈失踪〉がみずからの〈失踪〉をよりいっそう促進するという、ある種のポジティブ・フィードバックのプロセスが生じていたのではないだろうか。このように、一見すると「理由もなく」「何となく」行われたように見える失踪にも、他者からの「呼びかけ」に対して応答が不可能になる過程が関わっている場合もあると考えられる。

他者の「呼びかけ」に応えることが不可能な状況が、結果的に〈失踪〉、すなわち応答の拒絶を可能にするという私たちの仮説は、先に提示した、社会的絆理論による〈失踪〉の説明を補完することになる。私たちは、社会的絆が強固すぎる場合と、社会的絆が機能しない場合の両方において、〈失踪〉が生じる可能性を想起したのであった。前者の場合は、親密な他者からの呼びかけに応じることが困難な状況が、むしろ〈失踪〉を可能にしたとみなすことができるだろう。これは言い換えれば、重すぎる責任を果たすことが困難な状況が、〈失踪〉を生じさせてしまうパターンであると言える。その一方で、社会的絆が機能していない後者の場合は、他者からの「呼びかけ」に対して独りで応じるしかない状況が、「呼びかけ」に応じることを困難にし、結果的にそのことが「他者に応えない勇気」を生み、〈失踪〉を可能にしたと見ることができないだろうか。このように捉えることで、社会的絆を欠いた状態であるにもかかわらず、あえて〈失踪〉という社会的絆をみずから断ち切る行為がなされたという点に関しても、理解可能なものとなるだろう。

他者の「呼びかけ」に応えることが不可能な状況が、「他者に応えない勇気」を生み、通常であれば不可能な行為を可能にする――この私たちの仮説は、〈失踪〉に対するさらなる実証研究や、その他の行為の研究によって検証されるべきであるし、これ以上はそのような検証を待つより他ないだろう。また、すべての〈失踪〉を可能にする条件が、このようなモデルで説明可能であるわけではない。そもそも、責任の倫理に対する感覚には、かなりの個人差が存在することが想定されるからである。ただし、私たちは、〈失踪〉の他に、このような条件によって可能になっているように見える行為を知っている。それは、〈失踪〉と同様に、ある意味では非常に臆病な性格を見出すこともできるし、非常な勇気の持ち主であるようにも見える行為である。それは、〈失踪〉と同じように、尋常ではない勇気をもってしか実現できないように見える行為である。

その行為とは、自殺である。

2 〈失踪〉は自殺の代わりになるのか

前節で私たちは、行為としての〈失踪〉を可能にする条件について、既存の理論や本書のこれまでの成果等を参照することで、検討を行ってきた。それを受けて、いよいよ本節では、本書における最後のテーマである、「行為としての〈失踪〉を行うことで、本当に人は『親密なる者への責任』から解放されるのか」という問いに取り組むことにしたい。そのために、本章の冒頭で述べたように、ここで本書の初発の問いへと立ち戻ることにする。みずから人間関係を断ち切ることは、果たしてみずから死を選ぶことの代わりになるのか。この点を明らかにするために、以下では行為としての自殺と〈失踪〉の意味を比較することで、〈失踪〉が自殺を代替する行為となりうるのかを検討してみよう。

責任と自殺

本書では第1章第1節において、シュナイドマン（Sheneidman 1993=2005）を参照することで、自殺を、精神痛を停止するための行為として位置づけていた。では、行為としての〈失踪〉と自殺の比較が、なぜ責任から個人を解放する〈失踪〉の可能性を検討することになるのだろうか。それは、少なくとも日本人にとっては、自殺は責任の倫理に対して特別な意味を有してきたからである。そのことを端的に示しているのは、切腹という風習の存在である。山本博文（2014）によれば、切腹は責任を問われた武士が責任を取るための自殺の方法であった。山本の研究によると、切腹が武士の自殺の方法として定着するのは鎌倉時代以降であり、その風習は武士社会の成熟とともに確立されていったという。戦国期においては、大将が切腹すれば家臣たちは許されるという観念があり、城主の切腹は家臣たちの命を救うために自主的に行われるという形式をとっていた。それに対して、江戸時代になると、自殺の手段として切腹することが一般化し、それにともない、処罰として切腹が命じられるという形式が定着したという。

このように、自殺によって責任を取るという行為は中世より行われていたが、キャロル・グラック（2016: 81-3）によれば、当時はその行為に対して責任というレトリックが用いられることはなかったという。グラックによれば、明治時代においても、みずからの償いのために自殺が図られたが、その際の動機は「言い訳のために」「申し訳なく」「言い訳がない」「詫びがかなわぬ」「面目無く」などの言葉で表現されたという。しかし、一八八〇年代終わりまでに責任という言葉が日本に定着したことで、二〇世紀になる頃には、そのような自殺も責任という言葉で説明されるようになったという。戦後になると、個人的な失敗でも過失でも、自殺と辞任は「責任を取る」手段となったが、そのような責任の用法は二〇世紀初頭にはすでにできあがっていたということになるだろう。

以上のような日本における伝統的な自殺と責任の関係性は、現在でもしばしば「責任を取る」ことを動機とした自殺が生じていることを踏まえると、現代においても受け継がれていると見るのが妥当であろう。しかし、長きにわたって自殺が「責任を取る」行為として捉えられてきたのは、奇妙なことではないか。というのも、グディン（Goodin 1986）によれば責任の倫理は帰結主義的な性質を有するのであったが、自殺は出来事の被害者や問責者に対して何かの補償になるわけでもないし、それのみでは何の説明にもなっていないからである。また、自殺は、たとえ社会から個人が追い込まれた結果であったとしても、刑罰を受けることとイコールではない。では、自殺は、どのような意味で問責者に対する応答となっているのだろうか。

グラックによれば、自殺は自己の行為の結果から個人を「免除」する。それゆえ、自殺は謝罪と同様に、責任の履行ではなく、その終了をもたらすという。実際に、ある問題に対して責任を追及された者が自殺をすることで、問題が収束するという事例は、現代においても珍しくはない。このグラックの洞察を踏まえると、自殺は厳密に言えば責任の実践には該当しないことになるだろう。それでも自殺が「責任を取る」行為であるとみなされるのは、みずからの死をもって、その責任に対して応答することが不可能であるということを提示するからではないか。自殺は、その行為の衝撃でもって、応答不可能であるという応答を行うことで、自己にとっては大きすぎる責任の追及を終了させるという機能を有しているのである。

とはいえ、自殺は自殺者への責任の追及を終わらせることがあっても、自殺者に帰属させられていた責任のすべてを消し去るわけではないだろう。それどころか、遺された者に、自殺者の自殺それ自体に対する、新たな責任を生み出してしまうことが想定される。しかし、自殺者は、自殺によって、すでに応答不可能であるという応答を行った後であるので、自殺者たちにはそれ以上の応答を期待することは――彼／彼女らは実質的には何の応答も行っていないにもかかわらず――できない。それゆえ、遺された者たちは、当の自殺者抜きで、「彼／彼女はなぜみずから死を選んだのか」「その死は誰のせいなのか」などについて自問自答をしなければならない。つまり、自殺に対する責任を、行為者である自殺者抜きで担わなければならないのである。その結果として生じるのが、遺族たちの、「自責の念」と呼ばれる罪責感なのではないだろうか。

自殺の代替不可能性、あるいは死ぬことと消えることの相違

前項では、自殺が責任の追及を終了させる社会的な機能を有していることを確認した。では、〈失踪〉は責任に対して、そのような機能を持ちうるのだろうか。結論から言えば、本書のこれまでの失踪に関する調査結果が示唆するのは、〈失踪〉が自殺のようには責任の追及を終了させることはできないということである。

まず、残された者たちの反応を比較してみよう。たとえば高木慶子・山本佳世子（2014）でも指摘されているように、一般的に自殺遺族の家族が抱えるのは強い罪責感である。たしかに、本書で見てきた失踪の事例でも、失踪者の親たちが罪責感を抱えることはあった。しかし、その一方で見逃してはならないのは、失踪者の配偶者たちが失踪者を厳しく批判していたという点だろう。本書のこれまでの分析を踏まえると、配偶者たちの批判は、失踪者たちへの責任の追及であったとみなすことができる。この点を踏まえると、失踪は、自殺のように当人への責任追及のベクトルを逸らすようなことはなく、むしろ当人に対する厳しい問責を引き起こす場合すらあると言えよう。

また、私たちは第7章第5節において、「曖昧な喪失」は応答の不在によって引き起こされると分析したが、「曖昧な喪失」の典型的なケースは、親密な他者の生死が不確定なものとなる場合に生じていたのであった。これは言い換えれば、明確な死という結末は、普通はそれだけで残された者にとって重要な応答になりうるということだろう。その一方で、本書が見てきた失踪者の家族たちは、事例によってかたちは違えども、失踪者への呼びかけを長期にわたり止めずにはいられないようであった。たとえ失踪者からの応答を得ることが困難な状況にあっても、それでも家族たちが呼びかけを止めることをしないのは、次のような失踪の性質に拠ると考えるべきだろう。すなわち、失踪には、自殺とは異なり、応答が不可能であるという応答を提示する機能がない——行為としての〈失踪〉が、もはや親密な他者への応答が不可能であるという状況で行われることがあるにもかかわらず——のである。

では、仮に残された者が失踪者のことを完全に忘却し、一切の呼びかけを止めてしまえば、失踪者たちは責任から解放されるのだろうか。次は、失踪者本人と自殺者本人の状態を比較してみよう。

そもそも、〈失踪〉が残された家族にもたらす結果については、多かれ少なかれ、失踪中の失踪者本人にとっても想像の及ぶところだろう。それゆえ、〈失踪〉経験者のKさんとLさんは、みずからの行為が親に叱られることを失踪中に恐れ続けていたのであった。また、Lさんは家族から探されていると考え、極力家族に見つからないように生活を送っていた。もちろん、失踪しているがゆえに問責に対する応答は行わずに済んでいるのであるが、このように親や家族の視点を想像し続けているかぎり、とても責任から解放されている状態とみなすことはできないだろう。

一方で、自殺の場合、自殺者たちはひとたび自殺を完遂すれば——死によって人の意識が消失するとしたらの話だが——あらゆる責任も、精神痛も、何も感覚することがなくなるのだ。自殺者も、自殺が遺された者に対して及ぼす結果については、多かれ少なかれ想像しているはずだが、自殺を完遂できさえすれば、それに対して囚われる自己の意識など、もはやどこにも存在しないはずなのである。そのような自殺者とは対照的に、失踪者たちは失踪後も、残された者たちを記憶しているかぎり、残された者たちが自己についてどのように思っているのかを多かれ少なかれ思考し続けることになるだろう。実際に、第6章第5節で触れたように、本書で取り上げた三人の〈失踪〉は、いずれも失踪前の人間関係を完全にリセットするには至ってはいなかったのであった。

以上の議論を、「生者には責任があるのに対して、死者には責任がない」とまとめてしまうことは簡単だろう。しかし、そのように生死の二元論によって場合分けするだけでは、生きているとも死んでいるとも言いがたい者に帰属する責任のあり方を、捉えることはできない。実際に、本書がこれまでずっと注視してきた失踪は、まさにそのような生死の二元論では説明しえない領域に、人が入り込んでしまう現象なのであった。そして、先述したように、失踪者たちは何らかのかたちで、応答を求める残された者たちの呼びかけを受け続けていたのであった。本調査の結果から言えば、生きているとも死んでいるとも言いがたい失踪者の領域は、どうやら責任が帰属する範域の内側に属するようである。よって、上の仮説は、次のように訂正されるべきであろう。すなわち、私たちの社会では、原則として、死が明示されていない者には、つねに責任が存在し続けるのではないか、と。

　もちろん、生者であっても、一定の責任を免れている者は多くいる。それはたとえば、何らかの精神的・身体的な障害を抱えていることで、有事の際に、「責任能力がない」と判断されるような場合である。しかし、そのような者たちは、何らかのかたちで責任がないということを承認されるか、あるいは少なくとも「そこに存在する」ということで、応答が不可能であるという応答を明らかに行っている。よって、彼／彼女たちは、根本的な意味において、責任を果たしていないというわけではけっしてないのである。それに対して、失踪者たちは、「そこに存在する」ことすらしないことで、残された者に対して、応答が可能か不可能かという応答すら行うことがない。そして、これこそが、人が「消えること」の、「死ぬこと」に対する、もっとも重要な差異の一つなのではないだろうか。人が「死ぬこと」と「消えること」は、結果的にかつてあった身体やコミュニケーションが消失するという点では、似た現象ではある。しかし、前者が否応なく応答が不可能であることを提示するのに対して、後者は応答の可否を提示しない。両者は、おそらく責任の倫理にとって根本的な、応答の可否の提示の有無という点で、やはり決定的に異なる何かなのである。

自殺の代替可能性

　さて、前項における〈失踪〉と自殺の比較から、自殺が責任を終了させる機能を持つのに対して、〈失踪〉は個人を責任から解放することができないばかりか、むしろ失踪者（責任を問われる者）と残された者（責任を問い、問われる者）の双方を長期にわたり責任に囚われた状態にしてしまうことが示唆された。理論的にも経験的にも、責任の倫理が存在するかぎり、〈失踪〉が自殺と同じ意味を有することはありえないのである。

　ここまでの議論では、行為としての〈失踪〉は、やはり自殺の代わりにはなりえないという結論になってしまうだろう。だが、しかし、である。このような結論を出してしまうと、私たちは、第6章で取り上げたMさんの語りを説明することができないのではないか。というのも、私たちの分析によれば、Mさんにとって〈失踪〉を経験することは、責任からの解放を意味していたようだったからである。したがって、ここで私たちはふたたび、Mさんの語りに着目する必要がありそうである。以下では、Mさんの自殺企図時と失踪後の変化に関する、第6章第5節で取り上げたものとは別の語りを見てみよう。

M「彼女がいなかったら、当然、死にきれないとたぶん、あたしすぐ次（の自殺を）トライしようとしてたから」

質「そうですよね」

M「そのなかで電話がかかってきた。そのタイミングで。首つってる最中にですよ。もう死にきれない、でも確実に死ななきゃ、って思ってる時に。で、それは、たぶん色んな死ぬ理由ってあると思うんだけど、自分の場合は、リストカットをする、OD（オーバードース）をする、首を吊る、なんでもそうなんだけど、もうね、それが使命のように感じられるわけ。何が何でも、必ずこの体、あるいはこの魂でもいいけども、を死に至らしめなければならないっていう焦燥感がものすごいあるわけですよ」

質「はい」

M「で、そんな何かを気狂いでやってるあいだに、サッってこう、差し挟まってくるわけじゃん。私でないものがさ。で、助けられているっていうことにものすごい感謝して、あー、あたしは死ねないんだって。これだけの辛さを抱えてて、で、その、私が書いた手紙っていうのは、ざっくりいうと、私がすごい苦しかった人生なのはあなたが知っていて、高校の時も死なせてくれと言ったのにあなたは死なせてくれなかったと。で、私が、もうこれ以上、この苦しみには耐えられない、あなたは聖書を通して私に耐えられない試練はないというけれど、あたしは耐えられないから、もしこれ以上、あたしに耐えろって言うんだったらまずこの状況を何とかしろと、逆ギレして書いてるわけ。で、もしも、私の願いを聞きとめてくれるんだったら、速やかに私を死なせてっていうのを、書くわけですよ。で、誰に宛てるわけでもないですよ、ただ書いただけ。で、もう、結果として生き残ってるわけだね。で、結果として誰かに支えられて、生き延びてしまったので、そ

れを機にものすごい回復していって、以降、自殺というものを積極的にすることは、まあ基本的にはなくなる」（（　）内執筆者）

この語りから、Mさんは自殺企図時にはみずからを死に追いやることを使命のように感じており、それは神からの「苦しみに耐えよ」という要請に対して、もはや応答しきれない状態にあったことに起因していることがわかる。このことは、Mさんにとって自殺が、まさに応答不可能であるという応答であり、自己にとっては大きすぎる責任の追及を終了させる意図を持った行為であったことを意味するだろう。

しかし、第6章第5節でも確認したように、Mさんは友人――上の語りでは「彼女」――の電話での説得により、自殺の継続ではなく友人の元に〈失踪〉することを選択したのであった。ここで注目すべきは、Mさんが自殺未遂から生き延びて〈失踪〉した後に、自殺を積極的に行うことがなくなったと述べている点であろう。すなわち、Mさんにとっては、〈失踪〉の経験は責任からの解放を意味すると同時に、結果的に自殺の必要性を失わせることになっていたのだ。これは、〈失踪〉が自殺を、自殺とは異なるあり方で代替したケースであると捉えるべきではないだろうか。

私たちの分析によれば、〈失踪〉は、失踪者本人にとっても残された者にとっても、自殺と同じ意味を有する行為とはなりえないのであった。そこから私たちは、〈失踪〉によって個人が責任から解放されることも、〈失踪〉が自殺の代わりになることもないだろうという見通しを立てていた。しかしながら、Mさんの事例は、そのような私たちの見立てに反するものであったと言えよう。では、Mさんの〈失踪〉は、どのようなかたちで、自殺の代わりとなったのだろうか。

ところで、Mさんの語る〈失踪〉の経験は、〈失踪〉の定義と照らし合わせると〈失踪〉に該当するのか見解が分かれるような、境界的な事例なのであった。このような事例をたんに例外的な「外れ値」として無視するのであれば、多くの質的研究はその意味を失うことになるだろう。そこで、以下ではMさんの〈失踪〉経験を手掛かりに、自殺を代替する可能性をもった〈失踪〉とはどのような〈失踪〉であるのかを検討してみたい。これは、〈失踪〉によって失踪者が責任から解放される条件を問う一つの試みであり、本書で取り組む最後の課題でもある。

〈失踪〉による「親密な関係」の修復効果

まず、Mさんの〈失踪〉がMさんを責任から解放することになった理由として真っ先に考えられるのは、Mさんの〈失踪〉の際に自殺未遂をしていたからであるという点であろう。すなわち、Mさんにとって一連の経験は、〈失踪〉というよりもむしろ自殺に近いものであったため、自殺と同様に、Mさんが感じていた重い責任を終了させることができたのではないか、ということである。しかし、本節におけるこれまでの分析によれば、自殺が責任を終了させる機能を有するのは、死という結果によってもはや応答が不可能であるということを提示するからであるとともに、死によって私の意識が消失することで、責任も含めたすべての感覚を停止できるからであった。よって、自殺が責任を終了させる機能は、あくまでも自殺が完遂されないことには発動しないはずである。また、上のMさんの語りでは、Mさんがそれまでも他の方法で自殺を企図してきたことが示唆されている。よって、Mさんが〈失踪〉する際に行った自殺の企図それ自体は、責任の解放には大きな意味を持っていなかったと言えそうである。

ただし、自殺を企図し死に直面したことで、みずからの生が偶有的なものであるという認識に至ったことが、Mさんに大きな影響を与えたことは確かであろう。上の引用においても、Mさんは「で、助けられているっていうことにものすごい感謝して、あー、あたしは死ねないんだって」や、「で、もう、結果として生き残ってるわけだね。で、結果として誰かに支えられて、生き延びてしまったので、それを機にものすごい回復していって、以降、自殺というものを積極的にすることは、まあ基本的にはなくなる」と語っていた。このように、Mさんは、友人の「彼女」の介入によって、結果的に偶然にも生き延びてしまったことで、逆にみずからの生の必然性を自覚するに至ったのである。しかし、これだけでは、Mさんが責任から解放された理由の説明にはなっていないだろう。というのも、偶然にも生き延びてしまったという経験は、責任からの解放ではなく、逆に、「なぜあのとき私は死ななかったのか」という深い自責の念へと繋がる可能性も考えられるからだ。[*5] よって、なおも問わなければならないのは、Mさんの自身の生の偶有性に対する自覚が、後者ではなく前者に転化した理由ということになるだろう。

このように、Mさんに起こった責任からの解放が、Mさんの経験が自殺に類するものであったという理由で説明できないとしたら、それは〈失踪〉によって生じた「親密な関係」からの離脱にこそ求められるべきではないか。では、「親密な関係」から離脱することで、生じる変化とは何だろうか。

この点について示唆的であるのは、第6章第5節で確認したように、Mさんが失踪中に母親と連絡を取り始めたとき、それが携帯メールという制限された方法で行われたがゆえに、かえって母親とのコミュニケーションが円滑に進んだとMさんが語っていた点であろう。親密な他者との物理的・身体的距離が離れたり、一時的に関係が途切れたりすることが、必ずしも他者との心理的な距離を隔てる結果になるわけではないことは、私たちの日常的な経験からも理解できるところである。Mさんの事例では、Mさんが家族の元から〈失踪〉し、強制的に家族との距離を取ったことで、逆にメールで「本音」を開示し合うことが可能になったのだが、その経験は直近の両親の諍いの原因がMさんにあったというMさんの誤解を解いたという意味で、Mさんの罪責感を和らげることに寄与したのだろう。Mさんの語る経験は、家族と面と向かわないことで面と向き合えるようになったケースであると言えるし、家族からの離脱によって結果的に家族関係の修復が始まったケースでもあると言えるだろう。

失踪者を赦すことの困難

ところで、「親密な関係」から離脱することによる当該関係の修復効果については、失踪が長期化した場合でも認めることができる。第6章第4節で分析したように、KさんとLさんは、長期間の〈失踪〉を経て家族と再会した際に、家族たちが以前と変わらない態度で接してくれたことに言及していた。すなわち、KさんとLさんが危惧していたような、長期間にわたり〈失踪〉していたことを叱られるような事態は生じなかったというのである。これは、〈失踪〉によって家族関係に変化がなかったと見ることもできるが、失踪前の彼／彼女らの家族との関係を踏まえると、むしろ再会時にトラブルが生じなかったことがむしろ家族関係が変化した結果であるとも言えるだろう。

このような変化が生じたのは、長期間の失踪による時間の経過によって、失踪やその前後の出来事が風化してしまった——すなわち、記憶が薄まることで出来事の有する意味が家族たちにとって重要ではなくなった——からであるのか、あるいは失踪者がふたたび〈失踪〉しないように家族たちが失踪者に配慮している結果であるのかは、本書の調査結果からのみでは判断しえない。しかし、いずれにせよ、少なくとも表面上は、長期間の失踪を経ることで、失踪者たちが赦されたケースであると言えるだろう。もっとも、失踪および失踪中の時間の経過によって、失踪前後の出来事が風化するかどうかは、出来事の種類や他の条件によって異なることが想定される。よって、少なくともこのような失踪による「親密な関係」の修復効果を、つねに期待することはできない。[*6]

また、第4章第6節で見たように、夫の〈失踪〉によって、自身と家族が経済的な著しい困難を経験したと語っていた配偶者のEさんは、二〇年後に病院に運ばれた夫と再会していた。その際に、病気で変わり果てた夫の姿を見たEさんは、腹立たしさや憎しみよりも、「ああ、こんな風になって、もっとはよ帰ってきたらいいのに、元気なときに」という、「可哀想」な気持ちになったと語っていたのであった。この事例を、本書が依拠してきた責任の「傷つきやさを避けるモデル」によって解釈すると、失踪時は、傷つきやすい立場である妻や家族を捨てた失踪者が責任を追及される立場であったが、逆に二〇年後の再会時には、失踪者が著しく弱い立場となったことで、今度は失踪者の家族たちが弱い者（失踪者）に対して応答しなければならない立場に立たされたということになるだろう。

このような責任の転換を踏まえると、「傷つきやすさを避けるモデル」による責任論は、他者に対する責任を果たせなかったことで弱い立場になってしまった者に対して、「傷つきやすさを避ける」責任に基づいて他者が応答する＝赦すという過程を経ることで、みずからの原理に基づいて責任を収束させることを一応は可能にしていると見ることができる。

もっとも、上に見た事例のように失踪者が帰ってくる場合はともかく、失踪者が失踪したままの状態で赦されることとは、非常に困難であると言わざるをえない。この点に関して示唆的であるのは、J・デリダ（Derrida 2012=2015）の議論である。デリダは、「赦し」の不可能性について論じるV・ジャンケレヴィッチの議論を受けるかたちで、赦すことが困難になる条件として次の二点の状況を挙げている。一つ目は、「赦し」が乞われない状況であること。人は「赦し」を乞われるときのみ、相手を赦すことができるのであり、「赦し」を乞わないような誰かをけっして許すことができない。二つ目は、為された犯罪が深刻過ぎる状況であること。悪が人間的なるものの一線を越えてしまっているとき、それを赦すことはもはや問題とはなりえない。

二つ目の条件が失踪に該当するかどうかは、失踪時の状況によるので――たとえば、自身が世話をしなければ生きていけない子どもを置いて〈失踪〉し、結果的にその子どもを死なせてしまった場合、それは人間的なるものの一線を越えた悪となるのだろうか、どうだろうか――ここではこれ以上触れないが、より直接的にすべての失踪に関わるのは、言うまでもなく一つ目の条件の方であろう。というのも、失踪者は失踪中であるかぎりにおいて、けっして残された者に対して「赦し」を乞うことができない――言うまでもなく、失踪者たちは残された人間たちに対して何も言わない――からである。

たしかに、一般的な感覚からしても、自分から謝ってこない相手を許すのは難しいことである。実際に、失踪者からの応答がない状態で、残された者が失踪者を赦すことができなかったという点については、失踪者の配偶者たちの語りから繰り返し確認してきたとおりであった。また、それは失踪者本人にとっても同様であり、残された者に応答しない状態で、残された者からの「赦し」を得るのは当然のことながら困難であろう。この点についても、失踪中に親から叱られることを恐れていたKさんやLさんの語りから明らかであるように思われる。KさんとLさんは、〈失踪〉によって責任から解放された状態には、まったくといってよいほどなっていなかったのだ。逆に、家族と再会した失踪者が家族から赦されたのは、失踪者が帰ってくること自体が、残された者に対する最大の応答であり、「赦し」を乞う行為だったからであると解釈することもできるだろう。

このように、失踪という現象は、「赦し」が可能か否かを問うある種の臨界点に、明らかに触れている。失踪に対する社会学的な考察から、結果的に倫理的な問題を検討するに至った本書の試みは、やはり的外れではなかったと言えるだろう。ただし、ここからが重要なのだが、デリダは前述の「赦し」が困難な場合において、「赦し」が不可能であると述べているわけではない。というよりも、デリダにとっては、「赦し」が原理的に可能であるためには、そのような赦すことが困難な者こそ赦さねばならないのだという。

こう自問しよう、赦し－得ぬものを前にして赦しが不可能に見え、ただ不－可能なることと格闘することにおいてのみ可能だと見えるまさにその地点においてこそ、まさしく、そして唯一、赦しの可能性が呼び求められるのではないかどうか、と（Derrida 2012=2015: 44）。

このデリダの見解にしたがえば、「赦し」を乞わない者を赦さずして、むしろ何を赦すのか、ということになるだろう。このように、赦すことが不可能に見える者こそ赦さねばならないのは、デリダが「赦し」と「贈与」を類縁的に捉えているからである。仮に、「赦し」を乞われなければ赦すことができないのであれば、それは「赦し」が条件付きで行われていることになってしまうだろう。その場合、「赦し」は罪の告白や謝罪と引き換えに行われていることになり、それは贈与というよりも交換の範疇に含まれることになってしまうのだ。

しかし、無条件の「赦し」とはいかにして可能なのだろうか。「赦し」を乞うてこない相手を許すことなど、本当にできるのだろうか。さらに、失踪の問題に置き換えて言えば、人が〈失踪〉をすることによって、責任が解放されることがあるとしたら、それはいかなる条件によるのか。この「赦し」をめぐるアポリアを頭の片隅に置きつつ、Mさんがなぜ失踪によって責任から解放されたのかについて、もう少し分析を続けてみよう。

失踪先はなぜアジールになったのか

私たちは、Mさんが〈失踪〉によって経験した責任からの解放は、たんにMさんの〈失踪〉が自殺に類似した経験であったという要素のみではまったく説明できないことを確認し、そのうえで、〈失踪〉による「親密な関係」からの離脱が、当該関係を修復する可能性を検討した。それは、①親密な他者と距離を置くことによるコミュニケーションの円滑化、②失踪の長期化によって生じる残された者からの「赦し」、③失踪者が逆に応答されるべき傷つきやすい立場になることで生じる残された者からの「赦し」、という主に三つの効果によるものであった。それらのなかで、Mさんの事例が関わっていたのは主に①の親密な他者と距離を置くことによるコミュニケーションの円滑化であったと言えるだろう。では、Mさんが罪責感から解放されたことは、〈失踪〉によって母親とあえて携帯メールでコミュニケーションを行い、「本音」を開示し合えたという経緯によって説明し尽くされるのであろうか。

この点に関して、第6章第5節において私たちは、Mさんが家族からの呼びかけに対して応答することができたのは――すなわち〈失踪〉が長期化しなかったのは――責任からの解放という変化をMさんが経験していたからであると分析していたのであった。この分析を踏まえると、〈失踪〉の後半において行われたMさんと母親とのコミュニケーションは、たしかに二人の関係や責任からの解放に大きな意味を持っていたとみなすことはできるが、しかし時系列的には、責任からの解放はその前から生じていたとみなすべきではないか。というのも、そもそも母親からの呼びかけに応えることが可能でなければ、母親とのコミュニケーションが開始することもありえないし、そもそもそれが不可能であったがゆえに、Mさんは自殺を企図し、〈失踪〉したのだと、私たちは理解していたからである。実際に、Mさんは、第6章第5節で確認したように、〈失踪〉を経験した日以来、「あれだけ強い薬飲まないと眠れなかったのに、スッカリ眠れるようになった」と語っており、またその前後を「本当に明と暗」であると語っていた。

つまり、私たちが責任からの解放とみなしているMさんの変化は、〈失踪〉によって家がある街を離れ、〈失踪〉を促した友人の住む街に辿り着き、そこで友人に受け入れられた時点ですでに生じていたとみなすべきなのである。ただし、たんに〈失踪〉によって「親密な関係」から離脱するだけでは、失踪者が完全に責任から解放されることは困難であるという見通しは、これまで述べてきたとおりである。では、〈失踪〉した直後から、Mさんに責任からの解放とみなせる変化が生じていたのだとしたら、それはどのような条件によるものだったのだろうか。

ここで、本書ではこれまでまったく言及してこなかった場所性という要素について、特に空間的な意味での場所性についても思考しておくべきであろう。というのも、本書では失踪現象を一貫して人間関係からの離脱という観点から捉えてきたが、失踪は人間関係からの切断の他に、失踪者の身体的な場所の移動を伴うからである。本書がこれまで一貫して考察してきた問い――失踪がどのような意味を持つのか――に、場所性の要素を付与するとしたら、それは「〈失踪〉の際に場所を移動することが、失踪者にとってどのような意味を持つのか」あるいは「〈失踪〉先の場所が、失踪者にとってどのような意味を持つのか」という形式になるだろう。

この場所性に対する問いを導入することで、Mさんの経験した責任からの解放を解釈すると、どうなるだろうか。この点に関して、第6章第5節で確認したMさんの語りを振り返っておこう。Mさんは出発時の飛行機のなかで虹を目撃した後に、自殺を試みている最中に電話をかけてきた友人のいるB市に辿りついたのであった。そして、Mさんは、そこでその友人を始めとした複数の者たちに温かく迎えられ、自分が「生かされている」と実感するようなさまざまな経験をする。これらのMさんの証言を踏まえると、Mさんにとって失踪先は日常生活からの避難所としての意味を有していたと見ることができる。

ところで第1章第2節で参照したように、網野（1978）によれば、中世の日本には「無縁所」と呼ばれる寺院が全国各地に存在し、この寺院に入ると世俗との縁＝関係性が切れ、婚姻関係や賃借関係が断ち切られたのだった。網野はこの「無縁所」を日本の歴史におけるアジールの一種であると捉えていたが、Mさんの失踪先もまた、Mさんにとってはアジールとして機能していたのではないだろうか。このように捉えると、〈失踪〉それ自体では人間関係のすべてを「リセット」することはできないにもかかわらず、Mさんが責任から解放されたのは、失踪先の場所がアジールとして機能することで、Mさんが一時的に人生の困難や家族の問題から自由になることを許したからであると言えよう。

しかし、失踪先であるB市は、宗教的に特別な意味を持った場所でもなければ、Mさんにとって以前から何らかの思い入れがあった場所というわけでもない。また、Mさんが失踪中に生活していたのは友人の家であり、たとえば母子生活支援施設のようなシェルター施設で保護されていたわけでもない。すなわち、Mさんの失踪先がアジールとなりうるような客観的な条件は何も存在していないのである。それにもかかわらず、Mさんにとって失踪先が特別な意味を有することになったのはなぜだろうか。

差しあたり、Mさんの失踪先が〈失踪〉以前はアジールでも何でもなかった以上、それはMさんが〈失踪〉してきたまさにそのときに、Mさんにとってアジールになったと見るべきであろう。しかし問題は、なぜB市が、そして友人の家が、Mさんにとってアジールのように思えたのかという点である。第6章第5節で見たように、Mさんはこの〈失踪〉以前にも、二度にわたり仕事で上京することで故郷を離れていたが、しかし上京先がそのような意味を持つことはなかった。つまり、たんに家族がいる故郷とは異なる場所に移動するだけでは、その場所はアジールとはなりえないのである。

では、過去の移動には存在せず、〈失踪〉の際には存在した契機とは何だったのだろうか。一つは、自殺未遂から〈失踪〉に至り、その途上の飛行機で虹を見たという劇的な経緯であろう。そしてもう一つは、Mさんに失踪を促した友人の存在である。第6章第5節で見たように、自殺を試みていたMさんに対して、友人は「もうね、あなたのこと大事にしてくれる人だけ見ればいいよ、もううちおいでよ」「うちに来たら、うちでともかく落ち着くまで田舎だしゆっくりしようよ」と電話で語りかけたのであった。友人は、もうこれ以上、家族に応答しなくても良いということをMさんに告げたうえで、またMさんが家族に応答しないように「うち」に来ることを促したのである。

ところで、この電話について、先に引用した語りにあるように、Mさんは自殺を企図する最中に「サッてこう、差し挟まってくる」ものであったと表現しており、「私でないもの」であるとも述べていた。このMさんの発言を踏まえると、友人の電話は、Mさんにとっては「私」ではない他者から不意に発せられたからこそ、重要な意味を持ちえたと言えるだろう。そして、自殺未遂の身体的ダメージもあり心身ともに弱りきっていたMさんは、その最中にみずからが「私でないもの」＝他者によって「生かされている」という実感をする。これは、たんに友人への感謝のみを意味するわけではなく、他者の手で逃がされることで、みずからもまた他者によって責任を果たされている弱い者であるという自覚を意味していたのではないだろうか。そして、実際に〈失踪〉した先の場所は、友人が電話で告げたとおりに、Mさんにとってアジールとなったのであった。Mさんはこの〈失踪〉事件後も、精神的に追い詰められると、このB市を訪れたことが何度かあったようである。

以上の経緯を踏まえると、Mさんが経験した〈失踪〉において、責任からの解放の最初の契機となったのは、他者によってなされた、Mさんには責任がないということの承認であったと言えるだろう。そして、友人が告げたとおりに、失踪先のB市が、そして友人の家がアジールとなったことを踏まえると、それらの場所をアジールにしたのは、まさにその他者＝友人からの承認だったのではないだろうか。

3　第三者からの承認であることの効用

前節では、Mさんの事例をふたたび詳細に検討することで、自殺を代替することができる〈失踪〉の条件について考察してきた。これはすなわち、〈失踪〉が、自殺とは異なるあり方で、責任から個人を解放する可能性について考察する作業でもあった。これまでの検討から、Mさんの〈失踪〉が自殺を代替し、Mさんを責任から解放する結果となったのは、さまざまな条件や出来事が重なった結果であり、まさに奇跡のような事例であったと言えるだろう。

このように、Mさんの事例は非常に特殊であるため、この事例のみでは、他の〈失踪〉にも同様の劇的な効果を期待するのは困難であると言わざるをえない。とはいえ、Mさんを責任から解放するために必要であった出来事の一つに、Mさんに責任がないということを認める友人からの承認が含まれていたということは、本書にとってはとりわけ示唆的な結果である。その理由について説明することで、本書を閉じることにしよう。

私たちは、現代社会において重さを増すことが想定される「親密なる者への責任」の倫理から逃れるための行為として、「親密なる者への責任」の前提となっている「親密な関係」から無条件に離脱する〈失踪〉の可能性を構想しようとしたのであった。しかし、そもそも「親密なる者への責任」とは、〈失踪〉が批判される際の根拠として見出された倫理であり、それ自体が「親密な関係」から離脱することを拒むものであった。それゆえ、私たちの構想は、「行為×を禁ずる規範から逃れるために、×を行う」という論理的な困難を最初から抱えていたということになるだろう。みずからを拘束する「親密なる者への責任」からの解放を志向する者は、その論理に従うかぎり「親密な関係」から離脱することはできないし、「親密な関係」を自由自在に切断できる者は、そもそも「親密なる者への責任」の論理に拘束されることもないのである。

　このような自己のなかで生じる論理的な矛盾を解消する方途として、本章の第1節では、親密な他者（が担う規範）からの「呼びかけ」に対して応答不可能になる状況が、その親密な他者との関係から離脱することを可能にするという仮説を提示しておいた。このようなプロセスは、Mさんが自殺を企図するまで追い込まれていたという点で、Mさんの〈失踪〉においてもたしかに働いていたと言えよう。しかし、同時にMさんのエピソードからは、それとは異なる、もう一つの方途が見出せるのではないか。それは、端的に言えば、自己のなかで生じる論理的な矛盾を解消するために、自己の論理の外に存する他者の論理を導入するという方途である。「親密なる者への責任」の論理に拘束されている状況下においては、他者が「親密な関係」から離脱することを一時的に許容することで、「親密な関係」からの離脱が可能になることが想定されるのだ。しかも、Mさんの場合、このもう一つの方途を辿ることで、「親密な関係」からの離脱に加えて、責任からの解放が果たされたのである。

　それにしても、「親密なる者への責任」からの解放の過程に、責任がないことを認める他者からの承認が必要であるのだとしたら、私たちは親密な他者に応答する必要性から逃れようとしているのに、そのためにまた他者を必要とするという隘路に陥ってしまうのではないか。ただし、ここで注目すべきは、Mさんに承認を与えたのは、日常的にMさんと応答し合っていた親密な他者ではなく、そのような関係に対して第三者的な立場にある外部の他者であったという点である。すなわち、責任がないことを認める承認は、必ずしも、逃れようとしている当の親密な他者から得る必要はないかもしれないのだ。では、なぜ「親密なる者への責任」からの解放に際して、責任を問う者（残された者）でも問われる者（失踪者）でもない、第三者の立場にある他者の働きが重要になるのか。この点に関して、ふたたびデリダの「赦し」をめぐる議論を見てみよう。

　すでに私たちは、デリダの議論を参照しつつ、みずから「赦し」を乞うことのない失踪者を赦すことが非常に困難であるということを論じておいた。この点に関しては、残された失踪者の家族が失踪者を赦すことが困難であるのはもちろんのこと、失踪者が家族たちに「赦し」を乞うことがないままに責任から解放されることもまた困難であると言えるだろう。それに対して、第三者が帰責者に責任がないと認めることは、問責者が帰責者に責任がないと認めるよりも一般的には容易であることが想定される。というよりも、デリダの議論が示唆するところによれば、「赦し」、それも贈与にも類するような無条件の「赦し」は、むしろ第三者の介入によってしかなされないものであるのかもしれない。

この点について説明するために、もう一度、デリダの議論を見ておこう。デリダ（Derrida 2012=2015）によれば、「赦し」は長らく、犠牲者自身の側からのみ許可されるべきものとして扱われ、罪人に対して第三者が「赦し」を与えることはできないとされていた。第三者によって「赦し」が与えられることが可能であるとしたら、それはただ、王などの超越的な存在による、例外的な場合のみであったという。「恩赦」が、しばしば王の特権とされてきたのも、そのためである。しかし、デリダは犠牲者と罪人という二者の関係のみによる、「赦し」が本当に可能であるのかを問う。そのように問う根拠を、デリダは次のように述べている。

> というのも、赦しはおそらく、事のはじめから［d'entrée de jeu］、まるでそう仮定されているかのように、みずからがしかしながらそれを排除すべきあるいはすべきであろう第三者がその場面へ入り込むこと［entrée］を前提としているからだ。（Derrida 2012=2015: 41）

このように、デリダによれば、「赦し」は二者間で行われるものとされているにもかかわらず、第三者による介入を前提しているのだという。このような第三者の必要性は、やはり、「赦し」は無条件で行われなければならない――すなわち、赦すことが不可能な者こそ赦さなければならない――というデリダにとっての「赦し」の性質から導かれるものであろう。赦すことが不可能な者を赦すためには、まるで「事のはじめから」、「赦し」が済んでいたかのような手順を踏むしかない。第三者は、赦すことが不可能なはずの者をあらかじめ赦しておくことで、その者が赦されることを可能にするのだ。

以上のデリダの議論から、「赦し」が困難である者が赦されるためには、当事者とは異なる、第三者の関与こそが必要であるということが示唆されよう。では、そのような第三者の役割を果たすことができるのは、誰（何）なのだろうか。その最たる存在は、罪を告白させることで「赦し」を与える、キリスト教における神であろう。ここで見逃してはならないのは、第6章第5節でも触れておいたように、Mさんが高校時代よりクリスチャンであったという点である。クリスチャンであるMさんにとって、〈失踪〉時に起こった奇跡的な体験を経たことは、Mさんの人生を転換する大きな契機となっていたのであった。このMさんのエピソードについては、すでに見てきたとおりだが、いまや、それは次のように理解することができるだろう。〈失踪〉時の奇跡的な体験が、Mさんを責任から解放することに大きく寄与したのは、Mさんの信仰対象である神が、Mさんが家族に対して「赦し」を乞う前に、Mさんをあらかじめ赦す第三者の役割を果たしたからではないか、と。つまり、その体験を経ることで、Mさんは自身が神からすでに赦されていると感じることができたのではないだろうか。

では、Mさんの〈失踪〉に大きく寄与した友人も、そのような意味での超越的な第三者の役割を果たしていたのだろうか。すなわち、Mさんにとっての友人は、キリスト教の神と同様の存在だったのだろうか。無論、そうではないだろう。たしかに、友人もまた、Mさんに責任がないという承認を与えてはいたが、しかし、友人はMさんの信仰の対象でもなければ、Mさんの行為の指針となるような絶対的な存在というわけでもなかったからである。Mさんの語りを聞くかぎり、友人は神ではなく、あくまでもMさんが人生のある時点で関わった友人の一人に過ぎないのだ。

しかし、友人はそのような意味での超越的な存在ではなかったにもかかわらず、これまで見てきたように、Mさんの責任からの解放に重要な役割を果たしてきたのであった。となると、友人はどのような機制によって、Mさんの「赦し」に寄与する第三者たりえたのだろうか。一体、友人とはMさんにとって「何」だったのだろうか。

ここで、第8章第2節の最後で見出した、「隠す神」と「赦す神」の区別をふたたび想起してもらいたい。「赦す神」は、人に神の前で罪を告白させることで、文字どおり人に〈赦し〉を与える神なのであった。その一方で、「隠す神」とは、日本の「神隠し」伝承において見られる神のあり方であり、ときに「隠し神」たちは失踪者本人に代わって失踪の張本人として登場することで、結果的に人を逃がすことに寄与していた。その際には、〈外部性〉――異界と呼ばれる象徴的世界観――に基づく「別の」論理が、日常の因果関係の論理を打ち消すように機能することで、失踪の内実が何であれ、失踪者はそれ以上の追及を免れることができたのだ。そして、このような「隠す神」によってなされる責任からの解放を、私たちは〈逃がし〉と呼んでいたのであった。ちなみにこの〈逃がし〉は、責任の追及を終了させるという点では、自殺に類する帰結を生む機能があるとも言えるだろう。私たちは、〈赦し〉と〈逃がし〉という、第三者が人に「赦し」を与える際の、異なる二つのパターンを見てきたわけである。

さて、先ほどから言及している、Mさんにとっての信仰の対象であるキリスト教の神は、言うまでもなく「赦す神」の方であろう。[*7] その一方で、Mさんの友人が果たした役割は、「隠す神」のそれに似てはいないだろうか。友人は、Mさんを積極的に手引きすることで、Mさんを遠い地の自宅に匿った。これは、まるで友人がMさんを家族の前から隠したかのようである。ここで重要なのは、そのように友人が〈失踪劇〉の導き手となることで、Mさんにとっては、自身が〈失踪〉の主体とならずに済んでいるという点であろう。さらに、この場合は「周囲」に対してではなくMさん本人に対してだが、友人は最初に、Mさんには責任がない（親に応答する必要がない）ということを告げたのであった。地理的にも、関係のうえでもけっして近くはない相手から突如として発せられたこの呼びかけは、Mさんが「サッてこう、差し挟まってくる」「私でないもの」と形容していたとおり、Mさんにとってはまさに外部の他者の論理であったと言えるだろう。この論理は、「親密なる者への責任」に囚われていたMさんの日常の論理を打ち消すように機能したのであった。この点からも、友人の果たした役割に、「隠す神」のそれに通じる機制を見出すことができるのである。

もちろん、Mさんの友人は「隠す神」ではない。かつての「隠し神」たちは、日本の村落社会で共有されていた異界観に立脚していたという点で、超越的な神とは異なる象徴性を有していた。だからこそ、「隠し神」たちは「周囲」

に対して応答することが可能だったのだ。その一方で、Mさんの友人の背景には、人びとの間で共有された物語などは存在しないだろうし、ましてや友人が、人びとにとっての象徴的な存在であるわけもない。繰り返しになるが、友人は、文字どおりMさんのただの友人の一人に過ぎないのである。それゆえに、友人による〈逃がし〉の効果は、Mさん本人に対して限定的にしか発揮されなかったのだろう。

しかし、そのような一人の人間であるMさんの友人でも、「隠す神」に準ずる役割を担うことができたという点にこそ、ここでは注目すべきではないだろうか。というのも、それはつまり、困難な「赦し」において必要とされるあの第三者の役割を、「赦す神」でも「隠す神」でもない者が果たすことができるという証左に他ならないからである。もし仮に、「赦す神」ないしは「隠す神」の存在なしには、そのような「赦し」が成立しないのであれば、元より一神教の神のような超越的な存在に対する信仰が一般的ではなく、また「隠す神」を支える異界信仰も失われつつある現代の日本において、失踪者が責任から解放されることなどほとんどありえないだろう。

よって、本書の構想に対して僅かながら希望を与えるのは、まさにそのMさんと友人の関係性なのだ。Mさんの友人についてのエピソードが、本書にとって示唆的であるのは、このような理由によるものである。Mさんの語りは、現代の日本においても、〈失踪〉が自殺に代わって人を「親密なる者への責任」から解放しうるという、僅かではあるが確かな可能性を示しているのである。

さて、以上の〈失踪〉に関する思索から導かれる、実践的な帰結とは何だろうか。本書で見てきた失踪者の家族たちの困難を踏まえると、身近な者が突然消えてしまい、それ以降音沙汰がなくなり、永久的に、あるいは半永久的に帰ってこないような事態が頻発する社会は、決して「幸福な社会」であるとは言えないだろう。それに、長期にわたり〈失踪〉していた者が、「親密なる者への責任」から解放されていたかというと、かならずしもそうではなかった。よって、少なくとも私たちは、そのような〈失踪〉を手放しに推奨するわけにはいかない。

しかし、その一方で、短期的な〈失踪〉を経たMさんは、「親密なる者への責任」からの解放と言うべき経験をしていた。Mさんの〈失踪〉の経験についての詳細な分析を経たいま、正確には次のように言うべきであろう。Mさんは、〈失踪〉時の特殊な経緯から、「親密なる者への責任」から解放されたことによって、短期間のうちに家族の元に帰ることができたのだ。そして、その経緯とは、Ｍさんが家族から逃げることを許す、友人による〈逃がし〉のプロセスなのであった。となると、逆説的ではあるが、「親密な関係」からの一時的な離脱を許容することが、より深刻な長期にわたる〈失踪〉や自殺を、むしろ予防する場合もあるのではないだろうか。おそらく重要なのは、実際に〈失踪〉するかどうかよりも、逃げることが認められているかどうか、という点なのである。

もちろん、上の示唆から、直ちに何らかの形で失踪が許される社会を構想することは、あまりにも飛躍が過ぎるし、現段階では現実的ではないだろう。だから、本書では、次のように結論を述べるに止めておきたい。

私たちは、何らかの人間関係に対して自殺するほどの苦痛を感じている場合であっても、そこから逃げ出さないばかりか、そのような発想にすら至らないこともある。そのような場合に必要であるのは、まず何よりも、苦痛を抱えている者たちが無責任であることを赦す、第三者からの声なのかもしれない、と。[*8]

註

第1章　なぜ私たちは「親密な関係」から離脱しないのか

＊1　「家出」および「蒸発」に関する先行研究については、第6章で詳細に検討する。

＊2　「行方不明者届出書」は、かつて「捜索願」と呼ばれていた届出と中身は同一のものである。警察に届出が出された者に対しては、以前は「家出人」という名称が与えられていたが、二〇〇九年に国家公安委員会（2009）によって名称が「行方不明者」へと変更された。それにともない、届出の名称も「捜索願」から「行方不明者届出書」へと変更されている。

＊3　社会学の自殺研究の古典であるE・デュルケーム（Durkheim 1897=1985）では、自殺の原因を個人の動機ではなく社会構造に求めるアプローチが取られているが、ここで問題としているのは、個人にとって行為の動機として認識される、行為の主観的な意味の方である。

＊4　ちなみに、E・シュナイドマンは次のように述べている。「自殺に共通する行動は、退出である。『退出』あるいは逃走は、苦痛に満ちた場所から意図的に立ち去る行為である。自殺は究極の退出であり、それに比べれば、家出、退職、軍からの逃走、配偶者を捨てることなどは他愛のないものでさえある」（Sheneidman 1993=2005: 42）。このシュナイドマンの見解に従えば、自殺は、苦痛に満ちた場所からの「退出」であるという点で、他の人間関係からの離脱行為と同じ意味を有しているが、しかし、それは「究極の退出」であるという点で、他の離脱行為とは一線を画すものであるということになろう。

＊5　たとえば高橋祥友（2006: 99）は、うつ病と失踪が重なった場合、自殺の前段階として失踪が行われているケースがあることを指摘している。

＊6　本書における「私たち」とは、「現代の日本社会を生きる者たち」を指している。また、「現代社会」も、基本的には「現代の日本社会」を指している。これらの用語の定義はすなわち、本書の分析の妥当性が保証される範囲が、現代の日本社会に限定されることを意味するだろう。ただし、本書の分析結果は、日本以外の文化圏における現代社会、とりわけ後期近代以降の

西欧やアメリカ社会に対する応用可能性にも開かれている。

＊7　一九七八年に初版が公刊された網野善彦が無縁の歴史について記した著作『無縁・公界・楽――日本中世の自由と平和』は、当時の学術書としては異例のセールスを記録し、大きな反響を生んでいる。

＊8　実際に、島田裕巳（2011）によれば、日本の一九六〇年代から一九七〇年代にかけての高度経済成長期では、旧時代的な有縁社会からの脱出が志向され、「有縁」よりも「無縁」が求められる傾向があったという。また、見田宗介（2011）は、一九六〇年代初頭に東京に上京して就職した若者の悩みとして最も多かったのは、友人が見つからないことではなく、一人になれる時間や場所がないことであったという調査結果を引用したうえで、当時の若者たちが「関係からの自由への憧憬、孤独への憧憬」（見田 2011: 26）を有していたことを指摘している。当時の「無縁」への志向については、第3章にて詳細に検討してみることにしたい。

＊9　次項で詳細するが、特に後期近代以降の社会では、特定の外的な条件に依拠しない人間関係の重要性が高まる傾向がある。よって、たとえば「家族」といった概念で研究対象の限定を行うことは、これらの近年において重要性を増している諸関係を捉え損なうことになりかねない。

＊10　ただし、筒井淳也の「親密性」の定義と齋藤純一の「親密圏」の定義の、それぞれが指示する関係性の範囲がどのように異なるのかについて、厳密に線引きを行うことは困難である。ある関係に、「具体的な他者への生への配慮／関心」が存在するか否かは、その関係に何かトラブルが――それこそ、たとえば失踪のようなトラブルが――発生したりでもしないかぎり、判断することは難しいだろう。そこで、本書では齋藤の定義を採用し、本書の研究対象となる「親密な関係」を「具体的な他者の生への配慮／関心を媒体とするある程度持続的な関係性」として定義するが、実際に何らかの人間関係が本書の研究対象すなわち「親密な関係」――に該当するかどうかが不明である場合は、筒井の定義――「複数の人間が互いの情報を共有しあっており、かつ一定の相互行為の蓄積がある状態」――に該当するかを合わせて判断することにしたい。

＊11　この点について、「親密性」の定義を詳細に検討している桶川泰（2011）は以下のように述べている。「親密性・親密圏に関しては、ハンナ・アーレント、ユルゲン・ハーバーマス、アルフレッド・シュッツなど、多くの社会科学者が言及しているが、『親密性の変容』について正面から議論を展開し、親密性という用語を社会学研究に普及させてきたのはアンソニー・ギデンズだろう」（桶川 2011: 25）。

＊12　「再帰性」の用語は、A・ギデンズによって、「社会活動および自然との物質的関係の大半の側面が、新たな情報や知識に照らして継続的に修正を受けやすいこと」（Giddens 1991=2005: 22）の意味で用いられている。また、「制度的再帰性」には、「社会生活の組織および変形において、構成的な要素として、社会生活の状況についての知識を規則的に使用すること」（Giddens

1991=2005: 22）という定義が与えられている。

＊13　ギデンズ（Giddens 1992=1995）では、commitmentという用語には「自己投入」という日本語訳が当てられている。また、桶川（2008）は「コミットメント」を「自発的な関わり合い」という言葉で言い換えている。

＊14　国立社会保障・人口問題研究所（2016）の「第15回出生動向基本調査」のように、結婚に対する意識の保守化を示唆するデータも存在する。同調査では、「生涯独身で過ごすのは望ましい生き方ではない」という質問に「賛成」と回答する未婚者の割合が、増加傾向にあるという結果が出ている。

＊15　「男女共同参画社会に関する世論調査」において、離婚に対する質問が行われているのは二〇〇九年の調査までで、二〇一二年の調査からは離婚に関する質問項目は除外されている。よって、同データからは、二〇一〇年以代の離婚に対する意識の変化を読み取ることはできない。

＊16　リスクに対する意識を、私たちが「親密な関係」から離脱しない根拠とする議論は、家族論においても見られる。たとえば山田昌広（2005: 223-4）によれば、一九九〇年代半ばまでの日本では、離婚すると生活ができなくなるという状況が、現実の離婚を抑制し、結果として「家庭内離婚」を生み出していた。それに対して近年は、結婚しても夫の失業などで生活できないから離婚するといったケースが増加しているという。

＊17　本書における「愛」の定義は、N・ルーマン（Luhmann 1982=2005）のコミュニケーション・コードとしての愛の分析を参考にしている。ルーマンは、愛というコードが抱えるパラドックスの例として、たとえば以下のような性質を挙げている。「愛を根拠づけるものとして何かを規定すれば、それは愛することの様式と矛盾することになるだろう。言い表すことができないということそれ自体が、愛の根拠づけにほかならない」（Luhmann 1982=2005: 100）。

＊18　このように愛情と「コミットメント」を区別しなければ、もはやそこに愛を見出すことができないにもかかわらず関係だけは維持されてしまうような関係性、すなわち共依存的な関係を説明することができないだろう。

＊19　なお、本書における「親密な関係」からの離脱に対する抵抗感の根拠としての「社会的・経済的条件などの外的な基準」には、「家族である」という根拠も含まれる。というのも、「家族である」ことは、明らかに本人の意思を超えた、法的および制度的な拘束の一つだからである。たとえ現代の夫婦関係のように、当人たちの意思によって開始されるものであっても、ひとたび家族となるやいなや、それは法的および制度的な拘束として二人の別離を制限し始めるだろう。そして、そのような外的な拘束としての家族関係よりも、当人たちの意思が重視されるようになりつつあることで、離婚が増加しているというのが、ギデンズ（Giddens 1992=1995）の指摘するところであった。

＊20　たとえばJ・ハーバーマス（Habermas 1990=1994）は、一八世紀ヨーロッパのブルジョワジーによって、自由意志と愛の共同

体と教養という三つの特徴を有する「小家族的親密領域」の理念が形成されたことを述べている。また、H・アレント（Arendt 1958=1994）は、近代における「社会的なるもの」の勃興に対して、その画一化の圧力から逃れるために親密性が発見されたと述べている。これらの親密性の起源や成立の過程は、現代の「親密な関係」の特徴を捉えるうえで重要な手がかりを与えはするだろう。ただし、後述するように、本書では「親密な関係」からの抵抗感の根拠を考察するにあたって、そのような親密性の起源や成立の過程を整理するアプローチはとらない。

＊21　たとえば、批判的実在論の方法論について紹介しているB・ダナーマークら（Danermark et al. 2002=2015: 158-9）は、「Xはいかにして可能になるか」という社会科学の問いに答えるためには、Xの前提条件がよりいっそう明瞭に現れている事例を研究するのが有効であると述べている。そして、そのような事例のタイプの一つとして、Xにとっての病理的な状況を挙げることができるという。本書の課題に置き換えて考えると、X＝「親密な関係」が成立する条件を分析するためには、あえて「親密な関係」が危機に陥る状況に焦点を当てるのが有効であるということになるだろう。また、ギデンズ（Giddens 1984=2015: 89）も、ルーティン、すなわち「習慣的に為されるすべてのこと」の特性を突き止めるためには、習慣化した日常生活の既存の様式が徹底的に侵食あるいは粉砕される状況がもたらす結果を考察すればよいと述べている。つまり、いわゆる「極限状況」に焦点を当てれば良いのだという。このギデンズの指摘も、私たちにとって自明なものを考察するためには、それが失われる現象を考察の対象とすべきであるという私たちの直観を、補強するものであると言えよう。

第2章　失踪の実態はどこまで把握可能か

＊1　このような定義の仕方はいささか操作的ではあるが、この定義は一般的な失踪の用法と比較してもそう不自然なものではないだろう。たとえば、私たちは人が津波に巻き込まれて生死が不明となってしまう事例を行方不明と呼称するが、通常それを失踪であるとは言わないからである。

＊2　詳細は第4章第5節で述べるが、日本の民法では、失踪者が失踪してから七年が経過した後であれば、裁判所で失踪宣告の手続きを行うことで、法律上はその人間を死亡したものとして扱うことができる。ただし、「戦地に臨んだ者」「沈没した船舶のなかに在った者」「その他死亡の原因となるべき危難に遭遇した者」に関しては、その生命の危難が終了してから生死が不明な状態が一年間継続すれば、七年を待たずに失踪宣告の手続きを行うことができると規定されている。

＊3　やや細かい話になってしまうが、「行方不明者の状況」資料におけるある年次の行方不明者の発見件数には、当該年次に届出

が出された行方不明者が発見された件数のみならず、当該年次よりも過去に届出が出された行方不明者の発見件数も含まれている。よって、ある年次の行方不明者届出書の件数から、当該年次の行方不明者発見件数を除いたとしても、当該年次に届出が出された行方不明者が当該年次中に発見された件数が厳密に算出されるわけではない。それゆえ、「ある年次の行方不明者届出書の件数」－「当該年次の行方不明者発見件数」によって導かれる件数は、あくまでも警察が把握している失踪の件数の近似値であるという点に注意しておきたい。

＊4　仮に、本当に失踪の件数が減少傾向にあるとしたら、その背景には何があるのだろうか。たとえば二〇〇〇年代以降の、携帯電話端末の普及やインターネットにおけるＳＮＳの発達は、家族と行方不明者の再会のしやすさに何らかの影響を及ぼしている可能性がある。あるいは、このような情報技術あるいは監視技術の発達以外にも、何らかの背景が存在するかもしれない。特に、「人間関係が自由になっているのに、なぜ失踪は増えないのか」は、考察されるべき問いの一つだとは言えるだろう。

＊5　一部の例外とは、行方不明者届出書が出された失踪者が警察によって「特異行方不明者」として認定される場合である。国家公安委員会（2016）で挙げられている主なケースは、行方不明者の生命に危険が及んでいるおそれがある場合、行方不明者が自身や他人に危害を及ぼすおそれがある場合、事故や犯罪などに巻き込まれたおそれがある場合などである。

第3章　失踪言説の歴史社会学

＊1　ただし、本節の冒頭でも触れたように、私たちの最終的な目的はあくまでも、失踪という現象が有する意味について分析を行うことであった。仮に失踪に関する言説を、特定の語り手の心理から切り離して分析する方法をとった場合、結果として記述される失踪の語られ方は、誰にとっての失踪の意味も示唆しないのではないか。実際に、Ｍ・フーコー（Foucault 1969=2012）によれば、思考の分析はつねに寓意的であり、それが問うのは「語られていたことのなかでは結局何が語られていたのか」ということであるが、言説分析はそれとはまったく別の方向に向かうという。では、失踪に関する言説の分析は、果たして失踪の意味の解明に対してどのように寄与することができるのだろうか。たしかに、言説分析の結果として記述される失踪言説の変容から、たとえば「あなたは失踪に関してどう思うか。」を尋ねる質問紙調査と同様の結果を――もちろんそんなものは実在しないが――得ることは不可能だろう。しかし、本書で明らかにしたい失踪の意味とは、そのように個人によって主観的に付与されるものに限局されるわけではない。失踪の言説において、失踪がどのような文脈において語られ、失踪がどのような他の概念や言説と結びつけられているのか。これらの分析では、「その言説がどのような意図をもって語られたのか」という個人

に還元可能な主観的な意味ではなく、「その言説においてある概念が別のどのような言葉で説明されるのか」という言説上の概念間の連関としての意味を明らかにすることが可能なのである。そして、複数の言説において共通する概念間の連関が見出されたとしたら、それは失踪を捉える際の社会的な枠組みの一部を構成しているとみなしても差し支えないだろう。そして、個人が彼／彼女が所属する社会と無関係ではいられないのと同様に、失踪の意味を分析する際には、個人によって主観的に付与される意味のみならず、この社会的な枠組みの方も考慮に入れなければならないはずである。

*2　この記事収集方法の①と③の条件に該当する記事で、かつ一九四〇年代以前の記事は、一九四八年と一九二八年の記事の二件のみであった。

*3　上記の条件で記事の収集対象となった雑誌は、『文藝春秋』、『週刊新潮』、『週刊東京』、『週刊サンケイ』、『週刊現代』、『週刊文春』、『新評』、『平凡パンチ』、『週刊読売』、『Yomiuri Weekly』、『サンデー毎日』、『現代』、『主婦と生活』、『アサヒ芸能』、『現代の眼』、『婦人公論』、『週刊朝日』、『週刊女性』、『女性セブン』、『潮』、『素敵な女性』、『少年補導』、『リーダーズ・ダイジェスト』、『地上』、『婦人朝日』、『中央公論』、『キング』、『週刊大衆』、『朝日ジャーナル』、『週刊明星』、『日本』、『毎日グラフ』、『微笑』、『警察時報』、『女性自身』、『PLAYBOY』、『週刊プレイボーイ』、『週刊ポスト』、『FRIDAY』、『SAPIO』、『Bart』、『CREA』、『自由時間』、『週刊実話』、『宝島』、『ニューズウィーク日本版』、『週刊実話別冊』、『中州通信』、『週刊ディアス』、『実業界』、『サーカス』、『週刊大衆臨増』、『Asahi Shimbun Weekly AERA』、『ダ・カーポ』、『DIME』、『新潮45』、『週刊ダイヤモンド』、『週刊実話臨増』、『週刊金曜日』、『実話ナックルズ』、『暮らしの手帳』、『週刊宝石』、『SPA!』であり、男性誌から女性誌まで多岐に渡っていた。

*4　言説分析では、収集する記事の範囲をより狭く限定する――たとえば記事を収集する雑誌を特定のものに限るなど――場合も多い。たしかに、記事の形式を可能なかぎり統一することで、通時的な言説の変化のみをより厳密に取り出すことが可能になるだろう。それに対して、本章で収集された記事は、多種多様な雑誌に由来するものであるがゆえに、記事の掲載元の雑誌の主旨や、執筆者の意図および利害関心などの条件によって、それぞれ失踪に関する語り口も大きく異なるものであることが想定される。しかし、先述したように本章の目的は、それらの記事の差異に還元されないような、時代毎の失踪に関する言説の出現／排除の規則性を明らかにすることであった。よって、ここで行なわれるべきは、むしろ可能なかぎり多様な種類の雑誌記事を横断的に分析し、特定の時期によく語られる失踪とはどのようなもので、また語られない失踪とは何であったのかを確認することなのである。以上を踏まえると、記事の収集元となる雑誌を限定する方法は、今回にかぎっては、研究の意図にそぐわないということになるだろう。

*5　戦前に、「家出」が社会問題となった時期はあったのだろうか。米田佐代子（米田 2003）は、「日本の歴史上『大正デモクラ

シー』期と呼ばれる時代は、まさに女の『家出』の季節だった」（米田 2003: 15）と述べている。米田によれば、それは近代化の過程で都市を中心に女性の職業領域が拡大することで、女性が一人で生活する途が開けたからであるという。この点に関して、一九四〇年代以前の『婦人公論』の記事を参照してみたところ、各年代で「家出」を主題とした記事を収集することができた。ここで、その言説の内容を簡単に紹介しておこう。まず一九一〇年代から一九三〇年代にかけて、上流家庭の令嬢の「家出」事件がしばしば取り上げられている。一九三六年の「家出する娘たち」という記事に、「茲に、憂慮に堪へないのは、婦人の家出事件で、最近若い女性の家出は、日を追ふて増加してゐるのであります。然も良家の令嬢の出家事件が、社會各方面に物議の種となってゐるのを見受けます」（『婦人公論』1936.5.1）という記述があり、実際に令嬢の「家出」が問題として扱われていたことがわかる。また、一九三〇年前後から、女優志望や都会への憧れから、地方の農家出身の少年少女が都会に「家出」することを問題として語る記事が出現する。これらの記事は、一九五〇年代の「家出娘」の言説に繋がるものであると捉えることもできるだろう。

*6 この少年少女の「家出」の記事が減少し、一九六〇年代後半に「蒸発」の記事が表れるあいだに、「特集 現代に生きる大人と子どもの闇 ハイティーンにしのびよる失踪ムード」（『日本』1962.10）というタイトルの記事が書かれている。内容は、理由がわかりづらい若者の「家出」に関する（その時期としては先駆的な）特集記事であるが、この時点で、特に原因のよくわからない「家出」を「失踪」と呼ぶ言葉の用法は、すでに一般的であったことが見て取れる。ただし、その後、「失踪」という言葉は、しばらくの間、「蒸発」という言葉に取って代わられることになる。

*7 実際に、第2章第2節の図1を見るかぎり、警察への届出件数の増減と、雑誌の失踪言説の盛衰は、必ずしも連動していないようにも見える。「蒸発」や少年少女の「家出」の言説が活発であった一九七〇年代前半に、届出の件数が落ち込んでいるのに対して、それらの言説が陰りを迎えていた一九八〇年代前半には、届出の件数は逆にピークを迎えているからである。また、届出の件数と所在確認件数の差に関しても、失踪言説の盛衰と連動しているようには見えない。よって、やはり本書のデータの枠内で、失踪の実態と言説の関係を見るのは困難であると言えよう。

*8 収集された一九九〇年代以降の記事のなかで、「蒸発」がタイトルに含まれている記事は「名前を抹消される〝蒸発〟」（『週刊新潮』1996.5.30）、「あなたの身近で起きるかも？ データで見る日本の蒸発者数」（『週刊実話』2008.10.5）、「蒸発 姿を消した人妻たちの素顔」（『週刊大衆臨増』2008.12.14）、「『突然蒸発』する新人サラリーマン急増！ 理由はプッツン」（『宝島』1999.5.26）の四件のみであった。また、一九七〇年代に多く見られたように、妻が夫婦生活の不満を動機として失踪するという構図の「蒸発」が語られていたのは、上の記事のなかでは「蒸発 姿を消した人妻たちの素顔」のみであった。

*9 ただし、一九九〇年前後には、「ああ世紀末！『不倫』『駆け落ち』を請け負う引っ越し屋が大繁盛 欲ボケ、色ボケ妻たちの

ソレッ！ 亭主のいぬ間に運び出せ!!」（『女性セブン』1990.5.3）と題された記事のように、一九八〇年代までの「蒸発妻」言説の主旨を引き継いだ記事も見られる。

＊10 「家出」と「インターネット」を結びつけることによって派生した概念としては、二〇〇〇年代半ばに流行した「ネットカフェ難民」や、二〇一〇年前後に流行した「神待ち少女」を挙げることができる。特に、性的関係もなく無償で宿泊させてもらえる相手を探す少女たちを意味する「神待ち少女」は、二〇一〇年前後の若年層女性の「家出」記事の多くで主題となっていた。

＊11 なお、「プチ家出」のみを扱った「家出」の記事に関しては、本章第1節で述べた記事の収集条件①に照らして、分析の対象からは除外した。

＊12 この時期には児童行方不明事件に関連する記事も多く書かれているが、特定の事件について取り上げた記事に関しては、記事の収集条件③に照らして本章の分析の対象からは除外している。

＊13 ただし、「無縁社会」の論点の一つである、身元不明の遺体の多さを指摘する内容の言説自体は、一九六〇年代より存在している。そのような記事の例としては、「特集 家出ブームがうんだ身許不明死者2万人の悲劇 行方不明者相談所にみる人生模様」（『週刊文春』1966.12.24）や「引き取り手のない遺体が全国で2万体も！「一日も早く肉親の手に」と、警視庁鑑識課が相談所を開いたが……」（『週刊女性』1970.10.3）、「身元不明死体、ただいま三万人ふえつづける『行旅死亡人』にみる現代人の生の稀薄さ」（『潮』1983.9）などを挙げることができる。ただ、それらの記事はあくまでも散発的なものに止まっており、「無縁社会」の言説のように社会問題として広く認知された形跡は見られなかった。

＊14 二〇一五年に社会問題として語られた「認知症行方不明者」に関する記事は、「Web OYA-bunko」の記事分類小項目「謎の行方不明、失踪」に分類されていなかったため本稿では収集・分析の対象とはしなかったが、この問題に関する言説もまた、失踪と家族や社会からの排除を結びつけて論じる傾向を持っていたとみなすことができるだろう。

＊15 戦後の結婚言説の変容を分析した桶川泰（2010）は、「家族の戦後体制」における「ロマンティック・ラブ」の理念に代わるものとして、一九七〇年代に夫婦間の「コミュニケーション・コミットメント」による親密性を志向する言説が出現してくることを指摘している。安定した夫婦関係に対する不満から、別の異性との関係を取り結ぶという「蒸発」の言説は、夫婦間における「コミットメント」の重要性の高まりの裏返しでもあったと言えるだろう。

＊16 離婚が困難な理由としては、記事では夫の反対に対する不安や恐れが挙げられていた。この理由からも、当時の夫婦関係が依然として強い拘束力を持つものとして捉えられる場合があったことが読み取れる。

＊17 日本社会の「個人化」は、近代以降に「個人化」を経験してきた西ヨーロッパ社会と比較すると、短期間の内に生じたと考えられている。たとえば山田昌弘（2004）は、「第一の近代」における「個人化」と、「第二の近代」における「個人化」が、

日本では一九九〇年代にほとんど間を置かずに進行していると指摘している。その一方で、落合恵美子（2011）は、「第一の近代」と「第二の近代」を、それぞれ第一次と第二次の人口転換に対応させて捉えている。日本の場合、第一の出生率低下が起こったのが一九五〇年代で、第二の出生率低下が起こったのが一九七〇年代であることを踏まえると、「第一の近代」における「個人化」と「第二の近代」における「個人化」も、それらの時期の変動から生じた帰結であるということになるだろう。一九五〇年代の「家出娘」と、一九七〇年代の「蒸発妻」の言説から、「第一の個人化」と「第二の個人化」の萌芽をそれぞれ見出した本章の分析は、日本の「個人化」が戦後の比較的短い期間において段階的に生じてきたという後者の立場に近い結果であったといえる。

＊18　本書では、失踪の言説の変化と、失踪の実態の変化とを、区別して扱ってきた。よって、ここで論じている、「個人化」を背景とした積極的な失踪の衰退は、あくまでも言説上の変化の話であるという点に注意しておきたい。ただし、警察庁生活安全局生活安全企画課（2015）のデータ上でも、二〇〇〇年代半ば以降になると、失踪の件数は明らかな減少傾向に転じていた。仮に、実態としても失踪が減少しているのだとしたら、その理由に関しても、「個人化」の徹底によって人間関係が自由になったことで、あえてみずから失踪をする必要性が薄まったからではないか、という仮説を立てることも一応は可能だろう。

＊19　「純粋な関係」の出現・拡大および「個人化」にともなう「親密な関係」の変容以外に、失踪言説に影響を与えている他のコンテクストは存在しないのだろうか。たとえば、井上俊（1973）は、大衆社会化にともなう私的欲求の充足という価値の高まりが、「あそび」の一種としての「変身の願望」を肥大化させると述べている。そして、「蒸発」も、何の不満もないはずなのに突然姿を消してしまうという点で、このような「変身」の一例であると指摘している。井上俊によれば、蒸発者たちは、「うちなる衝動＝変身の願望につき動かされて、これまでの人生をふり捨てて、新しい別の人生を選んだ人びと」（井上俊 1973: 260）であるという。また、井上忠司（1978）も、『蒸発』は、これまでの人生を清算し、まったく新しい人生を生きたいと願うことの帰結として生ずる」と述べており、「蒸発」を変身願望が日常的に具現化した形態であると捉えている。本書が収集・分析した記事でも、たとえば「特集 あなたにとって家庭とは何か　妻と夫の蒸発の生態 蒸発は反抗の手段か、それとも変身願望か」（新章文子）」（『婦人公論』1974.9）や、「テレビの『蒸発妻探し』テレビ朝日・モーニングショー10年間６００組の修羅場のあと」（『週刊現代』1978.9.7）と題された記事のように、変身願望を「蒸発」の論点に含める言説は、たしかに存在はしていた。ただし、変身願望の概念を用いている記事はあくまでも少数であり、それは当時の主要な論点ではなかったことが伺える。また、失踪の言説に影響を与える他のコンテクストとして、情報社会化や監視社会化も挙げることができるだろう。というのも、失踪の現実的な実行可能性は、情報技術や監視技術の拡大によって何らかの影響を受けることが想定されるからである。たとえば、携帯電話のように常時連絡が可能なコミュニケーションメディアの出現は、人が家族から消息を絶つことの意味に対して変容

を迫ることになるだろう。これらのコンテクストを踏まえた分析は、本書の考察の範囲を超えることになるので、今後取り組まれるべき課題となるだろう。

*20 既存の人間関係とはまったく異なる外の世界に行ってしまうことを問題視する一九七〇年代の「蒸発」言説は、一九九〇年代以降の家の中の世界から外に出ないことを問題視する「引きこもり」の言説と対照的な関係にあると言えるだろう。

*21 たとえば、「家族を突き放した我々も、世間から見れば恥ずかしい存在なのですから……」(『週刊現代』2010.9.4)や、「親を探さないのは〝犯罪〟にはならないのだからといって……」(『女性セブン』2010.9.9)といった語りをふたたび想起するとよい。

第4章 失踪者の家族社会学

*1 北朝鮮が公式に拉致を認めた被害者は一三名で、帰国を果たした五名以外の八名の被害者は死亡した者として扱っているが、後にその資料には捏造があったことを北朝鮮側が認めており、八名の安否に対する確たる情報は存在していないと言える。さらに、北朝鮮が拉致を認めた一三名の他にも、日本政府によって認定された拉致被害者や、「特定失踪者問題調査会」に登録されている北朝鮮による拉致が疑われる者も存在しており、その者たちの安否も依然として不明なままである。

*2 もちろん、拉致問題は、他の失踪の問題と完全に断絶しているわけではない。というのも、たとえば北朝鮮による拉致の可能性を排除できない家族たちを支援する「特定失踪者問題調査会」は、その定義どおり、他の原因による失踪なのか、拉致による失踪なのか判別できない失踪者の家族が多く登録されているからである。よって、「特定失踪者問題調査会」に加入している家族たちは、拉致被害者という問題系に含まれると同時に、より広い意味での失踪という問題系にも含まれていると言える。

*3 このように、「生物学的死なき社会的死」が分析の射程外となる点は、「社会的死」の概念の陥穽であるとも言える。たとえば第1章第2節で言及した「無縁死」のような事例を想起してみるとよい。「無縁死」とは、当人が生物学的死を迎える前に周囲との人間関係が途切れて忘却されてしまうために、その者の死が誰にも認知されないという事態であった。これは、当人が生物学的死を迎える前に社会的に死んでしまう最たる事例であるはずなのだが、しかしM・マルケイらや澤井敦の「社会的死」概念の用法に準ずるのであれば、この事例に対しては「社会的死」の概念を適用できないことになる。というのも、周囲の者たちが当人を忘却したことにより、当人の生物学的死はもはや誰にも認知されないものとなっているからだ。以上のように、「生物学的死なき社会的死」を分析の対象として想定しないのであれば、「社会的死」が生物学的死に先行する事例を分析することができない場合が生じてしまう。以上の点に関する詳細は、中森弘樹(2012b)も参照のこと。

＊4　このことは、「社会的死」の理論に限ったことではなく、死に対する社会学的な研究全般に当てはまることなのではないか。すなわち、それらは死を研究の対象としており、また死によって研究の対象を同定しているがゆえに、失踪のように死が不確定なものとなる事態は研究の盲点となってきたのである。

＊5　実際に、L・ホームズ（Holmes 2008, 2016）においても、行方不明者の家族の経験を包括的に理解するにあたっての、「曖昧な喪失」の有効性が詳細に説明されている。

＊6　たとえば第1章第3節で述べたように、ギデンズ（Giddens 1992=2005）は、後期近代以降の「親密な関係」のなかで、親族関係や血縁関係をやや例外的な位置を占めるものとして捉えている。というのも、現代社会において「親密な関係」が選択的なものとなりつつあるのに対して、親子関係や血縁関係は、あくまでも生物学的なつながりという確たる基準に拘束され続けるからである。また、筒井（2008: 182）によれば、親子関係、特に子ども期に受け取る親からのサービスは「脱埋め込み」がなされにくいという。「脱埋め込み」という用語は、ギデンズによって「社会関係を相互行為のローカルな脈絡から『引き離し』、時空間の無限の拡がりのなかに再構築すること」（Giddens 1990=1993: 35-6）として定義されている。子どもが家族によって育てられることになっており、しかも子どもは生まれてくる家族を自分で選択できない以上、子どもを所与の親子関係というローカルな脈絡から引き離すことは困難なのである。

＊7　本章で取り上げるインフォーマントたちは、本調査におけるインタビューを受ける以前に、マスメディアによる取材を受けた経験を有する者が多い。そのような経験を有するインフォーマントとしては、Aさん夫妻、Bさん、Cさん、Gさんを挙げることができる。本インタビュー以前の取材経験がどのような意味を有するのかはインフォーマントによって異なるので、それらの経験が本インタビューに与える影響を一概に説明することは困難である。ただし、本調査のインフォーマントに、すでに別の被取材経験を有する者が多く含まれているという事実は、少なくとも以下の点について私たちに留意することを促すだろう。それは、本インタビューのインフォーマントには、そもそも何らかの事情で語ることに積極的な者――たとえばみずからの状況について語ることが捜索活動に何らかのかたちで寄与することが想定される者など――が多く含まれており、逆に語ることに積極的ではない失踪者の家族の声は調査結果には十分に反映されていないという点である。

＊8　以上の方法については、S・メリアム（Merriam 1998=2004）によって「マルチプル・ケース・スタディ」として紹介されているケース・スタディの方法論を参考にしている。

＊9　註1でも言及した「特定失踪者問題調査会」とは、北朝鮮による拉致の可能性を排除できない失踪者に対して、調査や救出を目指す民間団体である。詳細は、http://www.chosa-kai.jp/index.html を参照のこと。

＊10　ここでいうところの「明確な証拠」とは、たとえば失踪中に失踪者本人が税金を支払っていることが家族によって確認され

るケースなどを挙げることができる。本書では、Jさんのケースがそれに該当した。なお、Jさんもそのような「明確な証拠」が見つかるまでは、失踪者である父が生きていることに確信は持てなかったという。

＊11　本書における家族の語りは、すべてインタビューデータを文字に起こしたスクリプトから引用している。なお、インタビューを実施した日時については表1を参照のこと。

＊12　残された家族による生死の線引きと、「法的死」の生死の線引きの乖離は、生物学的死が明確な死の場合でもしばしば生じうることが澤井（2005）や波平恵美子（2005）によって指摘されている。この場合の乖離は、たとえば死をまだ受け入れられない遺族が死亡届を出す際に大きな違和感を覚えることがあるように、法や制度が遺族たちの生死の線引きに影響を与えるというかたちで表面化する。このように医師や法が死を診断・承認する一般的な死の場合に対して、失踪の場合は失踪者が発見されないかぎり、その生死が法的にどのように扱われるかは最終的に家族の意思次第なのである。よって、死が明確である一般的な前提の下での「法的死」と、死の判断が不可能な前提で家族たちがみずから線引きする「法的死」とでは、家族にとっての意味がまったく異なるものであると言えるだろう。

＊13　ところで、失踪した家族に対する捉え方に、国や文化による差異はあるのだろうか。この点について考察するためには、まずは本章のようなインタビュー調査を行っている日本国外の先行研究を参照すべきだろう。本書の他に、失踪者の家族に対して、精神的負担と社会・経済的負担の両面に関してインタビュー調査を行っている貴重な研究としては、ホームズ（Holmes 2008）を挙げることができる。ホームズの、イギリスの行方不明者家族（missing person's family members）へのインタビュー調査の成果によれば、彼／彼女たちは長期にわたる感情的なアップダウンを経験していて、また行方不明者の税金の肩代わりなどによる経済的負担を抱えていたという。これらの点は、本章の調査結果とも共通するところであろう。その一方で、ホームズは、行方不明者の安否の見込みと、行方不明が行方不明者の意図によるものであったか／非意図的なものであったかという二つの軸によって、家族たちが抱える感情の説明を試みているが、この点に関しては、本章の分析結果とは一致しない部分もあった。というのも、本章で見てきた失踪者の家族たちの語りは、行方不明者の安否の見込みと、推測される失踪の原因の他に、失踪者との以前の関係によっても強く規定されているように見えるからである。たとえば、本文でも述べたように、Dさんは、夫の安否が危ぶまれる状況であるにもかかわらず、それでも夫に対して怒りの感情を向けていた。このような調査結果の差異が、たんに調査者の研究上の関心の差異によるものであるのか、それとも家族たちが属する文化や社会の違いから生じているのかは、また機会をあらためて検証されるべきテーマとなるだろう。

＊1　ボス（Boss 2006）の提示する六つのガイドラインとは、喪失の経験に意味を見出す、自分で事態をコントロールできるという感覚を弱める、アイデンティティを再構築する、アンビバレントな感情や思考が標準的なものであることを認める、アタッチメントのあり方を改訂する、新しい希望を見出す、の各項目から成っている。
＊2　南山（2003）は、ボスの「曖昧な喪失」に対するケアの方法論と、ナラティブセラピーの類似性を指摘している。
＊3　実際に、ボス（Boss 2002）によれば、「曖昧な喪失」のケアの理論は、アメリカの九・一一同時多発テロ事件による被害者家族に対する支援基盤の一つとなっている。
＊4　井口高志（2012）によれば、「曖昧な喪失」に対して当事者や支援者たちが向き合う際に生まれてくる経験や実践を言葉とし、概念化してゆくことが、「曖昧な喪失」をめぐる問題について考察するうえでまず行うべき作業であり、このような作業こそが治療者、支援者ではない社会学に「できること」であるという。このような作業を行うにあたっては、当事者や支援者個人を研究するよりも、当事者や支援者たちの実践が営まれる団体の活動を研究する方が、有効なのではないだろうか。
＊5　MPSの詳細については、日本行方不明者捜索・地域安全支援協会（2016）を参照のこと。
＊6　Oさんへのインタビューは、MPSの事務所内で二〇一二年一〇月一四日と二〇一四年一月二四日の二度にわたって実施した。Oさんは MPSの設立時から現在までMPSで活動を続けている六〇代の男性スタッフである。本文中に掲載したOさんの語りの内容は、すべて同インタビューの録音データを文字起こししたスクリプトを引用・参照したものである。なお、Oさんは同インタビュー以前にMPSの活動や失踪に関するマスメディアの取材に何度も応えてきた経験を有している。
＊7　Pさんへのインタビューは、Pさんの自宅近くの喫茶店にて二〇一二年八月一六日に実施した。Pさんは三〇代の男性で、二〇一一年まで数年のあいだMPSで活動を行った経験のある元スタッフである。本文中に掲載したPさんの語りの内容は、すべて同インタビューの録音データを文字起こししたスクリプトを引用・参照したものである。
＊8　Nさんへのインタビューは、MPSの事務所にて二〇一一年一二月一八日と二〇一四年一月二五日の二度にわたって実施した。Nさんは二〇〇八年より現在までMPSで活動を続けている四〇代の男性スタッフである。本文中に掲載したNさんの語りの内容は、すべて同インタビューの録音データを文字起こししたスクリプトを引用・参照したものである。なお、Nさんは同インタビュー以前に、MPSの活動や失踪に関するマスメディアの取材に何度も応えてきた経験を有している。
＊9　たとえばボスは、「曖昧な喪失」を抱える多くの養子たちがみずからの生物学上のルーツを捜し続けることについて、「彼らにとって、知ることは、たとえ彼らの探索が、理想的とはほど遠い知らせをもたらすとしても、喪失を解決するために、必要

なのである」(Boss 1999: 36=2005: 42-3) と述べている。

*10　虐待を受けた児童の養護施設の取り組みについて扱った加藤純 (2012) でも、養護施設の支援者たちが、児童たちの「曖昧な喪失」を支援するにあたって、ケアと情報提供の両方の役割を兼ねていることが記述されている。

*11　野口裕二によれば、物語とは「ナラティブが出来事や経験の具体性や個別性を重要な契機にしてそれらを順序立てることで成り立つ言明の一形式」(野口 2005: 6) として定義される。それに対して本書における情報とは、そのような順序立った言明の素材となる、出来事や経験についての断片的な言明であると区別しておく。

*12　もちろんスタッフたちは、失踪者との再会が難しい家族に対して再会への希望を抱かせ続けることが、家族たちのストレスを長期化させる原因にもなりうることを、経験的に理解している。よって、第5章第4節で確認したように、スタッフたちが家族たちに語る物語の内容には細心の注意が払われる――あくまでも情報に基づく範囲の内容を語る、ありそうもない論理の飛躍を伴う内容は避ける、など――ことになる。

*13　もちろん、本章で明らかにしてきたように、失踪という「曖昧な喪失」の状況下で、純粋に情報提供者として振る舞い続けることは困難であり、それゆえたんに物々交換をするかのように、筆者とインフォーマントたちが情報を交換し合っていたわけではないという点も、付言しておきたい。

第6章　失踪者のライフストーリー

*1　たとえば小坂井敏晶 (2008) は、人間の行為における自由意志の存在そのものを否定し、自由意志は各自に責任を帰属させるために事後的に構成されるものにすぎないという立場をとっている。なお、小坂井の議論に関しては本書の第7章第4節でもう少し詳細に取り上げている。また、失踪における意思の有無をめぐる問題については、「行方不明」における意図性 (Intentionality) の判断の困難さと、その重要性に関して論じているホームズ (holmes 2017) の研究も参照のこと。

*2　自殺の後に遺体が発見されないのは、自殺者本人にとっては意図せざる結果である場合もあるだろう。このような「意図せざる結果のケース」の場合、その自殺は、みずからの意思で家族や集団から消え去る行為には該当しない可能性がある。その一方で、どのような場所でどのような方法で自殺するにせよ、自殺自体が家族や集団の前から「消え去る」行為であるとみなすことも可能であろう。このように、自殺と〈失踪〉の区別という問題は非常に難解であるため、それらの区別は現時点では恣意的なものに止まらざるをえないし、終章でも取り上げるように、両者の関係自体が一つの問いの主題となりうるのである。

＊3　この星野周弘の全国調査における対象者は、「1972年8月〜10月中に発見された蒸発者108、身元が判明するまでに長い期間を必要としたが、結局、1971年〜72年中に解決した身元不明死体171、計279の蒸発者」（星野 1973: 160）である。星野によれば、この調査対象者は、星野によれば「期間的な限定はあるが、日本全国で発見された蒸発者のすべて」（星野 1973: 161）であるという。

＊4　失踪者の属性に関する近年の分析としては、海外の研究ではあるが、行方不明と「社会的排除」の関係に着目し、カナダにおける行方不明者の属性に対して統計的な分析を行っているL・キーパル（Kiepal et al. 2013）らの研究を挙げることができる。キーパルらの分析によれば、カナダで行方不明者として報告される人びとの中で大きな割合を占めているのは、社会的に弱い立場にある若者、女性、原住民、失業者、ホームレスたちであり、それらの属性を複数有する者の行方不明になるリスクは特に高い傾向にあるという。

＊5　丸山里美によれば、欧米諸国の場合、ホームレスの定義が日本よりも広いという。「日本の場合、ホームレスという言葉は一般的に、路上生活をしている人を指している。（中略）だがホームレスを文字どおり家のないことと解釈すれば、路上生活以外にも、さまざまな状態を考えることができる。たとえばネットカフェやファースト・フード店で夜を過ごしている人は、その典型的な例であろう。そして欧米諸国では一般的に、ホームレスというとき、こうした状態の人びとも含めることが多い」（丸山 2013: 33）。以上の丸山の見解にしたがえば、欧米諸国でいわれるところのホームレス化の概念は、本書における失踪の概念とも重なる部分があると言えるだろう。

＊6　管見のかぎり、ホームレスや寄場を主題とした研究では、ホームレス化の際の家族や集団からの離脱よりも、ホームレス化した後の生活世界や排除の様相に焦点が当てられることが多い。それゆえ、前者にも焦点を当てており、かつ先述した条件を満たす研究はそう多くはない。

＊7　丸山が用いている「ケアの倫理」の概念は、C・ギリガン（Gilligan 1982=1986）の議論に由来するものである。ギリガンの議論については、本書でも第7章で触れることになる。また、丸山によれば、「ケアの倫理」は女性により密接に関連しているが、男女どちらにも見られるものであるという。「女性だから責任や関係性を重視するのではなく、他者のケアを担うからこそ責任や関係性に配慮せざるをえないのであり、家庭内においてケア役割が割り振られてきたのが、しばしば女性だったということである」（丸山 2013: 249）。

＊8　ここで、最新の海外の「行方不明」研究の動向についても少し触れておきたい。というのも、近年、ヨーロッパでは「行方不明」について分野横断的に研究する学術書がいくつか出版されているからである。そのような学術書の例としては、法医学による「行方不明者」捜索のテクノロジーを中心に、さまざまな分野の研究を集めたS・J・モアヴィッツとC・S・コルズ

(Morewitz and Colls 2016) や、それとは逆に人文社会科学の研究が中心となっているK・S・グリーンとL・アリーズ (Greene and Alys 2017) を挙げることができる。特に注目に値するのは、大人の行方不明に対しても多くのページを割いているグリーンら (Greene and Alys 2017) で、同書からは、自己の意思によらない大人の失踪や、強制結婚からの失踪など、本書では扱っていない種類の失踪に関する知見も得ることができる。これらの新しい行方不明研究の潮流を、筆者はまだ完全には把握しきれていないのだが、少なくともそれらは、近年のヨーロッパにおける行方不明に対する関心の高まりを示す証左であるとは言えるだろう。

＊9　そもそも本書の最終的な目的は、「親密な関係」からの離脱に対する根拠となるもので、かつ社会的・経済的条件やリスク意識や愛に還元されない何かを見出すことであった。よって、その「何か」を示唆するような、〈失踪〉の意味が存在することが確認されさえすれば、本章の差しあたりの目的は達成されたことになるだろう。

＊10　ここでいうところの「妥当性」とは、「その調査研究が『正しい』回答を生みだす程度、あるいは、調査結果が研究の目的や期待に適っている程度」(桜井 2002: 38) を意味する。

＊11　そもそも、なぜ質的調査においてインフォーマントの人数が問題とされるのか。桜井厚 (2002) は、ライフストーリー研究の方法の一つとして、桜井が解釈的客観主義アプローチと呼ぶ方法を挙げている。解釈的客観主義アプローチは、「帰納論的な推論を基本としながら、語りを解釈し、ライフストーリー・インタビューを重ねることによって社会的現実をあきらかにしようとする」(桜井厚 2002: 25) 手法であり、その際に「語りは、過去に現在から意味をあたえたものであり、そこに記憶違いやあいまいな部分あるいは嘘やごまかしがあるかもしれないことを認め、それをたくみに選り分けながら、さまざまな語りに通底する基調音である社会的現実にせまろうとする」(桜井 2002: 25) のだという。このような方法を採用する場合、異なるインフォーマントに対するインタビューを繰り返すほど、調査で明らかになる社会的現実の妥当性も向上することになるのである。

＊12　G・ローゼンタールとW・フィッシャー・ローゼンタール (Rosenthal and Fischer-Rosenthal 2004) は、インタビューのなかで語られる「ライフストーリー」と、インフォーマントによって実際に生きられた「ライフヒストリー」を区別している。この区分を用いるのであれば、本章の分析は、主に前者に焦点を当てたものであると言えよう。

＊13　解釈的客観主義アプローチに対して、桜井 (2002) が提唱するもう一つの立場として、「対話的構築主義アプローチ」を挙げることができる。この対話的構築主義アプローチの見方によれば、ライフストーリーは語り手と聞き手すなわちインタビュアーの対話の産物である。語り――およびそれが示す社会的現実――をインタビューの場における構築物であると捉えるのであれば、ライフストーリーが過去の体験と完全に一致していないのは問題ではなく、むしろ重要であるのは、そのようなときには「記憶違いやあいまいな部分あるいは嘘やごまかし」も含む語りがいかにしてインタビューの場で生成されたのかというこ

とになるだろう。しかし、本章では聞き手（筆者）と語り手がいかにして構築されたのかを主要な分析対象とするわけではない。そうでもあるにもかかわらず、桜井の方法論を部分的に採用することは、石川良子・西倉実季（2015）が批判するように対話的構築主義の「つまみ食い」になりかねないだろう。よって、本章では解釈的客観主義アプローチと対話的構築主義アプローチのいずれも標榜することをせずに――よって、言うまでもなく本章のライフストーリー研究は対話的構築主義の研究成果には値しない――、本文にあるようなデータの取り扱い上の留意点を述べるだけに止めている。

*14　Kさんへのインタビューは、二〇一一年七月一〇日に行われた。本文中のKさんの語りは、すべて同インタビューの録音データを文字起こししたスクリプトから引用したものである。なお、Kさんは本インタビュー以前に、〈失踪〉に関する他の取材等を受けた経験はなかったようである。

*15　Lさんへのインタビューは、二〇一一年の某日に行われた。本文中のLさんの語りは、すべて同インタビューの録音データを文字起こししたスクリプトから引用したものである。ただし、プライバシーに配慮するため、エピソードの一部には改変を加えている。なお、Lさんは本インタビュー以前に、〈失踪〉に関する他の取材等を受けた経験はなかったようである。

*16　本章で見てきたKさんとLさんの一連の行為は、〈失踪〉というよりも「家出」なのではないか、という指摘があるかもしれない。本書では基本的に、家族から消えた者が、残された者から見て長期的に行方がわからず連絡もつかない状態になるような事態を〈失踪〉と呼んでいるので、少なくとも本書の操作的な定義のうえでは、KさんとLさんの行為は明らかに〈失踪〉に該当するはずである。それにもかかわらず、KさんとLさんの行為が「家出」に見えるのは、KさんとLさんが親にとっての子どもという立場で〈失踪〉をしたという理由もさることながら、やはりそれは、事態のどの人物に焦点を当てるのかという視点の問題による部分が大きいのではないかと思われる。つまり、失踪には、第3章で見た「蒸発」の概念がそうであったように、突然わけもわからないまま人が姿を消してしまうというイメージがあるがゆえに、実際に失踪者の動向を掴むことに成功すると、その失踪は立ちどころに失踪らしさを失ってしまうのである。今回の事例に関しても、KさんとLさんの両親の立場に視点を置けば、事態は、第4章で見てきたような、残された家族が経験する失踪として記述されることになるだろう。とはいえ、より「家出」には見えづらいような、他のパターンの〈失踪〉――たとえば家族から失踪する親のパターンなど――を取り上げることは、今後の課題の一つとなるだろう。

*17　ただし、KさんとLさんが語る家族と連絡が取れなかった理由を分析する際には、社会学における「動機の語彙」の観点を考慮しないわけにはいかない。C・W・ミルズの「動機の語彙」論によれば、語られる動機は行為の原因ではなく、外在的に付与される「社会的・言語的行為に関する問いへの、疑問の余地のない回答」（Mills 1963=1971: 347）であるという。この観点からすれば、語られる〈失踪〉の動機は、必ずしも本人のその当時の意識を忠実に反映したものではなく、むしろ質問に対す

る回答として適当であるように構築された説明であるということになるだろう。このような視点からは、さらに次のような疑問が導かれることになる。KさんとLさんの語った、親からの連絡に応答しなかった理由としての親に対する恐怖心は、あくまでも当時を振り返って事後的に説明する際に、強いて挙げられたものに過ぎず、本当は、特に親に連絡しなかった自覚的な理由などなかったのではないか。すなわち、彼／彼女らが親に連絡しなかったのは、実際は「ただ何となく」に過ぎなかったのだが、しかし応答をしないことを繰り返しているうちに、本当に連絡をしづらくなってしまったのではないか、と。この類の疑問に対して、インフォーマントの語りから明確な答えを導くことは、一般的には困難を極めるだろう。しかし、今回に限っては、KさんとLさんのライフストーリーにおいて、繰り返し一貫して親への恐怖心やその原因としての過去の経験が語られていたことから、彼／彼女らが親に連絡しなかった原因に関しても、実際に親への恐怖という部分が大きかったのではないか、と捉えるのが自然であるように思われる。もっとも、上述の疑問における、「何となく」応答をしないことを繰り返しているうちに、本当に応答をしづらくなってしまうという感覚は、けっして軽視されるべきものではないだろう。それはおそらく、私たちの、（親密な）他者からの呼びかけに対して応答しなければならないという、次章で詳細に検討する「親密なる者への責任」の感覚と結びついているからである。

＊18　通信メディアが発達し、あらゆる手段での応答の可能性が担保されている現代においては、応答がないことの逸脱性はいっそう際立つことになるだろう。遠隔地の人間との連絡手段が郵便や固定電話に限られていた数十年前と比べると、二〇一七年現在では携帯電話やEメール、メッセージアプリなどさまざまな連絡手段が用意されている。このように通信メディアが発達した社会は、家族や集団の成員とどこにいてもさまざまな手段で連絡を取ることが可能であるため、一見すると失踪が生じにくい世界であるかのように見えるかもしれない。しかし、失踪を構成主義的に捉えるのであれば、応答の消失が目立ちやすいという点で、むしろ現代は失踪が生じやすい社会であるとも言えるだろう。

＊19　Mさんへのインタビューは、二〇一六年一月二五日に行われた。本文中のMさんの語りは、すべて同インタビューの録音データを文字起こししたスクリプトから引用したものである。なお、本文中でも述べたように、Mさんは以前にも、自身の半生や〈失踪〉に関する取材を受けた経験があるという。

＊20　Rさんへのインタビューは、二〇一七年一月二九日に行われた。本文中のRさんの語りは、すべて同インタビューの録音データを文字起こししたスクリプトから引用したものである。ただし、プライバシーに配慮するため、引用文の一部に改変を加えている。なお、Rさんは本インタビュー以前に、〈失踪〉に関する他の取材等を受けた経験はなかったようである。

＊1　桜井哲夫（1998）によれば、英語の responsibility は一八世紀後半から末にかけて西欧で使われ始めた新しい言葉である。その語源は、response（反応、応答、回答）と同じで、ラテン語の respondeō（保証する、応答する）の完了分詞中性形 responsum に由来する。

＊2　大庭健の説明でも見られるように、責任の概念は、人の態度を示すものとしてもしばしば用いられる。そのような責任の用法を用いた社会学者としては、M・ウェーバーを挙げることができるだろう。ウェーバー（Weber 1919=1980）は『職業としての政治』の講演において、心情倫理と責任倫理とを区別し、政治家のあるべき態度は後者であると述べている。

＊3　瀧川裕英（2003）が指摘するように、責任の概念の難解さの要因の一つはその多義性にある。たとえば、「親の子に対する責任」と「人を殺した責任」と「社会人としての責任ある態度」の三つの例における責任の意味は、それぞれ同一であると言えるだろうか。この点に関して、責任論を展開する多くの論者たちは、責任概念を適切に分類することに努めてきた。代表的な分類としては、たとえばH・L・A・ハート（Hart 1968）の役割責任（Role-Responsibility）・因果責任（Causal Responsibility）・負担責任（Legal-Liability Responsibility）・能力責任（Capacity-Responsibility）の四類型を挙げることができる。ただし、種々の責任概念の意味は、どこかで通底し合っているはずであり、そうでなければ、同じ責任という言葉を用いる意義はなくなってしまうだろう。なお、本書の目的はそのように責任概念を細かく類型化することにはないので、多様な責任概念の用法にできるかぎり対応可能であるような、単一の定義を使用している。

＊4　もっとも、厳密に言えば「失踪という出来事の原因となっている行為が〈失踪〉であると同時に、応答しないという選択もまた〈失踪〉によって為されている」という〈失踪〉の性質は、〈失踪〉を観察する残された者の視点から構成されたものであるとも言える。というのも、第6章で詳細に分析したように、〈失踪〉した行為者の視点に立つと、〈失踪〉は「離脱行為」と「応答の拒否」という二つの段階から成っており、出来事の原因となっている「離脱行為」と、応答の不在の原因となっている「応答の拒否」はそれぞれ別の行為であると捉えることも可能だからである。

＊5　小坂井（2008）が述べる「集団責任」は、collective responsibility と同一の概念であると捉えても良いだろう。「集合的責任」あるいは「団体責任」とも訳されるこの概念は、「個人が有責責任がないにも拘わらず、ある集合体に属するという理由で、個人が負う負担責任」（瀧川 2003: 42）を意味する。

＊6　この問題に関して、たとえば大庭（2005）は、個人の同一性と集団の同一性に共通点を見出すことで、集団もまた責任を担う主体となりうること、そして集団内のメンバー各自がその集団の責任を負わなければならないことを説明している。

＊7　この責任の遍在性は、実存の哲学とはまったく異なるアプローチによっても示されうる。たとえば北田暁大（2003）によれば、行為の意味を、行為者と行為を解釈する観察者とのたえざる折衝プロセスのなかで事後的に構成されるものとして捉える、構成主義的な行為理論を採用するのであれば、行為の責任についても構成主義的な立場を取る必要があるという。行為の責任について構成主義的な立場を取るということは、すなわち、「行為者の意図（や計画など）をもとに行為の責任を確定しようとする行為者中心主義」（北田 2003: 35）ならびに「コミュニケーションの《現場》から離れて行為の責任を特定化しようとする行為理論の非時間性」（北田 2003: 35）に対しても批判的な立場を取るということを意味する。そして、構成主義的な責任論では、行為主体の意図如何にかかわらず、何らかの行為に対する記述が行われると当該行為者に責任が発生し、その責任は第三者的な立場から勝手に棄却されてはならないということになる。

＊8　本書では、R・グディンの社会的責任論を論じるにあたって、岡野八代（2012）を参照している。よって、vulnerability model に関しても岡野（2012）の訳語「傷つきやすさを避けるモデル」を採用した。

＊9　このグディンの親の子に対する責任の説明は、H・ヨナスの責任論に通じる部分がある。ヨナス（Jonas 1979=2000）によれば、責任の倫理の原型は親の子どもに対する責任にあるが、そのような責任が生じるのは親が子どもの生存に対して圧倒的に優位な立場にあるからだという。ただし、ヨナスは、損害賠償のように過去の行為の帰結に対して生じる責任と、親の子の生存に対する責任のようにこれからなされるべき何かに対する責任とを区別して扱っている。この点が、「傷つきやすさを避けるモデル」を用いて責任の「行為－因果モデル」をも包括して説明しようとするグディンと、ヨナスの責任論との相違の一つであると言えるだろう。

＊10　ただし、ギデンズ（Giddens 1991=2005: 100）は「惰性」によって維持される「便宜上の」あるいは「おざなりの」関係についても言及を行っている。ギデンズはそのような関係について、「すなわち、その関係のうちでは当事者は、外的な見返りに照らして、あるいは関係が壊れた場合に経験するであろう困難のゆえに、あるいはまた孤独ではないということの心地よさのために、すでにあるもので『手を打つ』ように、あからさまにあるいは暗黙に合意している」（Giddens 1991=2005: 106）と述べている。以上のように、ギデンズは互いの意思によらずに関係が維持される可能性についても言及しており、ギデンズの議論において関係の「成立」と「維持」の問題がまったく区別されていないわけではないことがわかる。しかし、そこでは本書が述べてきた「他者に応答しなければならない」という意識が孕む拘束性については言及されておらず、「おざなりの」関係を維持するのは、あくまでも「暗黙の合意」であるとされていることから、やはり関係の「成立」と「維持」の問題は本質的には区別されていないとも言えるだろう。

＊1　たとえば、「無縁社会」の言説をつぶさに見てみると、自身が孤立する不安と同時に、しばしば孤立者を無縁状態に追い込む家族や社会に対する憤りが表明されていたことがわかるのだが、それもまた、「親密なる者への責任」による規範意識の高まりの現れであると解釈することもできるだろう。

＊2　もちろん山竹伸二（2011: 112）は、承認欲求を満たすことが行為の動機のすべてとしているわけではなく、利他的な動機の存在も認めており、二つの動機は分かちがたく結びついているとしている。

＊3　貨幣を介した取引では、取引の相手を無限に想定することができるのに対して、贈与や互酬では、取引の相手は基本的には個別具体的な他者になる。よって、貨幣経済によって基づく「社会」と贈与や互酬によって成り立つ「世間」を比較すると、後者の方が抽象度の低い具体的な関係性であるということになるだろう。

＊4　佐藤直樹（2001: 162）は、吉本隆明の共同幻想論を踏まえつつ、「世間」とは、家族のような親しい関係とも匿名的な人間関係とも異なる、「中間的」な共同幻想であると指摘している。

＊5　本章では「周囲」を、たとえば村落の人びとのように、もっぱら共同体の内部の人びとを指す概念として使用してきた。このような意味での「周囲」を、「世間」の一種としてみなすことができるというのは本文で述べたとおりであるが、しかし「世間」にはそのようなコミュニティの内部を指す用法のみが存在しているわけではない。たとえば柳田国男は、明治および大正期の人びとの故郷観に関して、次のような記述を行っている。「一度世間へ出てしまった人の故郷観は、村生活の清き安らかさ楽しさに対しての讃歌が先に立ち、これに次いでは後に残った者の寂寞無聊に対しての思い遣りがあった」（柳田 1993: 172）。上の文中においては、世間という言葉は、故郷あるいは村と対置されて用いられている。この場合、「世間」の概念は、共同体の内部よりも、むしろ共同体の外部を指していると言えるだろう。実際に、「世間へ出る」や「世間の冷たさ」といった言葉には、共同体の外部としての「世間」の用法が表れている。その一方で、佐藤（2001: 77-80）は、「世間」の内部と外部はそれぞれウチとソトの区別に対応しており、「世間」の外部に属する「非知人」には「相互扶助共生感情」が働かないという、「世間」の排他的な性質を指摘している。これらの議論からは、「世間」の概念の多義性やその範囲の多様性——共同体の内部に存するとみなされる場合もあれば、外部に存するとみなされる場合もある——を見てとることができよう。とりあえずここでは、「世間」が、個別具体的な親密な他者とも完全の抽象的な「社会」とも異なる中間的な概念であり、私たちにとっての規範的な拘束力を有するという性質を最低限確認したうえで、本書における「周囲」もまたその一種であるという点を指摘するに止めて

おきたい。

＊6　一九九八年に書かれた桜井哲夫の論考では、「最近、『自己責任』という言葉が、『妖怪』のごとく日本社会をさまよい歩いている気がしてなりません」（桜井 1998: 7）と述べられており、この頃から「自己責任」という言葉が一般化しつつあったことがわかる。また、吉崎祥司（2014）によれば、この自己責任の思想の萌芽は一九八〇年代における自己決定の思想の広がり――医療におけるインフォームド・コンセントや、性や生殖における女性の意思自由の要求など――にあった。しかし、一九八〇年代の時点での自己責任論はいわば「おずおずと」提出されたものであり、自己決定の要求においても自己責任が議論の焦点であったわけではなかったという。

＊7　吉崎（2014）によれば、近年においてここまで極端に自己責任論が流行しているのは日本だけであるという。ただし、I・ヤング（Young 2011=2014）によれば、一九九〇年代におけるアメリカ合衆国の福祉改革を牽引したのは自己責任論であったという。このことから、自己責任論の流行が、日本社会においてのみ見られる傾向ではないことがわかる。

＊8　第1章の註6でも述べたように、本書における「現代社会」とは、基本的には現代の日本社会のことを指している。とはいえ、本章でこれまで展開してきた議論――現代における自己責任論の高まりと、「傷つきやすさを避ける」責任論の高まりの併存――の射程が、日本国内にのみ限定されるわけではないことは、本文中で言及したベックの議論や、註7で言及したヤングの議論を参照すれば明らかであろう。しかしながら、本書が描出した現代の日本社会における「親密なる者への責任」の傾向が、後期近代を迎えているすべての社会に当てはまるわけではないこともまた、認めなければならない。たとえば、G・エスピン＝アンデルセン（Esping-Andersen 1990=2001）は、福祉国家のあり方すなわち「福祉国家レジーム」の相違によって、福祉国家を「自由主義レジーム」「社会民主主義レジーム」「保守主義レジーム」の三つのカテゴリーに類型化している。エスピン＝アンデルセンの理論から演繹するかぎり、福祉における国家の役割が大きい社会民主主義レジームに分類される国家、家族や共同体の役割が大きい保守主義レジームに分類される国家、そして個人の自己責任が重視される自由主義レジームに分類される国家では、それぞれ、傷つきやすい者に対する責任の帰属先も異なることが想定される。よって、国によって、あるいは「福祉国家レジーム」の相違によって、「親密なる者への責任」のあり方がいかに異なるのかという点に関しては、別途分析される必要があるだろう。

*1　もちろん、〈失踪〉をより詳細に場合分けして、そのタイプごとに異なる逸脱理論を適用し、それらを総合することにより〈失踪〉全般に対する理論を作り上げる作業は有意義であろう。ただし、それを実現するには、本書の〈失踪〉に関するデータはあまりにも不足していると言わざるをえないので、ここではそのような方法はとらない。

*2　この社会的絆理論における「投資（commitment）」は、第1章で取り上げたギデンズの親密性論における「コミットメント」とは異なる概念であることに注意しておきたい。

*3　あるいは逆に、「愛着」をはじめとした紐帯がまったく存在していないにもかかわらず、「親密なる者への責任」のみが逸脱を防いでいるようなケースも存在するかもしれない。

*4　本書では、「親密な関係」からの離脱に対する抵抗感の根拠として、リスク意識、愛、社会・経済的条件、そして責任という四つの要素を挙げてきた。この四つの要素は、T・ハーシの四つの紐帯に置き換えて考えることも可能である。リスク意識は主に「投資」に、愛は「愛着」に、社会・経済的条件に関しては「投資」と「巻き込み」と「信念」に、それぞれ置き換えることが可能だろう。では責任についてはどうだろうか。責任もまた、社会的絆理論における「愛着」と「投資」と「巻き込み」と「信念」のいずれの紐帯にも緩やかに関係していると言えるだろう。ただし、本書でこれまで明らかにしてきたように、「親密な他者に対して応答しなければならない」という「親密なる者への責任」の感覚は、リスク意識、愛、社会・経済的条件といった要素と関係はしているものの、それらに還元しきれない何かなのであった。それと同様に、社会的絆理論における四種類の紐帯の要素によっても、「親密なる者への責任」を完全に説明することは不可能なのではないだろうか。

*5　たとえば大澤真幸（2015）は、極限状況下において一〇分や一〇センチの差の紙一重で生存した者たちが重い罪責感を抱く事例をいくつか挙げている。大澤によれば、生存者たちが重い罪責感を抱いてしまうのは、生存者たちが「私が死者でありえた」（にもかかわらず「私がどうしようもなく私である」）と感覚してしまうからであるという。

*6　ここで、第6章のインタビュー調査で聞いたライフストーリーの外側の話にはなってしまうが、二〇一一年の同調査から現在に至るまでの、Kさんと家族との関係についても簡単に触れておきたい。第6章第4節でも述べたように、Kさんは五年の失踪の後に、MPSの協力による捜索活動によって発見され、家に帰っていたのであった。それから間もない時期に行ったインタビューでは、Kさんは家族との再会について「嬉しかった」と語り、また、家族が自身を「ふつう」に迎えてくれたというエピソードも語っていた。しかし、その後しばらくしてから、Kさんにとっての育ての親のような存在であった祖母が亡くなり、その頃には、Kさんは両親から、他の兄弟に対してよりも冷たい扱いを受けるようになっていたという。そのような状況が二〜三年続き、両親と兄弟から距離を置きたいと思うようになっていたKさんは、ふたたび実家を離れて一人暮らしを始め、そのまま現在に至るそうである。ただし、今回は失踪ではなく、親の了承を得ての独居であり、現在も家族と連絡を取ってい

るとのことである。このKさんのその後の動向を見るかぎり、Kさんの事例では、〈失踪〉による親密な関係の修復効果は一時的なものであったに過ぎず、むしろ〈失踪〉は家族とKさんとの間の「しこり」として残ってしまったと捉えることもできそうである。Kさんの事例は、やはり〈失踪〉は万能な薬ではないという事実を、あらためて示すものであると言えよう。なお、以上のKさんの失踪後の動向は、二〇一六年一二月にKさんからあらためて提供された情報に基づくものである。

＊7　ところで、Mさんはいつ神の前で告白を行ったのだろうか。Mさんの語りにおいて確認可能であるのは、自殺未遂の前に、神に対してしたためた手紙（遺書）の存在である。前節で見たように、Mさんによればこの手紙は、罪の告白とはやや異なる内容であった。とはいえ、そこにMさんの本心が開示されていたことは間違いないだろう。よって、少なくともこの時点で——あるいはずっと以前からそうだったのかもしれないが——Mさんの神に対する告白は、すでに完了していたとみなすのが自然ではないだろうか。

＊8　たとえば内田良（2016）は、増加する中学生の自殺について、「学校や家庭、友人関係から逃げ出してもよいのだということ、そして逃げることを含めて、人生には選択肢がたくさんあるのだということを、私たち大人は子どもたちに伝えていかなければならない」と述べている。ただし、私たちの考察が示唆するところによると、大人が子どもに「学校や家庭、友人関係から逃げ出してもよい」ということを伝えることが可能であるかどうかは、その子どもとの関係によって強く左右されることになるだろう。たとえば、家庭から逃げ出しても良いということを、家庭内の当事者である親が伝えるのは、著しく困難であることが想定される。むしろ、そのような内容を伝える者は、子どもの日常世界の外部に存する者である方が良いのではないだろうか。

参考文献

阿部謹也、1999『「世間」論序説――西洋中世の愛と人格』朝日新聞社。

――――、2005『「世間」への旅――西洋中世から日本社会へ』筑摩書房。

赤川学、2001「言説分析と構築主義」上野千鶴子編『構築主義とは何か』勁草書房、63-83。

網野善彦、1996『増補 無縁・公界・楽――日本中世の自由と平和』平凡社。

――――、2001『歴史を考えるヒント』新潮社。

Arendt, Hannah, 1958, *The Human Condition*, University of Chicago Press.（＝1994、志水速雄訳『人間の条件』筑摩書房。）

東浩紀、2007『情報環境論集 東浩紀コレクションS』講談社。

東浩紀・大澤真幸、2003『自由を考える――9・11以降の現代思想』NHK出版。

Bauman, Zygmunt, 2001, *The Individualized Society*, Cambridge: Polity Press.（＝2008、澤井敦・菅野博史・鈴木智之訳『個人化社会』青弓社。）

Beck, Ulrich, 1986, *Risikogesellschaft: Auf dem Weg in eine andere Moderne*, Frankfurt am Main:Suhrkamp Verlag.（=1998、東廉・伊藤美登里訳『危険社会――新しい近代への道』法政大学出版局。）

――――、2011「リスク社会における家族と社会保障」ウルリッヒ・ベック／鈴木宗徳／伊藤美登里編『リスク化する日本社会――ウルリッヒ・ベックとの対話』岩波書店、73-87。

Boss, Paulin, 1999, *Ambiguous Loss: Learning to Live with Unresolved Grief*, Cambridge: Harvard University Press.（＝2005、南山浩二訳『「さよなら」のない別れ　別れのない「さよなら」――あいまいな喪失』学文社。）

――――, 2002, Ambiguous Loss: Workng with Families of the Missing, *Family Process* 41(1): 14-7.

――――, 2006, *Loss, Trauma, and Resilience: Therapeutic Work with Ambiguous Loss*, New York: W. W. Norton & Company.

Danermark, Berth, Mats Ekström, Liselotte Jakobsen and Jan Ch. Karlsson, 2002, *Explaining Society: Critical Realism in the Social Science*, London:

Routledge.（＝2015、佐藤春吉監訳『社会を説明する――批判的実在論による社会科学論』ナカニシヤ出版。

Derrida, Jacques, 2012, Pardonner: l'impardonnable et l'imprescriptible, Paris: Galilée.（＝2015、守中高明訳『赦すこと――赦し得ぬものと時効にかかり得ぬもの』未來社。）

土井隆義、2004、『「個性」を煽られる子どもたち――親密圏の変容を考える』岩波書店。

――――、2014、『つながりを煽られる子どもたち――ネット依存といじめ問題を考える』岩波書店。

Durkheim, Emile, 1897, *Le Suicide*, P.U.F.（＝1985、宮島喬訳『自殺論』中央公論新社。）

Esping-Andersen, Gøsta, 1990, *The Three Worlds of Welfare Capitalism*, Cambridge: Polity Press.（＝2001、岡沢憲芙・宮本太郎監訳『福祉資本主義の三つの世界――比較福祉国家の理論と動態』ミネルヴァ書房。）

Flick, Uwe, 2007, *Qualitative Sozialforschung*, Hamburg: Rowohlt Verlag GmbH.（＝2011、小田博志・山本則子・春日常・宮地尚子訳『新版質的研究入門――〈人間の科学〉のための方法論』春秋社。）

Foucault, Michel, 1969, *L'Archéologie du savoir*, Paris, Gallimard.（＝2012、慎改康之訳『知の考古学』河出書房新社。）

Giddens, Anthony, 1984, *The Constitution of Society*, Cambridge: Polity Press.（＝2015、門田健一訳『社会の構成』勁草書房。）

――――, 1990, *The Consequences of Modernity*, Cambridge: Polity Press.（＝1993、松尾精文・小幡正敏訳『近代とはいかなる時代か？――モダニティの帰結』而立書房。）

――――, 1991, *Modernity and Self-identity: Self and Society in the Late Modern Age*, Cambridge: Polity Press.（＝2005、秋吉美都・安藤太郎・筒井淳也訳『モダニティと自己アイデンティティ――後期近代における自己と社会』ハーベスト社。）

――――, 1992, *The Transformation of Intimacy: Sexuality, Love and Eroticism in Modern Societies*, Cambridge: Polity Press.（＝1995、松尾精文・松川昭子訳『親密性の変容――近代社会におけるセクシュアリティ、愛情、エロティシズム』而立書房。）

Gilligan, Carol, 1982, *In a Different Voice: Psychological Theory and Women's Development*, Harvard University Press.（＝1986、岩男寿美子監訳・生田久美子・並木美智子訳『もうひとつの声――男女の道徳観のちがいと女性のアイデンティティ』川島書店。）

グラック、キャロル、2016、「近代日本における『責任』の変移」キャロル・グラック／五十嵐暁郎編『思想史としての現代日本』岩波書店、69-114。

Goodin, Robert E., 1985, *Protecting the Vulnerable: A Reanalysis of Our Social Responsibilities*, The University of Chicago Press.

――――, 1986, "Responsibilities," *The Philosophical Quarterly*, 36(142): 50-6.

Goffman, Erving, 1959, *The Presentation of Self in Everyday Life*, Edinburgh, Scotland: Univ. of Edinburgh.（＝1974、石黒毅訳『行為と演技――日常生活における自己呈示』誠信書房。）

Greene, Karen S. and Llian Alys eds., 2017, *Missing Persons: A Handbook of Research*, Oxford: Routledge.

Habermas, Jürgen, 1990, *Strukturwandel der Öffentlichkeit: Untersuchungen zu einer Kategorie der bürgerlichen Gesellschaf*, Frankfurt am Main: Suhrkamp.（＝1994、細谷貞雄・山田正行訳『公共性の構造転換』未來社。）

Hart, Herbert L. A., 1968, *Punishment and Responsibility: Essays in the Philosophy of Law*, Oxford University Press.

Hirschi, Travis, 1969, *Causes of Delinquency*, University of California Press.（＝1995、森田洋司、清水新二監訳『非行の原因――家庭・学校・社会へのつながりを求めて』文化書房博文社。）

Hite, Shere, 1987, *Women and Love: Women and Love: A Cultural Revolution in Progress*, New York: Alfred Knopf.

Holmes, Lucy, 2008, *Living in Limbo: The Experiences of, and Impacts on, the families of Missing People*, Missing People.

――, 2016, "Missing Someone: Exploring the Experiences of Family Members," Stephen J. Morewitz and Caroline Sturdy Colls Eds., *Handbook of Missing Persons*, Springer International Publishing Switzerland, 105-126。

――, 2017, "Intentionality and Missing Adults," Karen S. Greene and Llian Alys eds., *Missing Persons: A Handbook of Research*, Oxford: Routledge, 71-8.

星野周弘、1973、「蒸発」岩井弘融編『社会学講座 16 社会病理学』東京大学出版会、155-64。

井口高志、2012、「『あいまいな喪失』と生きるための実践――認知症の人と生きる家族への支援に注目して」『精神療法』38(4)：460-5。

井上俊、1973、『死にがいの喪失』筑摩書房。

井上忠司、1978、「家出・蒸発」那須宗一・大橋薫・四方寿雄・光川晴之編『家族病理学講座 第三巻 家族病理と逸脱行動』誠信書房、21-38。

石田光規、2011、『孤立の社会学――無縁社会の処方箋』勁草書房。

石井千賀子・左近リベカ、2012、「自死による曖昧な喪失を体験した子どもと家族へのケア」『精神療法』38(4)：466-72。

石川良子・西倉実季、2015、「ライフストーリー研究に何ができるか」桜井厚・石川良子編『ライフストーリー研究に何ができるか――対話的構築主義の批判的継承』新曜社、1-20。

岩田正美、2008、『社会的排除――参加の欠如・不確かな帰属』有斐閣。

Jaspers, Karl, 1946, *Die Schuldfrage*, Heidelberg: Lambert Schneider.（＝橋本文夫訳、1998、『戦争の罪を問う』平凡社。）

自殺実態解析プロジェクトチーム、2008、「自殺実態白書 2008」、特定非営利法人 自殺対策支援センター ライフリンクホームページ、（二〇一七年五月二〇日取得、http://www.lifelink.or.jp/hp/whitepaper.html）。

Jonas, Hans, 1979, *Das Prinzip Verantwortung: Versuch einer Ehik für die technologische Zivilisation*, Frankfurt am Main: Suhrkamp.（＝ 2000, 加藤尚武訳『責任という原理――科学技術文明のための倫理学の試み』東進堂。）

柄谷行人、2003、『倫理21』平凡社。

加藤純、2012、「虐待と曖昧な喪失――親子分離から家族再統合へ」『精神療法』38(4)：473-8。

警察庁生活安全局生活安全企画課、2016、「平成27年中における行方不明者の状況」、警察庁ホームページ、（二〇一七年五月二〇日取得、ttps://www.npa.go.jp/safetylife/seianki/fumei/H26yukuehumeisha.pdf）。

Kiepal, Christine L., Peter J. Carrington and Myrna Dawson, 2012, "Missing Persons and Social Exclusion," *Canadian Journal of Sociology*, 37(2): 137-68.

北田暁大、2003、『責任と正義――リベラリズムの居場所』勁草書房。

国家公安委員会、2016、「行方不明者発見活動に関する規則」、警察庁ホームページ（二〇一七年五月二〇日取得、http://law.e-gov.go.jp/htmldata/H21/H21F30301000013.html）。

国立社会保障・人口問題研究所、2016、「出生動向基本調査（結婚と出産に関する全国調査）｜国立社会保障・人口問題研究所」、国立社会保障・人口問題研究所ホームページ（二〇一七年五月三一日取得、http://www.ipss.go.jp/ps-doukou/j/db_15/db_15.html）。

小松和彦、2002、『神隠しと日本人』角川書店。

小坂井敏晶、2008、『責任という虚構』東京大学出版会。

Lévinas, Emmanuel, 1961, *Totalité et infini: essai sur l'extériorité*, The Hague: Martinus Nijhoff.（＝ 2005、熊野純彦訳『全体性と無限 上・下』岩波書店。）

――――, 1982, *De dieu qui vient à l'idée*, Paris: J. Vrin.（＝ 1997、内田樹訳『観念に到来する神について』国文社。）

Luhmann, Niklas, 1982, *Liebe als Passion: Zur Codierung von Intimität*, Frankfurt am Main: Suhrkamp.（＝ 2005、佐藤勉・村中知子訳『情熱としての愛――親密さのコード化』木澤社。）

眞鍋貞樹、2008、「失踪問題の解決への政治的・法律的課題」『法政論叢』42: 178-88。

丸山里美、2013、『女性ホームレスとして生きる――貧困と排除の社会学』世界思想社。

Merriam, Sharan B, 1998, *Qualitative Research and Case Study Applications in Education*, New York: Wiley & Sons.（＝ 2004、堀薫夫・久保真人・成島美弥訳『質的調査法入門――教育における調査法とケース・スタディ』ミネルヴァ書房。）

Mills, Charles W., 1963, "Situated Actions and Vocabularies of Motive," Irving L. Horowitz ed., *Power, Politics, and People: The Collected Essays of C. Weight Mills*, Oxford, London & New York: Oxford University Press, 439-68.（＝ 1971、田中義久訳「状況化された行為と動機の語彙」

青井和夫・本間康平監訳『権力・政治・民衆』みすず書房、344-55。）

南山浩二、2003、「ポーリン・ボス『曖昧な喪失』研究の検討――その理論の概要」『人文論集』54(1)：1-20。

――、2012、「あいまいな喪失――存在と不在をめぐる不確実性」『精神療法』38(4)：455-9。

見田宗介、2011、「まなざしの地獄――尽きなく生きることの社会学」『定本 見田宗介著作集 VI――生と死と愛と孤独の社会学』岩波書店、1-66。

――、2012、「現代における不幸の諸類型」『定本 見田宗介著作集 V 現代化日本の精神構造』岩波書店、1-73。

Morewitz, Stephen J., and Caroline Sturdy Colls Eds., 2016, *Handbook of Missing Persons*, Springer International Publishing Switzerland.

Mulkay, Michael and John Ernst, 1991, "The Changing Profile of Social Death," *Archieves européennes de sociologie*, 31: 172-96.

村田ひろ子・政木みき、2013、「中高生はなぜ〝幸福〟なのか――『中学生・高校生の生活と意識調査 2012』から③」『放送研究と調査』62(3): 34-43。

内閣府男女共同参画局、2009、「男女共同参画社会に関する世論調査」、内閣府男女共同参画局ホームページ（二〇一七年五月三一日取得、http://survey.gov-online.go.jp/h21/h21-danjo/2-2.html）。

内閣府政府広報室、2016、「『社会意識に関する世論調査』の概要」、世論調査―内閣府（二〇一六年五月二〇日取得、http://survey.gov-online.go.jp/h27/h27-shakai/gairyaku.pdf）。

中森弘樹、2012a、「網野善彦――「無縁」の否定を超えて」大澤真幸編『3・11後の思想家25 別冊大澤真幸 THINKING「O」』左右社、173-84。

――、2012b、「『社会的死』概念の問題点とその処方箋の検討――観察者の視点の導入による精緻化の試み」、『GCOE Working Papers 次世代研究87 レスプブリカとしての「公共圏」とその批判――死を記憶／忘却する公共圏とその境界をめぐって』京都大学グローバルＣＯＥ親密圏と公共圏の再編成をめざすアジア拠点、48-61。

――、2013、「孤独死の言説からみる死の自己決定の変容――新聞の投書記事の分析」、『社会システム研究』16: 181-94。

中村剛、2010、「福祉思想としての新たな公的責任――『自己責任論』を超克する福祉思想の形成」『社会福祉学』51(3)：5-17。

波平恵美子、2005、「死の『成立』、死体の処分、死者の祭祀をめぐる慣習と法的環境との齟齬」『法社会学　死そして生の法社会学』62: 19-30。

成田和信、2004、『責任と自由』、勁草書房。

ＮＨＫ「無縁社会プロジェクト」取材班、2010、『無縁社会――〝無縁死〟三万二千人の衝撃』文藝春秋。

ＮＨＫ放送文化研究所、2015、『現代日本人の意識構造 第八版』ＮＨＫ出版。

日本行方不明者捜索・地域安全支援協会、2016、「プロフィール」、日本行方不明者捜索・地域安全支援協会ウェブサイト（二〇一七年五月二〇日取得、http://www.mps.or.jp/mokuteki/index.html)。

野口裕二、2005、『ナラティヴの臨床社会学』勁草書房。

岡野八代、2012、『フェミニズムの政治学』みすず書房。

桶川泰、2008、「親密性をめぐる『新たな不安』――雑誌記事における『モテる』『モテない』格差の説明原理」『ソシオロジ』52(3): 155-71。

――――、2010、「現代日本社会における『近代家族の揺らぎ』と親密性の変容――『婦人公論』における独身・非婚をめぐる言説から」『フォーラム現代社会学』9: 88-100。

――――、2011、「親密性・親密圏をめぐる定義の検討――無定義用語としての親密性・親密圏の可能性」『鶴山論叢』11: 23-34。

大倉祐二、2008、「不安定な生活という問題――ネットカフェ生活者の生活過程」『現代の社会病理』23: 125-40。

大庭健、2005、『「責任」ってなに？』講談社。

大澤真幸、2005、『恋愛の不可能性について』筑摩書房。

――――、2015、『自由という牢獄――責任・公共性・資本主義』岩波書店。

――――、2016、『可能なる革命』太田出版。

落合恵美子、2004、『21世紀家族へ 第3版――家族の戦後体制の見かた・超えかた』有斐閣。

――――、2011、「個人化と家族主義――東アジアとヨーロッパ、そして日本」ウルリッヒ・ベック／鈴木宗徳／伊藤美登里編『リスク化する日本社会――ウルリッヒ・ベックとの対話』岩波書店、103-125。

Rosenthal, Gabriele and Wolfram Fischer-Rosenthal, 2004, "The Analysis of Biographical-Narrative Interviews," Uwe Flick, Ernst von Kardoff and Ines Steinke eds., *A Companion to Qualitative Research*, London: Sage, 259-65.

齋藤純一、2008、『政治と複数性――民主的な公共性にむけて』岩波書店。

斉藤貴男、2009、『強いられる死――自殺者三万人超の真相』角川学芸出版。

桜井厚、2002、『インタビューの社会学――ライフストーリーの聞き方』せりか書房。

桜井哲夫、1998、『〈自己責任〉とは何か』講談社。

佐藤直樹、2001、『「世間」の現象学』青弓社。

澤井敦、2005、『死と死別の社会学――社会理論からの接近』青弓社．

Schaffner, Laurie, 1999, *Teenage Runaways: Broken Hearts and "Bad Attitudes"*, New York London: Routledge Taylor & Francis Group.

Schutz, Alfred, 1973, *Collected Papers 1: The Problem of Social Reality*, The Hague: Martinus Nijhoff.（＝1985、渡辺光・那須壽・西原和久訳『アルフレッド・シュッツ著作集 第2巻 社会的現実の問題〔Ⅱ〕』マルジュ社。）

関谷道雄・加藤元宣、2010、「家族の中の〝すれ違い〟――『家族に関する世論調査』から」『放送研究と調査』60(7): 2-23。

Shea, Shawn C., 2002, *The Practical Art of Sucide Assessment: Guide for Mental Health Professionals and Substance Abuse Counselors*, Hoboken: John Wiley & Sons.（＝2012、松本俊彦監訳『自殺リスクの理解と対応――「死にたい」気持ちにどう向き合うか』金剛出版。）

Sheneidman, Edwin S., 1993, *Suicide As Psychache: A Clinical Approach to Self-Destructive Behavior*, Northvale: Jason Aronson.（=2005、高橋祥友訳『シュナイドマンの自殺学――自己破壊行動に対する臨床的アプローチ』金剛出版。）

柴田悠、2010、「近代化と友人関係――国際社会調査データを用いた親密性のマルチレベル分析」『社会学評論』61(2): 130-149。

島田裕巳、2011、『人はひとりで死ぬ――「無縁社会」を生きるために』ＮＨＫ出版。

Slesnick, Natasha, 2004, *Our Runaway and Homeless Youth: A Guide to Understanding*, Westport, CT: Praeger.

Sudnow, David, 1967, *Passing on: The Social Organization of Dying*, Englewood Cliff, NJ: Prentice-Hl.（＝1992、岩田啓靖・志村哲郎・山田富秋訳『病院で作られる死――「死」と「死につつあること」の社会学』せりか書房。）

Sutherland, Edwin H., and Donald R. Cressey, 1960, *Principles of Criminology*, 6th ed., Chicago: J. B. Lippincott Company.（＝1964、平野龍一・所一彦訳『犯罪の原因（刑事学原論Ⅰ）』有信堂。）

高木慶子・山本佳世子、2014、「自死遺族の悲嘆」高木慶子・山本佳世子編『悲嘆の中にある人に心を寄せて――人は悲しみとどう向かい合っていくのか』上智大学出版、76-89。

高橋祥友、2006、『自殺予防』岩波書店。

高谷幸、2012、「責任」大澤真幸・吉見俊哉・鷲田清一編『現代社会学辞典』弘文堂、781-2。

瀧川裕英、2003、『責任の意味と制度――負担から応答へ』勁草書房。

橘木俊詔、2010、『無縁社会の正体――血縁・地縁・社縁はいかに崩壊したか』ＰＨＰ研究所。

統計数理研究所、2016、「日本人の国民性調査」、統計数理研究所（二〇一七年五月三一日取得、http://www.ism.ac.jp/kokuminsei/table/index.htm）。

土屋葉、2013、「関係をとり結ぶ自由と不自由について――ケアと家族をめぐる逡巡」『支援』3: 14-39。

筒井淳也、2008、『親密性の社会学――縮小する家族のゆくえ』世界思想社。

植田信廣、1983、「中世前期の「無縁」について――日本における『自由と保護』の問題によせて」『國家學會雑誌』96（3・4）: 281-314。

内田良、2016、「『逃げる』という選択肢　中学生の自殺　17年ぶりの年間１００件超に向き合う」、Yahoo! ニュース（二〇一七年五月二〇日取得、http://bylines.news.yahoo.co.jp/ryouchida/20160505-00057361/）。

渡辺芳、2010、『自立の呪縛――ホームレス支援の社会学』新泉社。

Weber, Max, 1919, *Politik als Beruf*, München : Duncker & Humblot.（＝1980、脇圭平訳、『職業としての政治』岩波書店。）

Whitbeck, les B. and Dan R. Hoyt, 1999, *Nowhere to Grow: Homeless and Runaway Adolescents and Their Families*, New York: Aldine de Gruyter.

山田昌弘、2004、「家族の個人化」『社会学評論』54(4): 341-354。

――――、2005、『迷走する家族――戦後家族モデルの形成と解体』有斐閣。

山本博文、2014、『切腹――日本人の責任の取り方』光文社。

山本光正、1983、「風与思うこと――近世神隠し考」『春秋』246: 4-8。

山竹伸二、2011、『「認められたい」の正体――承認不安の時代』講談社。

山手茂・細井洋子、1993、『研究報告書・第14集「家出」に関する研究』東洋大学社会学研究所。

柳田国男、1976、『遠野物語・山の人生』、岩波書店。

――――、1993、『明治大正史 世相編 新装版』講談社。

横田滋・横田早紀江、2012、『めぐみへの遺言』幻冬舎。

米田佐代子、2003、「家出」尾形勇・加藤友康・樺山紘一・川北稔・岸本美緒・黒田日出男・佐藤次高・南塚信吾・山本博文編『歴史学辞典 10 身分と共同体』弘文堂。

米川茂信、1978、「家出・蒸発」大橋薫・望月嵩・宝月誠編『社会病理学入門』学文社、99-111。

吉崎祥司、2014、「『自己責任論』をのりこえる――連帯と『社会的責任』の哲学」学習の友社。

Young, Iris M., 2011, *Responsibility for Justice*, Oxford: Oxford University Press.（＝2014、岡野八代・池田直子訳、『正義への責任』岩波書店。）

湯浅誠、2008、『反貧困――「すべり台社会」からの脱出』岩波書店。

あとがき

失踪という一風変わった対象を研究している旨を話すと、かならず聞かれる定番の質問がある。それは、「あなたはなぜ、失踪に興味を持ったのか」というものである。この質問で問われているのは、失踪の学術的意義というよりも、筆者の個人的な経緯の方であろう。本書でそのような話題を展開するに適した場所は、「あとがき」をおいて他にあるまい。

もっとも、私の個人的な経緯といっても、私は家族に失踪されたわけでもなければ、まして自分自身が〈失踪〉した経験があるわけでもない（〈失踪〉経験に関しては、厳密にはないこともないのだが、それはいまから振り返ればの話であって、少なくとも直接的な研究のきっかけではない）。それでも、私は、自分自身が失踪に対して興味を持ち始めた瞬間を、いまでも思い出すことができる。

それは、私がまだ大学院に入りたてで修士課程一年生の頃の、ある日の昼下がりの出来事であった。当時の私は、現在と変わらず怠惰であり、同年代の友人たちが同じ時間帯に働いているのを後目に、自宅でゴロゴロしながらテレビを観ていた。放送していた番組は、ドラマであった。いわゆる「昼ドラ」である。私は普段、ドラマはあまり観ないのだが、母親とは概して「昼ドラ」が好きなもので、母親のチャンネルの選択に異論を挟む理由もなかった私は、何となく、そのドラマを眺めていた。

ドラマは、「昼ドラ」にはよくあるパターンの、幼少期編・中高生編・大人編の三部構成から成っていた。主人公の女の子には、相手役となる幼馴染の男の子がいて、主人公は幼少期、中高生期と一進一退の恋愛模様を繰り広げながら、大人へと成長してゆく。ここまではありふれたストーリー展開だったのだが、大人編の初回に当たるその日の展開は、少々意外なものであった。というのも、(ドラマの時系列上の話ではあるが)中高生編から大人編へと至る間に、幼馴染の男の子が、主人公たちの住んでいた離島から突然姿を消してしまったという事実が、唐突に明かされたからである。つまり、大人編は、主人公の想い人が失踪しているという状況から、話がスタートしたのであった。私は、このドラマに対して、中高生編まではさして何とも思わなかったのだが、大人編の前に(半ば無理矢理に?)挿入された幼馴染の失踪という(強引な?)展開に、少々面食らってしまった。

いまから思えば、この失踪劇は、ストーリーを盛り上げるための、「昼ドラ」ではよくある脚本上の演出に過ぎないのだろう。しかし、当時の私はあまりにも暇が過ぎたせいか、主人公が想い人である失踪者を忘れることの難しさや、想い人を残して失踪した者の後ろめたさについて、色々と考えを巡らせてしまった。すると、この失踪という現象は、非常に特殊な出来事である一方で、私たちが日常的に抱える人間関係の問題——失恋や死別や別離など——とどこかで通底しているような、そんな気がしてきたのだ。となると、失踪は、人間関係や生死について、何かとても重要なことを語っているのではないか——大学院での研究テーマが見つからずに迷っていた私が、失踪について色々と調べ始めたのは、ちょうどそのときからであった。

だから、本書では自由をめぐる問いから議論を始めているけれども、実際に私が辿った思考の道筋は逆であった。まず、失踪への興味があって、そこから「曖昧な喪失」や責任といった論点が出てきて、最終的に自由に関する問いが出てきた、という具合である(「はじめに」は最後に書け、とはよく言ったものである)。そのような順番であったがゆえに、自由をめぐる問いに対する答えは、残念ながらまだ完全には出ていない。私たちのある種の不自由さは、社会の制度がどんなに自由になったところで、決して解消されることはないだろう。本書の洞察によれば、そのような不自由さは親密な他者に対して応答しなければならないことから生じているが、その一方で、私たちは生きるうえで、あるいは何事かを〈自由〉に選択するうえで、そのような他者と関係することを否応なく必要としてしまうからである。そこから生じる困難を踏まえると、私たちには「何か」が保障されていなければならないことは確かだと思うのだが、その「何か」の最適解が、本書の最後で述べたような、「『親密な関係』からの一時的な離脱」で本当に良いのか、まだ確信が持てていないというのが正直なところである。今後も、検討を続けていきたい。

　このような煮え切らない筆者のスタンスによって、あるいは筆者の単純な技量不足からくる議論の稚拙さによって、多くの読者より厳しいお叱りを受けるかもしれない。それは覚悟の上であるが、もちろん、本書における失踪の取り上げ方は、可能なる無数の失踪研究のあり方の一つに過ぎない。本書をきっかけとして――と言うと、いささか尊大に聞こえるかもしれないが――日本国内でも、各分野でのさまざまな形の失踪研究が展開されることを、筆者は期待してやまない。

　それにしても、学術書を書くということがこんなにも苦しいことであるとは、本書の執筆前には夢にも思わなかった。本書の執筆中に、すべてを捨てて失踪してしまいたいと思ったことが何度もあったほどである。現在も筆者の研究内容が穴だらけであることは百も承知であるが、それでも何とか本書を出版までこぎつけることができたのは、私の責任感による――ものなどではまったくなく、ひとえにこれから挙げる皆様の御力添えの賜物である。

　まず、私の調査にご協力いただいた方々について。もし、インタビューをさせていただいた皆様の温かいご協力がなければ、本書は完成しなかったどころか、この世界に欠片も存在していなかった。本当に、心より感謝を申し上げます。また、日本行方不明者捜索・地域安全支援協会（MPS）の皆様からは、本研究に対する非常に手厚いサポートをいただいた。特に、MPSの先代局長である古内栄氏には、もうかれこれ一〇年ほど、公私にわたりお世話になり続けている。本書の出版が、ほんの少しでもお返しになれば幸いです。

　次に、私の研究にご指導・アドバイスをくださった方々について。本書の元になった博士論文の主査を務めてくださった吉田純先生は、私の大学院生博士後期課程時代の指導教員であり、現在に至るまで的確かつ温かい指導を続けてくださっている。また、その吉田先生の研究室で、共に院生時代を過ごした同僚たちは、私にとってつねに良き研究仲間であった。

博士論文の副査を務めてくださった松田素二先生、高橋由典先生、柴田悠先生からは、本書の出版に向けた非常に有意義なアドバイスをいただくことができた。また、私が所属している社会病理学会の先生方からは、私が学会で拙い発表を繰り返しているにもかかわらず、つねに激励の言葉をかけていただいた。さらに、朝田佳尚先生の主催する、社会病理学会の若手会員を中心とした研究会では、研究の方法論に関して多くのことを学ぶことができた。本書でも、その成果を大いに活かしたつもりである。そして、私が社会学者を志すきっかけとなり、私を研究の世界へと導いてくださった大澤真幸先生と、鵜飼大介先生をはじめとした旧大澤研究室の先輩・後輩・同輩についても言及しないわけにはいかない。旧大澤研の関係者たちは、私にとっては良き理解者であると同時に、おそらくはもっとも厳しい査読者であった。

皆様、本当にありがとうございました。

また、本書の出版のきっかけをくださった、本書の担当編集者である上村和馬氏について。上村氏の説得がなければ、本研究がこのようなかたちで世に出ることはなかった。上村氏の、私を褒めて伸ばそうとする方針は、研究の出版に不可欠な自信を、私に与えてくれた。優柔不断であるにもかかわらず、本の内容に対しては頑固である私の性格に、上村氏は多大な迷惑を被ったことと思う。感謝と、お詫びを申し上げます。

最後に、私と「親密な関係」にある方々について。私の家族である両親と妹は、文系の研究者というリスキーな道を歩む私を、つねに温かく見守ってくれる存在であった。また、私のパートナーである中井さらさんは、博士論文から本書の執筆に至るまで、つねに私の良き相談相手であり続けてくれた。そして、もはや関係が切れてしまったかつての友人たちと、現在も関係を続けてくれている友人たちへ。ありがとうございました。

二〇一七年六月一〇日

中森弘樹

初出一覧

本書は、二〇一六年五月に京都大学大学院人間・環境学研究科に提出した筆者の博士号申請論文「失踪の社会学――親密性と責任の関係性についての試論」を元に執筆されたものである。より詳細な、各章の初出情報は、以下のとおりである。ただし、各章とも、本書に掲載するにあたって、大幅な加筆・修正を加えている。なお、表記がない章に関しては、博士論文以外では本書が初出である。

第1章　「何が親密な関係を繋ぎ止めるのか――親密性と責任の関わりを中心に」、『社会システム研究』第二〇号、二七一―二八七頁、二〇一七年三月
第3章　「1950-1980年代の失踪表象と親密圏の変容――「家出」と「蒸発」の雑誌記事分析を中心に」、『ソシオロゴス』第三七号、一一五―一三一頁、二〇一三年一〇月
第4章　「失踪をめぐる多元的な生死の線引き――失踪者の家族の語りから」、『フォーラム現代社会学』第一二号、八二―九四頁、二〇一三年五月
第5章　「曖昧な喪失における情報提供とケアの実践――MPSの取り組みを事例として」（研究ノート）、『ソシオロジ』ソシオロジ編集委員会、第一八〇号、七五―九〇頁、二〇一四年七月
第7章および第8章の一部
　「現代社会における『責任の不発化』とその処方箋の検討――責任実践の社会学的研究に向けて」、『社会システム研究』第一九号、一七七―一九三頁、二〇一六年三月

なお、本書の執筆にいたる過程では、以下の研究助成を受けた。

科学研究費特別研究員奨励費「失踪者の家族社会学」(二〇一〇―二〇一二年度)[課題番号 10J02550]
科学研究費特別研究員奨励費「失踪者の失踪動機と生活世界に関する社会学的考察」(二〇一五―二〇一七年度)[課題番号 15J07152]
平成二九年度科学研究費補助金研究成果公開促進費〈学術図書〉[課題番号 17HP5181]

記して感謝する。

タ行

ナ行

ハ行

マ行

ヤ行

ラ行

索　引

凡例：「親密なる者への責任」など頻出する語彙については、初出と特に重要な箇所のみ拾っている。

ABC

ア行

カ行

サ行

中森 弘樹（なかもり ひろき）

1985年生まれ。2015年、京都大学大学院人間・環境学研究科博士後期課程単位取得退学。博士（人間・環境学）。現在、日本学術振興会特別研究員（PD）、京都大学・立命館大学・京都造形芸術大学非常勤講師。著作に、「網野善彦――『無縁』の否定を超えて」（大澤真幸編『3・11後の思想家25 別冊大澤真幸 THINKING「O」』左右社、2012年)、「失踪者家族の悲嘆」（髙木慶子・山本佳世子編『悲嘆の中にある人に心を寄せて――人は悲しみとどう向かい合っていくのか』上智大学出版、2014年）などがある。

失踪の社会学
――親密性と責任をめぐる試論

2017年10月20日 初版第1刷発行
2024年 2 月21日 初版第4刷発行

著 者――――中森弘樹
発行者――――大野友寛
発行所――――慶應義塾大学出版会株式会社
〒108-8346 東京都港区三田 2-19-30
TEL〔編集部〕03-3451-0931
〔営業部〕03-3451-3584〈ご注文〉
〃 03-3451-6926
FAX〔営業部〕03-3451-3122
振替 00190-8-155497
https://www.keio-up.co.jp/
装 丁――――耳塚有里
組 版――――株式会社キャップス
印刷・製本――萩原印刷株式会社
カバー印刷――株式会社太平印刷社

Printed in Japan ISBN978-4-7664-2481-2